三网融合背景下中国广播组织权制度的反思与重构

Reflection and Reconstruction of
China's Broadcasting Organization Right System
under the Background of Network Convergence

赵双阁 著

社会科学文献出版社
SOCIAL SCIENCES ACADEMIC PRESS (CHINA)

图书在版编目(CIP)数据

三网融合背景下中国广播组织权制度的反思与重构/赵双阁著．——北京：社会科学文献出版社，2016.12
（中国社会科学博士后文库）
ISBN 978-7-5097-9961-1

Ⅰ.①三… Ⅱ.①赵… Ⅲ.①广播事业-研究-中国 Ⅳ.①G229.2

中国版本图书馆 CIP 数据核字（2016）第 272139 号

·中国社会科学博士后文库·

三网融合背景下中国广播组织权制度的反思与重构

著　　者／赵双阁

出 版 人／谢寿光
项目统筹／芮素平
责任编辑／郭瑞萍　李　晨　沈安佶

出　　版／社会科学文献出版社·社会政法分社（010）59367156
　　　　　地址：北京市北三环中路甲29号院华龙大厦　邮编：100029
　　　　　网址：www.ssap.com.cn

发　　行／市场营销中心（010）59367081　59367018
印　　装／北京季蜂印刷有限公司

规　　格／开　本：787mm×1092mm　1/16
　　　　　印　张：20.75　字　数：348千字

版　　次／2016年12月第1版　2016年12月第1次印刷
书　　号／ISBN 978-7-5097-9961-1
定　　价／89.00元

本书如有印装质量问题，请与读者服务中心（010-59367028）联系

▲ 版权所有 翻印必究

第五批《中国社会科学博士后文库》
编委会及编辑部成员名单

(一) 编委会

主　任：王京清

副主任：马　援　张冠梓　俞家栋　夏文峰

秘书长：张国春　邱春雷　刘连军

成　员（按姓氏笔画排序）：

　　　卜宪群　方　勇　王　巍　王利明　王国刚　王建朗　邓纯东
　　　史　丹　刘　伟　刘丹青　孙壮志　朱光磊　吴白乙　吴振武
　　　张　翼　张车伟　张世贤　张宇燕　张伯里　张星星　张顺洪
　　　李　平　李　林　李永全　李向阳　李国强　杨　光　杨　忠
　　　陆建德　陈众议　陈泽宪　陈春声　卓新平　房　宁　罗卫东
　　　郑秉文　赵天晓　赵剑英　高　洪　高培勇　曹卫东　曹宏举
　　　黄　平　朝戈金　谢地坤　谢红星　谢寿光　谢维和　裴长洪
　　　潘家华　冀祥德　魏后凯

(二) 编辑部（按姓氏笔画排序）：

主　任：张国春（兼）

副主任：刘丹华　曲建君　李晓琳　陈　颖　薛万里

成　员：王　芳　王　琪　刘　杰　孙大伟　宋　娜　苑淑娅　姚冬梅
　　　郝　丽　梅　枚　章　瑾

2012年度国家社会科学基金项目"'三网融合'背景下广播电视组织邻接权保护及管理机制比较研究"
（12BXW026）阶段性成果
第54批中国博士后科学基金面上资助一等资助项目
（2013M540622）

序 言

博士后制度在我国落地生根已逾30年，已经成为国家人才体系建设中的重要一环。30多年来，博士后制度对推动我国人事人才体制机制改革、促进科技创新和经济社会发展发挥了重要的作用，也培养了一批国家急需的高层次创新型人才。

自1986年1月开始招收第一名博士后研究人员起，截至目前，国家已累计招收14万余名博士后研究人员，已经出站的博士后大多成为各领域的科研骨干和学术带头人。这其中，已有50余位博士后当选两院院士；众多博士后入选各类人才计划，其中，国家百千万人才工程年入选率达34.36%，国家杰出青年科学基金入选率平均达21.04%，教育部"长江学者"入选率平均达10%左右。

2015年底，国务院办公厅出台《关于改革完善博士后制度的意见》，要求各地各部门各设站单位按照党中央、国务院决策部署，牢固树立并切实贯彻创新、协调、绿色、开放、共享的发展理念，深入实施创新驱动发展战略和人才优先发展战略，完善体制机制，健全服务体系，推动博士后事业科学发展。这为我国博士后事业的进一步发展指明了方向，也为哲学社会科学领域博士后工作提出了新的研究方向。

习近平总书记在2016年5月17日全国哲学社会科学工作座谈会上发表重要讲话指出：一个国家的发展水平，既取决于自然科学发展水平，也取决于哲学社会科学发展水平。一个没有发达的自然科学的国家不可能走在世界前列，一个没有繁荣的哲学社会科学的国家也不可能走在世界前列。坚持和发展中国特色社会主义，需要不断在实践和理论上进行探索、用发展着的理论指导发展着的实践。在这个过程中，哲学社会科学具有不可替代的重要地位，哲学社会科学工作者具有不可替代的重要作用。这是党和国家领导人对包括哲学社会科学博士后在内的所有哲学社会科学领域的研究者、工作者提出的殷切希望！

中国社会科学院是中央直属的国家哲学社会科学研究机构，在哲学社会科学博士后工作领域处于领军地位。为充分调动哲学社会科学博士后研究人员科研创新积极性，展示哲学社会科学领域博士后优秀成果，提高我国哲学社会科学发展整体水平，中国社会科学院和全国博士后管理委员会于2012年联合推出了《中国社会科学博士后文库》（以下简称《文库》），每年在全国范围内择优出版博士后成果。经过多年的发展，《文库》已经成为集中、系统、全面反映我国哲学社会科学博士后优秀成果的高端学术平台，学术影响力和社会影响力逐年提高。

下一步，做好哲学社会科学博士后工作，做好《文库》工作，要认真学习领会习近平总书记系列重要讲话精神，自觉肩负起新的时代使命，锐意创新、发奋进取。为此，需做到：

第一，始终坚持马克思主义的指导地位。哲学社会科学研究离不开正确的世界观、方法论的指导。习近平总书记深刻指出：坚持以马克思主义为指导，是当代中国哲学社会科学区别于其他哲学社会科学的根本标志，必须旗帜鲜明加以坚持。马克思主义揭示了事物的本质、内在联系及发展规律，是"伟大的认识工具"，是人们观察世界、分析问题的有力思想武器。马克思主义尽管诞生在一个半多世纪之前，但在当今时代，马克思主义与新的时代实践结合起来，愈来愈显示出更加强大的生命力。哲学社会科学博士后研究人员应该更加自觉坚持马克思主义在科研工作中的指导地位，继续推进马克思主义中国化、时代化、大众化，继续发展21世纪马克思主义、当代中国马克思主义。要继续把《文库》建设成为马克思主义中国化最新理论成果的宣传、展示、交流的平台，为中国特色社会主义建设提供强有力的理论支撑。

第二，逐步树立智库意识和品牌意识。哲学社会科学肩负着回答时代命题、规划未来道路的使命。当前中央对哲学社会科学愈发重视，尤其是提出要发挥哲学社会科学在治国理政、提高改革决策水平、推进国家治理体系和治理能力现代化中的作用。从2015年开始，中央已启动了国家高端智库的建设，这对哲学社会科学博士后工作提出了更高的针对性要求，也为哲学社会科学博士后研究提供了更为广阔的应用空间。《文库》依托中国社会科学院，面向全国哲学社会科学领域博士后科研流动站、工作站的博士后征集优秀成果，入选出版的著作也代表了哲学社会科学博士后最高的学术研究水平。因此，要善于把中国社会科学院服务党和国家决策的大智库功能与《文库》的小智库功能结合起来，进而以智库意识推动品牌意识建设，最终树立《文库》的智库意识和品牌意识。

第三，积极推动中国特色哲学社会科学学术体系和话语体系建设。改革开放30多年来，我国在经济建设、政治建设、文化建设、社会建设、生态文明建设和党的建设各个领域都取得了举世瞩目的成就，比历史上任何时期都更接近中华民族伟大复兴的目标。但正如习近平总书记所指出的那样：在解读中国实践、构建中国理论上，我们应该最有发言权，但实际上我国哲学社会科学在国际上的声音还比较小，还处于有理说不出、说了传不开的境地。这里问题的实质，就是中国特色、中国特质的哲学社会科学学术体系和话语体系的缺失和建设问题。具有中国特色、中国特质的学术体系和话语体系必然是由具有中国特色、中国特质的概念、范畴和学科等组成。这一切不是凭空想象得来的，而是在中国化的马克思主义指导下，在参考我们民族特质、历史智慧的基础上再创造出来的。在这一过程中，积极吸纳儒、释、道、墨、名、法、农、杂、兵等各家学说的精髓，无疑是保持中国特色、中国特质的重要保证。换言之，不能站在历史、文化虚无主义立场搞研究。要通过《文库》积极引导哲学社会科学博士后研究人员：一方面，要积极吸收古今中外各种学术资源，坚持古为今用、洋为中用。另一方面，要以中国自己的实践为研究定位，围绕中国自己的问题，坚持问题导向，努力探索具备中国特色、中国特质的概念、范畴与理论体系，在体现继承性和民族性，体现原创性和时代性，体现系统性和专业性方面，不断加强和深化中国特色学术体系和话语体系建设。

新形势下，我国哲学社会科学地位更加重要、任务更加繁重。衷心希望广大哲学社会科学博士后工作者和博士后们，以《文库》系列著作的出版为契机，以习近平总书记在全国哲学社会科学座谈会上的讲话为根本遵循，将自身的研究工作与时代的需求结合起来，将自身的研究工作与国家和人民的召唤结合起来，以深厚的学识修养赢得尊重，以高尚的人格魅力引领风气，在为祖国、为人民立德立功立言中，在实现中华民族伟大复兴中国梦征程中，成就自我、实现价值。

是为序。

中国社会科学院副院长

中国社会科学院博士后管理委员会主任

2016 年 12 月 1 日

序 一

时至今日，网络已经深入人类社会之中，正改变着我们的生活、生产与交往的方式。我们享受它带来的便利，也要正视其带来的问题。用狄更斯的话说："这是一个最好的时代，也是一个最坏的时代。"

这是一个最好的时代。网络的出现，不仅带来信息广泛而便捷的传播，而且成长为经济增长的产业引擎。截至2016年6月，我国网民规模达7.10亿，互联网普及率为51.7%，其中手机网民达6.56亿人。与此同时，我国网络经济规模早已超过8700亿元人民币，且将继续保持较快增长。随着全国信息消费规模增长迅速，特别是基于智能终端的网络信息服务普及加快，移动互联网的信息消费已成为最具活力、增长空间最大的领域。可以说，我国互联网产业的春天已经到来。

这是一个最坏的时代。网络改变了传统的信息拥有者、传播者、使用者三者之间的利益格局，引起版权产业、传媒产业与网络技术产业之间的激烈冲突。版权问题已成为网络产业的"阿喀琉斯之踵"，是传媒产业、网络产业发展中必须去面对和解决的问题。在各类互联网应用中，大多数内容都与版权问题密切相关，其中涉及网络广播（网络音乐、网络视频）的商业模式更是成为产业利益矛盾的风暴中心。

三网融合技术是人类历史上继语言和文字的产生、造纸和印刷术的发明，以及电报、电话和广播的使用后，出现的第五次信息革命。伴随着这种融合技术的发展与变革，版权制度也实现了从"印刷版权""电子版权"到"网络版权"的转变。在新的"网络版权"时代，版权制度的内容得到了极大丰富，尤其是广播组织所享有的专有权利在国际上及世界各国也获得了极大的进步，但同时在我国也凸显出许多新的问题。一方面，在制度方面，虽然我国现行《著作权法》赋予广播组织转播权、复制权、录制权等三项邻接权利，但面对数字网络技术的冲击，在网络广播日益繁荣的今天，广播组织却无法直接适用这三项权利来救济自己的利益，不能完全规制网络环境下的广播行为，因为转播权、复制权、录制权、信息网络传播权都无法控制网络广播行为。另外一方面，在司法实践方面，从各地法院对于有关体育赛事节目网上实时转播判决来看，出现了侵害录音录像制作者权（2010年广州市中级人民法院审理的原告央视国际网络有限公司诉被告世纪龙信息网络有限责任公司侵犯著作权纠纷一案）、侵害体育赛事节目画面的著作权（2014年北京市朝阳区法院审理的原告北京新浪互联信息服务有限公司诉被告北京天盈九州网络技术有限公司侵犯著作权及不正当竞争纠纷一案）、构成不正当竞争（2015年深圳市福田区法院审理的原告央视国际网络有限公司诉被告华夏城视网络电视股份有限公司侵犯著作权及不正当竞争纠纷一案）等不同判决结果。如此一来，恰逢我国启动第三次《著作权法》修改之际，如何针对网络实时转播广播电视节目的行为在理论上形成统一的认识，做出明确的立法规范以促成未来司法意见的统一，就成为我们当下值得反思与探讨的话题。

　　值得欣慰的是，近些年来，我国学者关于广播组织权制度的探讨在不断深化，并趋于理论上的成熟，不仅带来了诸多理论创新，而且为将来的制度改革提供了理论基础。其中，赵双阁博士《三网融合背景下中国广播组织权制度的反思与重构》一书契合了当前的现实需要，做出了自己的学术努力：既有对我国现有广播组织权制度的反思，又有对三网融合背景下国际广播组织权发展趋势和保护规范进行的考证，还有对完善我国广播组织权制度具体条款的探索。可以说，该书既有国际视野，实现了对主要国家网络广播规范的比较研究以及相关国际公约和世界版权组织会议文件的分析，又有本土情怀，为我国当下系统修订广播组织权制度提出了有实践价值的建议和方案。在学术创新方面，该书在选题及内容上有诸多创新，不仅分析了三网融合技术下的广播及其对广播组织权制度提出的挑战，对比了英、美、法、德、日等国相关法律规定以及国际相关条约，还在此基础之上为我国《著作权法》修改提出了修改方案，在专门研究方面具有一定的开拓意义。另外，该书在制度设计等观点上也有诸多突破。例如主张将广播组织权延伸至互联网领域，将"三步检验法"理论同广播组织权限制相融合等等。

　　毋庸讳言，面对网络技术飞速发展给广播组织权制度所带来的挑战，相关理论研究仍处于不断的发展变化之中，包括该书在内的相关著作不可能涉猎、解决所有问题，尤其是本书中部分观点仍存在探讨的空间，有待学界和司法界的继续分析和验证。

赵双阁是我指导的博士后，拥有跨学科背景，勤奋好学、刻苦研读。《三网融合背景下中国广播组织权制度的反思与重构》是他从事三年博士后工作的研究结晶。该报告不仅在最初获得了第54批中国博士后科学基金面上资助一等资助，而且在出站报告评审和答辩过程中，还得到了各位专家的高度认可。如今该报告入选由中国社会科学院与全国博士后管理委员会共同组织评选的第五批"中国社会科学博士后文库"，荣获"优秀博士后学术成果"证书，并被全额资助由社会科学文献出版社出版，我感到非常高兴，表达祝贺之余，也希望双阁能够以此为新的起点，勇攀学术高峰，为繁荣我国知识产权事业以及传媒产业继续贡献自己的力量。

是为序！

于武汉南湖
2016年10月16日

序二 探讨融媒时代版权保护的空白

赵双阁博士以其博士后研究成果《三网融合背景下中国广播组织权制度的反思与重构》见示，我拜读之后，甚有得益。觉得此书选题重要，资料丰富，梳理清晰，论述有据，是一本有价值的论著。

这是一项历史的研究。为说明广播组织权的由来和发展，作者回顾了300年来的版权史，特别是通过对《伯尔尼公约》《罗马公约》《布鲁塞尔公约》以及《世界知识产权组织版权条约》等重要国际文件有关内容的回顾，使我们看到版权的产生和发展与传媒的发展密切相关，每一种新兴传播技术和传媒的兴起，都会对版权保护提出新问题，形成新权利。书中通过广播组织权说明，随着高科技、高投入的无线电传播的出现，传播者的权利保护势必提上议事日程，作者创作作品的权利固然要得到保护，传播者在向公众传播作品和其他内容过程中的投入和贡献也应该得到保护。邻接权的概念和广播组织权应运而生。这项权利随着有线广播、卫星广播的发展不断丰富。如今进入网络时代，音像传播的载体从电波转为数字，出现了所谓的网络广播。电台电视台可以把自己各种节目置于网络播放，网络服务商也可以在网上传播音像作品或其他内容，而且网络传播又具有与以往的大众传播不同的崭新特点，比如公众可以在自己选定的时间和地点获得他所需要的作品，即所谓"交互式传播"。这就又对广播组织权提出了新问题：传统广播组织的权利可以延伸到网络广播吗？传播音像内容的网络服务商可以视为广播组织享有相应的权利吗？本书历叙网络广播出现以来，世界知识产权组织及下属的"版权和有关权（邻接权）常设委员会"、欧盟有关组织以及世界上若干国家就网播提出的所谓"广播组织权扩张"问题进行过各种磋商和探讨，但是至今在国际层面上还没有形成共识。通过这样的历史回顾，本书把版权发展面临的这个世纪的难题如实地摆在读者面前。

　　这是一项比较法的研究。比较法研究是法学研究不可或缺的方法，它要求研究者把各国有关法律置于相应的历史和文化传统、社会制度、政治制度等背景下加以考察，从而寻求有关法制发展的规律。版权保护虽然有许多国际公约，但是世界各国版权法还是存在不同的理念和做法。作者指出基于对版权的不同理解，英美法系将包括广播组织在内的传播者的权利同样纳入版权保护，而邻接权是大陆法系的概念，大陆法系将不受版权保护但同版权相关的广播组织权益归入邻接权。邻接权的客体不是作品，而是建立在传播者的传播行为之上，不需要强调传播者的表现是否达到独创程度，只要对作品传播做出贡献就应予以保护。书中以相当的篇幅对德、法、日、英、美五国的广播组织权制度做了比较，辅以考察更多国家的有关法制，发现这两大法系中的不同国家仍然分别存在差异。例如广播组织权是否保护有线广播，至今并无国际公约予以承认，但是许多国家都已经自行立法予以保护。对于广播组织权的保护客体，有的定为"节目"，有的定为"信号"，也是各说不一，而将广播组织权的客体定位于信号在世界上已成为一种趋势。在"广播组织权扩张"中，各国也采取了不同做法，作者列举的有：限定某些网络广播加以保护，如英国把广播扩大到IPTV、同步广播、网播等行为；采用技术中立的定义方法，如新西兰、西班牙等过通过修改广播定义而把网播纳入其中；欧盟若干国家则赋予广播组织信息网络传播权；美国则通过判例对广播直接采用版权保护。美国在若干国际场合多次谋求制定协议将版权保护延伸至网络广播，要求对网络广播与传统广播在法律上一视同仁，但是面对当前世界上发达国家和发展中国家之间的经济和技术差距，美国的提议并不为多数国家所接受，他们认为这样做会影响世界公众接受信息、获取知识的机会。由此可见，版权和邻接权的界定确实同一个国家的社会经济、文化等具体环境密切相关，难以强求一律。本书所罗列的各国有关资讯为我们提供了许多有益的想法。

　　这是一项现实的研究。研究我国融合媒体背景下的广播组织权是本书的主题。我国的著作权保护只有近30年的历史，作者指出，1990年《著作权法》在规定与著作权有关的权益的第四章第四节列有"广播电台、电视台播放"。这里虽然没有对"播放"做出明确解释，但是一些行政法规将广播电视定义为包含无线和有线方式的播放，这表明我国关于广播组织权主体规范同国际上的先进做法接轨。但1990年《著作权法》却规定电台、电视台享有权利的是指"其制作的广播、电视节目",而"节目"词义含糊,既可以指电台、电视台提供的一切内容,包括对不构成作品的体育赛事、重要会议和庆典、突发事件等的直接播放,也可以指其自己或他人制作的视听作品,这就在保护客体方面混淆了著作权和邻接权的区别,不利于公平保护作者和传播者的利益。2001年修改的《著作权法》删除了"节目"一词,改为"其播放的广播、电视",体现了保护其"播放"行为的专有权。而相关权利的内容也从1990年《著作权法》的"播放权和复制发行权"改为国际通行的"转播权、录制权和复制权"。作者指出这体现了我国广播组织权制度的进步。

面对互联网的兴起,2001年《著作权法》参照《世界知识产权组织版权条约》第8条的规定,设立了"信息网络传播权"。但是正如作者所言,有关"信息网络传播权"的规定略去了第8条作者享有专有权"向公众传播"后面的"包括"一词,只采用了后半句"……使公众可以在其个人选定的时间和地点获得作品……",使之成为信息网络传播权涵盖的全部内容。这意味着,我国信息网络传播权只能适用于公众在其个人选定的地点和时间获得作品的"交互式传播",而不能适用于像传统的广播电视那样面对公众的"非交互式传播"也就是通常所说的大众传播。根据这部《著作权法》制定的行政法规《信息网络传播权保护条例》开章明义:信息网络传播权的权利主体是著作权人、表演者、录音录像制作者,而不包含广播组织。而从事网播的网络服务商也从未被承认可以成为广播组织。据此,作者尖锐地指出,当前的著作权制度面临网络广播的严重挑战:广播组织权的转播权、录制权和复制权无法控制网络广播,而信息网络传播权也无法控制网络广播。

作者也对正在修订中的《著作权法》三次文稿中的有关广播组织权的内容作了评述,指出目前草案存在的缺陷,如在先前文稿中肯定了电台、电视台通过信息网络传播其节目的权利而后又删去,足以见得立法机构举棋不定。

作者既对法律文本进行分析,也将司法案件作为例证。如2011年浙江嘉兴发生了一家电视公司起诉一家电信公司利用IP网络擅自转播其获得电视台授权转播的节目的侵权纠纷,号称中国首例涉网络转播广播组织权纠纷案,法院认为根据现行法律的规定,尚不能将通过网络转播电视台节目信号的行为视为"转播"行为,"如将广播组织权的转播权保护范围扩大到互联网领域，将不利于三网融合政策的实施"，驳回了原告诉求。

这也是一项对策的研究。我理解作者提出对策，基本立足点是贯彻利益平衡原则。著作权保护作者等著作权主体的权益，同时也要保护公众对公共事务的知情权和享用科学文化成果、参与科学文化活动的权利，后者涉及公共利益。在著作权主体中，既要保护作者权益，也要保护传播者权益。在邻接权保护中，也要注意兼顾广播组织和表演者、录音录像制作者的权益，这些利益平衡的观点屡屡见于书中的论述。

作者特别提出，广播组织权制度体现了保护公共利益的根本价值。这项制度能够保障广播组织回收广播投入的成本和获取收益，最终也有利于满足民众的需求，实现广播组织、作者和民众相关权益的有机统一。我国电台、电视台都是政府设立的事业单位，担负着宣传党和国家方针政策、传播重大公共事务信息等使命，广播组织权制度蕴含公共利益显而可见。当前我国又正在进行产业化的重大改革。广播电视业改革的一项重要内容就是"制播分离"，除时政新闻外的其他节目制作都将转入企业经营，电台电视台主要是把住播出关口，这样广播组织权对于电台电视台就具有特别重要的意义。"三网融合"对于我国广播电视业既是机遇，又是挑战。如果放任网络上任意盗播广电信号、无偿获取广电内容，而无法采取法律措施，将给广播电视业带来严重的损害，也不利于"三网融合"的健康发展。作者明确表示对将广播组织权扩大到互联网领域将不利于"三网融合"的说法"不能苟同"。

作者认为将从事网络广播的互联网组织纳入广播组织既然在国际上也是尚未达成共识的难题，那么我国首先可以做的就是将广播组织权保护延伸至网络空间，以期遏制无偿且随意使用广播组织节目给广播组织带来的侵害。作者从完善"广播""广播组织""转播"的定义、拓展广播组织权客体和内涵、完善广播组织权的限制制度等方面提出了建议。

综上所述，融媒条件下的"广播组织权扩张"问题作为一个国际难题，目前尚未引起国人的足够重视。这项研究的价值不只是提出了若干建议，还在于指出了网络版权保护存在的法律空缺，足以引起业界注意。

赵双阁博士与我素未谋面，只是做过几次网聊，感到他是一位好学求知的年轻学人。谨此祝贺他的研究成果问世，并继续做出更多的建树。

魏永征

2016年9月9日于上海

摘　要

　　三网融合技术的产生带来了广播电视网、电信网、互联网三种网络在业务和服务层面的相互进入与渗透，为广播电视节目的传播方式带来了巨大的变革，它改变了广播电视信号仅通过广播电视网传播这一传统途径，电信网和互联网成为人们收视收听广播电视节目的崭新通道。三网融合的出现可以更加方便、快捷地满足人们获取新闻资讯、新闻娱乐、信息服务的需求，人们可以在任何时间和地点，以任何方式接入网络访问广播电视节目服务，广播电视节目的价值也就得到了最大的体现。然而，技术的发展在带来便利的同时，也为网络盗播提供了技术支持。由于我国现行著作权法在广播组织权制度方面存在不足和缺陷，尤其是在网络转播和网络广播方面的规范存在缺失，广播组织面对大面积的网络盗播却得不到司法支持。自1998年始，世界知识产权组织召开了28届有关广播组织权保护方面的会议，形成了较为完整、系列的广播组织权制度文件，但是由于与会方在很多方面，尤其是在针对网络广播的规范上分歧较大，至今尚无通过表决的条约。在这样的国际、国内背景下，本书运用法理分析和实证分析相结合的方法，较为全面、客观地对广播组织权制度进行了理论梳理和观念创新。特别是，本项研究建立在国外多个国家以及国际文件有关广播组织权立法的先进经验和理念之上，使得本项研究具有宽阔的国际视野。

　　三网融合技术下，广播的内涵得到了空前扩展。虽然网络广播形式多样且深受欢迎，但是各国在著作权法中对其进行保护的却是少数。网络广播的出现必然催生出网络广播组织。当然，从"法人""提出动议并负责""安排时间"等特点上判断，并非所有从事网络广播的网站都是网络广播组织。目前世界各国在是否为网络广播提供法律保护上存在争议，且对网络广播提供邻接权保护的国家并不多，这些国家所提供的法律保护形式也不尽相同，如英国保护的是网络同步传输或实时传输，新西兰采用技术中立模式对网络广播提供保护，美国通过授予版权形式对广播组织提供保护，欧盟赋予广播组织信息网络传播权以提供保护等。面对国际条约纷纷无法满足网络传播技术要求的情况，世界知识产权组织版权及相关权常设委员会各届会议为完善此项内容做出了种种尝试，体现在制度层次就是在广播组织权主体、内容和客体三个方面的拓展。因此，本书将网络广播信号、网络广播组织、网络转播权得到法律保护作为分析的重点。虽然建立在资金基础、技术基础和政治文化基础之上的广播组织权制度具备扩张的必要性，但是，扩张中广播组织权与公共利益、其他相关权利人的利益之间必须保持平衡，合理使用和保护期限是保持前述平衡的标配制度。不过，三网融合技术对合理使用制度提出了挑战：公共领域的缩减制约了社会的创新发展，缩小甚至消除了技术保护措施合理使用的应用范围，并质疑"个人合理使用"，且邻接权限制制度必须接受"三步检验法"的严格的约束和苛刻的检验。在本书的最后，笔者通过梳理曾经、现行中国著作权法以及当下第三次修订中的三个著作权法草案有关广播组织权制度的立法思路，归纳它们的不足与缺陷并进行反思，提出现行广播组织权制度改革的定位在于维护公共利益，坚持利益平衡原则，遵循维护公共利益原则、技术中立原则和保护广播组织原则等三原则，扩充现有的广播组织权内涵，更新完善广播组织权限制制度。

关键词：三网融合　广播组织权　广播组织　网络广播　公共利益

Abstract

Triple networks integration technology has brought three networks of broadcast networks, telecommunication networks and the Internet network entering into each other and penetration in the business and service level, and has brought the huge change on transmission mode of the radio and television program, revised the traditional way of radio and TV signals transmitted by broadcast network only. Telecommunication and the Internet networks became the new channels people viewing broadcasting and television program. The emergence of the triple play can meet people's need on news and information, news of entertainment and information service more conveniently and quickly, people can connected to the network and accessed radio and television program service in any way and at any time and place, thus, broadcast television's value has obtained the maximized value embodiment. However, the technology development brings convenience for us, but at the same time, it provides the technical support for the network piracy. Because of the shortcomings and defects in the broadcasting organization right system of our present copyright law, especially the anomie in the network rebroadcast or network broadcast, in the face of widespread network piracy, broadcasting organization cannot obtain the legal support. Since 1998 up to now the world intellectual property organization, held 28 sessions of conference on protection of the right of broadcasting organizations, formed a relatively complete and serial broadcasting organization right system files, but due to large disputes in many aspects among participants, especially the wide divergence on the specification of the network broadcast, so far there is no treaty decided by vote. Under such international and domestic background, this book uses the complex approach combined jurisprudence analysis and empirical analysis, comprehensively and objectively conducts the theoretical carding and concept innovation on the broadcasting organization right system. Especially, this study is based on advanced experience and concept of the legislation of broadcasting organizations right of major abroad national and international documents, which provides a broad international perspective for this study.

Through the triple networks integration technology, the connotation of broadcast obtained the unprecedented expansion. Web broadcast has various forms and is very popular, but it lacks protection in copyright law in various countries in the world. The emergence of the web broadcast will hasten the development of the network broadcast organizations inevitably. Of course, analyzed from the characteristics of "legal person", "proposing and is responsible for" and "schedule" to judge, not all websites engaging in web broadcast are the web broadcast organizations. Countries around the world argue on whether to provide legal protection for the network broadcast, and only a few countries providing neighboring right protection for the network broadcast. Legal protection form they provided is different, such as the United Kingdom provides protection for the network synchronization transmission or real-time transmission, New Zealand provides protection for web broadcast adopting technology neutral pattern, the United States provides protection by granting copyright form, the European Union endows broadcasting organization information network transmission right and so on. In the face of international treaties lagging behind the network transmission technology requirement, each session of SCCR conference made various attempts to improve the content from, three aspects in the system level, which are the expansion of broadcasting organizations right subject, content and object. The web broadcast signal, network broadcasting organizations and network rebroadcast rights protected by the law is the focus of this books analysis. Although broadcasting organization right system based on capital and technology has the necessity of expanding, during the expansion period, the broadcast organization rights, public interests and other related obligees' benefit must keep the balance. The rational use and protection term are necessary to keep the balance. However, the triple networks integration technology poses challenges to fair use, the decrease in the public domain restricts the social innovation and development, technical protection measures makes fair use impossible and questions "fair use", and neighboring right limit system must be comstrained by the strict three-step test and be tested by the strict inspection. At the end of this book, the author combed the past chinese copyright law, the current Chinese copyright law, and the legislative arguments on broadcast organization right system of the three copyright law drafts of the third revision, concluded and reconsidered their deficiencies and flaws, and put forward that the positioning of current broadcasting organization right system reform is to maintain the public interests, adhere to the principle of interests balancing, follow the three principles of maintaining public interests, maintaining the technical neutrality and protecting broadcast organizations, expand the existing connotation of the right of broadcast organizations, and perfect the restrictive system of broadcasting organization right.

Keywords: The Triple Networks Integration; Broadcaster's Right; Broadcast Organization; Web Broadcast; Public Interests

目 录

第一章　绪论 …………………………………………………… 1

　第一节　国内外研究现状 …………………………………… 1
　　一、国内研究综述 ………………………………………… 1
　　二、国外研究综述 ………………………………………… 4
　第二节　研究意义 …………………………………………… 9
　　一、科学意义 ……………………………………………… 9
　　二、应用前景 ……………………………………………… 10
　第三节　主要创新点 ………………………………………… 11
　第四节　拟采取的研究方法 ………………………………… 12
　　一、文献研究法 …………………………………………… 12
　　二、历史分析法 …………………………………………… 13
　　三、案例分析法 …………………………………………… 13
　　四、比较分析法 …………………………………………… 13
　　五、跨学科交叉研究法 …………………………………… 14
　第五节　技术路线、实验方案及可行性分析 ……………… 14
　　一、遵循从国外到国内、从实践到理论的研究路线 …… 14
　　二、技术路线的特色 ……………………………………… 15

第二章　三网融合技术的发展与广播组织权制度 …………… 18

第一节　三网融合技术的发展对广播组织的影响 ……………… 18
一、三网融合技术下的广播 ………………………………… 18
二、三网融合技术下的广播组织 …………………………… 25

第二节　三网融合技术的发展与广播组织权制度 ……………… 34
一、数字流媒体技术的产生与发展 ………………………… 34
二、网络广播 ………………………………………………… 38
三、网络广播对广播组织权制度的影响 …………………… 39

第三章　国际立法层面广播组织权的制度演进与技术挑战 …… 46

第一节　传统技术时代广播组织权的产生与发展 ……………… 46
一、广播组织权的产生 ……………………………………… 46
二、世界各国对广播组织权的规范 ………………………… 53

第二节　三网融合技术对广播组织权制度提出的挑战 ………… 82
一、网络广播规范模式的比较法观察 ……………………… 84
二、网络广播法律保护之争议 ……………………………… 88

第三节　三网融合时代广播组织权面临的问题 ………………… 91
一、三网融合技术条件下的侵权行为 ……………………… 91
二、三网融合技术条件下国际条约的不足与缺陷 ………… 96
三、三网融合技术条件下国际社会为推进广播组织权
　　保护所做的努力 ………………………………………… 103

第四章　三网融合背景下广播组织权制度的扩张 ……………… 112

第一节　广播组织权制度的扩张 ………………………………… 112
一、广播组织权的主体 ……………………………………… 112
二、广播组织权的客体 ……………………………………… 117
三、广播组织权的内容 ……………………………………… 132

第二节　广播组织权制度扩张的必要性 ·········· 159
一、广播组织权制度之资金基础 ·············· 161
二、广播组织权制度之技术基础 ·············· 164
三、广播组织权制度之政治、文化基础 ·········· 169

第五章　三网融合背景下广播组织权的限制 ·········· 172

第一节　广播组织权制度的利益平衡 ·············· 172
一、广播组织权与公共利益的冲突与平衡 ·········· 172
二、广播组织权与其他权利的利益失衡与平衡 ······ 189

第二节　三网融合背景下广播组织权的限制 ········ 196
一、合理使用制度 ························ 196
二、保护期制度 ·························· 211

第三节　广播组织权限制的基本原则——"三步检验法" 217
一、"三步检验法"的渊源 ·················· 218
二、"三步检验法"的具体含义 ················ 220
三、"三步检验法"的发展与应用 ·············· 225

第六章　三网融合背景下中国广播组织权制度评析与改革思路 ·········· 228

第一节　我国广播组织权制度评析 ················ 228
一、我国广播组织权制度立法变迁及其特点 ········ 228
二、我国现行广播组织权制度之弊端 ············ 237
三、《著作权法》第三次修改关于广播组织权制度的立法思路变迁 ·························· 252

第二节　我国广播组织权制度改革的总体思路 ······ 259
一、我国广播组织权制度的改革定位 ············ 259
二、广播组织权制度改革应遵循的原则 ·········· 262
三、广播组织权制度改革具体方案 ·············· 271
四、广播组织权扩张在国民待遇方面的思考 ········ 273

结　语 ……………………………………………… 278

主要参考文献 ……………………………………… 280

索　引 ……………………………………………… 292

后　记 ……………………………………………… 296

Content

1 Introduction /1

    1.1 Research Status at Home and Abroad /1

        1.1.1 Domestic Research Overview /1

        1.1.2 Overseas Research Overview /4

    1.2 Research Significance /9

        1.1.1 Scientific Significance /9

        1.1.2 Application Prospect /10

    1.3 The Main Innovation Point /11

    1.4 Research Methods Planned to be Adopted /12

        1.1.1 Literature Research Method /12

        1.1.2 Historical Analysis /13

        1.1.3 Case Analysis Method /13

        1.1.4 Comparative Analysis Method /13

        1.1.5 Interdisciplinary Research Method /14

    1.5 Technical Route, Experimental Scheme and Feasibility Analysis /14

        1.1.1 Research Route from Abroad to Domestic, from Practice to Theory /14

        1.1.2 Features of the Technical Route /15

2 Technology Development of The Integration of the Three
　Networks and Broadcasting Organization Right System　　　/ 18

　　1.1　Influence of Technology Development of the Integration
　　　　　of the Three Networks on the Broadcast Organization　　/ 18
　　　　1.1.1　Broadcast under the Three Networks Integration Technology
　　　　　　　　　　　　　　　　　　　　　　　　　　　　　　　　/ 18
　　　　1.1.2　Broadcast Organization under the Three Networks
　　　　　　　　Integration Technology　　　　　　　　　　　　　　/ 25
　　1.2　Technology Development of the Integration of the Three
　　　　　Networks and Broadcasting Organization Right System　/ 34
　　　　1.1.1　Production and Development of the Digital Streaming
　　　　　　　　Media Technology　　　　　　　　　　　　　　　　　/ 34
　　　　1.1.2　Web Broadcast　　　　　　　　　　　　　　　　　　　/ 38
　　　　1.1.3　Influence of Web Broadcast on Broadcasting Organization
　　　　　　　　Right System　　　　　　　　　　　　　　　　　　　/ 39

3 System Evolution and Technology Challenge of Broadcast
　Organization Right on the Level of International Legislation　/ 46

　　1.1　Production and Development of Broadcast Organization Right
　　　　　in the Age of Traditional Technology　　　　　　　　　　/ 46
　　　　1.1.1　The Generation of Broadcast Organization Right　　/ 46
　　　　1.1.2　The Standard of Various Countries on Broadcast
　　　　　　　　Organization Right　　　　　　　　　　　　　　　　/ 53
　　1.2　Brought by Three Networks' Integration Technology
　　　　　Challenges to Broadcast Organization Right　　　　　　　/ 82
　　　　1.1.1　The Comparative Law Observation of Web Broadcast
　　　　　　　　Specification Model　　　　　　　　　　　　　　　　/ 84
　　　　1.1.2　Controversy on Legal Protection of Web Broadcast　/ 88
　　1.3　Problems Confronted by Broadcast Organization Right in
　　　　　the Age of Three Networks' Integration　　　　　　　　　/ 91
　　　　1.1.1　Infringement Act under the Technical Condition of Three
　　　　　　　　Networks' Integration　　　　　　　　　　　　　　　/ 91

	1.1.2	Insufficiency and Flaws of International Treaty under the Technical Condition of Three Networks' Integration	/ 96
	1.1.3	Endeavors Boosted by International Community on the Protection of Broadcast Organization Right under the Technical Condition of Three Networks' Integration	/ 103

4   Expansion of Broadcast Organization Right System under the Background of Integration of the Three Networks   / 112

    1.1   Expansion of Broadcast Organization Right System   / 112
        1.1.1   The Main Body of Broadcast Organization Right   / 112
        1.1.2   Object of Broadcast Organization Right   / 117
        1.1.3   Content of Broadcast Organization Right   / 132
    1.2   Necessity of Broadcast Organization Right System's Expansion   / 159
        1.1.1   Capital Base of Broadcast Organization Right System   / 161
        1.1.2   Technology Base of Broadcast Organization Right System   / 164
        1.1.3   Political and Cultural Base of Broadcast Organization Right System   / 169

5   Restriction of Broadcast Organization Right under the Background of Integration of the Three Networks   / 172

    1.1   Balance of Benefit of Broadcast Organization Right System   / 172
        1.1.1   Conflict and Balance between Broadcast Organization Right and Public Advantages   / 172
        1.1.2   Imbalance and Balance of Benefit between Broadcast Organization Right and Other Rights   / 189
    1.2   Restriction of Broadcast Organization Right under the Background of Integration of Three Networks   / 196
        1.1.1   Fair Use System   / 196
        1.1.2   Term of Protection System   / 211
    1.3   Basic Principle of the Restriction Broadcast Organization Right's Application——Three-Step Test   / 217
        1.1.1   Origin of Three-Step Test   / 218

		1.1.2	Specific Meaning of Three-Step Test	/ 220
		1.1.3	Development and Application of Three-Step Test	/ 225

6 The Evaluation and Reform Thinking of China's Broadcast Organization Right System under the Background of Three Networks' Integration / 228

    1.1 Evaluation of Our Country's Current Broadcast Organization Right System / 228

        1.1.1 Legislation History and Characteristics of Our Country's Current Broadcast Organization Right System / 228

        1.1.2 Defects of Our Country's Current Broadcast Organization Right System / 237

        1.1.3 The Legislation Thinking Way's Transition of Broadcast Organization Right in the Third Amendment of The Copyright Law / 252

    1.2 Overall Thinking of Our Country's Broadcast Organization Right System Reform / 259

        1.1.1 Positioning Location of Our Country's Broadcast Organization Right System Reform / 259

        1.1.2 Principles Followed by Broadcast Organization Right System Reform / 262

        1.1.3 Concrete Proposal of Broadcast Organization Right System Reform / 271

        1.1.4 Thoughts on the National Treatment in Expansion of Broadcasting Organization Right / 273

Epilogue / 278

The Main References / 280

Index / 292

Postscript / 296

第一章 绪论

第一节 国内外研究现状

一、国内研究综述

2010年1月，国务院常务会议决定加快电信网、广电网、互联网三大网络的融合。这将极大地加快我国媒介的融合进程并促进数字媒体产业的发展。而网络技术以及新媒体的广泛应用，势必对传统的著作权管理模式和传统的信息拥有者、传播者、使用者之间的利益格局产生深远影响。对此，三网融合下的著作保护，尤其是广播组织权保护的基本原则、保护机制、权利结构等问题已引起学界和业界的高度关注，他们在理论与实践层面做了初步的研究和探索，积累了一定的成果。

（一）对于网络广播的研究

1. 从邻接权视角，研究是否为网络广播提供法律保护

对该问题研究较早、较深入的学者当属胡开忠教授。2007年，他在《法学研究》上发表了《信息技术发展和广播组织权利保护制度的重塑》，从国际条约层面对广播组织的网络广播权益保护进行了分析，指出广大发展中国家反对对网络广播提供法律保护，并认为我国也应暂不保护。2009年，他又发表了《论网络广播组织权利的法律保护》，对该问题继续进行

讨论，指出："由于立法的滞后，该广播形式尚不能受到现有著作权法律制度的保护。但是，鉴于网络广播迅速发展的事实，国际社会一直在考虑对网络广播组织的法律保护问题，我国应当充分关注国际著作权立法的趋势，关注本国网络广播产业发展的现状，根据本国国情，合理界定网络广播组织的权利，并通过适当的限制制度使其利益与社会公众的利益保持相对的平衡。"

2. 从著作权视角，提出网络广播著作权制度的完善

陈明涛在《网络广播服务提供商的版权责任》一文中指出，应"建立一个统一的整合了信息网络传播、广播、公开表演等权利的向公众传播权，为不同类型的网络广播提供差异化的许可方案，暂不对网络广播服务提供商提供邻接权保护"。张伟君发表了《从网络广播看我国网络传播著作权制度的完善》，建议"《著作权法》在将来的修改中，可以合并关于表演权、广播权和信息网络传播权的有关规定，增加规定：向公众传播权，即以有线或者无线方式向公众传播作品的权利，包括用各种手段公开传播作品的现场表演，以无线方式公开广播或者传播作品，以有线方式公开广播作品，以有线传播、卫星传输或者转播的方式向公众传播广播的作品，通过扩音器或者其他传送符号、声音、图像的类似工具向公众传播广播的作品，以及通过信息网络向公众提供作品，使公众可以在其个人选定的时间和地点获得作品的权利。"

3. 从网络视角探讨传播权制度

梅术文在《著作权法上的传播权研究》一书中指出当代传播权面临的主要挑战在于权利规定分散、制度设计之利益不平衡、权利流动不顺畅和网络服务商行为边界不清晰。现代信息技术革命给著作权法带来的危机，应通过整合传播权体系、促进传播权利用、划定网络服务商的行为边界、重塑传播权利益平衡体系、推进传播权制度的完善和规则自治消解。

通过中国知网，在"主题"项下搜索，同时含有"网络广播""权"字的文章共有36篇，相关硕士论文只有2篇，为吴怡婧的《网络环境下广播组织权研究》和梁璇的《信息网络环境下的广播组织权》。另外，中南财经政法大学硕博论文库中含以上关键字的论文共有2篇，为刘智鹏的《技术革新对广播组织权利制度变革的推动》和杨占军的《论网络广播组织的权利及其限制》。

（二）关于广播组织权研究

国内学术界对广播组织权的系统研究肇端于胡开忠教授，高水平的研究成果仅有以下三项。胡开忠教授等出版的《广播组织权保护研究》（2011年版）重点对网络环境下广播组织邻接权制度面临的挑战和完善我国相关制度的方案进行了前沿分析。陈娜在其博士论文《广播组织权制度研究》中对广播组织权的产生、发展和相关理论进行了讨论，探讨了广播组织权国际立法的最新进展，并指出了我国广播组织权制度的不足与完善方法，提炼出一个制度模型。相靖在其博士论文《广播组织权利研究》中尝试着全面探讨了广播组织权的相关内容，包括广播、广播组织的定义以及相关概念的界定，广播组织权的主体、客体、权利内容，对广播组织权的限制，对网播组织法律问题的探讨，对中国广播组织立法的建议等。

通过中国知网，在"主题"项下搜索"广播组织权"，共有23篇文章，硕士论文共6篇，未见其他相关博士论文。

（三）关于邻接权研究

广播组织权属于邻接权，因此，系统研究邻接权的成果基本上都会对广播组织权进行分析。国内唯——本相关专著是孙雷的《邻接权研究》（2009年版），其简要阐述了邻接权产生和发展的历史，而且将邻接权保护的思路延伸到了数字技术和网络环境，对新形势下邻接权的保护进行了深入探讨。该专著对广播组织权的起源、主体、客体、内容、保护期限进行了专章分析，对广播组织权体系的构建进行了初步的探索。另外，徐伟的《邻接权制度研究》从历史和公共政策的角度对邻接权进行了全面分析，在"邻接权制度的基本范畴"中对广播组织权的产生、内容、限制等问题进行了简单的梳理归纳。

另外，郑成思、吴汉东、李明德、冯晓青、梅慎实、陈晓慧、张旭霞、许春明等专家学者先后在论文和学术著作中从不同角度对邻接权的保护进行了阐述。他们或者从邻接权某一主体或客体的保护层面出发进行阐述，或者针对国内外的某一典型案例对著作权法的适用等问题加以阐述，特别是对网络环境下邻接权的管辖、权利归属、合理使用、侵权责任等问题进行了一系列的探讨。

通过中国知网，在"主题"项下搜索"邻接权"共有71篇文章，硕士论文共11篇，未见相关博士论文。

二、国外研究综述

近代以降,"西法东渐"历程中具有重要影响的英、美、日、欧等国家或地区,在相关领域的学术积累相当深厚,制度体系粲然大备。

(一)关于广播组织权研究

目前国外学界对广播组织权进行研究的专著并不多见,笔者只搜到一本专著,是日本早稻田大学学者小川惠(Megumi Ogaw)的 *Protection of Broadcasters' Right*(2006)。她在专著中分析了广播组织权立法保护的形成及后续发展,并讨论了有关这方面国际和国内保护水平提升的法律问题,对广播组织权的国际保护以及在两个司法管辖区(澳大利亚和日本)内具有代表性的两种不同的保护方法进行了重点研究。该书还提供了有关国际条约和惯例以及日本国内立法的详细目录,并提供了有见地的观点,提出了未来保护广播组织权的最佳途径。

大卫·布伦南(David Brennan)在 *Australia Television Broadcasts as Copyright Property* 中指出,美国版权法从未承认过广播信号本身享有版权。要使直播内容获得《美国版权法》(1976年)的保护,需适用同时固定原则。根据该原则,由正在直播的声音或图像组成的内容可以被视为已经减少为一种物质形式,就像广播组织边广播边对该项内容制作的录音、录像。这样,现场直播足球比赛的电视广播公司在法律上被视为正在播放足球比赛电影,电视台录制直播比赛就如同其在广播节目。这样,本质上是建立在对作品的需求基础上的美国版权法律体系避免了形而上学地深入研究广播信号版权的本质属性。同时他还认为,澳大利亚现有的广播利益集团在政治上太强大以至于不可能颠覆产权现状。然而,将广播组织邻接权压缩进版权体系的困难将不会消失,并将继续产生不确定和无谓的争论。

此外,还有 Shyamkrishna Balganesh 的 *The Social Costs of Property Rights in Broadcast(And Cable)Signals*、Louis G. Caldwell 的 *The Copyright Problems of Broadcasters*、Sanjay Pandey 的 *Neighboring Rights Protection in India*、Stephen A. Gold 的 *Community Antenna Television v. Copyright Rights,An Unresolved Controversy*、Tom Rivers 的 *Broadcasters' Rights:Yesterday,Today and Tomorrow*、Lori A. Yarvis 的 *Signal Piracy:The Theft of United*

States Satellite Signals、David Epstein 的 *Copyright Protection and Community Antenna Television Systems* 等等。

(二) 关于数字版权研究

美国著名知识产权法专家保罗·戈斯汀（Paul Goldstein）在其专著《著作权之道：从谷登堡到数字点播机》（2008）中对若干标志性案例：图书馆复印期刊案、家庭录像案、《哦，漂亮女人》歌曲改写案、Napster 案进行了精要解读，全面展示了著作权制度如何应对科技变革，以及著作权对于美国政治、经济和文化的影响。英国著名学者斯特林（J. A. L. Sterling LL. B. ）在其专著 *World Copyright Law*：*Protection of Author's Works*, *Performances*, *Phonograms*, *Films*, *Video*, *Broadcasts and Published Editions in National*, *International and Regional Law* 中首先对英美两国对广播组织者权的法律保护进行了定性和分析；其次，从国际条约角度对无线广播组织、电缆传播者的权利进行了梳理和归纳并总结了不足。

意大利学者尼古拉（Nicola Lucchi）在其专著 *Digital Media & Intellectual Property* 中从法律和技术两个角度对数字时代美国和欧盟的知识产权保护进行了分析，并将美国《数字千年版权法案》与欧洲议会和欧盟理事会《关于协调信息社会中版权和相关权若干方面的第 2001/29/EC 号指令四》（以下简称《欧盟信息社会版权指令》）进行了对比。M. Sakthivel 在 *Webcasters' Protection under Copyright—A Comparative Study* 中从技术的视角，研究了第四代 P2P 文件共享技术，即流媒体技术。文章批判分析了流媒体技术的本质并以网络广播的名义评估了著作权保护下流媒体技术同广播的相似点。此外，文章思考了在著作权广播框架内网络广播的可能性和适用于网络广播的广播组织权的制度。最后，文章提出了如何在著作权保护框架下保护网络广播或流媒体技术的建议。贾可·德·维拉（Jacques de Werra）在论文 *The Legal System of Technological Protection Measures under the WIPO Treaties*, *the Digital Millennium Copyright Act*, *the European Union Directives and Other National Laws*（*Japan*, *Australia*）中通过国际条约、区域指令和多个国家的法律规定对技术保护措施进行了分析，归纳出他们之间的不同和联系，以及特点。

此外，还有安东尼·博金斯（Hector MacQueen）的 *UK Copyright Law in the Digital Environment*；查尔斯·B. 戈德法布（Charles B. Goldfarb）在瑞恩·E. 摩尔（Ryan E. Moore）主编的 *Media Industry Programming*,

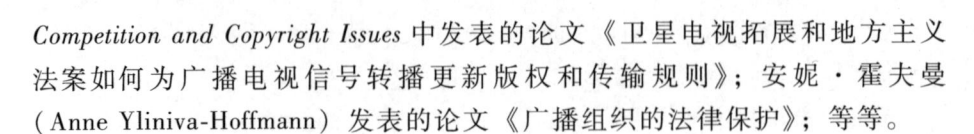

Competition and Copyright Issues 中发表的论文《卫星电视拓展和地方主义法案如何为广播电视信号转播更新版权和传输规则》；安妮·霍夫曼（Anne Yliniva-Hoffmann）发表的论文《广播组织的法律保护》；等等。

（三）有关网络广播研究

概括而言，国外对于网络广播的研究主要有三个方面的思路。

1. 创立新的版税方式

丹尼尔·卡斯特罗（Daniel Castro）在 *Internet Radio and Copyright Royalties：Reforming a Broken System* 中指出，美国国会需要通过立法改革现行制度。第一，国会应赋予所有广播技术组织相同的表演权。如果地面无线广播不享有录音制品的表演权，那么互联网电台也不应享有；如果国会希望征收这个版税，那么对无线广播和网络广播都应征收。第二，国会应修改法定许可规定，允许版权所有者为每个录音制品规定单独的税率，这一变化将促成更具竞争力的定价并保证市场能够应对国外竞争。第三，国会应允许版权所有者分配单独的版税给小型的、非商业性的网络传播者。这些政策将促进创新、消费者选择和国际竞争。由此，消费者将享受到更多的收听选项，版权所有者将通过他们的作品获得公平的补偿。

2. 设立强制许可制度

美国学者保定·谢范（Baoding Hsieh Fan）在 *When Channel Surfers Flip to the Web：Copyright Liability for Internet Broadcasting* 中认为，版权强制许可（或法定许可）制度有益于视频和电视广播在互联网上的转播。然而，网络视频的强制版权许可的适用性将最终取决于模型进化的情况。作者提出未来有两种可能的范式。一是，"网络电视"将提供与有线广播直接竞争的无线广播节目或直播卫星系统的连续、实时转播，因此，迫切需要一个强制版权体制；二是，为回应消费者需求，实施一个可以完全依赖市场来确定适当的版税率的按次计费的"视频图书馆"方案。

玛丽贝斯·彼得斯（Marybeth Peters）在 *Copyrighted Broadcast Programming on the Internet* 中专注于研究电视广播信号互联网转播强制许可的适当性，并探讨了录音制品在网上现存的强制许可制度。

另外探讨强制许可制度的还有，科佩尔（Krystian G. Koper）的 *The Digital Transmission Compulsory License：Is It in June with the Internet*、特里萨（Terese Foged）的 *How Internet Radio Plays in Accordance with U. S. and*

Danish（E. U.）Copyright Laws、Fred H. Cate 的 *Cable Television and the Compulsory Copyright License*、迈克尔 A. 埃因霍恩的 *Internet Television and Copyright Licensing：Balancing Cents and Sensibility* 等等。

3. 设立市场主宰下的协商许可模式

迈克尔 A. 埃因霍恩（Michael A. Einhorn）在 *Internet Television and Copyright Licensing：Balancing Cents and Sensibility* 中认为不是所有通过互联网转播台自由使用广播电视信号的行为都能体现出公平。很明显，因为数字技术、二级用户可以制作和发行近乎完美的广播材料的复制件，其在广播节目转播中对版权人产生了潜在的危险。由于没有适当的版权授权，网络技术可以使节目投资毫无效益，并减少提供或发布新的内容的金钱刺激。他同时指出，不授权强制许可的另外一个策略是豁免某些通过免费无限波段上广播的电视节目的有限的使用的许可。通过自愿达成协议，或者说通过法律实现上述策略是可能的。依照温迪·戈登提出的并不完美的"三步检测法"的合理使用范式，当许可的成本很高，且该传播许可是为了重要的公共利益而设定时，豁免就应该是合理的。同时，当豁免能够促进广告或节目的销售时该豁免也应该是合理的。

美国学者斯图尔特·N. 布罗特曼（Stuart N. Brotman）在 *Cable Television and Copyright：Legislation and the Marketplace Model* 中认为随着有线传播新模式的演变，《美国版权法》（1976 年）的规定没有真正打破有线电视版权的困境，且该等困境显得越来越明显，他探讨了这个持续的问题的背景和该法案不能打破这个困境的原因，并提出了一个可替代模式："转播同意"（retransmission consent）的目的在于用市场的力量协调广播、有线电视系统和版权所有者之间的关系。

另外，泰勒·哈德曼（Tyler Hardman）的《网络广播与互动性问题与对策》对此也有相同观点。

（四）国际会议文件

世界知识产权组织版权与邻接权常设委员会历届会议所形成的文件对研究广播组织权具有重大的意义，为本项研究提供了指导性思想和素材，如《关于保护网播问题的备选和非强制性解决方案的工作文件》（SCCR/12/5 PROV.）、《关于世界知识产权组织保护广播组织条约的非文件》（2007.4.20）、《保护广播组织》（WO/GA/33/4）、《广播组织的保护：术语与概念》（SCCR/8/INF/1）、《世界知识产权组织条约对广播组织权的保护》(SCCR/2/6)、《第二十二届会议报告》(SCCR/22/18)、《版权与相邻权常务委员会首次特别会议》(SCCR/S1/2；SCCR/S1/3 PROV.)、《世界知识产权组织保护广播组织条约经修订的基础提案草案》(SCCR/15/2)、《对信号未经授权使用的社会经济层面的研究：第Ⅰ部分－广播电视业的市场现状和技术发展趋势》(SCCR/19/12)、《对信号未经授权使用的社会经济层面的研究：第Ⅱ部分－对广播内容未经授权的访问的原因和效果：全球综述》(SCCR/20/2 REV.)、《对信号未经授权使用的社会经济层面的研究：第Ⅲ部分－对该公约关于保护广播组织的社会和经济影响的研究》(SCCR/21/2)、《对于拉丁美洲区域和加勒比区域的国家有关广播组织保护的研讨会报告》(SCCR/21/3)、《对信号未经授权使用的社会经济层面研究的第Ⅰ部分第Ⅱ部分第Ⅲ部分的分析文件》(SCCR/21/4)、《关于保护广播组织条约经修订的合并案文第二稿》(SCCR/12/2 REV.2)、《世界知识产权组织条约对广播组织的保护》(SCCR/17/INF/1)、《世界知识产权组织成员国大会第四十八届系列会议总报告》(A/48/26 PROV.)等等。

(五) 国际公约译著

网络广播方面比较有影响的译著主要有以下四部。中国人民大学郭寿康教授组织翻译的德国约格·莱因伯特及西尔克·冯·莱温斯基所著的《WIPO因特网条约评注》和匈牙利米哈依·菲彻尔所著的《版权法与因特网》(上)(下)。前者对《世界知识产权组织版权条约》(以下简称WCT)和《世界知识产权组织表演和录音制品条约》(以下简称WPPT)两个条约的具体内容进行了分析，对理解制定某些条款的前因后果有着重要的参考价值；后者对《保护文学艺术作品伯尔尼公约》(以下简称《伯尔尼公约》)和《保护表演者、音像制品制作者和广播组织国际公约》(以下简称《罗马公约》)的有关规定做了详细的分析，并介绍了欧盟、美国以及日本在国内与地区立法中实施"因特网条约"的有关情况。另外两本是由联合国教科文组织翻译、中国对外翻译出版公司出版、西班牙利普希克撰写的《著作权与邻接权》和刘波林翻译、世界知识产权组织国际局著作权和公共信息司长克洛德·马苏耶撰写的《罗马公约和录音制品公约指南》。

上述学者和有关部门的贡献构成了笔者研究的基础。他们从多个角度对广播组织权制度的一般理论进行了广泛讨论，其中，从国际条约层面对比作者自己国内相关制度所形成的分析占据相当比重，形成了一批高水平的理论成果。但是，国外对此方面进行系统研究形成的专著却并不多见，另外，由于三网融合在中国才刚刚开始，三网融合技术和市场对广播组织权的影响也才刚刚引起少许国人关注，国内目前只有几个相关案例。因此，对三网融合背景下广播组织权制度的完善进行系统研究，具有国际和国内、理论和实践等双层的重要意义。

第二节　研究意义

一、科学意义

广播电视组织邻接权保护是在我国积极推进三网融合中所遇到的问题，广播电视组织邻接权是国际社会需要通过协调诸多利益关系、重新界定权利、强化保护措施加以保障的对象。本项研究的科学意义重大。

第一，本研究有助于应对广播组织权制度的当代挑战。从广播组织权的制度发展史中可以管窥著作权法律制度的变迁脉络，更为重要的是，应对广播组织权的当代挑战的对策决定着著作权制度的未来走向。当前学界对有关广播组织权的研究方兴未艾，很多重点问题、热点问题还处于激烈争论之中。在Web2.0技术的推动下，在电视广播网、电信网和互联网等平台走向兼容和融合的趋势下，广播组织权的法律困境直接反映和决定了著作权的主旨实现和体系建构。三网融合环境下广播组织权制度的研究只是刚刚起步，还有大量的议题需要深入展开。梳理广播组织权制度在当今社会的主要挑战，寻求相应的应对之道，不仅有助于定分止争，而且关乎法律制度的因应调适，促进文化产业的有序繁荣。

第二，本研究以广播组织权为视角，反思当代著作权的理论构造。随着网络技术的飞速发展，国内外有关广播组织权的纠纷和诉讼也相应增多，诸如盗播、盗录、转播、超链接、渠道融合、地域冲突等引发的著作权纠纷，不仅对网络环境下广播组织权保护提出了新的挑战和课题，也说明我国相关制度规范相对欠缺。制度的欠缺源于理论研究上的贫弱。本项研究的学术价值并不仅仅在于弥补上述不足，而更是在于探讨如何在新的历史背景下，对既有的著作权体系进行结构基础上的重新建构，进而实现著作权制度的扩容！

第三，本研究具有有效解决著作权纠纷、促进相关产业发展，和推动中国与国际接轨的现实意义。2010年12月4日，中国版权年会以"三网融合与版权保护"为主题在深圳举行；2011年4月23日，知识产权"南湖论坛"国际研讨会在武汉召开，对"广播影视出版行业知识产权问题"进行了探讨；2011年12月11日，"数字化时代新媒体使用规范"国际研讨会在京召开，探讨了在数字化时代如何科学对待和合理使用新媒体；2013年4月13日，"南湖论坛十周年纪念会暨知识经济与知识产权国际研讨会"在武汉举行，对"互联网创新与知识产权法律问题"进行了多方位的前沿探讨。本项研究在以上国内外学界精英对三网融合环境下广播电视组织邻接权的研究成果以及对解决现实中有关此方面纠纷的探讨的基础上继续深入，为相关产业快速、健康发展提供帮助。另外，虽然《WIPO保护广播组织条约草案》尚未获得通过，但历经多次商讨，该草案为我国政府参与制定相关国际条约提供了理论支持。

二、应用前景

首先，本书能够为民商法专业、新闻传播专业的教师和学生提供学习素材，为司法工作者提供理论指导。本项研究属于新闻传播学与法学的交叉领域，因此，两个学科的理论工作者对此都比较关心。而本项研究的出现，回应了理论界关于广播组织权制度如何适应三网融合技术的追问。另外，随着三网融合在我国的逐步发展，由此带来的网络广播方面的诉讼纠纷也会层出不穷，而本书恰恰能为法官和律师处理该类案件提供理论上的指导。

其次，本书将呈报给各个广播电视组织、网播组织，为其产业繁荣发展提供理论指导。鉴于广播组织属于事业体制并具有政治宣传的功能，一直以来，广播组织享受着合理使用制度的庇护，很大程度上促进了其自身的快速发展。但是，在我国媒介市场化深入发展的当下，尤其是自《广播电台电视台播放录音制品支付报酬暂行办法》实施以来，众多广播组织意识到以前的合理使用制度虽一方面保护了自己，但另一方面也消弭了自身著作权、邻接权的保护意识，耽误了自身作品或节目信号深度产业链开发的机会。理论上而言，三网融合技术的实施，网络广播的开展，给广播组织产业发展带来了广阔的空间，但相关著作权制度的不完善，给其发展增添了些许不确定性。而本书的研究内容有助于完善我国广播组织权制度，其必然会为立法部门提供相应的立法思考，为相关产业的繁荣发展提供理论指导。

最后，本书将为中国政府参与有关广播组织权制度国际条约的制定提供理论依据。本项目成果对广播组织权制度的深入研究将有助于深化人们对新形势下广播组织权保护规律的认识，有助于提高我国广播组织权保护的科学性、创新广播组织权制度。

第三节　主要创新点

本书的主要创新点在于以下几方面。

其一，研究视角新。根据知网文献检索的结果，从三网融合角度探索我国广播组织权制度的体系化建设的研究尚属空白。

其二，研究观点新。笔者以为，将广播组织权延伸至互联网领域不仅不会阻碍三网融合政策的推进与落实，而且可以增强对广播组织权的保护力度，最终将使广播组织繁荣发展并使公民获取信息的权利得到良好实现。同时，笔者以为，现行著作权法的权利限制与例外制度主要存有两个缺点：一是没有进行专门的"特殊情况"列举，使得广播组织权限制的实际应用效果并不理想；二是没有与国际上深受欢迎的"三步检验法"进行适当结合。

其三，研究内容新。本报告主要关注了四个方面的内容：第一，对三网融合技术的发展及其对广播组织权制度提出的挑战进行了分析；第二，分析了拓展广播组织权的必要性，并梳理了德国、法国、日本、英国、美国等世界上具有代表性的五个国家著作权法对广播组织权制度的规范；第三，系统分析了广播组织权限制与例外制度，尤其是对关于保护期的认识和广播组织权限制的基本原则——"三步检验法"进行了详细探讨；第四，在梳理我国现行著作权法、第三次修改著作权法的三个草案的不足与缺陷的基础上，提出了广播组织权制度的具体修改方案。

其四，研究思路新。国内学界对广播组织权的高水平研究甚少，目前仅有一部专著，就是胡开忠教授与他人合著的《广播组织权保护研究》。本书对广播组织权制度的建设展开了多层次、立体化的研究，始于三网融合拓展对广播组织权制度提出的挑战，终于对该制度的反思与重构，提出若干合理化建议，形成逻辑严密、层次分明的研究布局，与学界现存之成果在研究思路方面存在很大差别。

第四节　拟采取的研究方法

笔者拟以三网融合背景下广播组织权制度的创新为研究核心，在借鉴美国、德国等发达国家先进立法经验和把握国际立法动态的基础上，结合现实热点案例和问题，在新的环境下对广播组织权的性质界定、权利内容、权利限制等方面进行全面、系统的动态分析和阐述。

一、文献研究法

文献研究法是根据一定的研究需要，通过查阅文献来获得相关资料，全面地、正确地了解所要研究的问题，找出事物的本质属性和规律性，从中发现问题，并在此基础上，进一步调查或者进行比较分析，展开深层研究的一种研究方法。本书中，文献研究主要发挥以下作用：第一，获取和分析已有研究成果，了解本领域研究的成就与不足，以此确定本项目的研究方向和范围。第二，通过对调研对象相关资料的搜集整理，为本项目的调查研究提供研究假设、思路和目标。第三，通过研究法学、新闻学等学科的文献，获取多元研究视角和理论基础。第四，为理论创新提供基本的加工工具。在对研究成果和基本理论的陈述、组织和结合中，文献研究法将发挥引申研究结论、调整研究方向、提供基本事实、丰富研究方式等多项功能。

二、历史分析法

有关广播组织的著作权立法是一种历史现象，特定的广播组织立法必然具备历史的特点，即在特定的历史背景下产生特定的有关广播组织的著作权立法。本文将广播组织权制度演进划分为传统技术时代和三网融合技术时代进行历史研究，这对于提炼广播组织权保护规则、标准和定位具有重要意义，也有助于从历史的角度审视广播组织权在著作权法律结构中的地位。从这种意义上讲，任何一种形式的广播组织权立法都有其具体性，需要对特定时期的广播组织权进行判断。因此，研究广播组织权立法，应该把广播组织权立法与特定的历史背景结合起来，以便解释涉及广播组织的公约及其他相关法律法规所体现的综合社会因素，尤其是相关主体利益的变化。当然，这种历史性同时决定了对公约等运用上的约束性和功能的局限性。

三、案例分析法

因循案例、剖析案例是法学研究的基本方法。通过案例的引入和类型化整理，不仅可以管窥制度运行的实际思路、具体问题和解决之道，而且可以为法律完善、司法适用和比较考察提供最直接的研究素材和观察窗口。本文在贯彻案例分析方法时尽量做到以下两点。其一，国内案例和国外案例并举。特别是对欧盟国家、美国和本国的案例同时给予关注。其二，个案分析和案件类型化思考并举。在介绍和评价个案的同时，不忘归总一类或者一体的多个案件，通过综合分析，探索广播组织权规则的法律适用，总结实践经验。

四、比较分析法

由于各国历史情况不同，在历史上所采取的广播组织权保护制度也有所变化，特别是美国的版权制度。对不同时期选取的材料进行比较分析，有助于我们进一步认识事物发展的本质进程。不过要注意以下几点。第一，有效性。尽量还原国外法律制度原貌，获取一手外文材料。为寻找本国广播组织权勃兴和制度构建的答案,应力图深入具有相同功能、担负相同任务的外国法律。第二,透彻性。虽然各国法律和国际条约在历史发展、体系扩展和理论基础上存在着差异,但通过比较分析,我们要深入探究,面对同样问题,它们的解决途径究竟孰优孰劣。第三,科学性。通过比较力求获得科学的结论,从而使得结论能够为我国所用。特别是通过比较国际社会关于广播组织权立法的保护模式,探讨不同制度环境下广播组织权规则的当代发展,提出完善我国广播组织权立法的对策建议。

五、跨学科交叉研究法

广播组织既是新闻传播学研究的对象,又是一个著作权法领域研究的课题,还是一个产业领域研究的主体。广播组织权问题关涉多个学科的问题。本书采用跨学科分析的方法,对问题进行全方位的分析讨论。第一,利用经济分析的方法对广播组织权进行剖析,为平衡网络环境下广播组织权所涉各利益主体的利益奠定了理论基础。第二,采用法哲学的分析方法,从劳动财产权理论、利益平衡理论、激励理论等知识产权法哲学的角度,对广播组织权问题进行讨论,更好地为广播组织权扩张问题的解决提供法哲学上的理论基础。第三,从新闻学角度对广播组织权的特点及其扩张问题提供新闻理论方面的思考。

第五节 技术路线、实验方案及可行性分析

一、遵循从国外到国内、从实践到理论的研究路线

第一,本书遵循从国外到国内的研究路线。作为典型的过程和动态研究,广播组织权制度创新研究不能只着眼于对国内现实状况的考察,还应着眼于对科技发达、立法完善的国外现实状况的考察,这一考察涉及国内外三网融合技术的发展状况;中国广播组织权制度的新发展不仅取决于三

网融合的普及，更取决于三网融合技术的未来发展走向；各国广播组织权制度应对新技术时所呈现出来的发展路径不仅证明了广播组织权制度的多样性和独特性，也提供了可供借鉴的发展思路。

第二，本书遵循从实践到理论的研究路线。广播组织权制度的发展路径和立法建议并非凭空想象，而是源自三网融合发展状况和有关广播组织权的司法判例。因此，本书将首先对国内外三网融合的技术发展以及相关案例进行充分的梳理和调研，分析研究调研成果，并进行区域研究和区域比较研究，明确中国广播组织权制度的立法现状和发展的决定因素；在案例调查实践研究的基础上，通过理论提升确定广播组织权制度发展的路径、目标和策略。研究路线及方法如图1-1所示。

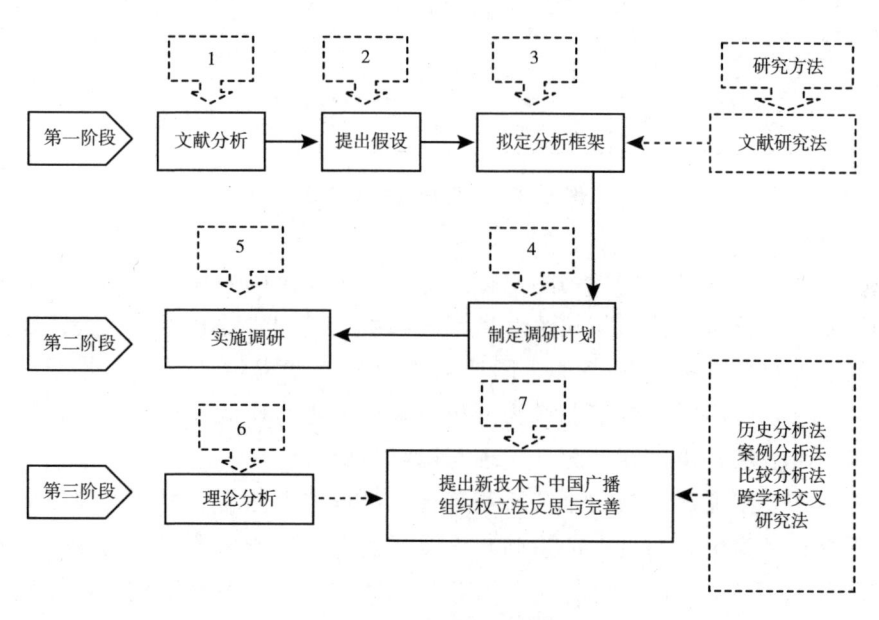

图1-1 技术操作路线

二、技术路线的特色

本书的技术路线具有以下特色。

第一，国际视野与本土关怀相结合。中国的著作权制度理论源自国

```
                    ┌──────────────┐      ┌──────────┐
                    │ 三网融合技术 │      │ 广播组织 │
                    └──────┬───────┘      └────┬─────┘
                           │                   │
                           ▼                   ▼
                    ┌──────────────────────┐      ┌──────────┐
                    │ 三网融合技术对广播   │◄─────│ 对影响   │
                    │ 组织权制度的影响     │      │ 的回答   │
                    └──────────┬───────────┘      └──────────┘
   ┌──────────┐                │
   │ 国际条约 │                │
   │ 国外立法 │                │
   └────┬─────┘                │
        │                      ▼
   ┌────▼──────────┐    ┌──────────────┐    ┌──────────────┐
   │国际立法层面广 │    │ 广播组织权   │    │ 广播组织权   │
   │播组织权的制度 │    │ 制度的扩张   │    │ 制度的限制   │
   │演进与技术挑战 │    │              │    │ 与例外       │
   └───────────────┘    └──────┬───────┘    └──────────────┘
                               │
   ┌──────────┐   ┌───────────▼────┐   ┌──────────┐   ┌──────────┐
   │现行广播  │   │ 中国广播组织权 │   │广播组织权│   │ 立法建议 │
   │组织权    │◄──│ 立法反思与完善 │──►│制度改革  │──►│          │
   │制度评析  │   │                │   │总体思路  │   │          │
   └──────────┘   └────────────────┘   └──────────┘   └──────────┘
```

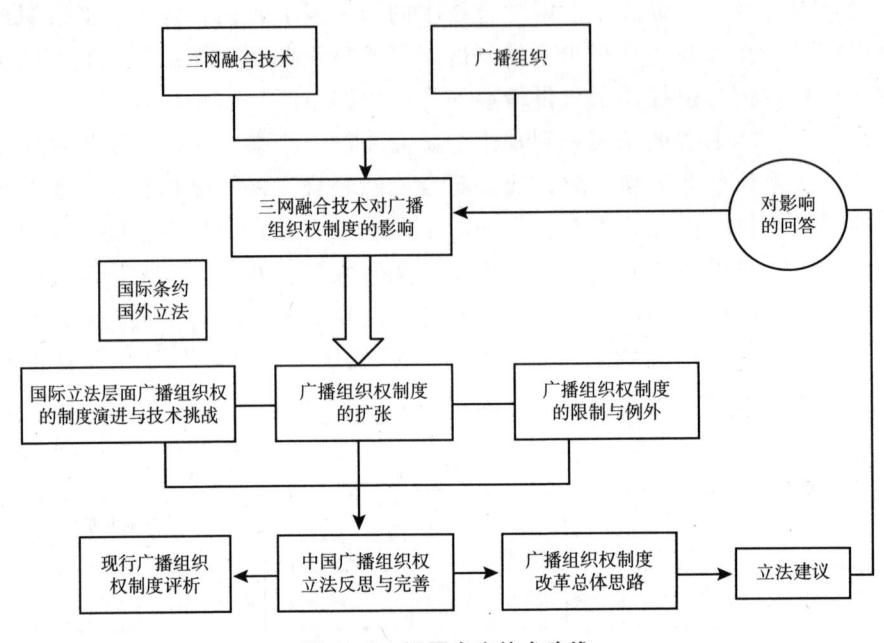

图 1-2 课题内容技术路线

外，虽然，其通过近些年的本土化改造获得了长足的发展，但是，研究著作权制度、分析广播组织权绝对离不开国外先进的立法技术和经验。国际条约的制定尤其为各国完善本国广播组织权制度提供了明确的指导。因此，本书既将国际立法情况作为分析对象，又将其作为论证依据，目的在于为本土立法提供国际视野，实现与国际接轨。

第二，制度研究与技术分析相结合。从根本上而言，本项研究属于制度研究，是为满足制度上的追问与设置。然而，三网融合技术的先进性不仅消融了广播电视网、电信网与互联网之间的边界，而且还对广播组织权的主体、内容、限制等多个方面造成了影响。分析三网合一技术的特征，成为了探讨广播组织权制度完善的基础。

第三，法学理论与新闻理论相结合。广播组织权制度是建立在广播电视组织定位的基础之上的，而广播电视组织的定位又是新闻理论的重要内容，因此，对广播组织权制度的研究，属于法学与新闻传播学交叉领域的研究。本项内容秉承这种事物的内在逻辑，将法学理论与新闻理论相结合并予以分析。

总之，路线图1-2诠释了广播组织在三网融合时代受到的前所未有的技术和制度上的挑战，国际社会都在努力弥补由于技术进步而给立法带来的不足。通过归纳各项挑战、参阅国际立法，分析广播组织权制度所面临的权利的扩张、限制，本书在联系我国广播组织权制度现状的情况下，提出了立法方面的改革建议，该建议也恰恰回应了三网融合技术给广播组织权所带来的制度挑战。图1-2直观、清晰，逻辑紧密，体系完整，具有很强的操作性和实施性。

第二章 三网融合技术的发展与广播组织权制度

第一节 三网融合技术的发展对广播组织的影响

一、三网融合技术下的广播

(一) 广播的概念

广播技术的产生与发展不仅在人们获取信息的过程中为之提供便利，而且改变了传递信息过程中所涉及的人们之间的利益分配，如此一来，"广播"就成为了法学领域中为追求利益平衡而分析的对象。

在一个民主法治社会中，"广播"在传递信息、满足公民知情权和影响意识形态等方面都会起到关键的作用，因此，其在新闻法制理论、《广播电视管理条例》等领域都是被调整的对象。不过，我们在此强调的内容并不涉及广播在政治权利、行政管理等方面的内容，而是广播在传递受著作权保护的作品时在作品著作权人、广播组织和接收或享受作品信息的受众之间的利益平衡关系。而利益的调整离不开法律制度的存在，广播组织在帮助著作权人实现自己的著作权利益、实现公众知识获取、促进社会进步的过程中，付出了大量的时间、金钱、人力等资源成本，这为广播组织的权利与义务为法律所认可并规范提供了合理的理由，对"广播"进行立法也就顺理成章。世界很多国家的著作权法对其含义进行了界定，国际条约对此也有所涉及。

国际层面对"广播"进行立法调整，要比对表演、录音等权益进行调整得晚。这不仅是因为广播技术及其行为比后两者出现得晚，而且还由于广播本身作为资源是有限的，影响是巨大的，在很大程度上承担着传播文化、艺术、新闻等的公益功能，因此政府对其的控制也就格外严格，例如在计划经济国家，广播组织作为国家部门而存在；在西欧地区，其作为获取许可证的公法人而存在；在北美或南美地区，其作为尚需从政府获取营业许可的商业组织而存在；在中国，其作为政府经营的事业单位而存在。另外，因为广播信号（尤其是卫星广播）传播时，不以有形物载体为必要条件，国外收播、盗播等行为很难被发现及控制，所以，广播所带来的权利保护问题从一开始就依赖外交手段或国际公法解决。因此，在20世纪30年代和40年代的声音广播时期，著作权法对广播组织的利益之争并不关注。但是，随着广播在作品传递中的地位越来越重要，尤其是当广播组织成为著作权作品最大的使用者时，广播进入了国际立法者的视野。例如，在1948年《伯尔尼公约》修订会议上，广播组织取得了法定强制许可使用的权利。紧接着，在20世纪50年代，以欧洲广播联盟为代表的广播组织积极参加了《罗马公约》的准备会议。这一时期电视也开始出现，使广播组织成为利用各种作品的最大用户。1961年10月26日签订的《罗马公约》，对广播的定义进行了首次划定，也成为保护邻接权的国际公约中唯一明确要求授予广播组织民事权利的公约（《与贸易有关的知识产权协定》（以下简称《TRIPs协定》）也有规定，但允许保留），[①] 为公约成员国及非成员国广播组织权提供了立法保护样板，也加快了各国统一认识的步伐。例如《罗马公约》第3条（f）款规定，广播（broadcasting）是指为公众接收而通过无线电手段传送声音或声音兼图像。该定义开宗明义地指出广播既包括无线电声音广播又包括电视广播，且强调只有通过赫兹波或其他无线手段传送的才构成播放。

由此可见，《罗马公约》对广播进行的定义具有强烈的时代特征。因为当时最好的传播技术当属无线电广播技术，且为了方便法律规范，《罗马公约》将"广播"的定义仅限定于以"无线手段"传输声音或声音和图像。如此一来，有线传播就被排除于该范畴之外。但是，技术的发展不断拓展着传播信息的方式和方法，推动了传播事业的迅猛发展。在无线广

---

① 徐伟：《邻接权制度研究——以历史与公共政策为主要研究视角》，博士学位论文，中国人民大学，2007年，第51页。

播被国际立法规范后的半个多世纪里,有线广播、卫星广播、网络广播、数字信号等体现信息时代鲜明特色的传播技术陆续问世,并获得广泛应用,为大众获取知识信息提供了便捷、舒适、高清、互动的使用体验。很多人认为这些新技术条件下的传播方式理应被法律纳入调整范畴,统称为"广播",但由于各国技术和国情以及立法传统不同,各国对广播的理解和规定并不统一。尤其是《罗马公约》中的广播定义,在面对突飞猛进的广播技术时,显然不能满足现实的需要,其内涵理应得到相应的扩展。因此,很多国家的著作权法将有线广播、卫星广播内化为广播的一种方式加以保护。在世界知识产权组织拟定广播组织国际条约的历次谈判中,各国对将有线广播纳入立法保护未提出特别异议。为了同《罗马公约》一脉相承,最终草案中采用了平行的手法对"有线广播"和"广播"同时进行专门的定义。2006年9月编拟的《世界知识产权组织保护广播组织条约经修订的基础提案草案》(以下简称《保护广播组织条约经修订的基础提案草案》)(SCCR/15/2)第5条规定,(a)"广播"系指以无线方式的播送,使公众能接收声音,或图像,或图像和声音,或图像和声音表现物;通过卫星进行的此种播送亦为"广播"。以无线方式播送密码信号,只要广播组织或经其同意向公众提供解码的手段,即为"广播"。"广播"不得被理解为包括通过计算机网络进行的播送。① (b)"有线广播"系指以有线方式的播送,使公众能接收声音,或图像,或图像和声音,或图像和声音表现物。以有线方式播送密码信号,只要有线广播组织或经其同意向公众提供解码的手段,即为"有线广播"。"有线广播"不得被理解为包括通过计算机网络进行的播送。② 由此可知,虽然该草案将广播和有线广播分开来定义,但不难看出广播不但涵盖无线广播,而且还涵盖有线广播和卫星广播。不过,遗憾的是该草案将网络广播排除于广播之外。

---

① WIPO, *Revised Draft Basic Proposal for the WIPO Treaty on the Protection of Broadcasting*, SCCR/15/2, September 11, 2006.
② 5.04 (b) 对"有线广播"这一术语作了定义。该定义除细节上作必要修改以外,沿用了(a)项中以及WPPT中关于"广播"的定义。"有线广播"的概念仅限于以有线方式进行的播送。"有线广播"不包括任何以无线方式进行的播送,亦不包括通过卫星进行的播送。该定义中保留了提及密码信号的解释性条款。出于与"广播"定义所涉的相同原因,"通过计算机网络进行的播送"不包括在"有线广播"概念中。如果本条约根据提议,采用传统的广播概念,则必须要有关于"有线广播"的定义,但如果本条约采用更宽泛的广播概念,则这一定义便属多余。Ibid.

除了国际条约层面对广播进行的立法调整外,通过梳理各国国内著作权法,笔者发现很多国家没有对"广播"进行明确规定,而有明确规范的国家的具体规定大同小异。规定较先进的当属英国的《版权、外观设计与专利法案》(以下简称《英国版权法》)第 6 条之规定,① 该定义总体上比《保护广播组织条约经修订的基础提案草案》(SCCR/15/2)对广播的立法保护水平还要高,涵盖了无线、有线、卫星、网络等四种传递信息的方式。另外,因为该条没有采用列举的方式,所以未来可能出现的新式"电子传输"方式也可被纳入本条中"广播"的范畴,体现了立法者的深谋远虑。

多数国家的著作权法对广播的定义比较保守,保留了《罗马公约》规范的基本风貌,没有体现三网融合技术对广播提出的要求。例如《韩国著作权法》(2009 年)第 2 条第 8 款规定:"'广播'属于向公众传播的一种,是指为了公众的同步接收而对声音、图像、声像的传送。"《南非版权法》(2002 年)第 1 节定义部分规定:"当'广播'作为名词时,是指传播声音、图像、符号、信号的电信服务,此电信服务为(a)通过在非人工导体的空间内以低于 3000 赫兹的频率传输的电磁波,并且(b)意图使公众或部分公众接收,当'广播'作为动词时,应据此相应地解释为:将载有节目的信号向卫星发送。"《日本著作权法》(2009 年)第 2 条第 1 款第 8 项规定:"'播放(笔者注:或翻译成放送,基本都与广播同义)'是指以公众同时接收同一内容为目的、通过无线通信方式进行的公众传播。"《埃及知识产权保护法》(2002 年)第 138 条第 14 款规定:"'广播'是指将作品、表演、录音制品,或者已录制作品或者表演,通过无线方式向公众进行音频或者音频 - 视频传输。通过卫星进行传输的,视为广播。"②

---

① 《英国版权法》第 6 条规定:"(1)本编所称之'广播'是指对可视图像、声音或其他信息的电子传输,其(a)能够为社会公众同步、合法接受,或者(b)仅在传输实施者所决定的时间内向社会公众传输,此条所称'广播'不被第(1A)款所排除,并且涉及广播的规定皆应以此解释。(1A)'广播'之定义所排除的情况是指任何经由互联网进行的传输,而下列情况除外(a)互联网的传输与其他手段的传输同步进行;(b)对于时事的即时传输;或者(c)被记录下来的移动图像或声音构成传输实施者所提供的节目服务的组成部分,而此种服务所提供的节目是在由前述实施者所确定的时间内进行传播。(2)只有当传输实施者或者传输内容提供者向社会公众提供或者授权提供解码设备时,加密传输才可视为被公众合法地接受。"
② 《十二国著作权法》,《十二国著作权法》翻译组译,清华大学出版社 2011 年版,第 570、509、470、362、35 页。

(二) 网络广播的概念

在三网融合时代，流媒体技术的出现使通过互联网即时传递广播信号极为容易，网络盗播广播信号的现象时有发生，尤其是在大型体育赛事举办期间，网络盗播的情况非常严重。因此，网络广播的诉讼纠纷逐年增多，网络广播的法律定性问题备受世人关注。

1. 何谓网络广播

目前学界对网络广播（以下亦称网播）尚无统一定义。台湾学者孙远钊认为，"网络广播是指运用串流技术将影音或视听数字档案透过因特网系统所从事的散布或播送。这其中包括了同步播送、交互式播送〔或异步播送，即依照用户所选择的时间、地点或装置、特定节目或曲目来播送，如 music on demand（MOD）等〕、订阅式和非订阅式等各种形态。"① 大陆学者陈泓认为，网播是数字化信息时代的产物，指的是通过在互联网站点上架设广播服务器，在服务器上运行节目播送软件，将节目广播出去，访问者在自己的计算机上运行节目接收软件，访问该站点，收听、收看、阅读广播信息。② 陈娜博士认为，网播是网络广播、网络电视、网络电影等基于互联网的音频、视频或两者结合的信息传播方式。③ 不过，笔者认为，对网播最为权威的界定当属世界知识产权组织在 2004 年讨论的《关于保护广播组织的条约经修订的合并案文》中，根据美国的提案，对其进行的定义："'网播'系指以有线或无线的方式，通过计算机网络，使公众能基本同时得到所播送的声音，或图像，或图像和声音，或图像和声音表现物。此种播送如果加密，只要网播组织或经其同意向公众提供解密的手段，即应被视为'网播'。"④ 该定义表明，"在当今的技术环境下，获取载有节目的信号流只需要少量的活动即可实现，即由接收者来激活或启动通过电信渠道的播送。'使公众'和'基本同时'等内容，是用来将定义限定在可同时由多名接收者接收实时网流这一范围内的。接收者可以在某一具体时间登录节目流，并接收传来的任何内容，但不能以其他方式影响该节目流（即排除通过互动式网络播放录音制品或视听制品的行

---

① 孙远钊：《论网络广播的著作权许可问题——引介美国的处理方式与最近发展》，《网络法律评论》2011 年第 1 期。
② 陈泓：《网络广播——广播媒体传播的新宠》，《中国传媒科技》2003 年第 8 期。
③ 陈娜：《广播组织权制度研究》，博士学位论文，中南财经政法大学，2009 年，第 12 页。
④ WIPO，关于保护广播组织的条约经修订的合并案文，SCCR/12/2，October 4，2004。

第二章　三网融合技术的发展与广播组织权制度

为）。这一定义将'让人们能得到播送内容'的行为仅限于通过计算机网络（根据其性质既可通过有线，也可通过无线方式进行）的此种活动。"①

2. 分类

对于网络广播的认识，世界知识产权组织早在 1999 年 4 月就认定，网络广播实际上是对传统陆地广播、有线广播或卫星广播方式的模仿和扩张，大致分为以下六种。②

其一，类似于陆地广播电台，以配备播音员，播放新闻、信息和音乐节目为特点的网络广播电台。例如，英国的"Virgin Radio"（http//：www. virgin radio. com）、"Eclectic Radio Corporation"（http：//www. gogaga. com）和"Zero24－7"（http：//www. zero24－7. org）。

其二，可能包括制作或归档的节目的网络广播电台，如"the World Radio Network"（http：//www. wrn. org/ondemand），该电台向听众提供欧洲、澳大利亚、新西兰等十几个国家或地区的国际公共广播电台的节目。

其三，转播广播电台信号的网络广播电台。"broadcast. com"（http：//www. broadcast. com）是这类电台中最大的一个，它在网上转播 400 多家无线广播电台、40 多家电视台和网络公司的信号。还有一家网站名为 Qradio（http：//www. qradio. com），是由著名音乐家、作曲家和制作人 Quincy Jones 创建的，致力于将世界音乐传播给全球的听众。该网站转播南非、巴西、克罗地亚和捷克等国家的广播节目。

其四，通过互联网传播自己节目的广播电台。这种世界性的广播包括加纳的 Joy Online（http：//www. joy997fm. com. gh）、澳大利亚的 Hits and Old School（http：//www. safm. com. au）和 Blue Gentral（http：//www. 3ak. com. au）、西班牙巴塞罗那的 Catalunya Radio（http：//www. catradio. es）、比利时根特市电台（http：//urgent. rug. ac. be）、罗马尼亚的 RadioVest（http：//www. radiovest. ro）、前南斯拉夫共和国 Radio B92（http：//www. siicom. com/odrazb/）和加拿大电台（http：//www. usc. uwo. ca/chrw，它还包括广播电视信号）。

其五，持续提供音乐频道节目的网播组织，同时它们还提供与广播节目内容相关的超文本链接网站。这些网站常常在文本框内注明所播放的音

---

① WIPO，关于保护广播组织的条约经修订的合并案文，SCCR/12/2，October 4，2004.
② WIPO，Agenda Item 4：Protection of the Rights of Broadcasting Organizations Submissions Received from Non-Governmental Organizations by March 31，1991，SCCR/2/6，April 7，1999.

乐的信息，包括艺术家的姓名、歌曲名称和专辑名称等。这些网站往往还给观众提供网络零售商的链接地址，以便于听众通过网络向这些零售商购买所播放的音乐。这些网播组织包括 FlashRadio（http：//www.flashradio.com）、NetRadio（http：//www.netradio.com）、Rolling Stone Radio（http：//www.rsradio.com）和 Spinner（http：//www.spinner.com.）等。

其六，只在互联网提供自己创造的节目的其他网络组织，如英国喜剧音频节目 Giant Steps（http：//www.giantsteps.co.uk）。

另外，我们还可以根据网络广播的形式对其类型进行以下划分。

其一，重播。对于传统广播组织而言，节目的播放在时间、次序、地域方面都有特定的安排，很难一次性满足受众的收视收听需要。为此，广播组织会安排节目的重播，或进行不同广播组织间的节目重播。重播离不开原始播放的广播节目的录制品，因此，相对于首次播放，重播是一种滞后的播放行为。反观网络广播，很多网络广播组织将电台、电视台播放的节目的录制品编排后，按照预定的节目时间表通过互联网通道向公众播出，公众只能在线收听或收看而无法自主选择节目，例如 PPlive 网络电视平台按照节目时间表通过信息网络向公众播送视听节目。

其二，转播。网络广播组织通过技术手段将传统广播媒体（无线或者有线广播电视台）正在播出的广播节目信号数字化，然后在网络上同步播放，网络用户通过网络点击自主获取几乎可以与传统广播媒体同步的载有广播节目的信号。通俗而言，这是传统广播组织在网络上的再现。

其三，点播。网络广播组织将已经录制好的视听节目的复制品置于该组织的网页或网站上供网络用户自主获取即"点播"。用户可以在自己选定的时间收看或收听该节目，不受该节目播出时间的限制。不同于传统广播组织主动向公众播送载有广播节目的信号，这种传播方式由用户根据自己的时间、地点的需要，自主获取自己所需要的节目信号。该种播放行为是互动式网播，并不属于世界知识产权组织所述的网播范畴。

其四，网络同步广播。广播的网络同步播放（internet-simulcasting）是网播的一种特殊形式，它是指广播组织在以无线电波播送节目的同时，将节目的数字信号（通常是数字化后的广播信号）上传至互联网进行同步传送。[1] 广播的网络同步播放是广播组织的广播在网络空间中的再现，

---

[1] 孙雷：《邻接权研究》，中国民主法制出版社 2009 年版，第 206 页。

实现了传统意义上的广播同当下最流行的新媒体的结合，既赋予了新媒体可靠的信息来源，又赋予了传统广播以新的载体形式。美国之音、美国有线电视新闻网、英国广播公司、澳大利亚广播公司及我国的中央电视台和北京电视台等很多国内外传统广播组织都已开展此类业务。

二、三网融合技术下的广播组织

（一）广播组织的产生

信息传播技术的发展在推动人类社会发展方面具有多重的重要意义，其不仅在提高传播效率、丰富信息内容、满足公众知情权等方面功不可没，而且在产生新行业、吸纳就业人员等方面也在不断刷新人们对其重要性的认识。印刷术的发明带来的是印刷行业（尤其是报业）的产生；电波的发现及其发射与接收设备的发明带来的是广播电视行业的产生；数字技术、互联网技术与流媒体技术的发明带来的是网络广播业的产生与勃兴。

信息广播技术与电视技术的发明，产生了依赖该技术，满足社会、政治、经济、文化等各方面需要的广播电台和电视台，因此，我们在探讨广播组织的产生时应分别从广播电台的诞生和电视台的诞生进行梳理。另外，还有一种观点认为无线电广播的历史起源可以通过广播规范制度的形成和发展来考察。[1]

广播电台的诞生过程是这样的：起初，无线电波被人们发现（1864年，麦克斯韦发现电磁学基本原理；1888年，赫兹依照麦克斯韦的理论从事实验，终于发现产生、发射与接收无线电波的方法，发明了测量电磁波波长的科学方法[2]）；随后，无线电信号传送成功（1895年马可尼和波波夫分别进行无线电信号传送实验，并获得成功。1901年，马可尼完成了越洋电报的收发，由此无线电通信进入实用阶段）；而后，无线电传送声音实现成功（1906年，美国科学家在无线电传送声音方面取得进展，美国匹兹堡大学的教授在实验室里做了简短的节目广播，效果良好）；最

---

[1] 刘发成：《中美广电通信经济与法律制度比较研究》，重庆出版社2006年版，第3页。
[2] Stuart Minor Benjamin, Douglas Gary Lichtman, Howard A. Shelanski, *Telecommunications Law and Policy*, Carolina Academic Press, 2006, p.15.

后，电台广播诞生（1920年11月2日，美国匹兹堡KDKA电台开播，标志着世界广播事业的诞生）。[①] 可以说，20世纪20年代，是广播电台事业的初创阶段，该时期许多国家相继建起无线广播电台。1922年，莫斯科中央广播电台、法国国营电台、英国广播公司先后开始播音。至20世纪20年代末，北美和欧洲各国大多有了自己的广播电台。尤其在二战时期，各国政府倍加重视广播的宣传功能，公众也将其视为最重要的信息来源，在此背景下，欧美、大洋洲以及拉丁美洲的广播事业蓬勃发展，亚非等不发达国家或地区也出现了一批由外国人经办或协助创办的电台。第二次世界大战后，广播事业在全世界趋于普及。

电视台的诞生经历了：电视技术的准备（19世纪某些科学家对化学元素硒的光电效应研究，已经提供了电视传播的基本原理）；实验性的电视播映（1926年，英国科学家贝尔德利用电视扫描盘，完成了电视画面的完整组合以及播送）；正式的电视播送（1936年11月2日，英国广播公司定时播出电视节目，这一天被认为是电视事业的正式开端）；电视发展的中断和恢复（第二次世界大战影响了电视的发展，除了美国有6家电视台继续播映以外，其他各国的电视研究、生产和播映均全部中断，大战结束后，英国、法国、苏联、德国都逐步恢复了电视事业的发展，日本、加拿大等国的电视事业也发展得十分迅速）。[②]

由于广播技术发端于美国，所以，我们就以美国为例，考察广播规范制度的形成和发展。美国的广播法律制度源于最初的广播频谱规则。在泰坦尼克号沉没前，唯一规范广播的法令是1910年通过的客轮无线电装置法案。1912年"泰坦尼克号"的沉没成为加快美国广播立法行动的催化剂。悲剧发生几个月后，议会即通过了《1912年无线电广播法案》（Radio Act of 1912），该法案主要规范了：（1）联邦政府将对无线电广播进行控制，任何从事广播行为的人都必须有政府颁发的许可证；（2）根据使用者的不同身份分配频谱波段。军方占据波长最好的波段，船舶也拥有自己的专用波段，而业余者和不知名电台则被忽略；（3）根据所传播信息的重要程度的不同，由政府对其进行分类。

[①] 《广播电视事业的产生和发展》，2011年6月16日，http://yingyu.100xuexi.com/view/specdata/20110616/44C3F6CA-B635-400B-9C0A-F64B333138C5.html，2013年10月5日。

[②] 《广播电视节目》，http://www.etest8.com/bianji/zhinan/183852_2.html。

由于商业广播兴起，且彼时存在公共利益有待平衡、信号干扰、频谱资源有限等问题，《1912年无线电广播法案》几经修改，至1927年，新的《无线电广播法案》出台，在1928年，该法案得到补充和完善，到1934年，立法机关对其进行了较大的改革。《1934年通信法案》（The Communications Act of 1934）将无线电广播纳入了统一的美国通信法范畴，从此，广播电视、电话和电报三种信息传递行业由美国联邦通信委员会统一管理，实现由分散管理、部门管理至集中、统一管理的通信法律革命。到1962年，美国国会通过了《1962年通信卫星法案》（Communications Satellite Act of 1962），为广播电视事业的发展创造了有利条件，开启了美国电视产业的新时代。1975年，美国联邦通信委员会取消了管制，开始实行特许权制度。1984年，美国国会通过了《有线通信政策法案》（Cable Communications Policy Act of 1984），有线卫星系统取得了突飞猛进的发展。1992年，美国国会制定了《1992年有线电视消费者保护及竞争法案》（Cable Television Consumer Protection and Competition Act of 1992）。1996年，美国又通过了《1996年电信法》（Telecommunications Act of 1996），奠定了美国有线电视法的基础，为美国有线电视事业的发展提供了较为有效的运作原则。[1] 尤其需要注意的是，美国广播与有线电视的关系主要体现在《美国版权法》（1976年）、《1992年有线电视消费者保护及竞争法案》以及美国联邦通信委员会对后者的执行上。这些规范体现了有线电视运营商、广播运营商、节目制作者和邻接权相结合等情况。

从以上分析可知，广播组织最初起源于某些科学工作者对技术创新的追求以及从商者对该技术投入商用所能带来的巨大利润的追逐。不过，由于广播资源的稀有性、广播节目的公益性、广播信息的宣传性等特点，广播组织自产生之日起，就被各国政府纳入严格管控范畴之内，随着技术的发展，这种管制也在不断地实时更新。尤其是当广播电台、电视台经过初创阶段后，由于广播组织日益强大且被盗播所困扰，广播组织的权利制度规范最终得以建立。[2] 随着广播技术的发展，广播组织的权益逐渐被国际社会所认可，其相关制度规范也变得日益复杂起来。

---

[1] 刘发成：《中美广电通信经济与法律制度比较研究》，重庆出版社2006年版，第23—24、88页。
[2] 《1934年美国联邦通讯法》（Fedral Communication Act of 1934）给予广播组织一项特别权利，即广播组织对于被记录下来的广播节目享有版权，广播组织有权禁止他人未经许可而转播其广播节目。参见 J. A. L. Sterling, *World Copyright Law*, Sweet & Maxwell, 2003, p.71.

(二) 广播组织的概念

从字面意思理解，广播组织就是播送广播节目的组织。我国字典中不存在"广播组织"这一词条，但有"广播电台"和"电视台"的解释："广播电台是指用无线电波向外播送新闻、报刊文章、科学常识和文艺等节目的机构"，"电视台是指摄制并播映电视节目的场所和机构"。[①] 但是，实际情况与词典的解释并不相同。由于广播所依赖的电磁波频率是有限的，虽然任何组织都能利用广播技术从事广播，但是从政治、经济、公共利益等多个角度考虑，很多国家对电磁频率都进行管理，只有那些经法律法规授权并在政府部门管理下从事广播的组织才能被称为广播组织。为了全面了解何为广播组织，以下将对授权和管理广播的制度规范进行梳理。

1. 电信法中的广播组织

为了规范电信市场秩序，维护电信用户和电信业务经营者的合法权益，保障电信网络和信息的安全，促进电信业的健康发展，我国于2000年颁布了《电信条例》。该条例调整的对象是中国境内的电信（利用有线、无线的电磁系统或者光电系统，传送、发射或者接收语音、文字、数据、图像以及其他任何形式信息的活动）活动或者与电信有关的活动，而对广播不加控制。因此，中国的电信法规制度中是没有广播组织这个概念的。而按照西方的习惯，电信包括广播、电视、电话以及其他无线电网络。例如，美国《1996年电信法案》虽然没有直接对广播组织的概念进行界定，但是其在电视台的设立规范中要求，作为广播组织的电视台需要得到授权才能成立。美国《1996年电信法案》规定，如果联邦通信委员会为了提升电视服务水平将许可证授予某人，允许他运营一个广播电视台或建造一个这样的电视台（或者同时授予这两种许可证），那么根据许可证的条件，联邦通信委员会应当要求，不管是附加许可还是由持证人持有的原始许可，其重新分配都应由该委员会依据委员会规章进行管理。如果该委员会为了提升电视服务水平决定颁发附加许可证，那么该委员会应该：（1）从颁发之日起限定这些被批准运营电视广播台或建造电视台（或者同时被批准从事这两项业务）的被许可人获取这些许可证的原始资格；和（2）采纳这些规则，即允许这些许可证持有者在指定的频率上提

---

① 《现代汉语词典》，商务印书馆2012年版，第486、295页。

供辅助的或补充的服务，并尽可能地与公共利益、服务的方便性和必要性相一致。该委员会应该通过消除所有关于被全国性实体拥有或控制的广播电台的频率或频道数限制来修改这个法规的第73.3555节。对于全国性电视所有权的限制，该委员会为了在该法规的第73.3555节阐明多重所有权，通过以下方式修改了它的规则：（1）取消对某人或某实体可以直接或间接拥有，或经营，或控制，或拥有全国性可识别的利益的电视台数量的限制；和（2）将电视台覆盖的全国性观众的比例限制提高到35%。

1976年，国际电信联盟在日内瓦制定《无线电法规》，其中认为，广播电台是从事广播服务的电台。该电台被定义为一个或多个发射器，或接收器，或发射器和接收器的组合，包括在一个地方从事无线电通讯服务的所必要的附属设备。它们都拥有用于广播的频率授权。

尤其是在卫星广播或有线广播的情况下，一个生产或购买广播节目并决定广播它们的组织不同于一个仅仅传输广播节目信号的组织，因为，后者只是电信法中的一个播送组织。在此情况下，电信法中的广播组织仅仅管理信号的传输，它们并不直接控制这些能够构成广播节目的声音或图像和声音。[①] 加拿大《无线电通信法》也规定，无线电台是指无线电设备配备的地方，而无线电设备是指用于或能够被用于无线电通信的一个装置或一些装置的组合。[②]

2. 广播法中的广播组织

我国没有《广播电视法》，但是有《广播电视管理条例》。在该条例中没有"广播组织"的规定，但是有关于广播电台、电视台的规定，如该条例第8条。[③] 由此可知，在中国广播电视的法规中，电台、电视台不是个人或一般机构能够成立的，除了具备人员、设备、资金和场所等特殊条件外，必须"由县、不设区的市以上人民政府广播电视行政部门"设立。同时，设立的这些广播机构的经营内容需为采编、制作广播电视节目，其有权向外传输的方式为有线或者无线播放的方式。

[①] Megumi Ogawa, *Protection of Broadcasters' Rights*, Lediden/Boston：Martinus Nijhoff Publishers，2006，p. 27.

[②] 《无线电通信法案》，http：//yq.spsp.gov.cn/contents/485/41153.html，2014年12月2日。

[③] 《广播电视管理条例》第8条规定：本条例所称广播电台、电视台是指采编、制作并通过有线或者无线方式播放广播电视节目的机构。

在美国，1927年之前对广播电台的管制的程度最小，《无线电广播法案》的通过，带来了内容广泛的广播管制规则，这些规则基于以下假定而设立：因为广播电视台使用了一种有价值的公共资源——无线电频谱或波长，所以按要求，它们应该为公共利益服务。7年后，国会在对《无线电广播法》大量修改后通过了《1934年联邦通讯法》，管辖范围扩展到电话、电报和电台，并建立联邦通讯委员会来管理所有这些电讯媒介。20世纪80年代后，建立在自由市场经济理论上的一种竞争哲学开始主导国会与政府的管制机构。在这种思路下，传统的市场力量被看作任何产业的最佳管制者，大量的广播电视管制规则被废除。但是，不管删除的管制规则有多少，向广播电视台颁发执照作为联邦通讯委员会最重要的职责之一没有改变过。除了新成立广播电视台要获得执照之外，既有的广播电视台在改变运作方式时，也大多必须获得联邦通讯委员会的批准，尤其是希望得到新办广播电视台执照的申请者必须首先得到所谓的建造许可（construction permit）。事实上，得到这项准许是获得执照的最大障碍。如果获得了这项许可，建造的广播电视台符合技术要求，而且工程在规定时间内完成，通常情况下，执照会被颁发。未来的执照持有人必须符合以下几个条件。（1）申请者必须是美国主体。外资所占比例低于25%的公司也符合条件。（2）申请者必须在没有任何广告收入的情况下，在至少3个月里有充足的资金用以建设与经营广播电视台。（3）申请者要么必须拥有经营一家广播电视台的技术资格，要么能够雇用拥有经营一家广播电视台技术资格的人。（4）申请者在与委员会打交道时必须诚实可信、开诚布公，具有良好的品德。① 广播电视执照必须每8年续展一次，一般情况下，续展只是例行公事，即除非执照持有人在上一个8年里行为明显过当，否则联邦委员会甚至不会考虑其他执照申请者。

正如以上分析，只有在以下情况下，制作广播节目才属合法，即用于广播的频率是被批准的，且被授权从事的广播满足一定的条件，包括满足合法的节目内容标准。因此，一个传输广播节目信号的组织是不同于生产或购买广播节目以及决定广播节目的组织的，后者是广播法中的广播组织。尽管后者并不是频率被批准的组织，但是它通常以被许可的形式控制特定频率上的广播。应该注意，后者完全不同于广播节目制作人。虽然一

---

① ［美］唐·彭伯：《大众传媒法》，张金玺、赵刚译，中国人民大学出版社2005年版，第554页。

个广播节目制作者制作了一些节目,但是它没有能力去做出广播这些节目的决定,不过,该语境下的广播组织所制作的广播节目受知识产权法保护。

3. 知识产权法中的广播组织

20世纪初,使用无线电广播文学和艺术作品的现象开始显现,处在初级发展期的广播组织势力非常薄弱,自主争取权利的觉悟尚未形成,不过,在广播中作者的著作权开始受到关注,如1928年的《伯尔尼公约》第11条之二,①虽然该条款中并无广播组织的身影(该条款的目的在于保护作者的著作权,而非广播组织的权利),但"广播"词语的出现间接地为广播组织在国际条约的出现埋下伏笔。

果不其然,在1961年《罗马公约》中,第3条(f)款②对"播放"进行了定义,比较含蓄地从传送节目方式的角度,确定了广播组织的外延,即只有那些通过无线(赫兹)电波传送声音或声音兼图像给公众的组织才属于该公约承认的广播组织,从事有线传送的组织,如有线电视,是被排除在外的。另外,针对该公约第3条的(g)款,③罗马会议总报告采用排除和类比的方法给出了广播组织的内涵,即排除像邮电部门或广告客户一样的单纯提供传输设备或传输经费的机构,指出广播组织是那些像法国广播电视台或英国广播公司或美国哥伦比亚公司等对广播节目制作、传输负有责任的法人机构。④ 随后,1971年《伯尔尼公约》文本中的

---

① 1928年的《伯尔尼公约》第11条之二规定:"(1)文学和艺术作品的作者享有授权通过广播向公众传播其作品的专有权。(2)行使前述条款所指的权利的条件由本同盟成员国的法律规定,但这些条件的效力严格限于对此作出规定的国家。在任何情况下,这些条件都不应损害作者的精神权利,也不应损害作者获得合理报酬的权利,该报酬在没有友好协议的情况下应由主管当局规定。"参见 Makeen Fouad Makeen, *Copyright in a Global Information Society: The Scope of Copyright Protection under Intenational*, US, UK and French Law, Kluwer Law International, 2000, p. 69.
② 1961年《罗马公约》第3条(f)款规定:"播放是指为公众接收而通过无线手段传送声音或声音兼图像。"
③ 1961年《罗马公约》第3条(g)款规定:"转播是指一广播组织同时播放另一广播组织的广播电视节目。"
④ 罗马会议的总报告明确了一点:如果某缔约国的技术设备属于邮电管理部门所有,但输入发射台的内容由诸如法国广播电视台或英国广播公司等组织准备和提供,那么这种组织而不是邮电管理部门被视为广播组织。此外,如果某一特定节目由某一广告商或独立电视片制作者主办,而由诸如(美国)哥伦比亚广播公司等组织发送,那么这种组织而不是主办者被视为公约所称的广播组织。参见世界知识产权组织:《罗马公约和录音制品公约指南》,刘波林译,中国人民大学出版社2002年版,第19页。

第11条之二第1款对广播组织的含义又进行了强化和确认。① 该条规定再一次重申广播组织的广播形式是无线方式，有线传输只能用于对广播作品的转播或其他后续使用，有线传播组织是没有著作权法地位的。

随着卫星技术的发展和使用，广播组织的内涵得到了拓展。西方很多国家，如德国、意大利等，陆续把邻接权概念引入卫星广播领域，将卫星广播节目信号视为广播节目信号而给予邻接权保护，从而将通过卫星公开传送节目的组织纳入广播组织的范畴。在国际上，《关于播送由人造卫星传播的载有节目的信号公约》（以下简称《卫星公约》）（1974年）的颁布，第一次充分明确广播组织的内涵，例如该公约指出成员国有义务制止任何广播组织在本国播送通过人造卫星发射但并非为该组织专门提供的载有节目的信号。

随着数字网络技术的飞速发展，网络盗播现象逐渐严重起来，广播组织的利益受到了很大的危害，广播组织迫切希望在国际层面订立一个保护其利益的公约。于是，自1998年以来，世界知识产权组织对此召开了28届大会，由于争议较大，所以到2015年底还没有达成协议。不过，由于各国国内法对广播和有线广播都有比较一致的看法，所以，各国代表在每届大会所通过的文本中对"广播""有线广播""广播组织""有线广播组织"② 等概念基本没有表示异议。于是，有线广播组织也被纳入广播组织的范畴。

（三）网络广播组织

网络广播（webcast）实质上是一种媒体的文件传播方式，其实质是利用互联网的流媒体技术将单一来源的内容面向大众传播的广播形式。这

---

① 1971年的《伯尔尼公约》第11条之二第1款规定，(i) 文学和艺术作品的作者，享有授权进行下列使用的专有权：播放或以其他任何无线发送信号、声音或图像的方式公开传播其作品；(ii) 由原广播组织以外的其他组织以任何有线方式或转播方式公开传播该作品的广播电视节目。转引自相靖《广播组织权利研究》，博士学位论文，中国人民大学，2008年，第25页。

② 在SCCR12/2、SCCR/14/2、SCCR/15/2——SCCR/28/ref/22/10等文件中，基本都是这样定义的："广播"系指以无线方式传送的，使公众能接收声音、或图像和声音、或图像和声音表现物；通过卫星进行的此种播送亦为"广播"；播送密码信号，如果广播组织或经其同意向公众提供了解码的手段，则是"广播"。"广播"不得被理解为包括通过计算机网络进行的播送。"广播组织"和"有线广播组织"系指提出动议并负有责任向公众播送声音，或图像，或图像和声音，或图像和声音表现物，以及对播送内容进行组合及安排时间的法人。"广播组织"系指主动对其已得到权利人必要授权的节目内容进行包装、组合、安排播送时间，并对向公众播送广播信号，信号中所包括的每一项内容负有法律和编辑责任的法律实体。

类传播组织在业务上存在三种类型：一是网络同步转播，即将电台、电视台正在播出的广播节目信号数字化处理后在网站上向公众播出，在受众接收方面体现出与传统广播的同步性；二是网络广播，网络广播组织在规定时间按照预定好的节目播放序列向公众播放节目；三是网络点播，网络广播组织将录制好的视听节目置于网站上供用户"点播"，用户可以在其选定的时间收看或收听该节目，不受节目播出时间的限制。基于这三种业务类型，可以将网络广播组织划分为两种类型，一种是由传统广播电视台设立自己的网站，将自己的各个频道的节目内容放到网站上，既支持受众在网站上像收听或收看传统广播电视组织的节目一样同步享受视频或音频节目，又支持受众根据自己的兴趣随时随地点播自己喜欢的节目内容，实质上，这类网络广播组织就是传统广播组织在网络中的延伸，如美国的VOA、法国的国际广播电台、英国的BBC。中国第一家在网络上播放电台节目的是珠江经济广播电台（于1996年12月15日在网络上首次发声）。另一种是各种新兴的音频、视频网站，它们在技术（流媒体技术）上可以将传统广播组织传播的承载节目内容的信号转化为数字信号，既能提供使网友通过互联网以及数字终端同步欣赏传统广播组织的节目内容的服务；又能将转化为数字信号的内容存储在服务器上，以供网友随时随地点播自己喜欢的节目；还能将转化为数字信号的内容存储在服务器上按照一定时间顺序播放。PPS视频网站、优酷视频网站、百度视频、360影视网站都是这种音、视频网站。

上文从技术层面上概述了什么是网络广播组织，但是，对于在法律层面上认定何为网络广播组织，世界各国的认识并不一致。在世界知识产权组织召开的关于保护网播组织的会议上，由于在是否对网络广播提供保护的问题上出现了针锋相对的两种意见，最终各国没有缔结正式条约。不过，由于各方普遍反对在条约中包含对网播组织的保护规定，于是世界知识产权组织单独就网播和同时广播问题编拟了一份工作文件，而该份文件又对"网播组织"进行了界定。[①] 该定义同《罗马公约》对广播组织的认识一脉相承，虽然该公约中并无广播组织的定义，但公约明确提出单

---

① "网播组织"系指提出动议并负有责任向公众播送声音，或图像，或图像和声音，或图像和声音表现物，以及对播送内容进行组合及安排时间的法人。参见世界知识产权组织：《关于保护网播问题的备选和非强制性解决方案的工作文件》，SCCR/12/5，第2条，2005年4月1日。

纯提供传输设备或传输经费的机构不能作为广播组织。因此，根据该定义，并非所有在网上提供音频或视频的网站都属于著作权法的保护范畴，只有同时符合以下几点特征的才属于网播组织。首先，该组织必须是法人，非法人的个人或团体都被排除在外。因此，网络上很多个人或团体设立的网站，虽然也能提供音频或视频节目，但是因为他们并非法人，所以，他们并不能被称为网播组织。其次，该组织必须对播出内容"提出动议并负有责任"。换言之，该组织对播出的内容拥有著作权或获得著作权人的授权，享有相应的权利并承担相应的义务，如此一来，以盗播、未经他人授权转播广播组织节目信号，或未经授权将广播组织广播信号接收数字化后储存于服务器上以供他人点击收听或收看等为主的网站都不是这里所说的网络广播组织。最后，该组织能对播送内容进行组合及时间安排。有些提供点播的网站并没有对播送内容进行组合和安排具体播放时间，而是任由网民通过点播来确定播放时间和播放内容，这些网站不是网播组织。

第二节　三网融合技术的发展与广播组织权制度

一、数字流媒体技术的产生与发展

数字流媒体技术的产生对信息传播技术的影响，主要体现为数字化的信息可以跨越传统传播媒介，如广播电视、电话、因特网等三者之间的界限进行无障碍流转，尤其是对广播与因特网相结合的网络广播技术的产生具有奠基之作用。

由于传统网络传播音视频技术最初利用的是客户端或服务器模式，信息数据要事先存放于服务器上，想要获取网络信息数据的任何用户都必须登录服务器且获取一份完整的拷贝。不过，给每个申请的用户都发送同样的完整的数据，久而久之，随着用户规模的扩大，必然会造成服务器的拥堵。况且，这种传输模式要求必须完全下载后再播放，下载常常还要花数分钟甚至数小时。后来，P2P流媒体技术的出现克服了传播依靠服务器模式所带来的不便,摒弃服务器的设置,实现不同系统之间信息点的直接交换,完成资源或服务的共享。换言之,就是每一个 Peer 既是服务使用者也是服务提供者,资源的所有权和控制权被分散到网络的每一个节点之中,点与点之间可以实现直接数据的交换,使得资源的有效利用率得到极大提高。

(一) P2P 流媒体技术经历了三个发展阶段

第一阶段 P2P 流媒体系统,在线传输技术传输信息时需要一个中央服务器和列表,即这种技术要求具备一个对每个注册用户电脑中的"共享目录"内的文件进行"编目与检索"的中央服务器。当任何注册用户在 P2P 软件中输入关键词搜索自己想获得的文件时,该搜索请求就会被发送至这个中央服务器,由这个中介(服务器)再在在线用户电脑中的"共享目录"中搜索,列出符合要求的文件名称和位置,然后,该搜索用户就可以通过 P2P 软件将该文件从目标电脑中下载到自己的电脑中。

第二阶段 P2P 流媒体技术发展至"分散式 P2P 技术"模式,该模式下用户摆脱了对中央服务器的依赖,可以直接搜索并下载其他同类软件用户电脑中的共享文件,从而使用户能够获得被传输文件的一个复制件。

第三阶段 P2P 流媒体技术,在第二代技术基础上真正实现了数据流动式的传输,即数据是以数据流的方式被传输而不是像一阶段或二阶段技术下以整个文件被传送的传输模式,终端用户并不能获得一份被传输的文件,因为当数据流到达用户电脑后几秒钟就消失了,并不能被保存。

(二) P2P 流媒体技术的特点

1. 实时性

用户利用数字流就可以查看实时信息而无需等待数据下载并将该数据保存到他们的计算机里。"在播放一个视频前不必再等待 20、30、60 分钟去下载,你仅仅点击和观看即可"。[1] 流媒体软件在用户的计算机内存中建立一个存储器"缓冲"用于随机存取从网站下载的几秒钟视频或音频。

---

[1] John M. Moran, The Stream Team New Technology Brings Crude TV-Like Video Images to PC Screens It's Still a Bit Hazy, but 'Streaming' Is the Future of On–line [sic] Video, *Hartford Courant*, July 10, 1997, pp. E1, available at 1997 WL 10975397.

当来自计算机缓冲的视频或音频被播放，网站就会替换这些接下来的几秒被播放的信息材料。① 这种不断刷新缓冲区的结果就成为一个连续的实时播放，带来的就是网络上视频和音频点播服务的出现。②

2. 非复制性

流媒体技术下的数据传输可以满足网络用户的欣赏使用，但是并不存在或形成对所欣赏数据或文件的复制。可以说，流媒体技术不同于网页传送，如被称为"下载"。在网页传送情况下，传输的是整个音频或视频文件，用户为了听到或看到或文件需要等到整个文件下载完成，而较大的内容文件需要相当长的时间来下载，当然这也取决于带宽的可用性。③ 而在流媒体技术传输下，动漫、音视频等文件都要经过特殊的压缩方式形成很小大量的数据包被放置到网站服务器上，由服务器将上述数据包向订阅用户连续、实时传送，用户就可以欣赏使用被传输的文件数据，而用户电脑系统中并未随机复制这些文件。

3. 互动性

动漫、音视频等文件资料以数据包的形式被存储于流媒体内容提供者的服务器中，当在线用户向流媒体服务者发出点击请求后，它就转寄同样的请求给内容提供者，内容提供者在解码和解压后将所要求的数据包从内容服务器传送至流媒体服务者的服务器，后者服务器将接收到的这些数据流在互联网的帮助下发送至所需用户。这个过程几乎在瞬间完成，若在启动后数据流流动存续之间，在线用户通过媒体播放器向流媒体服务器发送诸如暂停、向前、回放、停止等命令或发送另一个请求，基于这些命令或请求，流媒体服务器会随之加以执行。这种行为就可以被看作互动行为，正因为如此，点播流媒体可以被定义为互动传播。

4. 广播性

在地面（传统）广播情况下，模拟信号或数字信号可以通过卫星、

---

① Copyright Office, Revision of the Cable and Satellite Carrier Compulsory Licenses, Apr. 28, 1997, *Comment Letter No.* 18, Copyright Office Docket No. 97-1, at 3 (statement of Mark Cuban, President, Audio Net, Inc.). Audio Net, Inc. subsequently changed its name to Broadcast.com, Inc. and, following its recent acquisition by Yahoo! Inc. is currently known as Yahoo! Broadcast Services.

② Baoding Hsieh Fan, "When Channel Surfers Flip to the Web Copyright Liability for Internet Broadcasting", *Federal Communications Law Journal*, Vol. 52 Issue 3, May, 2000.

③ M. Sakthivel, Webcasters' Protection under Copyright – A Comparative Study, http://papers.ssrn.com/sol3/papers.cfm? abstract_id=1933412, 2016 年 9 月 16 日访问。

有线和无线等方式进行发射，但在网络广播情况下内容作品是通过使用万维网（互联网）传输的。因此，从技术意义来看，流媒体流程非常类似于广播，流媒体过程可以被当成互联网广播或者网络广播，即通过万维网广播事件或信息。网络广播意味着通过一个计算机网络散布音频和视频内容，可以是联播的，或连续的，或暂时的，或永久的，利用流媒体许可用户去收看或收听它所传输的内容，而不必再等到下载完全部文件。① 尤其是一些视频网站，采取的是多播传输且直播数据流形式，在线用户们可以在相同的时间接收到同样的内容，用户对传播的数据流没有选择去暂停或前进或重播的权利。就像传统电视观众一样，他可以选择打开电视或随心所欲地关掉电视，但是不可以选择电视节目的播放顺序以及播放时间。因此，它不能被视为一个交互式传播，而就像传统广播，可以被作为基于互联网的广播。表2-1是有关广播和流媒体技术差异：②

表 2-1

	广播	流媒体或网络电视	
		直播	点播
传输类型	点对面	点对面	点对点
视频点播能力	无	无	有
利用的设备	电视	电脑	电脑
连接需要的类型	无线,有线	局域网,对称性数字用户线或无线	局域网,对称性数字用户线或无线
内容的质量	固定内容	依据宽带的实用性而定	依据宽带的实用性而定
传播的类型	单一性	单一性	复式性
听众对象	绝大多数群体	个人	个人
观众的选择	消极的,被动的	消极的,被动的	点播
节目类型	预定的	预定的	观众选择的
公共传播的作用	高	低	低
传输的边界	局部	世界范围	世界范围

---

① The same may be accessed at http://www.parliament.vic.gov.au/SARC/E-Democracy/Final_Report/Glossary.htm# webcasting. (January 21, 2014).
② M. Sakthivel, Webcasters' Protection under Copyright - A comparative Study, http://papers.ssrn.com/sol3/papers.cfm?abstract_id=1933412, 2016年9月16日。

二、网络广播

流媒体技术的发明以及发展，直接产生了影响传播格局的网络广播。该技术具有前所未有的新鲜功能：时间平移（用户可以在更加方便的时间收看节目）；空间转移（用户可以在更加方便的地方收看节目，如通过无线电技术获得这些内容）；个性化（提供者可以插入个性化的广告，为用户提供更加适合个人口味的视频材料）；筛选（视频提供者可以按照个性化的指导将不适合儿童的内容节目剔除）；改变（提供者为编辑视频可以从不同的视频中剪切和粘贴）；多媒体（提供者可以结合不同的作品，如视频和音乐，同步演示）；变形（特征和设计可以以创造性的方式通过数字转换将新的维度或想法添加进材料中）；存档（为了方便以后的查看，可以将内容存储在服务器中）；重新包装（内容可以在不同的场所展现，例如，一个网站可以在一个共同的主题下组合来自不同来源的节目）；超链接；建立社区和聊天室。[1] 总之，该流式技术所提供的功能可以适应和满足用户的各种需求。

为了对该项流媒体传播有一个统一的认识，世界版权组织早在 2002 年就对其进行了权威的概括性描述，认为网络广播是提供自动化或者个性化传输服务的网络上的一种新的内容传输模式，其通常指的是提供按需使用以及实时信息流的播放。上网主要是基于电信网络（有线通信），但也可以无线上网。在音频和视频的信息流下，用户接收传播的内容，但是没有储存它的副本。流媒体的服务功能建立在"牵引技术"的基础上，这意味着内容传递到用户的过程是在其请求后才完成的。网络服务可以通过不同类型的设备接收。电视机或电脑都可以设置为不同类型的服务接收器。事实上，在未来，家里的每个人可能仅仅有一个显示屏，而这个显示屏将提供各种连接所需的不同服务，而无论该种服务来自广播组织还是网络广播组织。这些内容来源于一个或多个服务器，通过互联网可以访问到它们。每个接收者向最初的服务器发出请求程序后，从原始服务器发送到接收者 IP 地址的特定的信息流就此产生。在未来可能出现的另一个场景是，为了减少信息源和接收者之间的距离，众多的服务器参与进来，被发送者或网络

---

[1] Michael A. Einhorn, "Internet Television and Copyright Licensing: Balancing Cents and Sensibility," *Cardozo Arts & Entertainment Law Journal*, Vol. 20 (2002): 321–336.

基础设施通过被称为多播的流程进行管理，互联网路由器接收单独的信息流，然后单独地将它们发射至一个或多个接收者。虽然该信号不得不通过众多中间服务器或路由器发送，但是它仅仅在个人需求下才从一个信息源发出。一旦被需求，传输就会经由一对一的传送渠道，即通过特定的 IP 地址发生。当用户终止他的需求时，供应商（或中间服务器）即停止传播。①

由此可知，网络广播一个突出的特点就是"点对点"的传输过程，即便是相同节目能被众多受众同时接收，它也是在每个受众提出请求后，经由点对点双向通信网络传输到每个受众的数字终端的。就其本质而言，该种广播同以"点对多""单向性传输"为特征的传统广播的最大区别在于每个受众都是独立的，且通过每个单独、平行的、点对点的连接，将承载信息的串流发送给每个独立提出请求的受众，凸显机械层面上的交互式传输。换言之，在传统广播环境下，受众是被动的接收方，自己只需打开接收器就可以接收到广播组织对空传输的现成的广播节目信号；而在网络广播的情况下，受众必须首先接入服务器并激活该服务器的设施才能把节目信号"要"到自己的数字终端。

另外，网络广播在传输范围和传输数量方面也表现出强大的优势。首先，在传输方面，对于传统广播，无论是通过卫星、电缆还是空中传输，其达到的范围总是有一定限度的，超出这个范围，承载信息的信号是传达不到的；但是对于网络广播而言，在没有人为使用阻挡技术的情况下，只要具备合适的接收终端，世界范围内任何具备因特网入口的地方都能收到网络广播的内容。其次，在传输数量方面，对于传统广播而言，频道或频率在技术方面都是有限的，每一个频道或频率在时间方面也是有限的，这就决定了传统广播在提供信息节目的数量方面是有限的；而对于网络广播，由于带宽、协议和域可以根据需要（只需一个简短通知即可获得容量）不断地增加以期满足不断增长的需求，因此通过因特网提供节目在数量方面没有要求，不受限制。

三、网络广播对广播组织权制度的影响

虽然我国现行《著作权法》赋予了广播组织转播权、复制权、录制

---

① WIPO, Protection of broadcasting organizations, SCCR/7/8, April 4, 2002.

权等三项邻接权利,① 且在传统环境下这些权利已经起到了保护广播组织利益的作用,但面对数字网络技术的冲击,在网络广播日益繁荣的今天,广播组织已无法直接利用这三项权利来救济自己的权利,现行《著作权法》不能完全规制网络环境下的广播行为。

(一) 转播权无法控制网络广播行为

广播组织权中最为重要的一项权利是转播权,《罗马公约》和《TRIPs 协定》均将转播权限定为控制以无线方式进行同步转播的权利,而不包含控制以有线方式和通过互联网进行的转播。② 根据 2001 年全国人大法律委员会对修改《著作权法》报告的说明,《著作权法》中广播组织的转播权可以控制以有线和无线方式进行的转播,但尚不能控制通过互联网进行的转播。③

首先,从立法原意角度而言,网络转播行为并非转播。我国《著作权法》第 45 条对广播组织权进行了规定,赋予广播组织转播权、录制权、复制权。④ 但是,《著作权法》《著作权法实施条例》以及有关司法解释却并没有对其进行界定和阐释。尽管据相关国际条约及国外立法,广播组织所享有的转播方式包括无线方式和有线方式,但是,根据《著作权法》第 10 条第 11 项的规定,享有广播权的以有线方式传播的作品仅限于"以有线传播或者转播方式向公众传播广播的作品",且广播组织享有的广播权不能逾越作者的广播权。因此,广播组织对有线转播的禁止权应止于著作权人对有线广播享有的权利范围外,而不应延伸至著作权人对网络传播享有的权利。

其次,中国《著作权法》将著作权人、表演者和录音录像制作者规定为信息网络传播权的主体,但唯独将广播组织者排除在外,即广播组织对互联网领域的传播并无控制权。司法实践对上述规定的解释为,如此立法不是由于立法的缺陷而是出于利益平衡的考量。广播组织权的设立既关

---

① 《中华人民共和国著作权法》第 45 条规定:"广播电台、电视台有权禁止未经其许可的下列行为:(一) 将其播放的广播、电视转播;(二) 将其播放的广播、电视录制在音像载体上以及复制音像载体。"

② 王迁:《知识产权法教程》,中国人民大学出版社 2012 年版,第 199 页。

③ 全国人大法律委员会前主任王维澄 2001 年 10 月 27 日所做的关于修改著作权法的决定的报告。

④ 《中华人民共和国著作权法》第 45 条规定"广播电台、电视台有权禁止未经其许可的下列行为:(一) 将其播放的广播、电视转播;(二) 将其播放的广播、电视录制在音像载体上以及复制音像载体。"

系到保护广播组织，使其获得为传播作品所做出的人力、物力投入的回报，也关系到社会大众信息获取权和知情权的实现。因此，在立法未将该权利扩充至适用于互联网领域之前，不宜通过解释将转播权延伸至网络领域。虽有部分发达国家（如美国）保护广播组织对网络空间的控制，但大部分国家特别是发展中国家出于保护自身文化产业的需要并未将转播权延伸至互联网领域。当然，广播组织虽然不能以广播组织权为依据禁止他人的网络转播行为，但仍有可能作为著作权人或者著作权人的被许可人、录音录像制作者或者录音录像制作者的被许可人，以信息网络传播受侵害为由获得司法救济。①

再次，司法实践中，将转播权延伸至网络领域将对"三网融合"政策的实施非常不利。三网融合技术的出现带来的是电信网、广播电视网、互联网互联互通，业务内容和技术功能趋于一致，打破三个部门各自为政、垄断经营的局面，实现资源共享，最终实现为大众提供方便快捷、价格合理的音频、视频、文件等多项服务的目的。IPTV 系电信企业从事互联网视听节目信号传输服务的业务，如果将广播组织权的保护范围延伸至互联网领域，电信部门将不能从事 IPTV 业务，这与三网融合的宗旨相悖。因此，不应赋予广播组织对于网络转播的控制权。②

最后，由于我国著作权法源于《罗马公约》，很多条款可以从该公约中找到根据，如《罗马公约》第 3 条（f）、（g）款认为："'广播'是指供公众接收的声音或图像和声音的无线电传播"；"'转播'是指一个广播组织的广播节目被另一个广播组织同时广播"。那么，我国著作权法中的转播也应是遵循该定义，不仅要强调播放的同时性，即一个广播组织将另一个广播组织播放的节目录制下来后再播放就不是转播了，而且还要凸显双方都应是广播组织。另外，由于《罗马公约》制定时并无数字技术和网络技术，网络广播并未出现，因此，该公约所强调的广播组织并不包括网络广播组织，如此一来，传统的转播权是无法适用于网络广播的。

（二）复制、录制权无法控制网络广播行为

正如前述，网络广播从技术层面而言，主要可以分为网络同步转播、网络广播、网络点播等三种形式。网络同步转播形式，就是网络广播组织

---

① 参见浙江省嘉兴市中级人民法院民事判决书（2012）浙嘉知终字第 7 号。
② 参见浙江省嘉兴市中级人民法院民事判决书（2012）浙嘉知终字第 7 号。

瞬间完成传统无线或有线广播电视机构广播承载节目的信号的数字化转换并实现同步传播，除非有意开设录制设备，一般情况下，这个过程中是不存在将传统广播电视信号"录制在音像载体上"或"复制音像载体"的行为的。因此，通常而言，网络同步转播行为是不受录制、复制权控制的。

在网络广播中，节目的播放在时间、次序、地域方面都有特定的安排，很难一次性满足受众的收视、收听需要，因此，网络广播组织将电台、电视台播放的节目的录制品上传至网站服务器，编排后按照预定的节目时间表通过互联网通道向公众播出，公众只能在线收听或收看而无法自主选择节目。另外，在网络点播中，网络广播组织将已经录制好的视听节目的复制品置于该组织的网页或网站上供网络用户自主获取，用户可以在自己选定的时间收看或收听到节目，而不受该节目播出时间的限制。由此可知，在这两种广播形式中，都存有复制上传这个环节（由于4G流媒体技术的出现，受众收看网络节目不再需要下载完整的视频或音频，视频或音频只是在内存中临时存储，瞬间就会被随后的信息流所取代而消失，因此，下载收看中一般不需要复制或录制的行为）。那么，复制、录制权能否控制这类网络广播行为呢？

要对此进行回答，应从复制、录制权的立法原理方面进行探究。鉴于录制行为也属于复制范畴，因此，以下就对统称为复制的行为进行分析。对于复制的定义，虽然世界各国著作权法各有表述，但要构成著作权法上的复制，必须要具备以下两个要件：作品在有形载体上再现并持久固定于有形载体上。[①] 由此可见，在要件如此明确的情况下，将广播电视节目上传至网络服务器，即利用FIP等软件将广播电视节目上传或以数字化格式在网络服务器中形成永久性复制件，无疑属于复制行为。但是，这种上传行为所形成的复制行为同传统的以印刷、复印、录音、录像等方式将作品制作成一份或多份的复制行为是有区别的。在传统环境下，复制权是著作权人的经济权利中心，是作为著作权的一个核心权利存在的，因为，谁控制了复制行为，谁就控制了其他人利用作品的大部分行为，"在有形世界中，除了制

---

① 其一，该行为应当在有形物质载体上再现作品，在有形物质载体之上再现作品，是复制行为与其他再现作品行为，如表演、广播和放映等最根本的区别。如果再现作品的行为并不借助于有形物质载体，则该行为不可能是著作权法意义上的复制。其二，该行为应当使作品被相对稳定和持久地"固定"在有形物质载体之上，形成作品的有形复制件。王迁：《知识产权法教程》，中国人民大学出版社2011年版，第119页。

作能取代原件的复制品外,几乎没有其他任何理由促使行为人去复制整件作品。"① 但是随着数字网络技术的出现,传播权的重要性日渐取代了复制权的重要性。因为,在数字网络环境下,作品的利用更频繁地借助互联网和数字媒体实现,作品无形再现利用取得的收益不断增多,作品复制件利用所带来的收益明显减少。② 尽管传播权利益的实现过程往往伴随着复制件的制作,即传播作品必须要通过上传、下载等环节,而这些环节离不开复制行为,但是,一个不可忽视的事实是,这些做出复制行为的人希望通过上传、下载来完成作品的传播,而非希望取代原件。对此,有学者认为传播权是与复制权相对应的一组权利的总称,是指以无形的、不转移作品复制件的方式利用作品的任何行为。③ 传播权是一种无形再现作品的权利,其控制的是一种无形传播行为,一种向公众传播作品的行为。这种"无形再现"的方式,强调虽然在网络广播或点播的情况下也需要复制件,但是其利益的实现并不需要载体的转移;这种"向公众传播"的方式,强调行为的连续地或持续地发生。恰恰相反,复制权的立法基础在于让公众借助原件或复制件等载体直接感受作品的内容,信息共享的实现离不开作品载体的转移,强调其控制的行为是一次性完成的而不可持续。通过以上分析,我们可知复制、录制权是无法控制网络广播行为的。

(三) 信息网络传播权无法控制网络广播行为

数字网络技术的发展,带来的是传播模式的巨大变化,在互联网上出现了"交互式传播"和"非交互式传播"并存的局面,即"网络广播"和"网络窄播"④ 交相呼应,共同繁荣互联网。如此一来,面对这些新型传播模式,《伯尔尼公约》和包括中国在内的世界各国著作权法中的"广播权"都难以提供明确的保护,于是也就难以满足司法实践的需要。在此背景下,世界知识产权组织于1996年主持各国缔结了WCT,该条约第

---

① 彭学龙:《技术发展和法律变迁中的复制权》,《科技与法律》2006年第1期。
② 梅术文:《著作权法上的传播权研究》,法律出版社2012年版,第10页。
③ 张今:《版权法中私人复制问题研究:从印刷机到互联网》,中国政法大学出版社2009年版,第82—83页。
④ 网络上非交互式传播是网络广播;交互式传播是网络窄播,因为在交互式传播模式下,首先,信息内容传输的起点是受众而非传播者,受众根据自己的喜好和方便程度选择接收信息的时间和地点;其次,传播采用的是"点对点"技术模式,信息在服务器和特定用户之间传输,而非由服务器这个点向无数个特定的点进行传输。

8条①对"向公众传播的权利"进行了规定,该条的立法目的在于使各国著作权法将"交互式传播"行为纳入著作权人专有权利的控制范围;立法方式采取的是技术中立,强调对传播作品所使用的技术,无论是有线还是无线,都要受到著作权人专有权的控制;立法内容不仅控制"交互式"网络传播而且还控制"非交互式"网络传播。

2001年,为应对数字网络所带来的法律困境,我国对《著作权法》进行了相应修订。受WCT第8条规定的影响,《著作权法》中新增了一项权利:信息网络传播权。② 通过条款文字对比,我们会发现,我国"信息网络传播权"直接来源于WCT第8条规定③的后半句话,而并没有涉及该条规定的前半句话。这也就意味着,我国"信息网络传播权"只能控制"交互式"传播行为,即公众在其个人选定的地点和时间获得作品的传播方式,而对于以"非交互式"手段传播作品的行为并不予以控制。可见,我国"信息网络传播权"相对于WCT的"向公众传播权"而言,只控制其所控制行为的一部分。

那么,在我国"信息网络传播权"制度下,该权利能否控制网络广播行为呢?

首先,由于"网络同时转播"和"网络广播"都属于"非交互式"网络传播,④ 所以,只控制"交互式"传播行为的"信息网络传播权",

---

① 第8条规定了"向公众传播的权利",即"在不损害《伯尔尼公约》第11条第(1)款第(Ⅱ)目、第11条之二第(1)款第(Ⅰ)和(Ⅱ)目、第11条之三第(1)款第(Ⅱ)目、第14条第(1)款第(Ⅱ)目和第14条之二第(1)款的规定的情况下,文学和艺术作品的作者应享有专有权,以授权将其作品以有线或无线方式向公众传播,包括将其作品向公众提供,使公众中的成员在其个人选定的地点和时间可获得这些作品。"
② 《中华人民共和国著作权法(2001)》第10条第11款规定,"信息网络传播权,是指以有线或者无线方式向公众提供作品,使公众可以在其个人选定的时间和地点获得作品的权利"。
③ WCT第8条规定,在不损害《伯尔尼公约》第11条第(1)款第(11)目、第11条之二第(1)款第(1)和(11)目、第11条之三第(1)款第(11)目、第14条(1)款第(11)目和第14条之二第(1)款的规定的情况下,文学和艺术作品的作者应享有专有权,以授权将其作品以有线或无线方式向公众传播,包括将其作品向公众提供,使公众中的成员在其个人选定的地点和时间获得这些作品。
④ 因为:第一,这两类网络广播方式均是由传播者的行为直接触发的;受众只能被动地接收,而不能对传播的内容和时间加以主动选择,无法在其个人选定的地点和时间获得想要的作品,用户在传播者做出触发行为之后登录只能看到这一时刻正在播出的节目;第二,这两类网络广播方式都是"点到多"的传播模式,是由服务器这一个"点"同时向无数个不特定的"点"传输相同的内容。因此,这两类网络广播行为均是"非交互式"网络传播。胡超:《试论网络广播的权利属性与法律规制》,《甘肃社会科学》2011年第1期。

是不能调整"网络同时转播"和"网络广播"这两种行为的。因此,一旦有网站未经许可以"直播"而非"点播"的方式通过网络传播作品,法院只有适用《著作权法》第10条第1款第17项"应当由著作权人享有的其他权利"才能认定侵权。但是,法院对这项"兜底条款"的应用是十分谨慎,也是十分罕见的。这意味着《著作权法》很难制止这一类型的侵权行为。①

其次,网络点播行为无法受到信息网络传播权的控制。在传统广播模式下,受众没有自由权,不能自由选择节目播放的内容、时间和地点,只能被动接受广播组织按照既定顺序播放的节目。而网络点播在播放模式方面实现了逆转,尊重自主,包容差异,摆脱了过去单一的"点对多"模式,实现了"交互式"传播。该种传播具有双向互动性,不再是单一的点到面模式,而是点到点模式,遵循终端对等原则。受众不仅能在任何地点、任何时间选定自己喜欢的节目进行播放,而且还能在播放过程中进行暂停、快进或后退等播放操作。从技术本身而言,这种传播完全属于信息网络传播权所要控制的行为,但是,从权利主体的角度出发,由于法律法规的特殊规定,作为邻接权主体的广播组织及网络广播组织是无法控制网络点播行为的。

根据2006年颁布的《信息网络传播权保护条例》第1条之规定,②在我国,信息网络传播权的权利主体是著作权人、表演者、录音录像制作者,而广播组织和网络广播组织被排除在外。当然,如果广播组织和网络广播组织播放的是自己所创造的节目或自己所录制的节目,广播组织和网络广播组织成为著作权人或录制人,那么,其他网站未经许可上传这些广播节目供网民随机点播的行为侵犯了作为著作权人或录音录像制作者的广播组织和网络广播组织的信息网络传播权。否则,若广播组织和网络广播组织在节目的播出过程中没有创新而仅从事了播放行为,那么,广播组织和网络广播组织是无法控制其他网站将其播放的电视节目信号用于网络点播服务的行为的。

---

① 王迁:《著作权法修订之"前沿问题"》,载国家版权局《著作权法第二次修改调研报告汇编》(下册),第41页。
② 《信息网络传播权保护条例》第1条规定:"为保护著作权人、表演者、录音录像制作者(以下统称权利人)的信息网络传播权,鼓励有益于社会主义精神文明、物质文明建设的作品的创作和传播,根据《中华人民共和国著作权法》(以下简称著作权法),制定本条例。"

第三章 国际立法层面广播组织权的制度演进与技术挑战

第一节 传统技术时代广播组织权的产生与发展

一、广播组织权的产生

由于广播组织权是邻接权的一种,在国际上,承认表演者的权利和承认录音制品制作者和广播组织的权利是共同进行的,因此,追根溯源的话,探讨广播组织权的产生应首先对邻接权制度的产生进行分析。邻接权制度的产生不是一蹴而就的,在时间上可以以第二次世界大战为界划分为两个阶段。

第一个阶段是邻接权制度意识的产生。国际上最早对邻接权的关注可以追溯到 1903 年,彼时,在德国威玛召开了国际文学艺术协会(International Literary and Artistic Association)会上,与会人员提出要讨论独唱和独奏演员之生活待遇问题,这是国际上首次提到表演者权保护的问题。[①] 1908 年,英国代表在修订《伯尔尼公约》的柏林会议上提出了保护录音制品的问题。不少代表团批评英国代表团关心的是制造业的保护,而不是作者的利益。最后,外交会议认为:此类客体处于工业产权与著作权之间的边缘地带,不过,它更适合被纳入到前一类权利中。因此,《伯尔

[①] 黄明杰:《著作邻接权之研究——以日本著作邻接权制度为研究经纬》,硕士学位论文,中原大学,2004 年,第 32 页。

尼公约》没有对该问题做出规定。① 1910年，《德国文学和艺术作品产权法》最早将表演者权利作为一类改编作品来保护。1920年，《日本著作权法》规定表演者、唱片制作者可以获得著作权。1925年，《英国戏剧、音乐和表演者保护法》专门规定录制戏剧和音乐表演者的表演须经表演者书面同意，否则录制人应立即予以赔偿。② 1928年，意大利代表和《伯尔尼公约》国际局在罗马召开的《伯尔尼公约》修正会议上被提出有关广播权、赋予表演者排他权利等的建议。不过，上述建议却遭到法国代表的激烈反对，他们认为草案是保护作者的公约，不应处理表演者、录音制品制作人、广播机构的权利保护问题，国际劳工组织也就其对表演者等保护不力做出检讨。1936年，奥地利著作权法赋予了表演者和录音制品制作者邻接权，成为世界上第一部系统规定邻接权的法律。③ 1939年7月于瑞士召开的伯尔尼同盟国著作权专家委员会，拟定了两个条约草案：一个涉及表演者和录音制品制作者；另一个涉及广播组织，但由于第二次世界大战而被迫中止。被迫中断的还有国际劳工组织于1940年将表演者对播放和录制的权利列入议事日程的会议。④ 另外，1939年，国际劳工组织出版了一份报告，指出各国表演者所面临形势的严重性和危机的普遍性。⑤ 在此情况下，这些代表表演者或演奏者利益的专业组织在一些国家和国际会议上要求获得专属自身的三项权利。⑥

---

① Sam Ricketson, *The Berne Convention for the Protection of Literary and Artistic Works*: 1886–1986, London, Queen Mary College, Centre for Commercial Law Studies, 1987, p. 309–310.
② 李永明主编：《知识产权法》，浙江大学出版社2000年版，第183页。
③ [西]德利娅·利普希克：《著作权与邻接权》，联合国译，中国对外翻译出版公司2000年版，第271页。
④ 世界知识产权组织《罗马公约和录音制品公约指南》，刘波林译，中国人民大学出版社2002年版，第5页。
⑤ 法国在1932年大约计有十万戏剧表演者，但拥有一项职业的艺术家数目则仅有1500人。日本1936年音乐工作者失业的比例为41%，产业技术员的失业比例只有16%。1937年维也纳音乐工作者90%没有工作。国际劳工局：《演奏者在广播节目、电视及声音机械复制方面的权利》，转引自[西]德利娅·德普希克《著作权与邻接权》，联合国译，中国对外翻译出版公司2000年版，第277页。
⑥ 即授权采用机械、无线电或其他方式复制、传送和录制其表演或演奏的权利，以及公开演奏这些传送或录制节目的权利；在两个主要方面尊重艺术家人格的精神权利，即身份权，或署名权，以及反对擅自窜改或歪曲其表演的权利；经济权利，即每当广播一项艺术演奏——如果该演奏不是出于广播目的以及艺术家以此获得报酬——或每当在公共场所演奏录制的录音制品时，领取一笔专门的公平的报酬，用来补偿对这些表演进行的使用，以及征收唱片销售额的百分比的权利。[西]德利娅·利普希克：《著作权与邻接权》，联合国译，中国对外翻译出版公司2000年版，第277页。

第二个阶段是"邻接权"概念的提出及制度完善。第二次世界大战结束后，有关这方面的国际会议又陆续召开。1948年6月，当表演者、录音制作者、广播组织的权利问题在比利时布鲁塞尔召开的《伯尔尼公约》修正会议上被再次提出时，又遭到反对，于是大会通过了一项决议，即在《伯尔尼公约》之外制定一个新的公约以保护表演者权、录音制作者权和广播组织权，决议草案将这些权利统称为"rights neighboring to copyright"，[①] 自此邻接权这个概念正式登上历史舞台。1951年在国际劳工组织的帮助下，《伯尔尼公约》同盟在罗马召开专家委员会会议，起草了《罗马预备草案》。该草案在1953年会议上被讨论时，与会国反应热烈。1955年10月，由联合国教科文组织力促在巴黎召开的世界著作权条约第2次著作权临时委员会会议，进行了邻接权保护问题的探讨。1956年7月，国际劳工组织在日内瓦召开专家委员会，修正1951年的《罗马预备草案》，并起草《国际劳工组织草案》（Draft International Convention under the Auspieces of ILO）。[②] 另外，1957年3月，联合国教科文组织与《伯尔尼公约》同盟共同于摩纳哥的蒙特卡洛召开专家委员会，达成《摩纳哥草案》（Draft Agreement on the Protection of Certain Right Called Neighbouring on Copyright）。[③] 1957年8月6日联合国教科文组织、伯尔尼同盟和国际劳工组织共同征求各国政府对草案的意见，三机构于1960年5月联合促成在荷兰海牙召开的专家委员会会议，完成《海牙草案》。1961年10月10日至26日，在上述三机构的共同敦促下，各国于罗马召开邻接权条约外交会议，以各国对《海牙草案》的见解为基础进行审议，最终达成《罗马公约》。[④] 该公约的签订标志着传统的邻接权制度，即以表演者、录音制品制作者和广播组织的权利为核心内容的邻接权制度的正式形成，为各国制定邻接权制度提供了"蓝本"，例如德国、法国、荷兰、俄罗斯、日

[①] Stephen M. Stewart, *International Copyright and Neighbouring Rights*, Butterworths, 1989, p. 190.

[②] 该草案以社会、经济为着眼点，甚至将因传播科技的发展导致的表演人失业之救济问题亦纳入考量，因此，保护水准较高。另外，该草案对邻接权制度的创设目的提出三点建议：（1）传播人类创作的艺术作品给公众；（2）促进著作权制度与邻接权制度的和谐发展；（3）促进文学艺术作品的作者与传播者之间的合作。[日] 加护守行：《著作权法逐条释义》，著作权资料协会1991年版，第408页。

[③] 该草案是参照当时已存在的国内邻接权规范，制定的最低程度保护。

[④] 黄明杰：《著作邻接权之研究——以日本著作邻接权制度为研究经纬》，硕士学位论文，中原大学，2004年，第32—33页。

本等许多国家直接在法律中采用"邻接权"概念，独立规定邻接权制度。

上文从时间维度梳理了邻接权的产生过程，下文我们从世界上两大法系所存差异来探讨邻接权在英美法系国家和大陆法系国家是如何产生的。尽管邻接权是大陆法系国家法律所特有的概念，英美法系国家的法律中不存在该称谓，但在知识产权领域，对表演者、录音制品制作者和广播组织提供保护并非大陆法系国家所特有，因为，在英美法系国家，表演、录音制品、广播都可以成为被复制的材料，不但是受到保护的对象，而且是作为作品受到保护。

（一）大陆法系国家广播组织权的产生

19世纪，康德和黑格尔崇尚自然理性的美学观影响了欧洲著作权制度的建立。这种创作观被称为"浪漫主义作者观"。哲学家康德认为，作品不是随便一种商品，从某种程度上讲，是一个人即作者的延伸，作品是人格的反映。[①] 在此美学思想的影响下，维护作者的人格利益成为大陆法系国家著作权立法的正当基础。著作权人能享有著作权的原因在于作品中隐含着作者的人格，且这种人格专属于自然人，法人不具有作为作者的资格，作者可以获得精神权利的保护。[②] 尽管在大陆法系国家中存在一元论和二元论的分歧，[③] 但是他们的共同理念不变："作品是人格的反映"。因此，大陆法系国家奉行作者权本位主义，强调保护作者独特的智力贡献，即能反映创造者个性的原创性。著作权权利主体仅限于创造了作品、向社会贡献了智力成果的自然人，他们关注的是作者对于作品的贡献，以及由此产生的权利，而对于出版者或传播者的权利并不关心。

由此不难看出，大陆法系著作权制度有以下几个特点。

第一，精神权利的不可让与性。大陆法系国家认为作品是人格的反映，不管是坚持一元论的德国还是认可二元论的法国，不管是否认为精神

[①] 刘春田、刘波林：《著作权法的若干理论问题》，《法律学习与研究》1987年第2期。

[②] 刘洁：《邻接权归宿论》，知识产权出版社2013年版，第122页。

[③] 以德国为代表的一元论认为著作权的本质就是在著作权人固有人格领域内，以精神创作物为对象的人格权。著作权所保护的作者利益一方面是利用作品的经济利益，另一方面是作品本身的人格利益，二者相互关联，且精神权利的不可让与性决定了财产权的不可让与性。以法国为代表的二元论认为著作权是由各自独立的财产权利和人身权利构成的双重权利，前者不受后者制约，可以单独让与，后者则不可让与。刘洁：《邻接权归宿论》，知识产权出版社2013年版，第82页。

权利与财产权利可以分开，两者都认为作者的精神权利不但应受到保护，而且还是不可让与的。

第二，作品具有较高的原创性。大陆法系国家认为，作品是对创造性劳动的一种反映，是对作者的思想、情感、智力的一种体现，蕴含着作者的个性魅力，强调较高的原创性，反对给予一般性事物作品资格。

第三，著作权主体仅限于自然人，排除法人。大陆法系国家认为，只有自然人才有思想和情感，才有创造力，才能创作作品，而法人自身是没有思想的，没有个性的，也无创造力可言。因此，只有自然人才能成为作品的作者，法人是不具备成为作者的条件的。

但是，当表演、录音、广播等传播技术和活动日益繁荣后，表演者、录音制品制作者、广播组织等利益集团在面对日益猖狂的盗版、盗播等行为提起保护之诉时，却发现没有法律可以提供保护，自身因难以被视为作者，而遭遇前所未有的麻烦。因为，这三类利益集团尤其是后两者基本都是法人，如提供保护，则要突破传统著作权制度中权利主体为自然人的传统，且为他们提供保护与著作权保护适用的规则和标准完全不同。另外，从原创性角度而言，实践中广播组织主要从事的是向公众传播他人作品的活动，而非为公众创造作品的活动。[①] 为了解决这个问题，大陆法系国家在著作权制度体系中设立了邻接权保护制度，对这些同著作权相关而又不同于著作权的传播者利益提供保护。于是邻接权观念就此产生。最初提出这项原理就是为了填补因严苛的作者权理论造成的空隙。它肇始于照相技术，这是对作者权文化提出挑战的第一项技术。欧洲人最终巧妙地解决了关于这些技术手段所产生的图片是否属于"作品"的问题，方法就是称摄影师为作者，认定在照片上存在着他的人格印记。对于实时直播的电台电视台广播，尽管它们在编辑制作过程中需要不容忽视的创造性，但难以进入受作者权保护的殿堂[②]，因为，传播者在传播作品时付出的创造性劳

---

① Shyamkrishna Balganesh, "The Social Costs of Property Rights in Broadcast (and Cable) Signals", *Berkeley Technology Law Journal*, Vol. 22, 2008, p. 1303.
② 大陆法系国家在采用传统理论保护广播组织权时遇到了困难，主要包括：第一，广播组织传播活动的产物是广播信号，而不同于作品，不能用著作权法来保护它们；第二，广播组织是法人，不能享有作者的资格；第三，广播组织是作品的传播者，而不是作品的创作者，现有的法律中没有关于传播者权利保护的规定。胡开忠等：《广播组织权保护研究》，华中科技大学出版社2011年版，第26页。

动或者其他投入同作者的具有个性的创作存在本质的差别,所以,解决的办法就是宣布,在录音制品和广播节目上存在的权利根本就不是作者权,而是邻接权。[①] 当然,广播组织权以邻接权的身份获得立法保护的原因,另有以下几点需说明。首先,广播组织在传播作品的过程中需要投入巨大的人力、物力。根据民法理论中的公平原则,该项巨大的投入应获得法律的尊重,法律理应对该项投入所产生的产品或节目提供全面保护,以利于广播组织回收成本。比如,广播组织在制作节目之前需要购买录播设备,需要聘任记者、主持人、编导、灯光、美术等人员;在制作节目中需要编排、需要成熟的节目版式、需要制作经验等;在节目制作后需要储存设备、发射设备、转播设备等。在如此复杂、经费高昂的过程中,为使广播组织长足发展,对其传播活动所产生的传播作品予以法律保护也就顺理成章。其次,广播组织事业的发展可以满足人们的知情权、获取知识信息的权利。因为广播组织(尤其是电视组织)是最易容纳当代最新传播技术的行业,其最能切合公民获取信息的习惯,所以,广播组织早已融入人们的现代生活之中,成为人们获取信息、学习文化的重要渠道,成为人们生活中不可缺少的一部分,改变人们的生活习惯甚至思维习惯。因此,自广播组织产生以来,在满足人们的知情权、获取知识信息权等方面,以及促进社会的文化、科技和经济进步方面,广播组织都较其他传媒具备明显的优势。于是,各国政府在规范广播组织行为、保护广播组织利益等方面虽然立法不尽相同,但是认识比较一致,即为了激励广播组织满足人民的知情权或获取知识信息权等更多需要,为社会发展提供更好的服务,赋予其广播组织权。

不过,邻接权在争取自身合法地位方面并非一帆风顺。在邻接权设立之初,持有作者权传统观点的人并不赞同对邻接权所保护的利益提供保护,其最主要的一个理由就是"蛋糕理论"。该理论认为,著作权保护的利益是固定的,其他主体若参与分配必然带来原来利益的减损。若要全面地保护作者的利益,唯一的途径就是赋予作者绝对控制权,其他人若要使用作品必须以获得作者许可为前提,唯有如此,有关利益才能

---

① [美]保罗·戈斯汀:《著作权之道——从谷登堡到数字点播机》,金海军译,北京大学出版社2008年版,第158—159页。

保持平衡。法学家利普希克即持有此观点。① 由是观之，该理论将邻接权人视为瓜分作品利益的掠夺者，认为一旦邻接权人介入作品价值链必然带来作者自身利益的减损，人越多，利益越分散。不过，针对该理论所带来的担忧，《罗马公约》联盟委员会专门就此进行了调查和研究，并于1979年公布调查结果：已经有充分证据表明，作者的版税不会因向表演者或唱片制作者支付报酬而减少。② 另外，美国音乐联盟与广播组织的纷争也证明，传播者的加盟不但不会减损作者的著作权利益，而且还会极大地增加作者的利益。

(二) 英美法系国家广播组织权的产生

罗马时期即确认了"一个人通过自己的劳动和努力所创造的东西属于他自己"的观念。从18世纪以来，财产的全部概念在某种程度上是建立在上述观念上的。在一定意义上，财产的概念因而根植于自然法中。在后来的几个世纪中，人们也越来越将劳动的自然权利的观念与"智力财产"或者说"智力产品"挂钩。在知识产权制度产生至逐渐完善的过程中，人们也将劳动的自然权利的观念③扩展到智力财产或知识产权领域。④ 具体而言，由于当时盛行洛克有关劳动财产权的观点，虽然在洛克的劳动财产权理论中并未存有"作品是财产"这样的表述或意思，但在当时那个环境下，洛克的理论成为论证文学产权正当性的强大工具，于是作品就获得了像其他劳动成果一样被劳动财产权保护的地位。这种思潮在席卷了英联邦国家及其殖民地国家后就形成了版权体系，版权也就成为一种经济财权，该权的设立目的在于给予作者经济回报。

在此理念下，英美法系国家并不过分强调作品所具备的独创性，其认为传播者所从事的传播活动同作者创造作品在性质上并无二致，都可归入

---

① "文学艺术作品的创造者是公约利益的既得者，他们不愿意有人与之分享利益。作者认为，作品的使用人愿意支付的报酬是有限的，参与分配的人越多，作者的收入越少。而且，义务成本的增大会增加侵权概率，使用人可能会干脆拒绝支付报酬"。引自 [西] 德利娅·利普希克《著作权与邻接权》，联合国译，中国对外翻译出版公司2000年版，第148页。

② 吴汉东等：《西方诸国著作权制度研究》，中国政法大学出版社1998年版，第151页。

③ 该理论的代表人物是英国约翰·洛克，他认为上帝将整个世界赐予人类，每个人对自己的身体及其劳动享有所有权。当其将劳动添加于自然物上，人便获得该物的所有权。Peter Drahos, "A Philosophy of Intellectual Property", *Dartmouth*, No. 37, 1996, p. 43.

④ 冯晓青：《知识产权法哲学》，中国人民公安大学出版社2003年版，第39页。

"创造"范畴。这也就为包括广播组织在内的传播者被纳入版权主体,同作者享有相同的保护创造了机会,以版权方式保护大陆法系中邻接权范畴内客体的模式也就顺势而生了,而"邻接权"概念则无从寻觅。例如,在《美国版权法》(1976年)中并无邻接权或广播组织权这些概念,但是《美国版权法》(1976年)第110条的规定就是对广播组织的保护;在《英国版权法》中,除了表演者的权利可以归入邻接权,广播组织和录音制品制作者均被视为作者而享有版权。

二、世界各国对广播组织权的规范

根据世界知识产权组织的文件显示,其组织成员国有关著作权和邻接权的国内法都包含对广播组织的保护或被解释为保护的规定,各国规定的主要差异在于保护方式方面。一种方法是给予广播组织具体的相邻权。设立这一类的立法规定的国家或地区有:阿根廷、奥地利、比利时、巴西、喀麦隆、智利、中国、哥伦比亚、哥斯达黎加、捷克、刚果民主共和国、丹麦、厄瓜多尔、萨尔瓦多、爱沙尼亚、芬兰、法国、加蓬、格鲁吉亚、德国、希腊、危地马拉、几内亚、梵蒂冈、洪都拉斯、匈牙利、冰岛、印度、意大利、日本、哈萨克斯坦、拉脱维亚、莱索托、列支敦士登、卢森堡、马达加斯加、毛里求斯、墨西哥、摩尔多瓦共和国、蒙古、荷兰、尼日尔、挪威、巴基斯坦、巴拿马、巴拉圭、秘鲁、菲律宾、波兰、葡萄牙、韩国、罗马尼亚、俄罗斯联邦、卢旺达、圣文森特和格林纳丁斯、斯洛伐克、斯洛文尼亚、西班牙、苏丹、瑞典、瑞士、多哥、特立尼达和多巴哥、土耳其、乌克兰、乌拉圭和委内瑞拉。[①]

然而,其他国家并不授予广播组织邻接权,而是将广播作为作品的一个类别置于著作权保护之下。以下国家在立法中明确规定以这种方式保护广播:安哥拉、澳大利亚、巴林、孟加拉国、巴巴多斯、博茨瓦纳、古巴、塞浦路斯、斐济、加纳、圭亚那、伊拉克、爱尔兰、牙买加、约旦、肯尼亚、立陶宛、马拉维、马耳他、纳米比亚、新西兰、尼日利亚、阿曼、卡塔尔、圣卢西亚、塞拉利昂、新加坡、南非、泰国、乌干达、阿联

---

① WIPO, *Existing International, Regional and National Legislation Concerning the Protection of the Rights of Broadcasting Organizations*, SCCR/1/3, September, 1998.

酋、英国、坦桑尼亚联合共和国、也门、赞比亚和津巴布韦。①

广播组织著作权保护具体规定缺失并不一定就意味着这种保护不存在。例如，这种保护可以通过将广播作品解释成受保护的作品而存在，也可以通过将广播作品当作其他作品或数据的汇编而存在。在后一种情况中，保护可能只针对一部分广播节目，这会导致对受保护的汇编作品的侵权。前一种情况是美国版权法中的规定。根据《美国版权法》（1976年）的规定，广播并不在被保护的作品目录中，但是其第101条规定，由正在传送的声音、图像或两者构成的作品的录制与其传送同步进行的，在该法中被视为"固定"。这就意味着即使是在广播节目的现场直播中，如果广播组织在直播的同时对节目进行录制，则其也有权利就他们制作和传播的所有可取得著作权的作品得到版权保护。法律制度规定，广播组织对同步录制一场现场直播的足球比赛享有著作权。

然而，著作权保护和邻接权保护之间的区别并不总是很清晰，例如，广播节目可以作为特殊类型的作品被著作权制度保护。当著作权领域授予广播节目权利的保护与邻接权领域授予广播节目权利的保护平行时，二者在立法的实际效果方面并无实质性差异，而更多的不同是在立法术语或立法技术方面。

（一）德国

德国实施的是广播电视国家合同与广播电视体制并行的双轨制。根据《德国电信法》（1996年），公共广播组织和私人广播组织享有不同的权利。私人广播组织不能按照公共事务法的规定得到保护，只有在某些例外的情况下才能分享广播电视费用。

对于广播组织所提供的节目传送服务，社会民众原则上不必获得授权即可利用，包括其他广播组织对原广播加以摘取并再为播送。但是，由于公共事务法上的规定，德国的广播组织对上述利用行为必须进行某种程度上的限制，例如对某些经营播放设施的行为或非法使用接收设备接收信号的行为进行规制。根据德国《电信设备法》（1977年）第1条之规定，不只是电台的经营，包括接收器的设置，都属于国家广播电视的主权范围。该法还规定，不论是电台的听众还是电视台的观众，都必须向德国电信局

---

① WIPO, Existing International, Regional and National Legislation Concerning the Protection of the Rights of Broadcasting Organizations, SCCR/1/3, September, 1998.

申请取得一般的接受许可。另外，根据1974年12月5日所制定的《广播税的国家契约》，所有的观众或听众都必须向联邦的广播组织登记他们的接收器（即收音机或电视机等），并缴交广播税。① 目前实施的《德国电信法》也规定，听众或观众应在相应的广电部门登记自己的接收设备，公共广播组织按照国家广播电视收费合同通过共同的收费中心收取接收费用。根据上述各项规定，通过未经登记的收音机或电视机收视、收听，或未曾缴费而收视、收听的行为，均属违法行为而应被处以罚款。

在上述公共事务法之外，著作权法还为广播组织提供了某种私法上的保护，即授予广播组织邻接权。不过，获取该权利的主体是有范围的，并非所有广播组织者都具有享有该权利的资格。"只有那些向公众播放节目并且给予监控并担负责任的那些企业，而不是那些仅仅将节目进行技术上的执行的企业，才属于播放企业。"②

德国现行著作权法的名称为《关于著作权与有关的保护权的法律》（以下简称《德国著作权法》），是1965年9月9日制定的，最新一次修订发生在2009年10月27日。该法共分为五部分，其中邻接权作为单独的一章来设置，与著作权前后并列。该法对广播组织权的保护规定得很详细。其中最主要的部分就是该法第87条和第20条，其对广播组织传播的节目加以保护，与《罗马公约》及《欧盟卫星转播节目讯号播送公约》（European Convention Relating to Questions on Copyright Law and Neighbouring Rights in the Framework of Transfrontier Broadcasting by Satellite）之规定相当。《欧盟卫星转播节目讯号播送公约》，主要保护的是位于缔约国境内的广播组织，该类广播组织对于通过卫星将节目转播给其他广播组织的行为，享有专属的再转播权。

1. 广播组织权的保护客体。《德国著作权法》第20条规定，"播放权，指通过例如广播电视的播放、卫星播放、有线播放或者类似技术手段公开提供著作的权利。"③ 由此可知，广播组织权保护的客体非常宽泛，其不仅对无线广播节目提供保护，而且对有线广播以及类似技术设施传播作品的行为提供邻接权保护。不过，广播组织权并不为仅仅转播其他广播

---

① 张懿云等：《邻接权制度之研究》，2012年5月22日，http://www.doc88.com/p-377360127952.html。
② ［德］M. 雷炳德：《著作权法》，张恩民译，法律出版社2005年版，第517页。
③ 《十二国著作权法》，《十二国著作权法》翻译组译，清华大学出版社，2011，第152页。

组织节目的有线转播提供保护。①

2. 广播组织权的权利内容。该法第 87 条第 1 项规定，"广播电视企业有（1）转播和公开提供其广播电视播放，（2）将其广播电视播放录制成音像制品、制作成图片，以及复制与发行该音像制品或者图片，出租权除外，（3）在只有支付入场费公众方得进入的场所使公众感知其广播电视播放的独占权利。"② 由此可知，德国广播组织权有五项权利内容：转播权、录制权、复制权、发行权、向公众传播权。易言之，广播组织有权禁止他人，无论是通过有线还是通过卫星的方式，对其广播节目信号进行再转播。同时，它还有权禁止他人将其播放的节目录制在音像制品上或制作成图片，并有权禁止他人复制和发行这些录音、录像和图片，但出租除外。另外，它还有权禁止他人将其广播节目在收取入场费的公共场所公开再现。

除了该条所规定的权利之外，广播组织还享有电视作品以及活动图像上的邻接权（《德国著作权法》第 89 条第 4 款、第 95 条）。对于他们所制作的电视电影，广播组织享有《德国著作权法》第 94 条所规定的邻接权；在相应的唱片上他们还享有该法第 85 条所规定的权利。根据这些著作权以及邻接权，广播组织有权禁止自己的节目在饮食行业的场所进行再现并且有权在私人将教育节目固定或将节目翻录到音像制品上的时候行使报酬请求权。③

3. 广播组织权的让与权。该法第 87 条第 2 款规定，"本权利得让与。广播电视企业得以将其保留的个别或者全部利用方式、利用其广播电视播放的权利，授予他人。"该项内容赋予了广播组织对自己权利的让与自由，并规定让与过程中签订的关于未知利用方式的合同必须是书面合同（若是无偿转让非独占利用权，无须书面形式），权利人在一定期限内有撤销转让的权利，但不得违背诚实信用原则。另外，该法还规定了使用利用权的持续效力，以及在广播组织者利用定期出版汇编物的稿件，著作权人原先许可而后来出现争议时，广播组织获得的复制与发行的独占利用权。若无其他约定，著作权人一年后有权另行复制与发行该著作。

---

① J. A. L. Sterling, *World Copyright Law*, London: Sweet & Maxwell, 2003, p. 426.
② 《十二国著作权法》，《十二国著作权法》翻译组译，清华大学出版社 2011 年版，第 175 页。
③ ［德］M. 雷炳德：《著作权法》，张恩民译，法律出版社 2005 年版，第 518 页。

4. 广播组织权的保护期限。该法第 87 条第 3 款规定,"本权利自广播电视播放起五十年后归于消灭。本期限按照第 69 条计算。"第 69 条规定,"本节之期限自决定性事件发生之年年底开始计算。"因此,广播组织权的保护期限是,自首次广播之日的年底起算,截止于第 50 年的年底。

5. 强制缔约义务。该法第 87 条第四项规定,"只要不存在拒绝签约的实质性正当理由,广播电视企业和有线企业有义务与对方就本法第 20 条 b 第 1 款第 1 句规定的有线转播以适当条件签约。只要不存在拒绝签约的实质性正当理由,应有线企业或者广播电视企业的要求,有合法权益的著作权集体管理组织应当就有线转播与其共同签约(最后一句载于 2008 年 1 月 1 日附件)。"该项内容目的是通过法律强制性规定约束广播组织和有线播放企业,指出在没有正当理由的情况下,广播组织和有线播放企业承担着与对方以适当的条件签订有线转播合同的义务,即承担着强制缔约义务。另外,为了保障信息畅通无阻,该义务条款也适用于广播组织因其广播节目而从第三人那里获取的相关播放权。

6. 广播组织权的限制

该法的第四部分是"著作权与有关的保护权的共同规定",其中第 95 条 b 项对"限制规定的实施"进行了规定,明确除个别条款外,广播组织权的限制同著作权的限制适用同样的规定。广播组织权的限制有以下几个方面。

一是司法和执法。根据该法第 45 条的规定,允许法院和执法部门为司法和执法目的复制、发行或公开展示广播节目。

二是残障人士。根据该法第 45 条 a 项规定,对于残障人士,只要是为实现提供之需,即可为其提供广播节目,并且只向其发行广播节目,该法允许为非营利之目的复制。

三是教堂、学校或者课堂教学使用的汇编物。根据该法第 46 条之规定,为宗教、教学等目的而汇编广播节目不视为侵犯广播组织权。

四是学校播放。根据该法第 47 条之规定,学校、师范、教师进修机构、青少年福利救济机构、国有农村教育机构及类似的国家负担的机构均可为课堂教学目的将通过学校广播电视播放的广播节目录制成音像制品,条件是一学年结束前该等音像制品必须消磁。

五是公开演讲。该法第 48 条规定,复制、发行或公开再现广播节目中演讲、辩论,不视为侵犯广播组织权。

六是报纸文章和广播电视评论。根据该法第49条之规定,对于单篇广播电视评论(且未声明保留权利),每日新闻,涉及政治、经济或宗教的时事性文章,除非仅做简要的摘要,并以概要的形式复制、发行或者公开再现,否则只有在付费的情况下才可以在其他类似的报纸、新闻纸上复制、发行或者公开再现。

七是制作有关时事的报道。根据该法第50条的规定,该法允许,在广播、类似技术手段、报纸、期刊、其他印刷品、数据载体、电影中制作时事报道的需要范围内,复制、发行与公开再现广播节目。

八是引用。根据该法第51条之规定,允许为引用之目的的有正当理由的以复制、发行与公开再现等方式使用广播节目的行为。

九是公开再现。根据该法第52条之规定,允许免费表演广播中的节目,但需要支付适当报酬。

十是在公共图书馆、博物馆、档案馆的电子阅读场所再现广播节目。根据第52条b款(本条为2008年1月1日新增)之规定,如无其他约定,该法允许在向公众开放的既非直接、又非间接谋求经济或者营利目的的图书馆、博物馆、档案馆空间内,设立的用于研究和私人学习的电子阅读场所中,公开提供馆藏中已广播的节目。对于公开提供的广播的著作权人,广播组织应当适当支付报酬。该要求只能通过著作权集体管理组织主张。

十一是为私人使用或者其他自用的复制。根据该法第53条之规定,该法允许因本人科研使用、本人档案录用、本人了解时事情况、课堂教学等私人使用或者其他自用而使用广播节目。

十二是广播电视企业进行的复制。根据该法第55条之规定,该法允许有权播放著作的广播电视企业为使其各个发射台或者定向天线进行一次性使用而用其设备将其他广播组织的广播节目转录成音像制品。不过,这些音像制品最迟应在首次播放广播节目后一个月内消磁。

十三是经营场所的复制和公开再现。根据该法第56条之规定,该法允许经营或维修音像载体及设备的商业机构,为向顾客展示设备,或因维修之必要,将广播节目转录成音像制品或数据载体,亦允许借助音像制品或数据载体使广播节目被公众感知,使广播电视播放被公众感知,并向公众提供广播节目。

(二)法国

法国著作权制度的建立可以追溯至18世纪,1791年《表演权法》和

1793年《复制权法》对作者的作品提供了保护。在新技术不断涌现的背景下，这两个法令经历了两百年多年的演变和修订。① 法国于1957颁布了《文学和艺术产权法》，虽然该法拒绝对表演者、录音制品制作者和广播组织的权利问题进行规范，但该法的颁布还是标志着法国著作权法开始走向现代化。

在法国，邻接权制度源于1985年通过的《关于作者权和表演者、音像制品制作者、视听传播企业的权利的法律》。虽然法国积极参与了《伯尔尼公约》有关邻接权的谈判，也积极参与了《罗马公约》的谈判，但直到1987年，法国才加入《罗马公约》。1992年7月1日，法国颁发92-597号法令，将现存的23个与知识产权有关的单行法予以汇编，形成了世界上第一部知识产权法典——《法国知识产权法典》。该法中，作者权与邻接权、数据库专有权并立。之后，法国又根据《欧盟信息社会版权指令》②和《TRIPs协定》、WIPO的互联网条约进一步修改完善了法律，真正实现了著作权法的现代化。③ 在这个过程中，法国著作权法理念也发生了重大变化，由最初的作者权本位、天赋人权思想演变为实用主义，以追求版权贸易主体利益为目标。另外，对于数据库制作者、体育比赛组织者以及与作者权有关的集成电路布图设计，法国著作权法中并未采用邻接权模式予以保护，而是将其单列进行保护。不过，根据1984年的一项法令，对于体育比赛组织者权可以比照邻接权给予其保护。④

对于广播组织权而言，尽管1959年法国著作权法曾经对公共广播企业的权利提供保护，但1985年之前并没有对广播组织（1995年法对其称为视听传播企业）提供邻接权的保护。1985年的《关于作者权和表演者、

---

① 经历了五次重要修改：1866年法赋予作者配偶对作品的用益权（L.123-6条），1902年法宣布无论作品艺术价值和用途如何均受保护（L.112-1条），1910年法明确艺术品原件的转让不影响著作权的归属（L.111-3条），1920年法创设了追续权（L.112-8条），1925年法取消了以法定缴样作为保护前提的规定（L.111-2条）。参见《十二国著作权法》，《十二国著作权法》翻译组译，清华大学出版社，2011，第51页。
② 欧盟关于计算机软件（1991年）、出租权与出借权（1992年）、版权与邻接权保护期（1993年）、卫星广播和有线转播（1993年）、数据库（1996年）、追续权（2001年）、信息社会版权（2001年）、知识产权执法（2004年）等指令均在法国著作权法中有所体现。
③ 刘洁：《邻接权归宿论》，知识产权出版社2013年版，第46页。
④ André Lucas and Pascal Kamina, "Copyright of France", in Paul Edward Geller and Melville B·Nimmer, eds., *International Copyright Law and Practice* LexisNexis, 2003, p.136.

音像制品制作者、视听传播企业的权利的法律》增加了广播组织的无线广播权。随着科学技术的迅猛发展，著作权法被多次修改以期适应技术所提的要求，广播组织权的保护制度日渐完善。比如目前《法国知识产权法典》中的 L. 216-1 条、L. 216-2 条、L. 217-1 条、L. 217-2 条，① 不但规定了广播组织权的权利主体为有线和无线广播组织，明确了与传播自由有关的 86-1067 号法律所指的视听传播服务的经营机构，而且规定了广播组织权的客体为"视听传播企业的节目"、卫星传送和有线传送的节目，另外，法典明确地指出广播组织权的权利内容包括复制权、发行权、出租权、向公众传播权。

不过，L. 211-1 条规定，"邻接权不得损害著作权。因此，本编任何规定均不得解释为限制著作权所有人行使其权利。"由此可知，广播组织权制度的设立前提就是在保护广播组织的时候不得损害、限制著作权人的利益。因此，法国广播组织权制度开宗明义将邻接权与著作权分开设立，且摆正了它们之间的关系。

对于广播组织权的限制，首先，《法国知识产权法典》第 L. 211-4 条规定了时间限制，"本编财产权的有效期为自下列各事件发生之日次年 1 月 1 日起五十年……4）视听传播企业 L. 216-1 条中所指节目首次向公众传

---

① L. 216-1 条规定：复制、销售、交换或出租以供公众之需、远程播放及在需支付入场费的公共场所向公众传播视听传播企业的节目，应征得其制作者的许可。根据 1986 年 9 月 30 日与传播自由有关的 86-1067 号法律，视听传播服务的经营机构指，无论对这一服务适用何种制度，均被称为视听传播企业。L. 216-2 条规定：（2006 年 8 月 3 日 2006-961 法律）许可以无线电波远程传送艺术表演者的表演、录音、录像或视听传播企业的节目，包括以非商业目的；或者仅为允许建筑物或居住用建筑群的每间住宅与区域内能够正常接收的无线电波公共接收连接装置，而将该作品发送到由所有人、共有人或其代理人安装在建筑物或者居住用建筑群的内网。L. 217-1 条规定：（1997 年 3 月 27 日 97-283 号法律增补）通过卫星远程传送表演艺术者的表演、传送录音制品、录像制品或视听传播企业的节目，如以 L. 122-2-1 条及 L. 122-2-2 条规定的条件进行，其著作之邻接权受法典的规定调整。L. 122-2-2 条所列的情况下，可就该条（1）或（2）中所指之人行使上述权利。L. 217-2 条规定：（1997 年 3 月 27 日 97-283 号法律增补）I. 自 1997 年 3 月 27 日 97-283 号法律生效之日起，在本法典有规定时，对自欧洲共同体成员国远距传送的表演艺术者的表演、录音制品、录像制品进行有线、同步、完整及不加变动转播的权利，仅由一报酬收取及分配协会行使。该协会受第三卷第二编法规调整的，应得到负责文化的部长的特别许可证。权利人没有委托这些协会之一管理的，应指定一协会代行权利。权利人将该指定书面通知此协会，协会不得拒绝。授权在本土远程传播表演艺术者的表演、录音制品、录像制品的合同，应指明可能负责在欧共体成员国行使许可进行有线、同步、完整及不加变动的转播权协会。Ⅱ. 权利人也可以将权利转让给视听传播企业而不必执行第 I 段。第 I 段的规定不适用于视听传播企业受让的权利。

播。"其次，该法第 L. 211 – 3（2009 年 6 月 12 日 2009 – 669 法律）条针对该编开列了权利之受益人不得禁止的事项："1）仅在家庭范围内进行的私人和免费的表演；2）仅供复制者私人使用而非集体使用的复制；3）在能充分识别出处的情况下：由使用引文的作品的评论、论战、教育、科学或情报性质决定的分析及简短引用；报刊提要；作为新闻报道，在政治、行政、司法或学术大会及政治性公共集会和官方庆典上面向公众发表的讲话，进行的播放甚至全文播放；向公众传播或复制受邻接权保护制品的摘要，但不包括为教育目的而设计的制品，及纯粹用于教研范围内的说明，且不含一切游戏或娱乐行为，且该传播或复制的受众大部分由大中小学生、教师或直接相关的科研人员组成，该传播或复制的使用不会产生任何商业经营，并在定额基础上协商支付该使用的报酬；4）不违反有关规定的滑稽模仿、讽刺模仿及漫画；5）具有过渡或附带性质的临时复制，该复制需为某技术程序必不可少的部分，且复制的唯一目的是允许受邻接权保护的作品的合法使用或该作品通过中间网络与第三人之间的传递；但是，该临时复制不能具有自有经济价值；6）在 L. 122 – 5 条 7）前两款确定的条件下，复制和向公众传播表演、录音、录像或者节目；7）以保存或者保护个人以研究或者私人学习为目的而进行的查阅，以及由向公众开放的图书馆、博物馆或者资料馆，在机构的场所或者在专用的终端上进行的表演、录音、录像或者节目的复制和表演行为（该行为不得寻求任何经济或商业利益）。本条列举的例外，不得损害表演、录音、录像或者节目的正常开发经营，亦不得给艺术表演者、制片人或者视听传播企业的合法利益造成不正当的损失。"

（三）日本

虽然早在 1899 年日本就制定了著作权法，但是日本邻接权保护制度始于明治末期的"桃中轩云右卫门"事件。① 当时日本的著作权法并未涉

---

① "桃中轩云右卫门事件"：日本在明治末年到大正初年间流行浪花节语，其中最著名的是桃中轩云右卫门的浪花节语表演。明治 45 年（1912 年）桃中轩云右卫门将其浪花节语表演的权利转让给了德国贸易商，德国贸易商则把该表演录制到 72000 张唱片上以日币 3 元 80 钱的价格出售，但遭到大量未经许可的复制（其中复制版价格仅为 1 元），德国贸易商遂以复制者侵犯著作权为由向法院起诉。地方法院和上诉法院均判原告胜诉，但案件上诉到大审院（最高法院）时却判决原告败诉。其判决理由是虽然未经许可的复制违反正义，但著作权法并无相关规定支持原告对唱片中的表演的权利。这一判决遭到了唱片产业和表演者的大力抨击，并最终迫使日本在大正 9 年修订著作权法，规定表演属于作品。萧雄淋：《著作权法研究》（一），三民书局 1986 年版，第 32—33 页；李湘云：《著作邻接权制度之研究——以日本著作邻接权制度为研究经纬》，硕士学位论文，中原大学，2004 年。

及录音制品的保护问题，而随着录音录像技术的兴起，盗版活动猖獗，引起日本表演者和录音制品制作者广泛不满。在此背景下，该事件的发生直接推动了1920年日本著作权法的修订（《法律第60号》），该修订内容将表演者视为作者，其"演奏权、歌唱权"被纳入著作物范畴，其"演奏权、歌唱权"被纳入作者权。不过，"用所提供的机器把声音复制于机械，收录他人之著作物者，视为伪造人"。1931年，日本为了应对《伯尔尼公约》罗马修正案，对《法律第64号》进行了修正，强化了人格权的保护，新增设了无线广播制度。1934年，日本修改著作权法，删除了录制物属于侵权伪造物之规定，代之以"凡将他人之著作物以声音用机械合法地复制于机器者，应视为著作人，并对其机器具有著作权"，即将录音制品纳入合法作品范畴。1962年4月，依据《文部省设置法》的部分修正，日本设置了"著作权制度审议会"，同年5月16日，文部省大臣讨论了"关于著作权法之修正及表演人、录音物制作人和放送事者的保护为基础的重要事项"。1966年10月，《著作权及邻接权法律草案（文部省文化局试案）》公开发表，草案共有本则143条，附则21条。[①] 1970年，由于新传播技术的发展，尤其是卫星和有线技术的影响，原有法律不能适应，修订需求日益迫切。在此背景下，日本制定了新的著作权法（1971年生效），特设邻接权专章，赋予表演者、录音制品制作者和广播事业者准著作权即邻接权，终结了这三类人员受作者权保护的历史。

日本最先加入的国际邻接权公约是在世界知识产权组织主持下于1971年10月29日于日内瓦缔结的《保护录音制品制作者防止未经许可复制其录音制品公约》（简称《录音制品公约》或《唱片公约》）。1974年日本于布鲁塞尔审定《关于播送由人造卫星传播载有节目信号的公约》，为提升其国际地位，于1988年审议加入《罗马公约》，《罗马公约》于1989年10月26日在日本生效。自1985年至1995年，《日本著作权法》只有在1987年和1990年没有进行修改，1986年修订时，其对有线广播组织提供了保护。1996年，日本加入WCT和WPPT以后陆续修法，如1997年修正的《法律86号》将过去的"放送"和"有线放送"统称为"公众送信"；对于程式著作物，新增经由同一建筑内的有线放送作为

---

① 李湘云：《著作邻接权制度之研究——以日本著作邻接权制度为研究经纬》，硕士学位论文，中原大学，2004年。

权利的对象；关于互动传播，延伸著作权人的权利至传播前的阶段，末端的接触，属于把著作物自动传播于公众状态；日本另创"送信可能化"的概念，拓展著作权人的对公众传播权概念，使其包含传播可能化。另外，日本在1999年修正《法律77号》中，确立"技术保护措施"的定义，规定如为私人的使用，利用规避技术保护措施，知其事实而进行可能的复制时，则不属于权利限制的对象，对于公众规避技术保护措施而进行的复制等行为则科以刑事处罚；定义"权利管理资讯"；创设让渡权。日本在2000年修正了《法律第131号》，废除著作权第104条之10（排除著作权中介业务法之适用）之规定。日本在2002年为缔结WPPT修正著作权法，将受保护之表演及录音物扩及于WPPT缔约国之国民，确立商业用录音物之二次使用费互惠原则、表演人人格权、赋予广播业者及有线广播事业者新的送信可能化权，并将录音物的保护期限变更为发行后50年内等。①

为了适应传播技术的革新及信息产业的发展，日本著作权的立法与修订受到前所未有的重视，仅自2003年至2009年，日本修法就高达13次之多，可以说"日本邻接权立法体现出了高度的实用主义倾向。"②

1. 广播组织权的主体

根据《日本著作权法》第89条之3和4款之规定，广播组织权的主体包括广播组织又包括有线广播组织。该法第2条第1款第9项规定，播放组织是指以播放为业的组织；有线广播组织是指以有线播放为业的组织。

由于日本是世界上最早规定有线广播组织的国家，因此，日本对因特网的交互式传播问题及早进行了规范。鉴于传媒技术的突飞猛进带来的媒体多样化，媒体与网络的快速融合，新的传播信息的媒体加入竞争，传播的自身状态发生了变化。广播组织既要维持著作物之利用人的身份，又要坚定主张其为权利人，所以，日本广播事业以构建网络环境下的自身地位为目标。

2. 广播组织权的客体

根据《日本著作权法》第2条第1款第8项和第9项之规定，广播组

---

① 李湘云：《著作邻接权制度之研究——以日本著作邻接权制度为研究经纬》，硕士学位论文，中原大学，2004年。

② 刘洁：《邻接权归宿论》，知识产权出版社2013年版，第49页。

织权的客体包括广播和有线广播,广播是指以公众同时接收同一内容为目的、通过无线通信方式进行的公众传播;有线广播是指以公众同时接收同一内容为目的,通过有线电信方式进行的公众传播。①

所谓公众传播是以公众直接接收为目的的无线传播和有线传播,而广播是以无线通信方式使公众接收节目信号;对于有线通信方式使公众接收节目信号,法律另以"有线广播"进行规范。

根据该法第9条之规定,受保护的广播包括:"(1)日本国民作为播放组织进行的播放;(2)通过设置于日本国境内的播放设备进行的播放;(3)除了前两项所列播放外,还包括下列任何一项播放:《罗马公约》的缔约国国民作为播放组织的播放和通过设置在《罗马公约》的缔约国境内的播放设备进行的播放;(4)除了上述所列播放外,还包括下列任何一项播放:世界贸易组织的加盟国国民作为播放组织的播放或通过设置在世界贸易组织境内的播放设备进行的播放。"该法第9条之二规定,受保护的有线播放包括:"(1)日本国民作为有线播放组织进行的有线播放(接收播放后而进行的有线播放除外,以下同上);(2)通过设置在日本国境内的有线播放设备进行的有线播放。"

3. 广播组织权的内容

因为《日本著作权法》对广播组织权进行了区分,所以,我们遵循该体例分别对有线广播组织和无线广播组织的权利进行梳理总结。根据该法第98条至第100条之规定,无线广播组织的权利包含以下几项。

(1) 复制权。该法第98条规定,广播组织享有接收播放或者接收播放后进行有线播放,将播放有关的声音或者影像进行录音、录像或者通过摄影等其他类似方式进行复制的专有权利。因此,也可以说,广播组织享有录音、录像权。该法第2条第1款第13项规定,录音是指将声音固定在介质上或者将该介质制作一份或多份;该款第14项规定,录像是指将连续的影像固定在介质上或者将该介质制作一份或者多份。由此可知,广播组织的录音、录像权既包括对录音、录像物的复制,也包括将其再录音、再录像,可以说,该权既保护将广播制作成录音或录像物,又保护利用该录音、录像物进行有线广播。另外,根据以上定义,该复制权不仅限

---

① Megumi Ogawa, *Protection of Broadcasters' Rights*, Martinus Nijhoff Publishers, Leiden/Boston. 2006, p. 149.

第三章　国际立法层面广播组织权的制度演进与技术挑战

于将广播直接接收后的复制，而且还含有有线广播组织接收广播信号后再广播的复制；同时，该复制权所保护的不仅是广播本身，而且还是广播节目中的声音或影像。由于该法使用"通过摄影等其他类似方式进行复制"这样的表述，对复制手段进行了扩大解释，将电视影像画面照相、摄影截取，或采用数字技术将连续影像中的某一景象制作成静止的画面而复制也属于复制权范畴。①

在 1961 年的《罗马公约》会议上，虽然与会国就第 13 条（b）项规定达成一致，认为被控制的录制行为也包括仅录制部分广播电视节目，但是会议并没有就取自屏幕的单一静止图像（画面）是否构成部分录制明确态度。这一问题被留交国内法决定。② 日本将该条内容具体化和明确化，保护广播组织在某些领域尤其是新闻领域的利益，如同广播电视存有竞争关系的报刊若从电视广播屏幕上截取时事新闻或世界杯赛事中进球的画面并刊载就会给广播电视带来不利影响。

（2）再播放权和有线播放权。该法第 99 条规定，广播组织享有接收播放进行再播放或者有线播放的专有权利；前款的规定，不适用于接收播放进行有线播放的人按照法令规定必须进行的有线播放。该权利的保护对象是将广播信号接收后用于再次播放或者有线播放的行为，而对于再次播放后的播放或者有线播放的行为不予涉及，确切地说，该行为不受最初广播组织的再播放权和有线播放权的限制。对于本条的理解可以从以下两个方面来进行。③ 一方面是将广播信号接收后再予以播放的情形，可分为两种情况。一是将原广播信号接收的同时再以无线方式播放的情形。这种将原播放同时再传播的案例，在日本实务上未采用。二是把广播信号接收后为了再播放之用而予以录制，利用其录制再播放，未必要求同时性，如要与录制物的媒介区别的话，实务上与播放的同时再传播是一样的。另一方面是将广播信号接收后再进行有线播放的情形，也分为两种情况。一是向公众广播同时直接接收再经由有线播放，也就是同时再播放；②向公众广播时加以录制，于不同时间再经由有线播放的情形，也就是异时再播放。第二种异时再播放的情形，可以主张广播的录音录像权。

---

① ［日］作花文雄编『详解著作权法』，晓星出版社、2004、449 页。
② 刘波林译：《罗马公约与录音制品公约指南》，中国人民大学出版社 2002 年版，第 43 页。
③ 李湘云：《著作邻接权制度之研究——以日本著作邻接权制度为研究经纬》，硕士学位论文，中原大学，2004 年。

该条第2项是一项但书，即对于由于那些地理等因素收视困难的地区，广播组织依据相关法令应承担忍受之义务，放弃有线播放权，使其他有线广播组织不经其允许就可以接收广播而进行有线播放。据作花文雄解释，这个"相关法令"是指有线电视广播法第13条第1项之规定，对于很难收视收听的区域，有线电视组织在其区域内可以接收所有电视信号并同时再予以播放，即广播组织在很难收视收听的区域有同时再播放的义务，所以，原广播组织在此区域不享有有线广播权。① 另外，《日本著作权法》第38条第2款规定，已经播放的作品，不以营利为目的，而且不向听众或者观众收取任何费用时，可以进行有线播放或者专门以该播放服务地域内的接收为目的进行自动公众传播（包括在已经和供公众使用的电信线路连接的自动公众传播服务器中上载信息的传播可能化）。由此可见，这也是对有线播放权限制的一种情形。

（3）播放可能化权。《日本著作权法》第99条之二规定，广播组织享有将其播放或者接收播放后进行有线播放可能化的专有权利。该条内容是在2002年修法的时候增加的。因为当时通过互联网接收广播并以流媒体的形式再次播放的情况早已出现，公众可以在自己选定的地点和时间获取广播，对此若不加规范将有损公平原则，使广播组织的利益在互联网环境中难以得到保障，所以，修订后的著作权法就对无线广播组织和有线广播组织都赋予了新的播放可能化权。该项内容的规定，为《日本著作权法》适应互联网交互式传播并解决有关问题提供了明确的依据。

（4）电视播放的传达权。该法第100规定，广播组织享有接收电视播放或者接收电视播放后进行有线播放的专有权利，以及使用放大影像的特别装置向公众传达其播放的专有权利。即广播组织有权控制通过有线或无线的方式向公众传播，使公众能够通过广播接收装置或其他图像放大装置（如摄影机、大型液晶显示器），收视收听广播节目的行为。

该法第100条之二至第100条之四对有线广播组织的权利进行了规定。在有关邻接权方面的国际条约中，尚未出现对有线广播的规范；在世界各国的国内法中，也只有英国在1988年对版权法进行修订时增添了对有线节目提供服务者的保护。由此可见，日本在这方面是世界先进国家。早在1986年进行修法时，日本就赋予了有线广播组织无线广播组织的法

---

① ［日］作花文雄编『详解著作权法』、晓星出版社、2004、449页。

律地位，给予其著作邻接权的保护。

（1）复制权。该法第 100 条之二规定，有线广播组织，享有接收其有线播放、将有线播放的声音或者影像进行录音、录像或者通过摄影等其他类似方法进行复制的专有权利。本权利仅涵盖将有线播放节目接收后进行录制，或将其录制品进行复制的行为，而对于将有线播放节目接收后播放，再将该播放进行录制的情况不予规范。尽管有线播放节目接收后的播放也属邻接权保护之范畴，且该播放与无线广播组织的权利并无区别，但是为了更加明确地保护有线广播组织的权益及避免邻接权人之间的权利重复或复杂化，该法做出了此规定。[①] 由此对比该法第 98 条之规定，发现该复制权比彼复制权范围要小，即无线播放组织的复制权，既保护对广播接收后的复制，也保护接收播放后再为有线播放后的复制；而有线广播组织的复制权并不涉及将其有线播放接收再播放后进行录制的行为。

（2）播放权和再有线播放权。该法第 100 条之三规定，有线广播组织，享有接收其有线播放后进行播放或者再有线播放的专有权利。

（3）传播可能化权。该法第 100 条之四规定，有线广播组织，享有接收其有线播放进行传播可能化的专有权利。

（4）有线电视播放的传达权。该法第 100 条之五规定，有线广播组织，享有接收其有线电视播放并使用放大影像的特别装置公开传达其有线广播的专有权利。换言之，有线广播组织，在其有线电视播放后利用扩大影像的特别装置接收，将其有线播放节目传播至公众时，享有排他性的权利。另外，在 1999 年修法时，日本将通过特别装置传播无线或有线的电视播放的行为扩展至类似于"上映"的定义，而根据该法上映之定义［第 2 条第 1 项第 17 款，上映指在银幕或者其他介质上放映作品（公众传播的作品除外），包括同时播放固定在电影作品中的声音］，上映并不包括有线或无线播放的公众传播。由此可见，上映与传达能够很好地区分开来。

4. 广播组织权的保护期限及其限制

最初日本对邻接权的保护期限定于 20 年。但是，随着其他国家将保护期限不断延长，日本于 1988 年修法时将保护期限延长至 30 年。在多数

---

① 李湘云：《著作邻接权制度之研究——以日本著作邻接权制度为研究经纬》，硕士学位论文，中原大学，2004 年。

其他国家将邻接权保护期限扩展至 50 年时，日本又于 1996 年修法时将邻接权的保护期限延长至 50 年。2002 年新修订的著作权法重新调整了邻接权保护期限的始期与终期。该法第 101 条第 1 款之（三）、（四）和第 2 款之（三）、（四）规定，著作邻接权的保护期限为，自广播组织进行了广播之日起的第二年经过 50 年；有线广播为从进行了有线广播之日起的第二年经过 50 年。

该法第 102 条对著作邻接权的限制进行了详细的规定，其内容如表 3-1 所示：

表 3-1

合理使用 允许情况	广播	有线广播
为私人目的的复制	允许	允许
支付私人录音录像补偿金	允许	允许
图书馆等的复制	允许	允许
引用	允许	允许
在学校和其他教育机关中进行的复制等	允许	允许
试验用的复制	允许	允许
为视觉障碍者等进行的复制	允许	允许
不以营利为目的的上演等	允许	允许
不以营利为目的的有线播放	允许	允许
不以营利为目的的出租	允许	允许
为报道时事新闻而利用	允许	允许
裁判程序中的复制	允许	允许
按照《行政机关信息公开法》等为了公开所进行的使用	允许	允许
为播放组织等的临时复制	允许	允许
依据复制权限于让渡复制品	允许	允许
关于时事评论的转载	允许	允许
政治演说的使用	允许	允许
翻译改编等利用	禁止	禁止
电影的出租	禁止	禁止
对于教科书等的登载	禁止	禁止
公众传播	禁止	禁止
学校教育节目的播放	禁止	禁止
计算机程序复制品所有人的复制	禁止	禁止

第三章 国际立法层面广播组织权的制度演进与技术挑战

(四) 英国

英国可以说是世界版权制度的发祥地,1709年英国即颁布了世界上第一部版权法《安娜法令》。该法在1814年、1842年、1911年、1956年、1988年进行过重大修订。历部版权法都以保护作者复制权为中心,不过,由于作者权的自由让渡的存在,每部版权法都会以保护作者权之名来规范版权贸易,将重点落在出版商的利益保护上,最终实现所谓的公共利益。由此可见,版权在英国设立之初就是一种凸显经济属性的财产权,同注重作者的精神因素和人格属性的传统作者权相去甚远,这也就奠定了英国版权法中对大陆法系国家邻接权制度的调整对象也能顺利规范的基础。英国版权法中不存在专门的邻接权制度,之所以不区分作者权与邻接权,主要是因为英国版权法主要是财产法,并不反对法人成为作者,而且对作品的独创性要求很低,传统作者权所谓的邻接权在英国版权法中并不需要另创体系来对待,这比僵化的传统作者权更能适应新技术的挑战。[1] 因此,英国版权法中"related rights"一词,既有传统作者权国家的邻接权内容,又有1988年版权法之外的与版权有关的权利内容,如数据库制作者权利、公共借阅权等。

在1956年的版权法中,可以遵循自然人与法人之分将作品分成两大部类,第一部类包括可以找到"作者"的作品,包括文学、戏剧、音乐和艺术作品;第二部类的权利包括一切不易确定"作者"或根本与作者无直接关系的作品或作品的传播形式,如包括录音制品、电影、广播、版式设计、印刷排版的字形等。英国法学家认为,第二部类的权利可以看作英国特有的"邻接权"。[2] 由此可见,英国版权法最初并未对广播组织的利益提供保护,而是到1956年修法时才对广播组织的广播提供了版权保护,即将其作为一类法人作品纳入版权法。但是,从1973年开始,历经15年的调查和辩论,英国于1988年对1956年的版权法进行修订,制定了统一的《版权、外观设计与专利法》(以下简称《英国版权法》)。该法不再对两类作品进行区分,并赋予它们同样的权利,只是根据不同的情况在条文中做出具体的规定。因此,广播组织对自己的广播的版权同其他作者

---

[1] Stephen M. Stewart, *International Copyright and Neighbouring Rights*, London: Butterworth & Co Ltd., 1989, 转引自徐伟《邻接权制度研究》,博士学位论文,中国人民大学,2007年,第150页。
[2] 吴汉东等:《西方诸国著作权制度研究》,中国政法大学出版社1998年版,第262页。

享有的自己作品的权利并无差别，只是法律条文的表述是根据广播组织的特点而做出具体规定的。另外，由于1984年的《有线电缆与广播法案》（Cable and Broadcasting Act 1984）对有线广播节目保护进行了规范，1988年的版权法也就将有线广播纳入进来，将无线广播与有线广播分别加以规定，版权客体包括广播和有线广播。

1988年之后，作为欧盟成员，英国为了适应网络传播技术的突飞猛进根据《欧盟信息社会版权指令》、《TRIPs协定》、WPPT等不断修订版权法，现行法将上述第7条和第16条（d）删除，并对第6条和第16条（d）进行重新定义，不单单将原来第7条的有线广播的核心内容纳入进来，而且为回应网络融合对广播组织所提出的要求，将网络广播也包括进来，完全遵循"技术中立"原则，不再对传播介质进行区分，体现出对未来电子传输发展强大的包容性和先进性。

1. 权利的主体

现行《英国版权法》第9条规定了不同情况下作品的作者身份。（1）与作品相关之"作者"，是指创作作品的人。该人应当为（b）在作品为广播的情况下，广播制作者（见第6条第3款①），或者，在通过接收和即时中转传输其他广播的情况，其他广播的制作者。第6A条（2）规定，当携带有节目的信号被传送至卫星（"上行链路站"）的地点位于欧洲经济区国家时（a）该地点应被视为广播制作地，且（b）该"上行链路站"运营者应被视为广播制作者。（3）虽然"上行链路站"并不位于欧洲经济区国家，但是由居住在欧洲经济区国家中的人委托制作该广播的（a）该人被视为广播制作者，且（b）其在欧洲经济区的主营业地应视为广播制作地。② 由此可见，广播作品的权利主体既包括专门制作广播节目的自然人或法人，又包括将节目制作与节目发送集于一身的自然人或者法人；既包括传统广播组织者——无线广播组织和有线广播组织，又包括卫星传输者和网络广播组织，还包括其他任何目前没出现未来可能出现的与节目传输者一同对传输做出必要安排之节目提供者。

---

① 该法第6条（3）款规定，本编所称广播制作者，或者广播传输者是指（a）节目传输者是指在任何程度上都对传输内容负责任的人，以及（b）任何与节目传输者一同对传输做出必要安排之节目提供者；从广播的意义上讲，本编所涉及的节目，是指包含在广播中的任何内容。

② 《十二国著作权法》，《十二国著作权法》翻译组译，清华大学出版社2011年版，第571页。

2. 权利的客体

根据现行《英国版权法》第 6 条之规定,① 无论是无线广播电台节目,还是无线广播电视台节目;无论是有线广播(电缆广播),还是卫星广播;无论是网络同步广播、网络时事直播,还是网络重播等等,都是广播组织获得版权保护的对象。该法不再采取分别规范"广播"与"有线广播"的模式,而是将"广播"在范畴上进行了扩张,不再将其仅限于无线广播,将有线广播、卫星广播、网络广播等符合"电子传输"这一特性的目前几乎所有的广播形式都囊括其中,充分体现出英国版权法的国际先进性。

3. 权利的内容

虽然英国作为欧盟成员之一深受《欧盟信息社会版权指令》的影响,但是其本身又流淌着英美法系的血液。广播组织保护方面的法律,符合英美法系的立法习惯,并未为广播组织在立法体例上设定特殊的权利,而是沿用版权法的一般权利的规定。例如根据现行《英国版权法》第 16 条之规定,版权人享有在英国从事如下行为的排他性权利:(a) 复制作品(见第 17 条);(b) 公开发行复制品(见第 18 条);(ba) 向公众出租或出借作品(见第 18 条 A);(c) 公开地表演、展示或者播放作品(见第

---

① 《英国版权法》第 6 条规定,(1) 本编所称之"广播"是指对可视图像、声音或其他信息的电子传输,其 (a) 能够为社会公众同步、合法接受,或者 (b) 仅在传输实施者所决定的时间内向社会公众传输,此条所称广播不被第 (1A) 款所排除,并且涉及广播的规定皆以此解释。(1A) "广播"之定义所排除的情况是指任何经由互联网进行的传输,而下列情况除外 (a) 互联网的传输与其他手段的传输同步进行,(b) 对于时事的即时传输,或者 (c) 被记录下来的移动图像或声音构成传输实施者所提供的节目服务的组成部分,而此种服务所提供的节目是由前述实施者在其所确定的时间进行传播的。(2) 只有当传输实施者或者传输内容提供者向社会公众提供或者授权提供解码设备时,加密传输才可视为公众合法地接收。(4) 本编所称的无线广播制作地,是指在广播制作者的控制与负责下,携带有节目的信号被引入不受干扰的传输链的地点(包括在卫星传播的情况下,导向卫星而传往地球的传送链)。(4A) 第 (3) 款与第 (4) 款之效力从属于第 6A 条之规定。(5) 本编所涉及的广播接收包括通过电信系统对广播进行传输的接收。(5A) 对接收广播的即时转播,为本编之目的,应视为独立的广播行为,此行为独立于对转播的广播节目的制作行为。(6) 侵犯或在某种程度上侵犯其他广播之版权的广播,不享有版权。第 6A 条对特定卫星广播之保护措施进行了规定,(1) 本条款适用于,通过卫星传输的广播制作地位于欧洲经济区之外的国家,并且该国不提供下列之最低保护水平 (a) 作者基于无线广播所享有的排他性权利,应相当于第 20 条(向公众传播的侵权行为)中基于文字、戏剧、音乐和艺术作品、电影或广播等作品所享有的排他性权利;(b) 关于现场无线直播的权利,应相当于第 182 条第 (1) 款 (b) 项(表演的现场直播需获得准许)对表演者所授予的权利。

19条);(d)向公众传播作品(见第20条);(e)改编作品或者进行任何与改编有关的上述行为(见第21条)。由于广播组织属于版权人的一类,所以广播组织对于广播节目所享有的权利同其他人对其作品所享有的权利别无二致。

(1)复制权。该法第17条第4款规定,"电影或广播的复制",包括将构成电影或广播的图像的整体或其实质性部分拍摄成照片。另外,该条第6款规定,对于任何类型的作品,复制均应包括对作品进行的临时性复制或者基于对作品的其他使用所产生的附随性复制。因此,未经广播组织许可,其有权禁止他人复制其广播节目,而不论是对广播节目影像的全部,还是对广播节目影像的任何实质性部分的复制;不论是对广播节目影像的临时性复制,还是为附随性复制而进行摄影或拍照,都属禁止范畴。

(2)公开发行权。该法第18条做出以下规定。①对于任何类型的作品,向公众公开发行作品复制品均是版权所禁止的行为。②该编所涉及之"公开发行作品的复制品"是指(a)将先前未被版权所有人或未经其同意在欧洲经济区投入流通的作品投入流通,或者(b)将先前未在欧洲经济区或其他地方投入流通的作品在欧洲经济区之外投入流通。③本编所称之"向公众发行作品复制品"不包括(a)对先前已流通的作品复制品的任何再次发行、销售、出租或出借(见第18A条:出租或出借之侵权),或者(b)将此类作品再次进口到英国或者其他欧洲经济区国家,但第2款(a)项规定不适用于原在欧洲经济区之外投入发行的作品之复制品在欧洲经济区投入发行的情形。④该编所涉及之"发行作品复制品"包括发行作品原件。由此可知,广播组织有权禁止他人未经其同意而向公众公开发行广播节目的原件及其复制品。

(3)表演、播放或放映权。该法第19条做出以下规定。①公开表演文字、戏剧或者音乐作品是受版权禁止的行为。②本编之"表演"(a)包括授课、演讲、讲话和布道,并且(b)一般地,包括任何视觉和听觉的呈现,这包括通过录制品、电影或广播进行的呈现。③录音制品、电影或广播的公开播放和放映是版权所禁止的行为。④借助用于接收经由电子手段传输的视频或音频之设备,公开表演、播放或放映作品而构成侵权的,该视频或者音频之发送者,以及在表演的情况下之表演者,不应被视为对该侵权负有责任。

（4）向公众传播权。根据该法第 20 条之规定，① 广播组织有权禁止他人未经许可广播或者通过网络广播其广播节目。该项权利是对原有广播权及有线广播权（包括卫星广播）的扩充，是对网络新技术发展的回应。将有关交互性传播的利益保护也纳入进来，适应新技术带来的挑战，具有国际先进性。

（5）改编权。该法第 21 条做出以下规定。①对文字、戏剧或者音乐作品进行改编是受版权保护的行为。当为此目的对作品以书面或者其他形式进行记录时，就已构成对作品的改编。②实施第 17 条至第 20 条或者上述第 1 款明确列举的有关对文字、戏剧或者音乐作品的改编，同样是受版权保护的行为。为此目的，无须考虑在行为完成时改编是否已以书面或其他方式进行记录。据此，广播组织有权禁止他人未经许可而改编其广播节目。

4. 保护期限和权利限制

关于广播组织的权利保护期限，该法第 14 条规定如下。（1）广播的版权期限适用以下规定。（2）广播的版权于自广播制作完成当年年末起算的第 50 年年末届满，并受下列规定之约束。（3）若广播的作者非欧洲经济区国家之国民，广播的版权期限由该作品来源国法律所确定，前提为该期限不超过第 2 款规定的期间。（4）若第 3 款的使用会或在一定程度上会导致与 1993 年 10 月 29 日之前英国所承担的国际义务不附，则版权期限应根据第 2 款的规定进行计算。（5）重播的广播之版权与原始广播同时终止；因此原始广播的版权期限届满后，重播的广播不再享有版权。（6）"重播的广播"是指对在先制作的广播的重复播放。

版权法中权利限制主要体现在合理使用制度方面，所以，对于广播组织权的权利限制，主要体现在该法第 28 条至第 76 条之规定，具体包括以下内容。

临时复制品制作行为。该法第 28A 条规定如下。"若制作临时复制品的行为是临时或附随性的，且为为实现如下目的而采用的技术手段中必不可少的实质性部分，则该行为不侵犯文字作品（不包括计算机程序或数

---

① 《英国版权法》第 20 条规定，（1）向公众传播作品是下列作品版权所禁止的行为——（a）文字、戏剧、音乐或艺术作品，（b）录音制品或电影，或者（c）广播。（2）本编所称之"向公众传播"是指通过电子传输向公众传播，并对作品实施如下行为（a）广播作品；（b）通过电子传播方式让公众可以在其自行选定的地点和时间获得作品。

据库），或者戏剧、音乐或艺术作品，出版物的版式设计，录音制品或电影之版权。并且，该行为的唯一目的是（a）通过中间人进行的与第三方之间的作品网络传输行为；或者（b）对作品的合法使用行为。另外，该行为不具有独立的经济意义。"据此，在对广播节目合法利用的同时附带性地临时复制广播节目的行为不视为侵权。

研究和个人学习。该法第29条具有如下规定。（1）为非商业性目的之研究对文字、戏剧、音乐和艺术作品所进行的合理使用，在附有充分声明的情况下不侵犯作品之任何版权。（1C）为个人学习之目的对文字、戏剧、音乐或艺术作品进行合理使用的行为，不侵犯该作品之版权。据此，为非商业性研究[①]和个人学习之目的而使用广播节目不视为侵权。

批评、评价使用和新闻报道。该法第30条规定，为批评或评论该作品本身或另一作品之表演的目的，而对该作品进行合理使用的，只要其附有充分声明且该作品已向公众提供的，不构成版权之侵权；为报道时事新闻的目的对一作品（不包括照片）进行的合理使用，若附有充分声明[受第3款（通过录音制品、电影或由于其现实性或其他原因而导致不可能为此行为之广播对时事新闻进行的报道，无须附有声明）限制]，则不构成侵犯版权的行为；据此，为了批评、评价广播节目或在时事报道中合理使用广播节目的行为不视为侵权。

附随性使用。该法第31条规定[②]，首先，附随性使用不成立侵权；其次，因附随性使用所产生的复制品播放、发行不构成侵权。

视觉障碍者的或为其服务的复制行为。根据该法第31A条至第31F条的规定，由于视觉障碍而无法使用广播节目的，为个人使用之目的，而根据原件制作易于使用的复制品的行为，不构成对广播节目的侵犯；为因

[①] 2003年春季，英国政府对与版权限制相关的法律进行了修订，其内容主要涉及以下三个方面：为商业研究目的进行的版权复制将不再作为一种例外，而需要许可；给顾客提供收看电视或者收听广播服务的商店、酒店等娱乐场所不再作为一种例外，需要许可；新的版权限制例外将帮助盲人和弱视者获得以布莱叶盲文、大号铅字等形式印刷的书籍；前两条修订出现在延迟执行的有关版权的欧盟指令2001/29/EC中，第三条修订体现在2002年12月英国议会通过的一项法律草案中。岳宗全编译，《英国修订版权法》，2003年4月7日，http：//www.sipo.gov.cn/dtxx/gw/2003/200804/t20080401_352111.html，2014年5月10日。

[②] 第31条规定，（1）艺术作品、录音制品、电影或广播之附随性使用不构成版权之侵权；（2）任何根据第（1）款之规定制作的不构成侵犯版权的复制品的公开发行，或者播放、放映或向公众传播，皆不构成侵权。

其缺陷而无法接触原件的视觉障碍者个人使用之目的而制作、提供可易于其使用之复制品的，不构成对广播节目的侵犯。

教育使用。该法第32条至第36A条规定，为非商业性目的的教学或测试而对广播节目复制的行为，为教育目的而将广播节目汇编到一个选集的行为，教育机构为教学目的在活动过程中对广播节目的表演、播放或者放映的行为，教育机构为教学目的制作广播录制品的行为，教育机构为教学目的对广播节目的片段进行复制之行为和出借广播节目的复制品的行为都不构成版权之侵犯。

图书馆和档案馆的复制行为。该法第38条至第43条规定，图书馆和档案馆为了藏书或保存档案而录制广播节目及复制和出借广播节目都属于合理使用的行为，不视为侵权。

公共管理。该法第45条至第50条规定，为议会或司法程序之目的、为皇室会议或法定调查之目的、为可供公共调查或者官方登记材料之目的，而对广播节目采用任何实施行为都不侵犯版权。

其他规定。该法第68条至第75条对广播的合理使用进行了专项规定，如为广播之目的的附带录制，为监督与控制广播及其他服务所制作的录制品，为过后观看目的录制、广播节目之照片，免费公开放映或播放广播节目，无线广播之有线接收与转播，向残疾人士提供有字母的广播节目复制品，为留档之目的的录制等等均是合理使用行为。

（五）美国

美国版权法并没有明确将广播节目包含在作品的种类之中。美国基本上是认为作者个人之著作乃是其人格化的具体表现，而新闻媒介与大众传播播送系统节目之著作作品的原创作者大多是其公司，因此，除非该广播机构符合著作人权利制度中之具有高度原创性的艺术活动水平，否则其无法享有任何著作权，而仅是在于公共利益与政治妥协范围内享有权利。基于《美国版权法》第110条以下各项权利限制可以主张广播机构之合理使用之外，美国并未在著作权法或是相关法典中独立立法，赋予任何广播机构邻接权。① 造成该现状的最主要原因在于美国并非保护相关邻接权的

---

① 张懿云等：《邻接权制度之研究》，2012年5月22日，http://www.doc88.com/p-377360127952.html,2014年6月6日。

罗马公约的签约国。①

广播组织在美国最初是不受保护的,因为"如果授予广播组织对于节目信号的权利,那么就会产生无数的、概念性的、理论上的和实践上的问题。'广播组织的权利'这一概念在美国法中显得过于激进,因为公众已习惯于免费接收节目。"② 不过,随着技术的发展,人们盗播广播组织信号的能力逐渐增强,尤其是对体育比赛的无许可转播,严重损害了原初广播组织的利益,美国法院将该行为作为不正当竞争行为来定性,禁止电影院或其他收费公共场所未经广播组织的许可而转播体育比赛。③ 如此保护显然不是将广播信号作为广播组织的权利来加以保护的,同广播组织的利益诉求相差甚远,对此,《1934年通信法案》(当时只有广播节目,后来随着电视技术的出现又把电视节目纳入其保护范围)将广播组织的权利保护向前推进了一步,给予广播组织一种特别权利并加以保护,将其作为被记录下来的构成传输的作品的版权拥有者。④ 不过,随着传播技术的飞速发展,该法对广播组织的私权保护越来越力不从心,于是,《美国版权法》(1976年)第101条专门针对广播电视直播节目获得版权保护的条件之一"固定"进行了定义,即"被播送的由声音或图像组成的作品,或由声音和图像组成的作品如果在播送的过程中被同时进行了同期'固定',则该'固定'即为本处所指的'固定'。"⑤ 换言之,若有人在未经授权的情况下,在广播信号播送过程中对广播节目进行转播或复制,且广播组织在播送节目的同时以拷贝或录音制品的形式对节目进行了同期"固定",则其要承担版权侵权责任。

1. 广播组织的版权客体

依据《美国版权法》(1976年)第102条规定,⑥ 美国的版权保护范

---

① Diurich, *The Practical Application of the Rome Convention*, Bull. Copyright Socy. USA, 1979, p. 287.
② Louis G. Caldwell, *The American Bar Association and the Debate over the Free Speech Implications of Broadcast Regulation*, 1928-1938, Am. J. Legal Hist, 1991, p. 351.
③ J. P. Eddy, Esq. *The Law of Copyright*, London: Butterworth & CO. Ltd. 1957, p. 116.
④ J. A. L. Sterling, *World Copyright Law*, London: Sweet & Maxwell, 1998, p. 64.
⑤ 《美国版权法》(1976年)第101条第1款,这是国会为了实施TRIPs协议而在1994年特别增加的一条修正案。
⑥ 《美国版权法》(1976年)第102条规定,在任何现在已知的或以后出现的有形的表达形式通过此种形式可以直接地或借助于机械或装置可被感知、复制或以其他方式传播——上固定的独创作品,依本法受版权保护。

畴是那些有固定形式的原创作品,固定形式是开放式的,即以任何现有的或将来出现的有形的表达媒介确立,且该形式应该使人们能够直接或借助机器及其他设备来感知、复制或传播作品。另外,需要注意的是,该条款在列举受保护作品的类别时使用了"包括"(include)一词,该词的使用只是给出了受版权保护作品的一般范围,而并非是出于任何限制性的目的,因为国会报告中对此解释道"正如第101条所指出的,使用'包括'一词表明了该清单只是说明性的而非限制性的,也没有穷列出受保护作品的类别。"[1] 这些规定都为广播电视节目或信号获得美国版权法保护(尽管没有明确规定)打开了方便之门。因为,依据较低的独创性标准,[2] 广播组织播放的几乎所有的节目,都可以构成版权法所保护的作品,这里包括两种情况:一是广播组织播放的文字、音乐、电影等显然属于版权法保护的作品;二是即使是体育赛事和其他社会活动的转播,按照较低的独创性标准,也可以构成版权法保护的视听作品。[3] 如此一来,广播信号中所承载的节目都会被版权法所保护,毫无再为广播信号提供保护的必要。广播信号一旦被他人盗用,虽然广播组织不能对其传播的信号主张权利,但是作为广播节目版权人的广播组织在对直播广播进行同步录制的情况下可以对节目作品主张权利,寻求版权法保护。例如在美国足球联盟案中,联邦上诉法院就认定现场直播的体育比赛按照《美国版权法》(1976年)应当作为"电影和其他视听作品"受到保护。

综上,若一项广播作品要成为版权法保护之客体,则其必须符合第101条所定义之固定形式,即该广播必须已相当稳定地具体化于重制物或录制物,以供于非短暂之存续期间内的感知、重制或播送。各项节目或是广播、电视之现场节目如未经固定,则仅能依靠传统各州之习惯法加以保护了。因此,根据《美国版权法》(1976年)之规定,固定之概念的认定与解释是非常重要的。它不仅决定了一项广播节目是否可受到版权法保护,亦代表着联邦版权法与各州习惯法保护之分野。所以,即兴表演或是未同步录制之广播节目便不适合接受联邦法案之

---

[1] H. R. Rep. No. 94-1476, 94th Cong., 2d Sess. 52 (1976).
[2] 《1976年美国国会报告》第94—1476号指出:在一场橄榄球赛事中,有4台电视摄像机在拍摄,一位导演同时指挥着这四位拍摄人员,由他决定挑选何种影像、以何种顺序播映并呈现给观众。毫无疑问,导演和拍摄人员所做的工作具有足够的创造性,他们应当获得"作者资格"。Ibid.
[3] 郑文明等:《广播影视版权保护问题研究》,法律出版社2013年版,第66页。

保护了。①

2. 广播组织的版权主体及其归属

《美国版权法》（1976 年）第 201 条对版权所有权进行了规定，具体而言，对原始所有权、雇佣作品、集体作品中可分割使用的作品被明确规定为属于作者。② 不过，该条并没对"作者"一词进行界定。为了弥补该项不足，美国最高法院在"1884 年伯罗－贾尔斯平版印刷公司诉萨若尼案"中对作者做了广义的界定：作者是指"任何东西是由他起源的人"，于是艺术家、作曲家、摄影师、软件开发者等也都成为版权法保护的作者。③ 在"1973 年戈德斯坦诉加利福尼亚案"中法官对"writings"一词做了广义界定：尽管"writings"一词可以局限于手稿或印刷品，但它可以被解释为，包括了所有的体现了创造性的智力劳动或美学劳动成果的有形表达形式。与此对应，所有这些有形表达形式的创造者，都可以成为"author"或"authors"，获得宪法和版权法的保护。④ 由此可见，该版权法所保护的权利主体在范围上极其广泛，只要满足在作品创造过程中付出了创造性劳动这一标准，就能获得版权法保护。

尽管对于广播组织的版权主体及其归属的问题，该版权法并没有做出明确规定，但如前所述，美国版权法在一定条件下也可以将广播节目或信号作为作品来保护。例如，根据《美国版权法》（1976 年）第 101 条固定定义之后段解释⑤，广播电视节目之制作人可享有著作权，只要其将现场向大众播放（live broadcasts）之节目与该广播同时演出加以固定，则其可符合由声音、影像或其二者组成之著作，若其播放同时予以该著作固着之立法目的，则其播送被视为已"固定"。根据前述法理，如果著作权人在播放的同时亦将其节目固着于一项拷贝或是录音物，则除非特定的个人经由著作权法第 110 条以下之例外规定取得合理使用权或是经过契约授权，否则

---

① House Report，52，转引自张懿云等《邻接权制度之研究》，2012 年 5 月 22 日，http://www.doc88.com/p-377360127952.html，2014 年 6 月 6 日。
② 《美国版权法》（1976 年）第 201 条规定，(a)(b)(c)。
③ Sheldon W. Halpern, *Copyright Law*: *Protection of Original*, Carolina Academic Press, 2010, p.30.
④ 李明德：《美国知识产权法》，法律出版社 2003 年版，第 136 页。
⑤ 《美国版权法》（1976 年）第 101 条规定：作品"固定"在物质载体上，指经作者同意，将作品体现在复制品或录音制品上，其长期性和稳定性是以允许在不短的时间内感知、复制或以其他方式传播作品。由正在传送的声音、图像或两者构成的作品的录制与其传送同步进行的，就本法而言，视为"固定"。

任何人不得将该现场播送节目任意转播或录制下来。①

3. 广播组织的版权内容

著作权是指法律赋予作品的作者以任何方式或手段将它作为本人的创作来发表，将它复制并公开发行或传播，以及授权他人以特定方法使用该作品的专有权。② 大陆法系与英美法系均认为著作权包括人身权（或称为精神权利）与财产权两部分，两大法系的认识区别在于侧重点不同，大陆法系侧重于精神权利的保护，甚至将其作为著作权制度的中心；而英美法系侧重于财产权利的保护，尤其是在美国版权法体系中，版权就是指经济权利，作者的精神权利则是与版权相联系的一种权利，主要由其他的法律予以保护。③

4. 广播组织的版权的限制与例外

对于有线电视运营商转播广播电台节目信号是否需要付费的问题，1976 年之前的美国法院判例中多采取的是否定态度。在 1968 年的半月刊公司（Fortnightly Corp.）诉联合艺术家（协会）（United Artists）一案④中，最高法院根据 1909 年版权法案判定侵权不成立；在 1974 年的加拿大广播公司（Canadian Broadcasting Corporation）诉普拉姆特尔电信（Teleprompter）一案⑤中，最高法院仍判定侵权不成立。⑥ 在这两起案件中，最高法院秉持的理念基本一致，认为有线电视接收到广播公司节目信号并在与该有线电视系统相连的众多电视机播放的行为并非广播者的行为，而是像一个电视受众的行为，即通过天线接收天空中自由传播的广播

---

① 张懿云等：《邻接权制度之研究》，2012 年 5 月 22 日，http://www.doc88.com/p-377360127952.html，2014 年 6 月 6 日。
② 世界知识产权组织：《著作权与领接权法律术语汇编》，刘波林译，北京大学出版社 2007 年版，第 58 页。
③ 李明德：《美国知识产权法》，法律出版社 2003 年版，第 171 页。
④ 来自西维吉尼亚的有线电视运营商——半月刊公司转播其当地广播市场可接收到的 5 个广播信号。联合艺术家（协会）作为版权人集体的代表，对被转播的这些广播节目拥有版权，于是就将该有线电视公司起诉至法院，认为在未经版权人同意的前提下，该有线电视公司的转播行为属于侵权。
⑤ 该案中作为有线电视运营商的普拉姆特尔电信公司接收到一个社区广播信号，随后，将该广播信号通过微波传送至几百公里外的有线电视系统。而加拿大广播公司对该广播信号节目主张权利，将其诉至法院。
⑥ Stuart Minor Benjamin, Douglas Gary Lichtman, Howard A. Shelanski, *Telecommunication Law and Policy*, North Carolina: Carolina Academic Press, 2001, p.443.

信号,并在家里的电视机上播放,因此,有线电视公司像一般电视受众一样不必承担版权责任。①

不过,该理念在《美国版权法》(1976年)中得以改变,该法否定了以上两案所得出的结论,② 确认有线电视转播拥有版权的广播信号是侵权的,区分了家庭用户的私人化使用与有线电视商业化使用的不同,该法第111条(c)规定有线电视不能无偿使用其广播内容,并确立了强制许可制度。③ 需要注意的是,通过该法第111条(d)款所设立的纷繁复杂的强制许可版税结构,我们会发现,有线电视运营商只基于他们"在原始转播者所在当地服务地区的全部或一部分转播该原始转播者的非网络节目支付版税。"④ 换言之,有线电视运营商可以对所有的广播内容享有强制转播许可,并且他们只对非网络内容以及从位于该有线电视运营商的本地服务地区之外的广播运营商处转播的节目支付相应的版税,而对网络节目和本地非网络节目不支付版税。⑤

除了强制许可制度外,广播组织的版权限制还有合理使用制度。《美

---

① 392 U. S. at 399.

② See Copyright Act of 1976, Pub. L. 94 – 533, codified as amended at 17 U. S. C. § 101 et seq.

③ 《美国版权法》(1976年)第111条(c)(1)受本款第(2)项、第(3)项、第(4)项之限制,有线通信系统应当依(d)款规定之条件获得转播联邦通信委员会、加拿大或墨西哥之适当政府当局许可的广播电视台的主播的强制许可,即联邦通信委员会的规则、条例或授权允许传送构成该转播的信号。(2)虽有本款(1)项之规定,有线通信系统故意或多次向公众转播联邦通信委员会、加拿大或墨西哥之适当政府当局许可的广播电视台的主播的,依第501条系可起诉的侵权行为,在下列情形下应完全承担第502条至506条和第509条规定的侵权责任:(A)联邦通信委员会的规则、条例或授权不允许传送构成转播之信号的;(B)有线通信系统未交存(d)款规定的财务报表和使用费的。(3)虽有本款第(1)项之规定及(e)款之限制,有线通信系统向公众转播联邦通信委员会、加拿大或墨西哥之适当政府当局许可的广播电视台从事的含有作品表演或展出之主播的,如果该有限通信系统以改变、删减或添加的方式故意改动含有该表演或展出的特定节目或主播人在该节目传送期间,或紧临节目前后,传送的任何商业广告或电视台播音之内容,依第501条系可起诉的侵权行为,应完全承担第502条至506条和第509条以及第510条所规定的侵权责任,但那些从事商业电视广告市场研究的机构所之改动、删减或商业广告的替代节目除外。例如,该研究机构事先已取得购买最初商业广告的广告商、传送该商业广告的电视台和转播该广告的有线通信系统的同意;再例如,此类商业改动、删减或广告替代不以从出售该商业时间中获利为目的。《美国版权法》,孙新强、于改之译,中国人民大学出版社2002年版,第20页。

④ Stuart Minor Benjamin, Douglas Gary Lichtman, Howard A. Shelanski, *Telecommunication Law and Policy*, North Carolina: Carolina Academic Press, 2001, p. 444.

⑤ 刘发:《中美广电通信经济与法律制度比较研究》,重庆出版社2006年版,第105页。

国版权法》（1976年）第107条①对合理使用制度进行了规定。需要说明的是虽然该条对合理使用制度的法典化，为法院在合理使用行为判断方面提供了指导和依据，但是，美国国会的立法目的无意统一合理使用判断标准，仅在重申司法上既存的原理原则。②

具体到广播组织的合理使用方面，该法第111条（a）款进行了规定：某些转播的免责—转播含有作品表演或展出的主播的，不视为侵犯版权的行为，如果：（1）位于联邦通信委员会许可的广播电视台本地服务区域内的旅馆、公寓或类似企业的投资方向其顾客或房客私人房间所做的转播，且该转播仅由该广播电视台传送的信号中继构成，并对收听收视该转播不直接收取费用，但有线通信系统的转播除外；或（2）转播仅为第110条第2款规定之目的，③并且依照其规定的条件进行；（3）任何转播者从事的转播，如果该转播者无法直接或间接控制主播之内容、主播的选择或该转播之特定接收人，并且该转播者有关转播的行为仅系提供线路、电缆或其他通信话路供他人使用，但本项规定仅扩大到上述转播者有关转播的行为，其他人有关其主播或转播的行为责任不予免除；（4）卫星转播者依第119条规定的法定许可为私人家庭收视所从事的转播；（5）有线通信系统以外的政府机构或其他非营利性组织所从事的转播，该转播不具有任何直接或间接的商业利益且未向接受者收取费用，但收取的用以弥补维持和经营该转播机构所支付的实际及合理开支的费用除外。④另外，第118条更明文限制，非戏剧性音乐著作权人所享有的排他权不适用于公

---

① 《美国版权法》（1976年）第107条规定，虽有第106条及第106条之二的规定，为了批评、评论、新闻报道、教学（包括用于课堂的多件复制品）、学术或研究之目的而使用版权作品的，包括制作复制品、录音制品或以该条规定的其他方法使用作品，系合理使用，不视为侵犯版权的行为。任何特定案件中判断对作品的使用是否属于合理使用时，应予考虑的因素包括：（1）该使用的目的与特性，包括该使用是否具有商业性质，或是为了非营利的教学目的；（2）该版权作品的性质；（3）所使用的部分的质与量与版权作品作为一个整体的关系；（4）该使用对版权作品之潜在市场或价值所产生的影响。

② H. R. Rep. No. 1476, 94th Cong., 2d Sess. (1975).

③ 《美国版权法》（1976年）第110条（2）款规定，在传送过程中表演非戏剧文学或音乐作品，或展出作品，如果：（A）该表演或展出属于政府机构或非营利性教育机构的正常系统教学活动；（B）该表演或展出直接与传送的教学内容有关，且系统内容的辅助资料；（C）该传送主要由（ⅰ）课堂或通过用于教学的类似场所接受；或（ⅱ）该传送由其所指向的接收，这些人由于残疾或其他特殊情形不能出现在教师或通常用于教学的类似场所；或（ⅲ）为履行其部分职务或工作的政府官员或雇员所接收。

④ 《美国版权法》，孙新强、于改之译，中国人民大学出版社2002年版，第19—20页。

共广播事业或为非商业性教育广播电台所为的广播,以及为广播目的所进行之复制行为。

第二节　三网融合技术对广播组织权制度提出的挑战

三网融合技术的快速发展,为电信网、互联网和广播电视网的互联互通、相互渗透提供了技术上的可能。如此环境下,这三个网在服务、业务等方面逐渐趋于一致,深刻影响广播组织权的控制范围和公正实现,带来一系列的法律问题。

一方面,三网融合实现了传统通信工具向信息传播终端的转变。手机不再仅仅被定义为通信工具,手机的功能已远远超出通信工具的范畴,实现了电视、广播、网络的互联互通,成为具备信息收发终端功能的新媒体。公民既可以通过网络借助手机这个新媒体欣赏到同步直播的广播组织播放的节目,也可以欣赏到自己点播的各种视频节目或电影。在"北京央视公众资讯有限公司诉武汉多普达通讯有限公司等著作权侵权及商标侵权纠纷案"中,"多普达公司未经央视公司许可,在其生产的多普达dopod535手机中,并在其网站上为销售此款手机转播中央电视台节目,是否侵犯央视公众公司在电信领域对中央电视台节目的专有使用权"引起学界的热烈讨论。[①]

另一方面,"三网融合"打破了以前三网各自独立、互不干涉、业务垄断的局面,在内容输送和宽带运营等方面建立起互联互通的经营准则:在一定的条件下,在传统广播电视产业基础上广播组织还可以通过广播电视网经营电信增值业务、提供互联网接入业务等;电信企业在受到一定的监管之下,可从事除时政类节目之外的广播电视节目制作、互联网视听节目信号传输、转播时政类新闻视听节目服务、IPTV 传输服务、手机电视

---

① 李嘉陵:《手机看电视涉嫌侵权　多普达产品面临连坐风险》,《新京报》2005 年 1 月 13 日;孙海龙:《手机电视引发的著作权侵权问题研究》,2011 年 11 月 24 日,http://www.lawtime.cn/info/shangwu/dzswlw/2011112415410.html,2015 年 6 月 23 日。

分发服务等。在号称"全国首例涉及网络转播的广播组织权纠纷案——嘉兴华数电视通信有限公司(下称嘉兴华数)诉中国电信股份有限公司嘉兴分公司(下称嘉兴电信)侵害广播组织权案"中,"广播组织权项下的转播权的保护范围是否能够扩展至网络领域"这个问题,成为信息产业界和知识产权界讨论的一大热门话题。两审法院对此都持否定态度,业界人士也认为"该案具有一定的风向标意义,——明确 IPTV 内容版权归属于网络传播权,区别于有线电视网络公司的广播组织权,有益于 IPTV 的后续发展,目前 IPTV 在试点及非试点地区的合法化已成为不可逆转的趋势。"① 但学界专家李顺德教授认为,"不能因为具体节目信号传输技术发生变化就将其置于法律的保护范围之外"。②

由此观之,我国现行著作权法对于广播组织权的规定较为薄弱,其中有规范无法满足新数字传播技术所带来的挑战的原因,正像判决书所述,"根据《著作权法》的规定,广播组织者享有转播权,但法律并未将'转播'的定义扩展至互联网领域。且从立法体系上分析,我国著作权法将广播组织权和信息网络传播权相分离,广播组织并不是信息网络传播权的权利主体,不能控制互联网领域的广播电视作品的传播。"③ 但是,我们也不应片面地从文字上理解法律,而是应把握立法的精神。《著作权法》第 45 条,实质在于保护广播电视信号,即广播组织权首先保护的是传输信号。罗马公约在 50 年前制定,我国著作权法在 23 年前制定,彼时广播只无线广播信号,现在出现有线电视和三网融合技术,根据技术中立原则,不能因为具体节目信号传输技术发生变化就将其置于法律保护范围之外。否则,电信运营商或大小网站对广播组织节目任意转播,而不付出任何代价,很难说这样的法律设置体现了利益公平。即使是音、视频节目在互联网领域内的权利可由著作权人、表演者、录音录像制作者等权利主体进行主张,尤其是广播组织以录音录像制作者身份主张权利,也无法完全收回广播组织为传播节目信号所投入的成本。因此,广播组织权的保护范围能否扩展至互联网领域值得我们进一步思考和研究。

---

① 陈琛:《嘉兴华数状告嘉兴电信一审败诉 IPTV 网络转播权已获法律保护》,《通信世界》2012 年第 12 期;浙江省嘉兴市中级人民法院(2012)浙嘉知终字第 7 号民事判决书。
② 张维:《央视网称百视通侵犯奥运传播权拟提起诉讼》,《法制日报》2012 年 9 月 3 日。
③ 浙江省嘉兴市中级人民法院(2012)浙嘉知终字第 7 号民事判决书。

三网融合背景下中国广播组织权制度的反思与重构

一、网络广播规范模式的比较法观察

1. 限定某些网络广播应被加以保护。如根据《英国版权法》的规定，广播节目被认为是像文学、艺术、音乐等作品一样的单独作品，即特殊的版权作品。因此，在英国，其他类型作品所享有的权利，广播节目也能享有。在该法"版权之存续、权属及存续期间"章节中，第6条规定，（1）本法所称之"广播"是指对可视图像、声音或其他信息的电子传输，其（a）能够为社会公众同步、合法接收，或者（b）仅在传输实施者所决定的时间内向社会公众传输，此条所称广播不被第（1A）款所排除，并且涉及广播的规定兼应以此解释。（1A）规定，"广播"之定义所排除的情况是指任何经由互联网进行的传输，而下列情况除外：（a）互联网的传输与其他手段的传输同步进行，（b）对于时事的即时传输，或者（c）被记录下来的移动图像或声音构成传输实施者所提供的节目服务的组成部分，而此种服务所提供的节目是由前述实施者在所确定的时间进行传播的。① 因此，通过网络的同步传输或实时传输，如 IPTV、同步广播、网播等行为，都能被该广播定义涵盖。英国通过这种扩展广播定义的方式将版权保护延伸至网络领域，且将版权赋予内容的提供者而非广播组织。这种保护形式同《TRIPs 协定》对广播组织的保护模式很类似。另外，该节还说明，本法所指"广播"不仅包括对享有版权的视频、声音的传输，而且也包括对于不适用版权法保护的视频、声音或其他信息的传输。在"Union des Associations Europeennes de Football（UEFA）v. Briscomb"② 案中，法院通过审理认为，根据《英国版权法》的第6条和第9条，UEFA 是广播节目的版权所有者；根据该法第17条和第20条之规定，被告人对 UEFA 构成了复制侵权和向公共传播之侵权。

2. 采用技术中立的定义方法。例如，2008年，为了适应数字环境中

---

① 《十二国著作权法》，《十二国著作权法》翻译组译，清华大学出版社2011年版，第570页。
② [2006] EWHC 1268 (Ch) and 2006 WL 1635072. 第一原告 UEFA 的主要目的就在于组织和促进欧洲的足球比赛，它组织足球联赛并通过合同将其广播权许可给将近100个广播组织。被告是体育流播网站的所有者。为了传播这些足球赛事，被告们在没有取得 UEFA 同意的情况下在获取广播节目后将其数字化并在流媒体技术的帮助下将其传播出去，而用户通过这些途径可以将这些比赛储存在自己的电脑里。

的技术进步，新西兰修改了它的版权法。早在2002年，一份报告递交到新西兰政府，建议对1994年的版权法进行必要的修改。为了在传播环境中达到技术中立，这份工作报告提出了几项建议措施：创设一个独立的网络广播权；修改"有线节目服务"的定义，使其明确包括网络广播或用一个宽阔的技术中立的传播权来替代广播和有线电视节目权，将广播、有线电视节目服务、网络广播或未来多种技术促成的各种传播方式涵盖进来。基于此，新西兰政府报告建议删除现存的广播定义以便能涵盖网络广播即流媒体传送："鉴于数字世界中传播的日渐重要，建议修改法案，使其包括一个技术中立的传播权和一个能够获得版权保护的传播作品的对应类别，以替代有关广播和有线电视节目服务的现行以技术为特征的条款。"① 结果，为了在传播领域获得技术中立，有关承载受版权保护的广播电视节目信号的广播定义被删除了。类似于英国，新西兰也将广播节目作为独立的作品，但是他们用"通讯作品"这个词汇而非"广播节目"来表达。《新西兰版权法》把所有的权利赋予传播作品的作者。依据《新西兰版权法》，通讯作品就像英国一样被认作作品，创造通讯作品的人被认为是版权权利主体。因为，依据1988年《英国版权法》，一个节目或内容的提供者将被作为像创作广播节目的人一样的广播者，所以，新西兰也将作者的版权拓展至通过流媒体技术利用他们的作品，所有的版权都被赋予内容或作品的所有者而非广播组织。② 另外，遵循最为典型的技术中立立法方法的还有《西班牙著作权法》，该法第126条第1款规定："广播组织享有以任何技术方法转播其广播的专有权利"；《瑞士著作权法》第37条规定："广播组织应当享有转播其广播的专有权。"③；《波兰著作权法》第97条规定："广播组织享有转播权，包括由另一广播或电视组织进行的转播。"

3. 采用版权形式保护。例如，美国版权法对"广播""网络广播"行为的规范采取将发行权和公开表演权结合的方式进行立法。如《美国版权法》（1976年）第101条规定，"表演作品指直接地或利用任何装置或方法朗诵、表演、演奏、舞蹈或者演出作品；作品为电影或其他音像作品，指以任何连续的方式展示其图像或使人听到其配音；公开表演或展出

---

① M. Sakthivel, "Webcasters' Protection Under Copyright – A Comparative Study", *Computer Law & Security Review*, Vol. 27, August 1, 2011, pp. 479-496.

② Ibid.

③ 根据瑞典学者的解释，这一权利包括所有形式的电信传播，包括同步或其他形式的转播。

作品是指：(1) 在对公众开放的场所，或者在超出一家庭及其社交关系正常数量人的任何聚集地点表演或展出作品；或者 (2) 利用任何装置或方法向第 1 项规定之地点或向公众播送或用其他方式播送作品的表演或展出，不论能够收听收看该表演或展出的公众是否可以在同一地点或不同地点以及是否可以在同一时间或不同时间内接收到该表演或展出。"该条文明确无误地包括了"广播"和"信息网络传播"，因为"这里的'表演'不仅有我们一般理解的'活'表演，如演员的演唱、舞蹈等，还有'机械'表演，如录音机、录像机、广播、电视或卫星传播等设备'表演'作品"。① 另外，1995 年，美国国会通过了《录音制品数字表演权法案》(DPRSRA)，该方案修改了《美国版权法》(1976 年) 第 106 条，使其包含了"通过数字化视听传输装置公开表演版权（录音）作品"。② 在 1998 年国会通过了《数字千年版权法案》(DMCA)，进一步修改了《美国版权法》(1976 年) 第 114 条。由此，广播组织者可以就网络广播和提供在线视频服务的互联网视频提供者免费公开表演行为获得补偿。③ 另外还因为，美国版权法将广播电视节目视为作品。就拿体育比赛节目来说，只要它是在转播体育比赛的同时录制的，即以某种形式固定下来（录像带、胶卷或磁盘等）就能受到版权法的保护。④ "美国版权法认为：赛事的节目制作者在考虑如何录制体育赛事时运用了充分的创造力，赛事节目具有独创性，因此属于受版权保护的作品。"⑤ 例如，在 iCrave TV 案⑥中，宾夕法尼亚州联邦地区法院支持原告提起的版权和商标权侵权损害赔偿请求，并发出禁令，要求 iCrave TV 立即停止在美国转播受版权保护的电视节目。

---

① 李明德：《美国知识产权法》，法律出版社 2003 年版，第 239 页。
② 17 U.S.C. §106 (6) (2000).
③ 17 U.S.C. §114 (d) (1) – (3) (2000).
④ H. R. Rep. No. 94 – 1476, 94th Cong., 2d Sess. 52 (1976).
⑤ 宋海燕：《论中国如何应对体育赛事转播的网络盗版问题》，《网络法律评论》2011 年第 2 期。
⑥ 1999 年，加拿大 iCrave TV 公司将利用天线获取的加拿大和美国 17 个广播组织的节目信号数字化后同步上传至互联网向公众传播（网络转播信号的获取时间与广播信号的接受时间相差约 10—15 秒）。美国的电视台和电视制造商首先组成联盟诉讼该公司，继而 NBA 和 NFL 也对其提起版权诉讼，诉称 iCrave TV 直接或间接侵犯原告根据版权法所享有的专有权；同时，他们还认为被告的行为还构成了商标侵权，因为公众对 iCrave TV 的来源会产生误解，以为该公司的网站是原告的电视台所赞助的或经过其授权许可的。Twentieth Century Fox Film Corporation, et al. v. iCrave TV, et al., National Football League, et al. v. Tvradionow Corporation, d/b/a iCrave.com, d/b/a Tvradionow.com, et al., 53 U.S.P.Q. 2d 1831 (W. D. Pa. 2000.).

4. 赋予广播组织信息网络传播权。例如，2001年5月21日，欧盟通过《协调信息社会中版权与相关权指令》，参照WCT在其第3条第2款d项规定了"向公众传播权"，即成员国应规定广播组织就其广播的录制品有权许可或禁止他人通过有线或无线的方式（包括电缆传播及卫星传播方式）向公众提供节目，使公众可以在个人选定的时间和地点获得该节目。① 另外，该指令在其序言第23段中还特别强调"对该权利应作广义的理解，它覆盖了所有向传播发生地之外的公众进行传播的行为，该权利应当包括就某一作品通过有线或无线形式向公众进行的包括广播在内的任何此种传输或传播"。② 另外，《匈牙利著作权法》第80条、《瑞典著作权法》第48条、《意大利著作权法》第79条等，都赋予广播组织以信息网络传播权。③

5. 纷繁复杂的国际条约。由于《伯尔尼公约》和《罗马公约》制定时尚没有出现数字和网络传播技术，所以他们中的广播方式仅限于无线广播或传播。不过，由于互联网技术的出现和发展，这两个公约远远不能适应新情况的需要。正像世界知识产权组织指出："由于新技术的发展导致不同于传统方式的传播方式出现，有必要补充、澄清某些《伯尔尼公约》中的权利义务，以扩展向公众传播的权利，全面覆盖向公众传播的作品种类和传播方式。"④ 对此，WCT的第8条明确规定"文学和艺术作品的作者享有专有权，以授权将其作品以有线或无线方式向公众传播，包括将其作品向公众提供，使公众中的成员在其个人选定的地点和时间可获得这些作品。" 网络广播（webcasting）保护问题，是近些年各届SCCR会议都要

---

① European Union, *Directive* 2001/29/*EC of the European Parliament and of the Council of* 22 *May* 2001 *on the Harmonization of Certain Aspects of Copyright and Related Rights in the Information Society*, 2001 O. J. (L167) 10, article 3.

② Ibid., Recitals para. 23.

③ 《匈牙利著作权法》第80条规定：通过电缆或以任何其他方式向公众提供其节目，使公众成员可以在其个人选定的时间和地点获得该节目的行为，应当经过广播电视组织的许可。瑞典《著作权法》第48条规定：对于已固定的广播，广播组织享有许可以有线或无线方式向公众传播，使公众中的成员能够在其个人选定的时间和地点获得固定的广播的权利。意大利《著作权法》第79条：对于已固定的广播，广播组织享有以有线或无线方式向公众传播，使公众中的成员能够在其个人选定的时间和地点获得被固定的广播的专有权利。

④ World Intellectual Property Organization, *Basic Proposal for the Substantive Provisions of the Treaty on Certain Questions Concerning the Protection of Literary and Artistic Works to be Considered by the Diplomatic Conference*, CRNR/DC/4, August 1996, notes10.14.〔EB/OL〕.〔2012-2-14〕. http://www.wipo.int/edocs/mdocs/dipl/conf/en/crnr_de/erne_dc_4.Pdf.

关注的重要问题,不过,由于各代表团存在很大的意见分歧,所以一直以来没有形成正式的强制性条约,只是在第 12 届会议上公布了一份关于保护网络问题的备选和非强制性解决方案的工作文件。该文件提供了三项备选解决方案。(1)将条约规定的保护延伸至所有网络广播,包括同时广播。在此情况下,缔约方只要批准条约即可,而无须做出任何通知。(2)将保护延伸至仅由广播组织进行的同时广播。在此情况下,缔约方将做出保留,声明其将不对除仅由广播组织进行的同时广播以外的其他网络广播适用本条约。或者(3)不将保护延伸至网络广播和同时广播领域;在此情况下,缔约方将做出相关保留,声明其将不对任何网络广播,包括同时广播,适用本条约。根据《世界知识产权组织保护广播组织条约》草案第 8 条之规定,学者王迁教授指出,该草案认为虽然广播组织有权阻止通过网络等各种手段转播其广播,但其并不享有信息网络传播权。[①] 另外,鉴于网络广播问题在国际上的复杂性,SCCR 准备另行制定法律来解决网络广播的保护问题。

二、网络广播法律保护之争议

由于网络新技术的发展,人类传播途径与传播体验获得了前所未有的拓展与革新。也正因为网络新技术的突飞猛进,带来 IPTV "六类传播行为"共存的复杂局面[②],打破了当前国际、国内著作权法律框架下所谓的利益平衡,于是引来广泛争议。

(一)网络广播应被纳入保护范围的理由

国内学者孙雷认为,"广播组织保护制度在确定受益者时要保证技术上的中立,不能将其限定在某种特别的信息传送方式上,而是应当随着数字技术的发展适当做出调整,继有线广播之后将网播这种能够使公众

[①] 王迁:《著作权法修订之前沿问题》,载国家版权局《著作权法第二次修改调研报告汇编》,2008 年。
[②] "六类传播行为"是指用户通过互联网电视机这一传播终端获取作品时涉及六种类型的传播行为,具体如下:(1)有线直接广播;(2)无线广播;(3)有线交互式网络传播;(4)有线单向式网络传播;(5)无线交互式网络传播;(6)无线单向式网络传播。焦和平:《三网融合下广播权与信息网络传播权的重构》,《法律科学》2013 年第 1 期。

'异地同时'获取节目的信息传送方式涵盖其中。"① 张宇庆认为,"我国也应在兼顾各方利益基础上,确立广播组织的信息网络传播权,回应信息网络时代对法律的需求。"②

国外一些网络发达的国家,如美国、澳大利亚、日本和乌克兰都主张将网络广播组织视为广播组织。例如,美国数字媒体协会通过对政府施压,力图在公约之中能将网络广播作为一种广播形式进行规定。于是,美国向世界知识产权组织提出议案,要求将保护延伸至网络广播,理由主要有以下几点。③(1)技术理由。美国认为根据"技术中立原则",网络广播在功能上类似普通的广播,因此在法律上应当被一视同仁。④ 同时,关于网络广播的定义是否涉及交互式传输(interactive communication),美国认为所有的网络广播,甚至是串流(streaming),都包含一些互动(interactive)的因子,所以,从技术的角度来看,不应该排除此种考虑。⑤(2)法律理由。美国认为传统空中广播(over-the-air broadcasting)即无线电广播的频谱限制为其受到法律规范的正当化理由,相反地,网络则是不受法律规范的。但如果只保护受有关主管机关规范的广播组织,会将互联网的行为排除于新条约范围外,甚至排除了传统广播组织在网络中的实时串流行为。这种排除网络广播主体的规定可能会引起与美国或其他国家对相关主体保护的通信法等法律之间的冲突和宪法上的争议。⑥(3)促进科学文化信息的传播。美国还认为将保护扩大到网络广播范畴可促进以科技方法传输信息,对发达国家与发展中国家皆有益处。因为对网络信息传输者提供知识产权与其他合法利益的保护,能激励其创造和传播,使公众更能接近并使用科学文化信息。因此,在赋予广播组织保护时应将网络广播列入保护范围中。⑦

(二)网络广播不应被纳入保护范围的理由

国内学者胡开忠教授曾连续发文指出,若单从技术层面而论,网络广

---

① 孙雷:《邻接权研究》,中国民主法制出版社 2009 年版,第 206 页。
② 张宇庆:《对广播组织信息网络传播权主体地位的再思考》,《科技与法律》2010 年第 5 期。
③ 转引自胡开忠等《广播组织权保护研究》,华中科技大学出版社 2011 年版,第 120 页。
④ WIPO, Reform to Planned to Simplify Right Clearence for Webcaster in World Intellectual Property Report, Vol19, Jun, 2006, 20.
⑤ WIPO, SCCR/8/9, November 8, 2002.
⑥ WIPO, *Report*, SCCR/7/10, May 31, 2002.
⑦ WIPO, SCCR/12/4, March 1, 2005.

播也应与传统广播一样获得法律保护。不过，鉴于广播组织权的特殊性，它不仅仅涉及广播组织自身的利益问题，而且与公民知情权的实现联系紧密。若给予网络广播法律保护，很可能对公众利益造成重大影响，例如，过高的保护水平可能会限制人们开发一些用于网络广播的软件及设备，从而挫伤人们从事技术开发的积极性；另外，过高的保护水平可能会影响公众的言论自由权和利用社会文化成果的权利。尤其在国际层面，发达国家在网络广播方面的技术水平远远高于发展中国家，若为网络广播提供法律保护，收益方必然是发达国家而非发展中国家，因此发展中国家出于发展其本国经济和文化的需求也不应给予网播以保护。所以，在现阶段保护网络广播并不是一个明智之举。[1] 2012年，嘉兴市两级法院对"嘉兴华数诉嘉兴电信侵害广播组织权案"的判决认为广播电视不应具有网络转播权，理由有三个：IPTV业务系电信企业从事互联网视听节目信号传输的服务，著作权法的立法原意未将网络传播行为视为"转播"；著作权法规定的信息网络传播权的主体并不包括广播组织者；如将广播组织权的转播权保护范围扩大到互联网领域，将不利于我国"三网融合"政策的实施。[2]

在 SCCR 的会议中，对于是否将广播组织权延伸至网络广播，大多数发展中国家或组织，如非洲国家集团、埃及、巴西、智利、尼日利亚、印度、南非和中国等，与美国等发达国家针锋相对，反对在条约中列入网络广播或互联网传输，反对召开会议研究该问题。他们认为对网络广播立法受益的是发达国家而非发展中国家和不发达国家；另外，赋予网播超越自身水平的立法保护很可能对互联网传播造成限制，妨碍公众通过网络传播、交流和学习科学文化知识，从而不利于国家的科学文化事业的发展，并导致发展中国家和不发达国家与发达国家之间的"数字鸿沟"增大。[3]

另外，一些非政府组织对此也表示了极大的关注。[4] 他们认为网络广

---

[1] 胡开忠：《信息技术发展与广播组织权利保护制度的重塑》，《法学研究》2007年第5期；胡开忠：《网络环境下广播组织权的法律保护》，《当代法学》2010年第5期；胡开忠等：《广播组织权保护研究》，华中科技大学出版社2011年版，第149—153页。

[2] 范跃红：《全国首例涉网络转播广播组织权纠纷案宣判》，http://news.jcrb.com/jxsw/201203/t20120323_830525.html，2014年9月18日。

[3] WIPO，关于保护广播组织的条约经修订的合并案文第二稿，SCCR/12/2, May 2, 2005。

[4] 陈娜：《广播组织权制度研究》，博士学位论文，中南财经政法大学，2009年，第132页。

播的保护缺乏合理的经济动因，没有必要给予网络广播保护。因为网络广播建设成本较低，不需要如传统广播组织一样对广播基础设施（如发射和传输装置）进行大量投资，所以，其成本的回收不是必须以专有知识产权的方式实现。他们认为赋予网络广播权利不仅会增加网络服务商的负担，而且将影响技术创新，威胁公民获得信息的自由，同时将改变互联网便捷而自由的通信介质性质。

第三节 三网融合时代广播组织权面临的问题

一、三网融合技术条件下的侵权行为

早期的未经许可而利用广播设备或信号接收设备接收或转播的行为被称为盗播行为，而专门盗播其他广播信号的无线电广播组织被称为"海盗电台"。由于目前数字技术、网络技术的快速发展，有线广播盗播、电视信号盗播与卫星信号盗播等传统盗播方式逐渐被网络盗播所取代，成为大家共同所关注的现象。尤其是由于"三网合一"技术的运用，在广播电台电视台方面，其经营范畴被不断拓宽，通过数字电视线路，交互式地多流量、按需播放节目成为可能，交互式传播与网络广播共存于综合传播的平台；在网站方面，网站直播或转播广播电视节目，即网络广播电视顺势而生。如此一来，"三网合一"技术既能成为为广大广播电视组织提供优良信号的工具，又在实践中成为侵权人非法使用收取到的信号并加以转播的牟利工具。可以说，网络盗播已成为目前侵害广播组织权最为严重的行为之一。很多不良视频网站，包括一些正规大型视频网站，如YouTube、优酷、土豆等网站，常常在不经许可的情况下将广播电视台的节目上传至其网站以供网友下载或浏览，或同步转播其他广播电台电视台的节目，该等行为必然会使相关广播组织的节目收视收听率或广告收入以及相关视频制品销售额明显降低，给相关广播组织的合法利益造成巨大损失。据亚洲有线广播和卫星广播协会的研究，亚太地区2008年因未经授权的转播行为造成的

损失就高达3.65亿美元。① 另外，几个公司对盗播的整个代价进行了预测。② 例如，有专家预计每年整个媒介产业因盗播而损失的价值是580亿美元，其中，亚洲付费电视提供者每年可能损失超过10.6亿美元。③ 同时，因为消费者通过收看盗播体育广播节目和利用非法的流媒体网站来规避为DVR和VOD付费，所以，广播组织损失了大量的版税。④

目前，在互联互通的网络环境下，盗播广播组织节目信号的行为无外乎有以下三种形式：网络点播、网络广播和网络同步转播。除了网络点播具有网民可以随意点播播放节目这种互动性特点之外，网络广播和网络同步转播的节目都是不能满足网民任意点播之要求的，前者是网站将节目以某种固定的顺序加以播放，后者是通过某种软件实现与某电视台同步播放该电视台的节目。由此可见，广播组织网络侵权的方式越来越复杂已成为共识。这种复杂性具体体现在侵权主体有组织化、侵权行为隐蔽性强、侵权性质难以界定、侵权行为取证难、侵权案件管辖不确定等多个方面。⑤

在网络技术突飞猛进的期间里，国内外网络广播组织邻接权侵权案例已相当不少，为我们探讨相关立法或司法规范提供了多角度审视和研究范本。以下我们针对最近、也是最为著名的发生在美国的网络广播组织侵权案例"Aereo案"⑥进行分析。

审理法院：美国联邦最高法院　　　　判决时间：2014年6月25日
案由：非法侵害公开表演权
被告ICP业者：Aereo公司
节目：美国广播公司（ABC）、哥伦比亚广播公司（CBS）、全美广播

---

① Daniel Pruzin, "WIPO Members Agree on New Submissions for Audiovisual Treaty Talks; No Progress on Broadcasting", *World IP Report*, Vol. 24. Aug. 2008, p. 12.
② Stephen Galloway, Who Says Piracy Costs the U. S. $58 Billion a Year?, HOLLYWOOD REP. (May 2, 2012, 8:00 AM), http://www.hollywoodreporter.com/news/piracy-costsmegaupload-kim-dotcom-318374.
③ *Asian Pay*, "TV Piracy to Cost $1b in 2005", DAILY STAR (Oct. 27, 2005), http://www.asiaarts.ucla.edu/article.asp?parentid=32322.
④ Sheila Seles, "It's (Not) the End of TV as We Know It: Understanding Online Television and Its Audience", CONVERGENCE CULTURE CONSORTIUM (2009), http://convergenceculture.org/research/C3NotEndTVExecSum.pdf.
⑤ 胡开忠等：《广播组织权保护研究》，华中科技大学出版社2011年版，第96—97页。
⑥ *American Broadcasting Cos., Inc., et al. v. Aereo, Inc.*, 573 U. S. (2014).

公司（NBC）、福克斯电视台（Fox）、美国公共电视台（PBS）等13家传统广播电视公司拥有版权的电视节目。

2014年6月25日，美国最高联邦法院以6∶3的表决针对Aereo案做出了万人瞩目的判决，该判决推翻了第二巡回法院的判决，认定Aereo公司直接侵犯美国广播公司（ABC）、哥伦比亚广播公司（CBS）、全美广播公司（NBC）、福克斯电视台（Fox）、美国公共电视台（PBS）等13家传统广播电视公司的公开表演权。该案件的焦点为Aereo公司通过新技术系统实施基于订阅者点击申请的服务，换言之，提供使它的消费者通过互联网可以几乎同时收看自己所选择的希望看到的受版权保护的广播电视节目的服务。该服务撬动了传统广播电视公司的利益格局，引起了上述13家广播电视公司的强烈不满，于是自2012年3月起，他们纷纷将Aereo公司起诉至纽约南部地区法院，认为被告在未支付任何费用的情况下将他们受版权保护的电视节目通过互联网向公众进行转播，侵犯其公开表演权，请求法院颁发临时禁令。但是，该地区法院审理后驳回了原告的起诉。① 原告不服进行上诉，不过，联邦第二巡回上诉法院维持了原审法院的判决。② 为此，原告继续申诉至联邦最高法院，该院于2014年1月提审该案并于2014年6月25日做出判决。

生效判决由Breyer大法官主笔，他主要从两个方面讨论了Aereo的行为是否构成了非法公开表演原告的广播电视节目：Aereo的行为是否构成版权法意义上的"表演"，及Aereo的行为是否构成传送条款意义上的"公开"表演。

1. Aereo公司的行为构成"表演"

最高法院认为，Aereo公司的系统与有线电视系统（CATV）构成了实质性相似，③ Aereo公司的行为构成"表演"。有线电视系统通过天线截取无线广播电视信号，然后将提高强度的信号通过有线电缆同步转播至千

---

① *American Broadcasting Companies*, *Inc. v. Aereo*, *Inc.*, 874 F. Supp. 2d 373（S. D. N. Y. 2012）.
② *Wnet*, *Thirteen v. Aereo*, *Inc.*, 712 F. 3d 676（2d Cir. 2013）.
③ "American Broadcasting Companies v. Aereo, Inc.：Supreme Court Departs from Volitional Act Test for Copyright Infringement", Apr. 25, 2015, http：//www.scotusblog.com/case - files/cases/american - broadcasting - companies - inc - v - aereo - inc/.

家万户的电视机上。该系统在 1968 年的 Fortnightly 案①和 1974 年的 Teleprompter 案②中,被认为"只是更有效地连接天线和观众的电视设备提高观众接收广播信号的能力",③有线电视服务提供者既没有对接收到的信号进行任何编辑也未制作自己的节目作品,与其说是传播者或广播者不如说是一位观众,因此,有线电视服务提供者的转播行为并未侵犯他人的公开表演权。1976 年,美国国会对版权法进行了修改,其最初目的在于推翻上述两案中法院所做出的判决。在新法案中,国会为了适应新技术以及未来未知的技术而对"表演"重新进行了定义,④将有线电视服务提供者未经许可向公众传播他人广播节目信号的行为纳入《美国版权法》(1976 年)规范范畴,表明有线电视服务提供商展示了连续的图像或相关的伴音,构成了对他人的电视节目的非法表演。

  Aereo 公司可以帮助安装了自己特定的网络装置的用户观看电视节目的同步转播,因为,该装置可以不经许可接收空中所有正在传播的无线广播电视节目信号,并将这些受版权保护的电视节目信号按照用户指令传播至所有需要观看节目的显示终端。可以说,Aereo 公司并不再仅仅是设备供应商,其行为完全符合"广播",本质上其同《美国版权法》(1976 年)规制对象(即有线电视服务提供者)已高度相似。尽管最高法院也指出,Aereo 公司的行为和 Fortnightly 案、Teleprompter 案中有线电视服务提供者的行为存在一个明显的不同:前者的行为在网络用户"观看"指令下才能启动和实现,而后者的行为却是持续不断地接收与传输电视节目

---

① 在本案中,作为有线电视服务提供者,被告通过在山上安置天线和有线电缆的方式将当地的无线广播电视信号转播给订阅用户。法院经审理后认为,有线电视服务提供者不同于无线广播公司,其应该属于"观众的范围之内"。因为后者对节目进行了编辑、挑选,而前者却仅仅传输节目而不对其进行编辑;同时后者制造节目并将其传播给公众,而前者并未制作节目,仅仅是接收已经释放给公众的电视节目信号并通过私人的途径将其传输给更多公众。*Fortnightly Corp. v. United Artists Television, Inc.*, 392 U. S. 390, 88 S. Ct. 2084, 20 L. Ed. 2d 1176(1968).

② 在本案中,作为有线电视服务提供者,被告未经许可将几百英里远的节目信号传输给了公众。尽管法院意识到观众不可能负担起接收和传输远距节目信号的设备,但是法院还是认为有线电视提供商更像是观众而非无线广播公司,因为法院认为"为了同步观看电视节目,不考虑广播站和最终用户的距离接收和转频广播电视信号,本质上是观众的功能。"*Teleprompter Corp. v. Columbia Broadcasting System, Inc.*, 415 U. S. 394, 94 S. Ct. 1129, 39 L. Ed. 2d 415(1974).

③ *Fortnightly Corp. v. United Artists Television, Inc.*, 399, 88 S. Ct. 2084(1968).

④ 《美国版权法》(1976 年)第 101 条规定,表演作品指直接地或利用任何装置或方法朗诵、表演、演奏、舞蹈或者演出作品;作品为电影或其他音响作品的,指以任何连续的方式展示其图像或使人听到其配音。

至用户。但是，最高法院认为，这个在传输节目过程中技术层次方面唯一的差异并不能构成"关键性"的区别。

其实，早在第二巡回上诉法院审判阶段，少数派法官陈卓光（Denny Chin）和 Richard C. Wesley 已经通过文义解释、目的解释等方法论证了 Aereo 公司构成版权法意义上的"表演"。[①] 他们指出，美国版权法在表述"通过任何装置或方法向公众传输，构成对作品的公开表演"时，不仅使用了范围极其广阔的"任何"一词，而且还将"装置""方法"解释为"现在已知的和将来发展的装置和方法"，这也就说明该法所保护的"传输"相当宽泛，将能想象得到的所有传输形式或组合涵盖进来，包括但不限于无线电广播设备和电视广播。在此法律背景下，任何能实现表演或展示中所包含的图像或图像与声音传输的方式都属于公开表演权所强调的"传输"，而 Aereo 公司通过自己所提供的装备和方法可以将广播电视节目图像及其声音传输至用户，充分说明了 Aereo 的行为就是表演。

2. Aereo 公司的表演行为属于公开表演

公开表演，顾名思义，就是指面向"公众"进行的表演。《美国版权法》（1976 年）第 101 条[②]为"公开"表演进行了定义，并且，其在逻辑上采用选言判断的写法，在列举的两个场所中的任何一种进行表演都能满足公开表演的定义要求。第一种场所是开放式的场所，不言自明必然能构成公开表演；第二种场所是半公开式场所，蕴含的"公众"是指家庭成员及其正常社交圈子之外的具备相当规模的不特定人群，且该不特定人群能否成为"公众"尚取决于他们之间以及与被表演作品之间的关系，只有在毫无前述关系的情况下，该不特定人群才能成为"公众"。因此，最高法院认为，Aereo 公司将相同的图像和声音传输至大量互不认识且没有任何关系的人，构成了版权法上的"公开"表演。

另外，根据上述定义的第 2 项，"无论公众是否可以在同一地点或不

---

① *Wnet Thirteen v. Aereo, Inc.*, 712 F. 3d 676 (2d Cir. 2013).
② 《美国版权法》（1976 年）第 101 条将"公开"表演定义为，（1）在对公众开放的场所或者在超出一个家庭及其社交关系正常范围的相当数量人的任何聚集点表演或展出作品；或（2）利用任何装置或方法向（1）项规定之地点或向公众传送或以其他方式传播作品的表演或展出，无论公众是否可以在同一地点或不同地点以及是否可以在同一时间或不同时间内接收到该表演或展出。转引自《美国版权法》，孙新强、于改之译，中国人民大学出版社 2002 年版，第 6 页。

同地点以及是否可以在同一时间或不同时间内接收到该表演或展出",可知,公众收看表演无需强调在空间、时间上的聚集,时间、地点分散的、不同途径的传输也同样可以满足"公开"表演。因此,从立法层次而言,当一个传播公司将相同的图像及其声音通过包括互联网在内的"任何"装置或方法同时传播给不特定人群时,无论该不特定人群是通过一个传输通道收看还是通过多条分散式传输通道收看,都不影响该传播公司构成公开表演的认定。具体到 Aereo 系统而言,其可以调配一个专属的微型天线给特定的用户去接收专为这个特定用户准备的节目和复制件。然后,该服务器通过网络几乎同步地将节目流传给特定的装置(如平板电脑、计算机、掌上电脑等),用户通过该装置来选择收看这些节目。也就是说,如果多个用户指定了同一个节目,该服务器为他们每一个人配备一个单独的天线并制作该节目的一个复制件,使用户在自己选定的地点和时间来收看指定的电视节目同步直播。那么,从版权法的概念分析,Aereo 公司的在不尽相同的时间和地点收听收看相同的电视节目的网络用户无疑构成了"公众",Aereo 公司在未经授权情况下满足作为"公众"的订阅用户的需求而进行的公开表演行为,侵犯了原告的公开表演权。

二、三网融合技术条件下国际条约的不足与缺陷

(一)《罗马公约》

由于广播技术是在 19 世纪末发明和应用的,所以,缔结于 1886 年的《伯尔尼公约》只对文学、艺术和科学作品,包括电影作品,进行保护,不可能先验地对广播组织的广播信号进行版权保护。但是,随着广播电视技术的发明与普及,作品的传播表现形式不仅仅限于出版印刷的纸质形式,录音、录像、电视、广播、多媒体等电子形式也逐渐成为传播主渠道。在作品通过这些渠道传播的过程中,广播组织虽非作品原作者,却以公共传播的方式履行着作者展示作品内涵的责任,对推进文化艺术发展起到相当大的作用。虽然,广播组织在传播作品过程中的"独创性"并不明显,但是,鉴于广播组织为作品的传播投入了大量人力、物力和财力,理应给予其权益保障。于是,1961 年 10 月 26 日联合国国际劳工组织、教科文组织和世界知识产权组织共同发起了在罗马签订的《保护表演者、录音制品制作者与广播组织公约》,简称《罗马公约》,旨在为表演者、

录音制作者和广播组织提供保护。

1. 对广播组织权保护的原则

不损害版权原则。由于在国际层次确立邻接权是开创性的，其他人对确立邻接权是否会对版权人的利益造成减损抱有很大的忧虑，[①] 因此，该公约第 1 条开门见山就该问题进行了解答，指出对于像广播组织权这样的邻接权的保护，不能影响文学与艺术作品的著作权保护。[②] 该项原则在后来的 SCCR 关于广播组织权保护的历届会议提交草案中基本都得到了认可。

国民待遇原则。该公约第 2 条第 1 款规定，就本公约而言，国民待遇是指被请求保护的缔约国国内法给予下列主体的待遇：广播电视节目从位于其境内的发射台发送，并在其境内设有总部的广播组织。为了表明谁是这种待遇的受益人，公约第 6 条第 1 款规定国民待遇原则适用于广播组织的连结点，明确在符合任何一种情况下，各缔约国均应对广播组织给予国民待遇。[③]

最低保护原则。在邻接权保护方面，各缔约国国内法之间的差异非常巨大，实际上，在一些国家根本就没有邻接权保护。这一实际情况使公约不可能强制性地进行高标准保护；而如果它以那些采用最低标准的国家共同接受的制度为基础，它就失去了缔结的目的。因此，该公约第 2 条第 2 款规定，国民待遇应符合本公约特别给予的保护和特别规定的限制，即使

---

① 有关的作者协会尽管承认保护某些表演的必要性，却显出对邻接权保护提案存有某些疑虑。它们认为缔结保护表演者的公约没有用处，或至少多余。因为绝大多数问题都可以通过合同解决；而且无论如何，解决表演者的保护问题还为时尚早，国际条约应该在国内立法之后而不是在国内立法之前运作；何况也很少有哪几个国家就这一问题通过了法律。在这种情况下，这些协会由于担心创设这些新权利会冲击作者已经享有的权利，所以决定维持著作权的完整性。为了消除这些顾虑，在罗马进行谈判的国家保留先前几个草案中的这一规定，并作为保障条款写入这一条中。世界知识产权组织：《罗马公约和录音制品公约指南》，刘波林译，中国人民大学出版社 2002 年版，第 11 页。

② 《罗马公约》第 1 条规定，"本公约给予的保护绝不触动和影响文学和艺术作品的著作权保护。因此，对本公约条款的解释不得妨碍这种保护。"

③ 《罗马公约》第 6 条第 1 款规定，(a) 广播组织的总业务部设在另一缔约国；(b) 广播电视节目从设在另一缔约国的发射台发送。比如，对于某一非缔约国的广播组织的广播电视节目，如果发送它们的发射台位于某缔约国境内，它们就受到保护。该条第 2 款还规定，任何缔约国均可以通过向联合国秘书长交存通知书，声明它将仅保护总业务部设在另一缔约国的广播组织从设在该同一缔约国的发射台发送的广播电视节目。世界知识产权组织：《罗马公约和录音制品公约指南》，刘波林译，中国人民大学出版社 2002 年版，第 25 页。

缔约国没有给予其本国国民这些最低限度的保护，它也必须给予其缔约国国民这些保护；对必须赋予的最基本权利，可以进行公约所准许的对这些权利的限制。

2. 对广播、转播的限定

从该公约第3条（f）款之规定①可以看出，限于当时技术的发展程度，有线广播尚未出现，所以，公约对广播的认识仅限于无线广播信号的保护。

3. 广播组织权的内涵

该公约不涉及邻接权的精神权利，只规定了财产权利。公约第13条为广播组织提供了授权或禁止在广播电视领域进行若干活动的专有权，其规定，广播组织享有授权或禁止实施下列行为的权利：（a）转播其广播电视节目；（b）录制其广播电视节目；（c）复制：（i）未经其同意而制作的其广播电视节目的录制品，（ii）根据第15条规定制作的其广播电视节目的录制品，但复制目的不同于该条所述目的；（d）在收取入场费的公共场所公开传播其电视节目。被请求保护的缔约国国内法可以规定行使这一权利的条件。需要注意的是，公约为缔约国对该条（d）款提供了保留的选项。

4. 权利限制规定

该公约第14条对广播组织权的保护期限进行了规定："本公约给予保护的期限，至少持续到自下列年份年底起计算的20年届满：（c）广播电视节目的进行播放之年。"第15条还规定了准许的例外。② 由此可见，第1款规定的四项特别例外在著作权公约中只是用于限制作者权利的主要例外，还有其他次要的例外；而这一款避免了邻接权人在例外方面获得的待遇优于作者。1961年罗马会议的总报告对此还举例，如果某缔约国的著

---

① 《罗马公约》第3条（f）款规定，广播是指供公众接受的声音或图像和声音的无线电传播；（g）款规定转播是指一广播组织同时播放另一广播组织的广播电视节目。

② 《罗马公约》第15条规定，"1.缔约国的法律和规章可以就下列使用对本公约提供的保护规定例外：（a）非公开使用；（b）在时事报道中使用短小节录；（c）广播组织为用于自己的广播电视节目而通过自己的设备进行暂时录制；（d）仅用于教学或科研目的。2.尽管有本条第1款规定，缔约国的法律和规章仍可以对给予表演者、录音制品作者和广播组织的保护，规定与该法律和规章给予文学和艺术作品的著作权的保护规定的相同种类的限制。但强制许可仅在符合本公约的限度内才能做出规定。"世界知识产权组织：《罗马公约和录音制品公约指南》，刘波林译，中国人民大学出版社2002年版，第44—47页。

作权法准许为评论目的进行自由引用，或为慈善目的进行自由使用，该缔约国可以就广播组织的保护规定同样的例外。

5.《罗马公约》的不足

首先，缔约国数量少。截至 2014 年 8 月 4 日，该公约的成员国仅有 92 个，[①] 不足全世界国家总数的二分之一，且世界上最大的两个国家中国和美国没有加入，直接影响了该公约的适用范围和国际地位。

其次，内容滞后。《罗马公约》是应当时的技术发展而产生的，对邻接权制度的开创性设立，某种程度上就是对技术发展的一种超前响应。不过，公约缔结当时，FM 广播、晶体管收音机、彩色电视机、数字广播等概念都是闻所未闻的，卫星广播、网络广播更为天方夜谭，因此，从目前发达的三网融合信息技术来看，由于有线广播、卫星广播、网络广播等在广播领域大量出现，《罗马公约》规定的内容显然已经无法解决当下广播所面临的问题。比如，该公约对"广播"的定义缺乏开放性。该公约第 3 条 (f) 款规定，广播是指供公众接收的声音或图像和声音的无线电传播，即广播不仅仅限于无线广播，且其立法技术还是封闭式的。而在当今三网融合时代，风靡广播领域的是有线广播、卫星广播、网络广播等新的广播形式，受众可以通过各种终端设备来收听或收视广播电视节目。目前的广播的内涵远远超出《罗马公约》定义的广播，因此，我们不但要对广播进行扩大化解释，而且还要能满足未来技术的发展，采取开放式定义。另外，由于当时信息传播技术处于低端水平，广播业自身尚未繁荣发展，该领域中的竞争几乎不存在，所以，盗播现象并不严重，《罗马公约》也就未规定相关内容。但是，随着三网融合技术的产生与普及，在传统技术环境下，只有专业公司才能从事的盗播行为，目前略有网络知识的个人就可以轻松地通过互联网在未经广播组织同意的情况下同步将广播组织的广播信号进行转播或者将非法录制的广播节目上传网络并进行传播，形成盗播主体的个体化现象，对广播组织的权利构成极大的危胁。在此背景下，对广播组织权进行重新界定，对非法盗播行为进行规范，就成了世界各国的当务之急。

---

① 世界知识产权组织：《WIPO 管理的条约——缔约方/签署国 > 罗马公约（所有的签约方：92)》，http：//www.wipo.int/treaties/zh/ShowResults.jsp? treaty_id = 17，2014 年 8 月 4 日。

(二)《发送卫星传输节目信号布鲁塞尔公约》

自1958年美国发射第一颗通信卫星以来,卫星通信技术在广播领域获得了突飞猛进的发展。但是,在广播组织对卫星广播信号加以利用的同时,有些机构在未获得许可的情况下大量窃取卫星广播信号,使广播组织的利益受到巨大损失。况且,由于当时的卫星广播信号并不支持公众直接接收的信号,而《罗马公约》第3条的规定将"广播"限定于仅供公众直接接收的信号,卫星广播信号就难以获得法律保护。

面对如此法律空白,自1965年起,很多专家学者都投入了卫星广播信号保护的研究,并且在1968年、1969年多次召开国际会议对其进行研讨。① 进入20世纪70年代,该问题扩大为"因太空卫星传输所引起的著作权人、表演者、录音制品制作者及广播组织保护的问题",② 联合国教科文组织和世界知识产权组织开始关注该问题并产生缔结国际公约的构想。历经1971年洛桑草约(Lausanne draft)③、1972年巴黎草案(Paris draft)④、1973年奈洛比草案(Nairobi draft)⑤ 等三次会议草案,各国终于于1974年5月21日在布鲁塞尔签订了《发送卫星传输节目信号布鲁塞尔公约》(以下简称)《卫星公约》)。

该公约行文很短,只有12条内容。首先对信号、节目、人造卫星、发射信号、接收信号、起源组织、播送者、播送等概念进行定义,⑥ 然后,通过禁止性规范,责成成员国承担禁止义务,防止本国广播组织或个

---

① 胡开忠等:《广播组织权保护研究》,华中科技大学出版社2011年版,第51页。
② Report of the General Rapporteur, Paris, United Nations Educational, Scientific and Cultural Organization, 1974, para. 5.
③ 该草案承认广播组织权,设定三种保护节目贡献者的方案。
④ 该草案的宗旨较偏重保护播送者和电视机构的利益。
⑤ 该草案不关注授权事宜,重点强调要求成员国以适当的方式制止卫星信号的非法盗播,成员国应规定防止信号盗播的法律责任。此外还规定,对于广播组织同著作权人、表演者之间的利益平衡问题,由成员国的国内法和当事人之间的协议来解决。
⑥ 《卫星公约》第1条规定:(1)"信号"是指一种能传播节目的电子载波;(2)"节目"是指为了供最大限度的传播而发射的信号所包含的一个由图像、声音或由二者构成的实况录制材料的整体;(3)"人造卫星"是指能在地球大气层外的空间传播信号的任何装置。(4)"发射信号"是指送往或通过人造卫星的任何载有节目的信号;(5)"接收信号"是指通过改变发射信号的技术性能而得到的信号,不论是否存在一种或数种中间的装置;(6)"起源组织"是指决定发射的信号将载有何种节目的人或法律实体;(7)"播送者"是指决定将接收信号传播给公众或任何一部分公众的人或法律实体;(8)"播送"是指播送者将接收信号传播给公众或任何一部分公众的操作。

第三章 国际立法层面广播组织权的制度演进与技术挑战

人非法转播卫星广播信号。① 针对《罗马公约》的不足,《卫星公约》明确加以弥补,例如第3条规定:"如果由起源组织或以它的名义发射的信号是供一般公众从人造卫星直接接收的,则本公约不适用。"另外,该公约对权利的限制也进行了规范,如该公约第4条之规定。②

该公约的制定适应了卫星广播技术发展的需要,在国际层次为卫星广播信号提供了保护,弥补了《罗马公约》在此方面的不足。但是,该公约的不足也是很明显的:首先,其影响力很小,截至目前该公约的成员国只有37个,③中国还没有加入,与《伯尔尼公约》《罗马公约》比较,其适用范围更小,影响力更弱。其次,该公约没有像《罗马公约》表述得那么明确,没有直接规定广播组织享有禁止他人非法使用自己卫星节目的专有权,而是采取规定对成员国附加责任和义务的方法防止本国有关组织或个人非法转播,对广播组织的利益保护起到了一个迂回保护的效果,但是这个迂回过程中必定会有保护效果的人为损耗④。最后,该公约第4条只规定了三种合理使用的情形,比《罗马公约》对此规定的情形要少。尤其是在三网融合背景下,技术的互融互通为公民信息自由流通、满足公

---

① 《卫星公约》第2条规定:"(1)各缔约国保证采取适当的措施,防止任何播送者在该国领土上或从该国领土上播送任何发射到或通过人造卫星但并非为了提供给他们的载有节目的信号。这种保证应当适用于以下情况,即起源组织是另一缔约国的国民和播送的信号是接收信号。(2)在任何缔约国内,实行第一款提到的措施方面有时间限制的话,其限制期限应当由该国国内法律规定。此种期限应当在批准、接受或加入本公约的时候,或者,如果国内法律在此之后生效或修改,则在该项法律生效或修改六个月之内,书面通知联合国秘书长。(3)第一款规定的保证不适用于播送从为其提供发射信号的那个播送者已经播出的信号中得来的接收信号。"

② 《卫星公约》第4条规定"任何缔约国都不得被要求实行第2条第1款提到的措施,如果发射信号不是提供给他的某一播送者在其领土上播送的信号中:(1)载有发射信号所载的由时事报道所组成的节目的短小片段,但是仅限于这种片段系以提供情况为目的的合理范围内,或者(2)作为引用,载有发射信号所载节目的短小片段,只要这种引用符合正当的做法并且因其系以提供情况为目的而证明是合理的,或者(3)如果上述领土是一个根据联合国大会的惯例被认为是发展中国家的领土,载有发射信号所载节目,只要这种播送已纯系出于教学(包括成人教育范围内的教学)或科学研究的目的。"

③ 世界知识产权组织:《WIPO 管理的条约——缔约方/签署国 > 布鲁塞尔公约(所有的签约方:37)》, http://www.wipo.int/treaties/zh/ShowResults.jsp? treaty_id=19, 2014年8月5日。

④ 在该公约拟订过程中,作者利益集团提出,如果广播组织仅通过通信卫星传送信号就享有特殊权利,那么这种权利也应当赋予作者和广播节目的其他制作者。而广播组织则考虑:如果赋予作者和节目的制作者以新的权利,则会对其带来许多不便。在这样的利益权衡下,该公约只是要求缔约国承担采取有效措施防止非法传播的义务,并没有赋予广播组织以特殊权利。王传丽主编:《国际贸易法—国家知识产权法》,中国政法大学出版社2003年版,第112页。

民的知情权提供了极大的便利，而合理使用规范的不足必然会影响广播组织与公民、社会之间的利益平衡。

（三）《与贸易有关的知识产权协议》（《TRIPs协定》）

20世纪后半叶以来，随着科学技术的蓬勃发展，代表智力创造的知识产权在国家贸易中所创造的利益逐渐让人们意识到其重要性。尤其是在发展中国家与发达国家在知识产权保护之间存有巨大差距的背景下，知识产权贸易就成为发达国家同发展中国家国际贸易摩擦的主要来源。到20世纪80年代，这种摩擦开始扩大到著作权和邻接权领域。[1] 为了解决这些问题，在美国的积极推动下，国际上实现了利用贸易方式来解决各国在知识产权保护中的差异，成功将以贸易为基础保护知识产权的国内政策运用到1994年4月15日签署的《TRIPs协定》之中。[2]

由于各国国内法对广播组织权的认识不同，所以，在协议制定中与会国首先碰到的最基本的争议就是是否区分采取"著作权保护"与"邻接权保护"分离的原则的国家和不采取该原则的国家。比如，以《罗马公约》的缔约国和以欧盟各国为代表的国家，主张著作权与邻接权是不同的两种权利，应该获得平等保护，应将《罗马公约》的规定纳入该协议中[3]；而以缺乏邻接权制度的美国为代表的与会国则认为，不需要为广播组织提供邻接权的保护。不过，争议后与会国还是以相互让步的方式相互妥协。

对于广播组织权的保护，《TRIPs协定》第14条第3款进行了规定，[4]

---

[1] 刘洁：《邻接权归宿论》，知识产权出版社2013年版，第32页。

[2] 在美国的1974年贸易法当中，1988年增加了一个特别301条款，这个特别301条款可以说是从国内法的角度率先把国际贸易与知识产权捆绑在一起。我们现在看到美国每年发表的特别301报告，就是由此而来的。在国内法的基础上，美国尝到了甜头，进一步在1992年把这样一种做法推行到了地区，写进了《北美自由贸易协定》（NAFTA），把知识产权与贸易这种捆绑扩大到了区域自由贸易协定当中，进而又把这种区域性的捆绑推向全世界，最后产生和形成了世界贸易组织的TRIPs协定。这是一脉相承的。通过这样一个脉络我们可以清楚地看到，作为国际贸易和知识产权是如何一步一步密切结合和捆绑起来的。这实际上是以美国为首的发达国家全力推动的结果。李顺德：《TRIPs协定给我们带来了什么？》，《知识产权》2011年第10期。

[3] MTN. GNG/NG11/14, 12 September. 1989, p.31.

[4] 《TRIPs协定》第14条第3款规定，广播组织有权禁止下列未经其授权的行为：录制其广播、复制其录制品及通过无线广播方式转播其广播，以及将同样的电视广播向公众再转播。如果各成员未授予广播组织这种权利，则应在符合《伯尔尼公约》（1971）规定的前提下，赋予广播内容的版权所有人以阻止上述行为的可能性。

且该条内容与《罗马公约》一脉相承,包括了录制权、复制权、转播权和向公众传播权等四个权利。但是,其同《罗马公约》也有不同之处:首先,广播组织权保护是选择性的保护。该协议第14条第3项第2句特别规定,只要与会国依《伯尔尼公约》之保留规定,对广播内容的著作权所有人提供如第14条第3项第1句规定的保障者,与会国就可以不必对广播组织提供相关保护。保护广播组织条款属非强制性条款,但与会国若选择不授予广播组织录制、转播其广播的权利保障,起码要授予著作权人该等权利。[①]由此可见,在该协议中,对广播组织的保护并不具有绝对约束性,而只是一种选择性的保护而已。其次,该协议允许缔约国依据《罗马公约》第16条第1款第2项规定,对于广播组织在公共场所附有门票收入的电视节目的公众传播,对其所享有授权或禁止的权利加以保留。[②] 换言之,广播组织的公众传播权取消了要求在收取门票的公共场所进行的限制。

《TRIPs协定》不但打破原来由《伯尔尼公约》和《罗马公约》分别对著作权和邻接权进行保护的格局,将著作权和邻接权融入一个体系中,而且趋向于对著作权与邻接权进行平等保护。该协议对广播组织权的保护更具有一定的积极意义。但是,我们也应看到,虽然在该协议起草过程中,传播技术已获得了飞速发展,与会国代表也清楚传播技术发展的现状,但是由于种种原因,该协议并未对新技术发展给广播组织权保护所带来的危险进行关注,该协议内容并没反映出新技术向广播组织权所提出的挑战。当然,面对目前三网融合技术,该协议对广播组织权提供的保护更是无法适应。

三、三网融合技术条件下国际社会为推进广播组织权保护所做的努力

正如前述,美国《1996年电信法》(1996年1月3日)的通过,打

---

① 黄婕榛:《传播机构著作邻接权利之保护》,硕士学位论文,台湾中原大学,2007年,第22页。
② 《罗马公约》第16条第1款第2项规定,就第13条而言,它将不实施该条(d)款规定;如果某缔约国做出这种声明,其他缔约国对总业务部设在该缔约国的广播组织将没有义务赋予第13条(d)款所述权利。第13条(d)款规定,广播组织享有授权或禁止实施下列行为的权利:在收取入场费的公共场所公开传播其电视节目;被请求保护的缔约国国内法可以规定行使这一权利的条件。

破了限制电信与有线电视市场相互开放的禁令，推动了全面竞争，放开了所有的市场分割和限制，创造自由竞争的融合环境，为三网融合全面开展奠定了坚实的法律基础。其后，1997年，欧洲委员会发布的《电信、媒体与信息技术产业融合绿皮书》也明确指出信息通信产业在技术层次已达到网络融合。在此背景下，三网融合技术给广播组织权保护所带来的挑战引起了国际社会的强烈关注。自1998年起，SCCR连续召开了24届会议（第25届会议通过了《关于为盲人、视力障碍者或其他印刷品阅读障碍者获得已出版作品提供便利的马拉喀什条约》）来讨论相关的立法问题，并提出了一系列议案供与会国讨论，希望早日签署一部国际层次的有关保护广播组织的公约——《世界知识产权组织保护广播组织条约》。

在WCT、WPPT已对网络环境中的版权、表演者权、录音制品制作者权的保护制度进行改革的背景下，为了实现广播组织权国际保护标准的统一，并对已有的广播组织权保护规范进行完善和更新，SCCR于1998年11月2日至10日在日内瓦召开了第一届会议，重点梳理和讨论了世界范围内已有的国际条约、区域条约、国内立法中有关广播组织权制度的规定，并形成了《现有国际、区域和国家关于广播组织权保护立法》。[①] 根据该文件可知，第一届会议的工作重心是梳理世界范围内对广播组织权保护的规范，对广播组织权国际保护水平、现状、差异等方面进行概括和描述。通览全文，并未发现"Netcasting"或"Webcasting"等词语，由此可见，在本届会议中，与会国只是做了最为基础性的梳理和概括工作，并未涉及网络技术对广播组织权提出的挑战亦未做出具体回应。

1999年5月2日至11日，SCCR在日内瓦召开了第二届会议，形成了系列会议文件。其中，在SCCR/2/6文件中，作为非政府组织的数字媒体协会对数字时代的网络广播问题进行了关注，并提出了网播组织权保护的建议。该协会认为网络广播为作者和表演者展示或买卖他们的作品给新的受众，并为公众提升自己对来自全世界的文化理解和欣赏水平带来了新的机会。如果世界知识产权组织发起签订有关广播组织权条约的目的在于更新对广播表演的保护并使之现代化，那么毫无疑问，同样的保护也一定能覆盖网络广播。因此，该协会坚定地提倡订立一个技术中立的广播组织

---

① WIPO, *Existing International, Regional and National Legislation Concerning the Protection of the Rights of Broadcasting Organizations*, SCCR/1/3, September, 1998.

权条约，不论传递的形式如何，给予所有广播以平等的保护。对此，该协会指出为了保护网络广播，广播的定义应从两个方面进行更新。首先，该定义不应强加传递给任何像无线方式等的要求，《罗马公约》中广播的定义已经过时。对有线或无线广播提供保护不是基于传播技术而是基于内容和信号的性质。其次，该定义应包含可以被收入传输中的辅助数据。例如，这些数据包括有关被表演的作品的信息、有关表演者的信息、听众或观众可以购买特定的被播送的视听制品的在线零售商网址的链接等等。

2003年6月23日至27日，SCCR在日内瓦召开了第九届会议，日本在此次会议中专门针对网播组织提出一份议案 *Issues Concerning "Webcaster" in New WIPO Broadcasting Organizations Treaty*。日本代表认为，当网播为保护对象时，上面的问题就必须详细讨论，世界知识产权组织的成员国对于它们必须有共识，因此，日本强烈期待在未来SCCR会议上充分关注该探讨。他们还认为，传统广播组织与网播组织之间的差距太大以致不能在一个单独的工具下被处理，当然，这并不意味着反对保护网播组织。对待网播组织问题的最切实可行的方法就是从目前正在被SCCR探讨的新工具的范围内脱离，在SCCR中开展一项独立的讨论，目的在于为保护网播组织建立另一个专门的讨论。对WIPO因特网条约的探讨最初是着眼于保护和更新既有权利享有者的权利，以便适应数字技术和互联网的发展。另外，此文件还对网播、网播组织、邻接权视阈下网络广播的定义的变化、执行问题等多个方面进行了说明。

在此次会议中，美国提出一份议案 *Protection of the Rights of Broadcasting Organizations*,[①] 承认三网融合技术所带来的深刻影响，包括造成网络盗播的可能性和机会大大增加，强调缔约国应致力于发展和维护广播组织、有线广播组织和网络广播组织的权利保护制度，在某种程度上尽可能有效、统一地不损害对广播、有线广播和网络广播中所承载的作品、表演和录音制品的保护。同时，美国还对网络广播进行了定义，建议将授予广播和有线广播组织的相同保护延伸至网播组织。[②]

[①] WIPO, *Protection of the Rights of Broadcasting Organizations* (*Revised Proposal REV.*, *Submitted by the United States of America*), SCCR/9/4, REV., May 1, 2003.
[②] 网络广播是指以有线或无线的方式，通过计算机网络，使公众能基本同时得到所播送的声音，或图像，或图像和声音，或图像和声音表现物。此种播送如果加密，只要网播组织或经其同意向公众提供解密的手段，即应被视为"网播"。

三网融合背景下中国广播组织权制度的反思与重构

2004年11月17日至19日，SCCR在日内瓦召开第12届会议，颁布《关于保护网播问题的备选和非强制性解决方案的工作文件》。① 本工作文件的主要宗旨是，为找到关于保护网播组织（包括同时广播组织）的非强制性、更加灵活的解决方案提供便利；其重要作用是，满足那些承认网播的重要性，并将网播视为广播组织以及利用不同的技术平台进行传播的其他传播组织的国际制度中的组成部分的各代表团的要求。不过，由于对网播组织提供保护的条约并未受到支持，单独就网播和同时广播问题单独编拟一份工作文件就成为各代表团的选择。且原来表示反对的代表团表示，他们认可网播具有潜在的经济和其他方面的重要意义，支持另立程序，而且可能在晚些时候，编拟关于保护网播组织的条文。这应取决于单独对网播领域的保护需求和形式进行的审查和分析情况。他们建议，对同时广播领域的保护形式进行的审查，应与网播保护的一般性问题进行的审议一同进行。这样做的理由是，按一个代表团的提案中所提出的同时广播的概念，即使其系由广播组织所为，在本质上也属于网播行为。该文件提出了3个备选方案，其中备选解决方案3对网播及网播组织进行了定义。②

另外，该会议还发布了一个文件《关于保护广播组织的条约经修订的合并案文第二稿》。③ 该文件对"广播"进行了界定，将其限定于无线广播。阿根廷、埃及、日本、新加坡、美国和乌拉圭在提案中认为，由于该文件中"广播"定义采用传统方式界定，所以，在现有条约的解释中不存在任何不明确的地方。定义中的第一句是以《罗马公约》第3条(f)款关于广播的定义这一原型为依据的。《伯尔尼公约》第11条之二采用了相同的广播概念。为了完整起见，根据埃及、日本、肯尼亚和美国的提案，"声音，或图像和声音"的说法被改为"声音，或图像，或图像和声音"，上述各国建议将"通过计算机网络进行的播送"排除在

---

① WIPO，关于保护网播问题的备选和非强制性解决方案的工作文件，SCCR/12/5，Apr. 13，2005。
② "网播"系指以有线或无线的方式，通过计算机网络，使公众能基本同时得到所播送的声音，或图像，或图像和声音，或图像和声音表现物。此种播送如果加密，只要网播组织或经其同意向公众提供解密的手段，即应被视为"网播"。"网播组织"系指提出动议并负有向公众播送声音，或图像，或图像和声音，或图像和声音表现物，以及对播送内容进行组合及安排时间的责任的法人。
③ WIPO，关于保护广播组织的条约经修订的合并案文第二稿，SCCR/12/2/REV.2，May 2，2005。

"广播"之外,以清楚地表明,计算机网络播送即使是以无线的方式进行的,也不符合广播的资格。另外,出于与"广播"定义所涉的相同原因,"通过计算机网络进行的播送"不包括在"有线广播"概念中,且"有线广播"不得被理解为包括通过计算机网络进行的播送。

2006年5月1日至5日,SCCR在日内瓦召开第14届会议,提出《世界知识产权组织保护广播组织条约基础提案草案》。① 草案强调声明愿受附录约束的《保护广播组织条约》缔约方出于以类似和适当的方式将《保护广播组织条约》(下称"条约")所规定的保护延及网播组织的愿望,承认技术中立原则的重要性,以及对类似广播的网播活动给予基于类似理由的保护的必要性;承认三网融合技术所带来的深刻影响,包括造成网络盗播的可能性和机会大大增加;强调对网播节目的保护与著作权人及邻接权人对这类节目中所载内容享有的权利之间有所区别;并强调提供此种保护,制止非法使用网播节目的行为,会对这些权利人带来利益。附录中第2条(a)款对"网播"进行了界定,该定义同条约中"广播"的定义在结构上基本相同。② 该定义中核心是"播送"这一行为,但修饰这一行为的是"利用能为公众中的成员基本同时获取的载有节目的信号"这一用语。该用语说明,在如今网络如此发达的背景下,获取载有节目的信号流是非常简单的事情。此种采取电信渠道的播送方式,是由接收者来激活或启动的。"公众中的成员"和"基本同时"等内容,强调网播同传统广播在满足大众同时接收信号方面是一样的,且都无法改变信号接收的顺序。不过,二者的区别在于网播是通过电信通道接收的且接收到的是实时网流,而广播是通过广播网络或无线电波通道接收的且接收到的是有线信号或无线电波。第2条(b)款对"网播组织"做了定义,以便为受附录保护的人提供适用标准。③ 这些标准与条约第2条中关于"广播组织"的定义完全相同。保护要以对安排节目(即对播送内容进行组合及安排时间)做出的投资为限。2011年6月15日至24日,SCCR在日内瓦召开第

---

① WIPO,世界知识产权保护广播组织条约基础提案草案,SCCR/14/2,February 8, 2006。
② "网播"系指以有线或无线的方式,通过计算机网络,利用能为公众中的成员基本同时获取的载有节目的信号,播送声音,或图像,或图像和声音,或图像和声音表现物,供公众接收的行为。此种播送如果加密,只要网播组织或经其同意向公众提供解密的手段,即应被视为"网播"。
③ "网播组织"系指提出动议并负有向公众播送声音,或图像,或图像和声音,或图像和声音表现物,以及对播送内容进行组合及安排时间的责任的法人。

22届会议，会议编拟了《〈保护广播组织条约草案〉要件》。① 该会议强调，过去数年中，广播在不断演变，尖端技术也在不断发展中得到使用，同时，人们也在进一步期待新技术得到快速发展。会议明确指出，信号盗播现象在包括移动、互联网在内的所有平台都很普遍，不再限于诸如卫星、电缆和地表频率之类的传统平台。在此背景下，WIPO大会2006年的任务授权为继续制定保护广播组织条约草案提供了机遇，因为这一保护可能忽视了技术发展情况和条约所具有的实际意义。对于技术发展的影响，尤其是数字平台对其所产生的影响，必须加以充分考虑。在广播体育赛事时发生的严重的信号盗播情况便是佐证。作为磋商的一个结论，各成员国一致认为主席应为SCCR2011年6月的会议编拟一份非文件，根据一种技术中立的方法，找出保护广播组织条约草案的可能的要件。文件将以2011年4月举行的磋商中各成员国所做的发言和意见交流为基础拟定。根据非正式磋商结果，目前的这份非文件构成了主席建议的为在国际层面更新对广播组织的保护，满足广播组织在新的技术环境中的需求，而制定关于保护广播组织的新条约草案时，可以考虑的起码的功能性要件；这同时也符合WIPO大会于2007年赋予的任务授权（目标、具体范围和保护对象）。该文件指出，广播组织通过计算机网络同时进行不加任何改变的节目播送，应视同广播，并应给予条约草案规定的相同保护。

不过，也有对此表示反对的国家和国际组织。比如，印度代表团认为，SCCR/22/11号文件中有关《广播组织保护条约草案》的非正式文件内容并非新内容，只是重弹网络广播和同播问题的老调，有悖于2007年WIPO大会授权，令人不齿。电子疆界基金会（EFF）代表认为，给予广播组织和有线广播机构授权互联网转播的专有权，会使广播组织和有线广播机构控制接收转播的设备类型，给互联网转播的中介机构带来新的责任风险，从而不利于竞争和创新。互联网与社会中心（CIS）代表认为，给予网络广播和互联网转播权将会危及WIPO发展议程有关保全公共领域的第16款的规定。CIS支持南非和印度代表团的立场，即在考虑制定条约时应突出公共利益。美国知识生态国际组织公司（KEI）的代表反对WIPO有关制定新的保护广播组织条约的工作，理由是这为互联网建立了一个错误的先

---

① WIPO，《保护广播组织条约草案》要件，SCCR/22/11，June，2011。

例，对于任何恪守著作权和反盗取服务法的平台都是不必要的。①

2011年11月21日至25日、28日、29日和12月2日，SCCR在日内瓦召开第23届会议，该次保护广播组织非正式磋商会议将"广播组织通过计算机网络同时进行且不加任何改变的节目播送，应视同广播，并应受到条约草案规定的相同保护（？）"列入《保护广播组织条约草案》待审议问题拟议清单之中。② 该届会议中，南非和墨西哥代表团的提案指出，广播组织有权"以任何方式向公众传播广播信号，包括将其广播信号向公众提供，使公众中的成员在其个人选定的地点和时间可以获得这些信号。"③ 不过，印度代表团对该提案提出的建议之一是"在最后一句加入这种播送不包括网播和同时广播"，墨西哥和南非都赞同这一建议，因为它们认为由于该问题涉及网播，同时广播问题将在不同程序中处理。墨西哥代表团澄清说，该提案的主要目的是要找到信号盗播的解决方案，因此有必要授予广播组织一种法律诉讼的权利，来防止他人利用数字平台进行网播或同时广播，该等行为都是非法的，在广播体育赛事的情况下尤为如此。④

一些国际组织对该提案表达了自己的理解，例如，互联网与社会中心（CIS）对此提出了新的担心："考虑到投资是以保护广播组织为基础，合理性不一定适用于所有平台。向大型广播组织在线传播提供权利，同时排除小型网播组织，将产生一种在原则上或现行法律上缺乏任何基础的等级制度"；知识生态国际组织公司的代表（KEI）重申："如果授予广播组织权利，就会削弱版权持有人的权利"；加拿大图书馆联盟（CLA）认为："几乎没有理由制定一项保护广播组织的国际文书"。

2012年7月16日至25日，SCCR在日内瓦召开第24届会议。在此期间，日本代表团的提案《关于〈WIPO保护广播组织条约〉经修订的基础提案草案的更新文本（SCCR/15/2 REV.）》指出，本案文中最重要的一点就是一项新条约提出的有关"广播"的定义，即使这些播送是由传统的广播组织或有线广播组织进行的也不应包括互联网上的播送，并建议将"通过计算机网络进行的播送"排除在"广播"之外，以清楚地表明，计

---

① WIPO, 报告, SCCR/22/18, December 9, 2011。
② WIPO, 保护广播组织非正式磋商会议报告, SCCR/23/9, January 27, 2012。
③ WIPO, Draft Treaty on the Protection of Broadcasting Organigations, SCCR/23/6, November 28, 2011.
④ WIPO, 报告, SCCR/23/10, July 20, 2012。

算机网络播送即使是以无线的方式进行的,也不符合广播的资格。① 不过,南非和墨西哥代表团的联合提案《保护广播组织条约草案》在适用范围方面提出了不同意见,即"任何缔约方均可以向世界知识产权组织总干事交存一项声明,申明该缔约方将使依本条约对通过计算机网络进行的广播的保护,限于广播组织对其本身以其他方式播送的广播节目(同时进行且不加任何改变的)的播送;但此种保留应仅在自本条约生效之日起不超过三年的期限内有效。"② 但是,经委员会通过的《保护广播组织条约工作文件》最终是这样表述的:"广播"不应理解为包括通过计算机网络播送一组此类信号或不应理解为包括通过计算机网络进行的播送;不得对"播送时间和接收地点可由公众个人选择的任何播送"提供任何保护。但同时,该文件又在适用范围中提供如下备选方案:"任何缔约方均可以向世界知识产权组织总干事交存一项声明,申明该缔约方将使依本条约对通过计算机网络进行的广播的保护,限于广播组织对其本身以其他方式播送的广播节目(同时进行且不加任何改变的)的播送,但此种保留应仅在本条约生效之日起不超过三年的期限内有效。"③

2013年12月16日至20日,SCCR在日内瓦召开第26届会议。日本政府提出《保护广播组织条约草案》,在介绍性说明中指出"本提案的主要目的是从关于适用范围的长期讨论中找出一种方法,并推进讨论,促使新条约获得通过。因此,以下仅关注通过计算机网络传输的信号是否包括在此条约之中的问题。该提案中,第6条之二④是新增内容,规定通过计算机网络传输的信号被列入该条约的适用范围。"关于第6条之二(保护通过计算机网络传输的信号)的解释性说明,第1款明确规定,条约规定

---

① 出于与"广播"定义所涉的相同原因,"通过计算机网络进行的播送"不包括在"有线广播"概念中。本条约的规定不得对以下行为提供任何保护:(i)以任何方式对第2条(a)、(b)和(d)项所述的播送内容进行的纯粹转播;(ii)播送时间和接收地点可由公众中的成员个人选定的任何播送。WIPO,关于WIPO保护广播组织条约经修订的基础提案草案的更新文本(SCCR/15/2 REV),SCCR/24/3,June 7,2012。
② WIPO,保护广播组织条约草案,SCCR/24/5,July 2,2012。
③ WIPO,保护广播组织条约工作文件,SCCR/24/10 CORR,March 6,2013。
④ 参见SCCR/26/6. 第6条之二:保护通过计算机网络传输的信号(1)广播组织和有线广播组织应享有对通过计算机网络(传输信号,不包括按需传输信号/同时进行且不加任何改变的传输广播节目信号)的保护。(2)仅可在广播组织和有线广播组织所属的缔约方的立法允许的情况下,且在被要求提供保护的缔约方允许的保护范围内,要求该缔约方提供第(1)款规定的保护。(3)第(1)款所授予的保护的范围和具体措施应由被要求提供保护的缔约方立法规定。

的保护涉及保护通过计算机网络传输的信号。第 2 款沿用《伯尔尼公约》第 14 条之三第 2 款的概念，后者在很大程度上被公认是一项继承性条款，规定了同时对等的原则。该款规定，某一缔约方的广播组织和有线广播组织可以依下列条件在另一缔约方的要求下对通过计算机网络传输的信号进行保护。这些条件是：（1）广播组织和有线广播组织所属的缔约方也规定对通过计算机网络传输的信号给予保护；（2）该缔约方的广播组织和有线广播组织被要求提供保护的缔约方可提供的保护范围。第 3 款规定，各缔约方的国内立法可以依据第 6 条之二第 1 款决定保护范围和具体措施。①

SCCR 做出结论：委员会审议了工作文件《保护广播组织条约工作文件》（SCCR/24/10 CORR.）第 5、6、7 和 9 条，以及日本政府就保护计算机网络上传播信号的提案《保护广播组织条约草案》（SCCR/26/6）。此外，委员会注意到了印度政府建议对文件该案文进行调整的工作文件，以及美国政府的讨论提案。该案文第 6 条讨论了在经该条约授予的保护的适用范围内是否包括互联网上的传输，谅解内容是，如果要包括这种传输在内，该种传输将限于源自传统意义上广播组织和有线广播组织的传输。如果要将这种保护包括在内，各成员国将进一步讨论保护是强制性的还是可选性的。会议讨论了互联网上同时且不做修改的传输广播内容，会议的谅解是，如果源自拟议条约受益人的互联网上的传输要包括在拟议条约的适用范围内，那么至少此处同时且不做修改的传输应被包括在内。未来各成员国将进一步讨论源自互联网的传输、点播传输（待定义）或者延迟和不做修改的广播传输给源自拟议条约受益人时，是否包括在互联网传输的适用范围内。②

---

① WIPO，保护广播组织条约草案，SCCR/26/6，November 28，2013。
② WIPO，保护广播组织，SCCR/26/Ref/Conclusions，December 20，2012。

第四章 三网融合背景下广播组织权制度的扩张

第一节 广播组织权制度的扩张

著作权制度是建立在信息传播技术基础之上的制度。因此,著作权制度的产生离不开信息传播技术的出现,著作权制度的发展更离不开信息传播技术的发达。通过回顾邻接权制度的发展史,我们会发现,广播组织权制度的产生与发展同广播技术的产生与发展之间的关系非常紧密。可以说,广播技术的发展与变迁,推动了广播组织权制度的丰富与繁荣。

一、广播组织权的主体

(一) 传统广播组织权主体界定

民法理论中的民事主体源自罗马法中的"人格",从1840年《拿破仑法典》中的"能力""缔约能力"逐渐发展和抽象而来,并在19世纪初叶,由德国普通法最终完成了从权利能力、意思能力、行为能力和责任能力等方面对民事主体资格的演绎和归纳。在后来的发展中,无论是大陆法系还是英美法系,都不约而同地将"主体(人)"理解为法律关系的参加者,[①] 其本质的含义就是能够享受民事权利、承担民事义务的当事人。

正如前述,世界上很多国家的著作权法都为广播组织提供了法律保

---

① 刘冉昊:《民事主体传统含义的法理辨析》,《江海学刊》1999年第2期。

护，基本法理在于广播组织在传播自己或他人作品（如组织稿件、编排节目）的过程中投入了巨大的人力、物力和财力，这种投资理应受到法律的尊重；正是由于广播组织持续不断地为传播活动投入，才使各种文化作品传播得更加持久、更加广泛，该种投入为满足公民的知情权、文化传播和人类文明进步做出巨大贡献。由此可见，判断何为广播组织权的主体，核心理念在于判断该主体是否为对广播电视节目的播出做出过投资或创造性劳动（如设计、编排、导演、剪辑）的广播组织，广播组织权的主体并非包括所有传播广播电视节目的主体，像单纯从事转播业务的转播组织就难以被包括进来。因此，在2006年《保护广播组织条约经修订的基础提案草案》中，"广播组织"和"有线广播组织"系指提出动议并负有向公众播送声音、图像，或图像和声音，或图像和声音表现物，以及对播送内容进行组合及安排时间的责任的法人。① 该定义为广播组织规定了3个要件：（1）必须是"法人"；（2）对"播送"负有"责任"；（3）在业务操作上必须体现出自身的主动性，比如，在内容的剪辑排列及播放时间的安排上的主动性。

  以上广播组织权主体的界定仅是从负责任、投入劳动以及排除自然人的角度而言，还没有体现出广播组织技术的差异。根据现代理念，应保持技术的中立性。但是在广播技术比较基础的年代，人们在认定广播组织的定义时比较在意广播技术的具体性。例如，在迄今为止国际层次最为权威和有效的《罗马公约》中，广播组织仅为无线广播组织。从该公约第3条（f）款"播放"②的概念来看，确定广播组织权主体是依据广播组织播放信息的方式而定的，即只有通过赫兹波或其他无线手段才构成播放。如此一来，有线传送（如声音传送、有线电视）被排除在这一概念的范围之外。尽管在罗马大会会议期间，有代表建议将有线播放纳入"播放"定义之中，但鉴于当时大家对广播技术的认识的局限性，主流思想认为通过电磁波或其他无线系统的播放才受保护，最终该提案被否决。③ 由此可见，首次在国际上被认可的广播组织仅指无线播送方式传送节目的电台或电视台。

---

① WIPO，世界知识产权组织保护广播组织条约经修订的基础提案草案，SCCR/15/2，July 31，2006。
② 《罗马公约》第3条（f）款规定：播放是指为公众接受而通过无线手段传送声音或声音兼图像。
③ 《日内瓦外交会议文件：1952年8月18日至9月6日》，教科文组织1955年出版，第43页。

同时，根据《罗马公约》第3条（f）款中所涉及的"为公众接收"①的具体含义，只有通过无线播送方式对大众而非某一特殊群体传送节目的电台或电视台才属于广播组织。另外，罗马会议的总报告在提到"转播"②中"广播组织"的这一项的后半句明确了一点：如果某缔约国的技术设备属于邮电管理部门所有，但输入发射台的内容由诸如法国广播电视台或英国广播公司等组织准备和提供，那么是这种组织而不是邮电管理部门被视为广播组织。此外，如果某一特定节目由某一广告商或独立电视片制作者主办，而由诸如（美国）哥伦比亚广播公司等组织发送，那么是这种组织而不是主办者被视为公约所称的广播组织。③

尽管《罗马公约》并未为有线播放的广播组织提供保护，但是并不妨碍世界各国相关法律将通过电缆传送节目的企业包括在其广播组织的定义之中。例如，在《澳大利亚1992年广播法》《加拿大1991年广播法》《美国联邦通信法》④等法律中对此都有规定和保护。可以说，有线广播组织的权利获得保护在很多国家已获得共识，奥地利、巴巴多斯、比利时、塞浦路斯、厄瓜多尔、格鲁吉亚、匈牙利、意大利、牙买加、日本、哈萨克斯坦、拉脱维亚、墨西哥、新西兰、尼日利亚、秘鲁、摩尔多瓦共和国、俄罗斯联邦、圣卢西亚、新加坡、斯洛伐克、英国和赞比亚等国的法律中对此都有规定。只不过，到目前为止，有线广播组织的权利还没有在国际公约中得到过承认。

---

① 《罗马公约》第3条（f）款中"供公众接收"是指向单一的个人或某一特定人群（船只、飞机、一队出租车）的传送不构成公约所称的播放。世界知识产权组织：《罗马公约和录音制品公约指南》，刘波林译，中国人民大学出版社2002年版，第18页。
② 《罗马公约》第3条（g）款规定：转播是指一广播组织同时播放另一广播组织的广播电视节目。
③ 世界知识产权组织：《罗马公约和录音制品公约指南》，刘波林译，中国人民大学出版社2002年版，第19页。
④ 《澳大利亚1992年广播法》对广播的规定如下，"利用广播频谱、有线、光纤、卫星或者其他手段或者以上各种手段的综合方法，为拥有相应接收设备的人提供的电视节目或者广播节目服务，但不包括以下服务：（1）单纯提供数据或者图文服务；或者（2）点对点的节目服务，包括拨号服务；或者（3）澳大利亚广播电视委员会在公报中指定除外的服务。"《加拿大1991年广播法》对广播的定义：利用无线或者其他通信手段为公众提供通过广播接收设备接收的加密或者不加密的节目，但不包括专门为演示而传输的节目。"美国对广播的定义：《美国联邦通信法》第3条第6款："为了公众接收，直接或通过转播，进行广播电视传播。"相靖：《广播组织权利研究》，博士学位论文，中国人民大学，2008年，第41页。

对此，世界知识产权组织一直在努力，试图对有线广播组织提供保护。到目前为止，其召开保护广播组织国际会议共有 26 届，其中最有影响的是第 15 届大会颁布的《保护广播组织草案》，最新成果是第 24 届通过的《保护广播组织条约工作文件》。① 通过梳理这些文件会发现，目前在国际上保护有线广播组织的权利已形成共识，不过，保护形式是将有线广播及有线广播组织从广播及广播组织中独立出来分别定义及提供保护。

(二) 现代技术下的广播组织

为了克服空间距离对传送效果所带来的影响，人们自 20 世纪 50 年代开始开发卫星传播技术。1957 年，苏联发射了第一颗人造地球卫星，这标志着人类步入了卫星时代。1965 年"国际通信卫星（Intelsta Ⅰ）1 号"的启用，标志着人类正式进入卫星通信时代。② 随着卫星传播事业的发展，卫星技术不仅缩短了国与国之间的距离，而且加强了国与国之间的广播电视节目的交换，还丰富了广播电视节目的"色彩"，最终形成全球范围内的广播电视信息覆盖。

不过，在卫星技术促进广播电视事业发展的同时，社会上卫星信号盗播现象开始出现，严重影响了广播组织的利益。于是，卫星广播组织寄希望于通过法律来保护自身的利益。然而，《罗马公约》中广播的定义要求无线传播的目的必须是"供公众接收"，而当时卫星广播信号不能被公众直接接收，因此，卫星广播信号并不受该公约保护。

为了实现对卫星广播信号的保护，联合国教科文组织和世界知识产权组织从 1971 年开始召集了几次会议就"因太空卫星传输所引起的著作权人、表演者、录音制品制作者及广播组织保护的问题"展开讨论。③ 1974

---

① "广播"系指以无线方式播送声音或图像，或图像加声音，或其表现物，供公众接收；通过卫星进行的此种播送亦为"广播"。以无线方式播送加密信号，只要广播组织或经其同意向公众提供解密手段，即为"广播"。"广播"不应理解为包括通过计算机网络进行的播送；(b) "有线广播"系指以有线方式播送声音或图像，或图像加声音，或其表现物，供公众接收；以有线方式播送加密信号，只要有线广播组织或经其同意向公众提供解密手段，即为"有线广播"。"有线广播"不应理解为包括通过计算机网络进行的播送；(c) "广播组织"和"有线广播组织"系指主动并有责任向公众播送声音或图像，或图像加声音，或其表现物，以及对播送内容进行组合及安排时间的法律实体。WIPO，保护广播组织条约工作文件，SCCR/24/10，September 21，2012。
② 李岩、黄匡宇：《广播电视新闻学》，高等教育出版社 2010 年版，第 30 页。
③ Paris, *Report of the General Rapporteur*, United Nations Educational, Scientific and Cultural Organization, 1974, para. 5.

年5月21日，布鲁塞尔国际会议结束时，各国签署了《卫星公约》。由该公约第2条第1项之规定①可知，该公约通过国际公法的方式要求缔约国必须遵循公约所定之义务对卫星广播加以规范，而非赋予著作权人或广播组织对抗未经授权之载波信号之私权。② 另外，该项规定强调所保护的对象仅是"信号"的传送，而并不过问"信号所载的内容"。换言之，即便信号内容并非著作权法所保护的客体，该信号仍属该公约规范的范畴。

进入20世纪80年代后，大功率卫星被用于开发和部署针对卫星直播的广播（直播卫星）。而直播卫星的广泛利用，反映在许多国家的法律中就是，广播组织的保护范围被修改为覆盖地面以及卫星广播。该等修改已经可以通过不同的方式得以实现，比如将卫星广播纳入"广播"这个词的定义或相关条款中，或单独提供保护，例如奥地利、巴巴多斯、比利时、塞浦路斯、厄瓜多尔、法国、意大利、哈萨克斯坦、拉脱维亚、尼日利亚、秘鲁、俄罗斯联邦、南非和英国，通常就是这样。一些国家，包括那些认同广播组织的产权保护的国家，把"信号节目"作为一个单独类别的作品纳入国家立法，比如加纳、肯尼亚、马拉维、纳米比亚和南非。另外，许多国家认为一般性的"广播"定义足够广泛，涵盖了陆地和卫星广播。③

（三）网络广播组织

在第一章中我们分析了网络广播组织内涵和外延、世界主要国家对其有所差异的规范以及学术界对其能否被纳入广播组织中而进行的观点交锋，这些都充分显示了技术给广播组织权制度所带来的扩张与困惑。对此，世界组织及国际组织在世界知识产权组织主持召开的很多届有关保护广播组织权利会议中对此进行过讨论，其中，针对如此复杂的网络广播问题，欧盟提出了一个折中方案，即仅仅保护网络同时广播。④ 所谓网络同时广播是指传统广播组织对自己播放的节目进行同时且不加修改的网络广

---

① 《卫星公约》第2条第1项规定，各缔约国保证采取适当的措施，防止任何播送者在该国领土上或从该国领土上播送任何发射到或通过人造卫星但并非为了提供给他们的载有节目的信号。这种保证应当适用于以下情况，即起源组织是另一缔约国的国民和播送的信号是接收信号。

② Stephen M. Stewart, *International Copyright and Neighbouring Rights*, London: Butterworths, 1989, p. 214–215.

③ WIPO, *Existing international, regional and national legislation concerning the protection of the rights of broadcasting organizations*, SCCR/1/3, September 7, 1998.

④ WIPO, *Report*, SCCR/12/4, March 1, 2005.

播。该方案有以下三个特点：其一，强调主体是传统媒体；其二，传统广播组织播放节目与该节目网络广播在时间上几乎同时；其三，该转播不修改转播节目。如此一来，纯粹的网络广播组织将被排除在保护范围外。虽然，巴西明确反对该方案，但是欧盟的"网络同时广播"主张还是得到了大约30个国家的支持。这说明，对于网络广播，目前仅将法律规范目标锁定于传统广播组织的广播电视节目网络传播，还是可以获得一定程度上的认可的。

因此，遵循这个思路，笔者认为，传统广播组织的网络同步播放、网络转播、录制后播送等权益应该受到法律的保护。因为，这三种网络播放行为都是针对广播组织的信号实施的，将传统广播组织、传统广播组织网站之外的网络广播组织排除出著作权法中"广播组织"的范畴，且将地域限定在中国，既可消除上述一些非政府组织所提"网播的保护缺乏合理的经济动因"的质疑，又可减少SCCR会议中多数国家"对互联网传播造成限制"和导致与发达国家之间的"数字鸿沟"增大的多种担心，还可保障三网互融互通，鼓励内容创新，避免不劳而获，真正实现我国三网融合中的有序、合理竞争。

二、广播组织权的客体

权利是指公民依法应拥有的权力和利益，或者法律关系主体在法律规定的范围内，为满足其特定的利益而自主享有的权能和利益，而权利的客体是指权利所指向的对象，即民事权利的载体。因此，广播组织权的客体就是广播组织传他人作品所享有权利的载体。那么，这个载体具体是指什么呢？对于该问题的回答，自广播组织权受到保护以来，世界范围内无论立法中还是学术界都存在不同的认识。尤其是随着通信技术的发展，新的传播方式的不断更新，在有线广播、卫星广播等广播形式中广播组织的权利已受到保护的情况下，网络广播能否被纳入播组织权的客体之中引起了广泛的关注。

由于大陆法系与英美法系建立广播组织权的理念不同，所以，两大法系在规定广播组织权的客体方面也就表现出差异。英美法系国家通常认为，广播组织在传播广播节目信号的过程中，需要同时具备知识、经验、胆略、技巧、眼界等多种能力，且要投入相当多的智力劳动与资金，为受众传送喜欢的广播电视节目。而这种劳动类似于作者创作作品的劳动。所以，为了对广播组织的劳动和资金投入给予保护，应当将广播组织视为作者而授予其著作权。[①] 因此，英美法系将广播节目当作作品进行保护，忽略其与文学、戏剧、艺术等传统作品之间的差异，尤其对于体育赛事的播放，这些在大陆法系很难纳入著作权保护体系的节目，在一些英美法系国家被直接赋予著作权保护。比如，在美国，《美国版权法》（1976 年）第102 条第 1 款明确了具有固定性的原创作品可以得到版权保护，这些作品包括了"电影及其他音响作品"。17 U. S. C. § 102（a）（6）对于像足球比赛这样的实况转播节目，该法第 101 条则规定，由声音、画面或两者同时构成的作品，如果其录制与传播是同时进行的，那么其就被视为在转播时已经得到了固定。因此，在 *National Football League v. McBee & Bruno's, Inc.* 一案中，联邦地区法院认为根据《美国版权法》（1976 年）第 102 条这些电视转播的卫星信号是受到版权保护的，而原告即是卫星信号版权的所有者，故此被告截获卫星信号并播放比赛画面的行为侵犯了原告在《美国版权法》（1976 年）第 106 条下所拥有的专属的公共表演与展示的权利。在 1985 年 9 月 13 日，联邦地区法院正式签发永久禁止令，禁止被告截获卫星信号来转播原告比赛的行为。[②] 1988 年的《英国版权法》列举的作品种类中包括"广播"和"广播节目"，如该法第 6 条之规定。[③]

当然，把广播节目当作作品保护的国家在保护的确切的客体方面存在着不同，并非所有的国内立法在这方面都是完全清楚的。举例来说，像古巴、约旦、立陶宛、阿曼、卡特尔、阿联酋和美国等国家保护或者说看起来保护的就是节目内容而不是发射的信号。而在其他国家，如牙买加、肯尼亚、马耳他、新西兰和英国等国家，看起来保护的是信号而非节目内容。[④]

大陆法系国家建立的是邻接权制度，将不受著作权保护但同著作权相关的广播组织权益归入邻接权，邻接权客体绝非创造性的作品。邻接权建

[①] 胡开忠、陈娜、相靖：《广播组织权保护研究》，华中科技大学出版社 2011 年版，第 20 页。
[②] 李响：《美国版权法：原则、案例及材料》，中国政法大学出版社 2004 年版，第 30 页。
[③] 《英国版权法》第 6 条规定，（1）本编所称之"广播"是指可视图像、声音或其他信息的电子传输，其（a）能够为社会公众同步、合法接受，或者（b）仅在传输实施者所决定的时间内向社会公众传输，——从广播的意义上讲，本编所涉及的节目，是指包含在广播中的任何内容。
[④] WIPO, *Existing International Regional and National Legislation Concerning the Protection of the Rights of Broadcasting Oganizations*, SCCR/1/3, September 7, 1998.

第四章 三网融合背景下广播组织权制度的扩张

立在传播者的传播的行为之上的，因此，广播组织权建立在广播组织对他人的作品进行传播的基础之上，不强调该传播行为是否达到作品的独创程度，只要对作品传播做出贡献即可。所以，广播组织播放的所有节目，不管包含的作品是否受到著作权的保护，皆构成广播组织权利的保护对象，如公众感兴趣的重大体育赛事"广播"和"节目"等词的定义提到声音、图像或音像的时候，并未专门将它们与作品的表演联系在一起，故而保护对象独立于其内容的节目播放。很多国家的法律都用"播放"（如《德国著作权法》第 87 条、《哥伦比亚版权法》第 117 条、《哥斯达黎加著作权法》第 86 条、《意大利著作权法》第 79 条、《多米亚加共和国著作权法》第 135 条、《巴西著作权法》第 95 条）和"播放或播送"（《西班牙著作权法》第 116 条）指广播组织的权利对象，并且在某些法律中，"播放"（或"播放或播送"）被界定为借助无线电波对声音或合成音像的传送（《哥伦比亚版权法》第 8 条 N 款、《哥斯达黎加著作权法》第 85 条 b 款、《多米尼加共和国著作权法》第 17 条 n 款）。在法国，保护对象是视听传播企业的节目。[①]《匈牙利著作权法》第 80 条规定，对广播电台和电视台的节目提供保护；在日本，保护对象的表述为广播和有线广播。在我国，2001 年修改前的《著作权法》第 42 条规定，广播组织权保护的对象是广播组织制作的节目；2010 年修改后的《著作权法》将广播组织权的客体限定在"广播、电视"之上，[②] 但对其并没有进行明确解释。根据《著作权法实施条例》第 26 条的规定，广播组织权是指广播电台、电视台对其播放的广播、电视节目享有的权利，这也就说明立法者是将广播组织权的客体定位于广播、电视节目。

根据上述分析，世界各国在对广播组织提供保护时在客体规范方面不但存在作品与非作品之间的差异，而且还存在广播节目与广播信号的混乱表述。在如此混乱的现状下，广播组织、著作权人和盗播者之间的法律关系，广播组织、著作权人和其他相关邻接权人之间的利益关系，就会存在不稳定因素并相互冲突。尤其是随着卫星直播的广泛应用以及数字网络技术的普及，全球范围内的信息传播可以瞬间完成，信息作品的传播会产生

---

① ［西班牙］德利娅·利普希克：《著作权与邻接权》，联合国译，中国对外翻译出版公司 2000 年版，第 311—312 页。
② 《著作权法》第 45 条规定：广播电台、电视台有权禁止未经其许可的下列行为：（一）将其播放的广播、电视转播；（二）将其播放的广播、电视录制在音像载体上以及复制音像载体。

巨大的经济利益,在此过程中,广播组织与著作权人、表演者、录音录像制作者如何明确分享该巨大的经济利益,关键在于广播组织权的客体是否明确和清晰。如此情况下,《卫星公约》第1条第1、2项中,对信号、节目进行了专门界定:"信号"是指一种能传播节目的电子载波;"节目"是指为了供最大限度的传播而发射的信号所包含的一个由图像、声音或由二者构成的实况录制材料的整体。这也是法律框架中首次对广播信号与广播内容进行的区分。近些年,世界知识产权组织有关保护广播组织的条约历届文件,均采取了"以信号为基础的方法"(Signal-based approach)这一表述,既不考虑广播组织播放的广播是否构成"作品",也不考虑其中的节目是否为广播组织自己制作,只要广播组织合法进行了广播,就对其广播信号加以保护。[①]例如,早在2005年,《关于保护广播组织的条约经修订的合并案文第二稿》(SCCR/12/2 REV.2)便将广播组织权客体界定为"信号",而非这些信号所载的作品及其他受保护的客体。同时指出新文书未对"广播节目"这一术语做出任何定义。受新文书保护的客体即是广播节目,换言之,是构成播送行为的载有节目的信号。广播节目代表的是广播组织所从事的活动——"广播"——的结果,而"广播"已在(a)项中做出定义。[②]因此,不需要再对"广播节目"做出定义。2006年的第十五届 SCCR 会议决定将他们的调查报告呈现给世界知识产权组织大会,且考虑到 2007 年要举办的外交会议,他们进而呼吁为专门的主题进一步召开两个特别会议。在第一个特别会议讨论期间,绝大多数国家同意将"信号保护"而不是"内容保护"作为客体。[③]

最近几年所通过的会议文件中,"广播节目"无明确定义的这种情况已有所改观,条文中明确规定了"信号、广播"的定义,如从 2012 年的 SCCR/24/10 文件至 2014 年的 SCCR/27/2 REV. 系列文件,基本上都规定了"信号"[④] 系指通过电子手段生成,由声音或图像,或声音加图像,或

[①] 王迁:《著作权法修订之前沿问题》,载《著作权法第二次修改调研报告汇编》2008 年 9 月。
[②] 《关于保护广播组织的条约经修订的合并案义第二稿》第 2 条:在本条约中(a)"广播"系指以无线方式的播送,使公众能接近声音,或图像,或图像和声音,或图像和声音表现物;通过卫星进行的此种播送亦为"广播"。以无线方式播送密码信号,只要广播组织或经其同意向公众提供解码的手段,即为"广播"。"广播"不得被理解为包括通过计算机网络进行的播送。
[③] Shyamkrishna Balganesh, "The Social Costs of Property Rights in Broadcast (and Cable) Signals", *Berkeley Technology Law Journal*, 2007, p. 1313.
[④] "信号"系指通过电子手段传送广播节目。(塞内加尔)

其表现物构成的载体，无论是否加密。"广播"① 系指由广播组织或代表广播组织播送供公众接收的信号。依本条约授予的保护仅延及广播组织为播送而使用的广播信号，而不延及此种信号所载的作品或其他受保护的客体。2014年4月21日，由阿塞拜疆、白俄罗斯、俄罗斯联邦、哈萨克斯坦、吉尔吉斯斯坦、塔吉克斯坦、土库曼斯坦、乌克兰、乌兹别克斯坦和亚美尼亚代表团提交的《保护广播组织和有线广播组织条约提案》（SCCR/27/6）将广播组织权的客体定位于"广播节目"和"有线广播节目"，并对其进行了定义：（f）"广播节目"是指载有图像或声音，或图像加声音，或其表现物的信号，由广播组织或另一个组织按其命令由其付费用本条（h）项规定的任何方式生成和播送，也指一组这种信号；（g）"有线广播节目"是指载有图像或声音，或图像加声音，或其表现物的信号，由有线广播组织或另一个组织按其命令由其付费用本条（i）项规定的任何方式生成和传送，也指一组这种信号；本条约规定的保护应适用于广播和有线广播，不适用于文学和艺术作品或其他广播或有线广播的对象。

由此观之，将广播组织权的客体定位于信号而不延及此种信号所载的作品或其他受保护的客体，这种立法模式在世界上已成为一种趋势，得到了很多国家的支持和赞同。该趋势的形成并不是没有原因的，而是建立在先进的理念之上的。首先，从设立广播组织权的法理层次而言，广播组织权建立在保护广播组织向公众传播节目所付出的技术性、组织性和经济性的投入基础之上，而能够体现这种投入的或最能体现广播组织的劳动成果的只能是对被传播作品或音像制品的编辑、加工和播送行为以及这种播送行为的表现形式，即广播信号，而并非广播信号所载的节目内容或广播组织制作或播送的节目本身。同时，"这种保护也符合参与制作这些节目的表演者的利益。在没有权利控制他人对广播电视节目进行使用的情况下，广播组织无法向表演者或作者保证，这些节目不会提供给授权播放时未曾想到的其他更多的听众或观众。同样，由于广播组织的节目能够用来制作录音录像制品，它们在这方面的利益也同唱片业的利益是一致的。"② 尤

---

① "广播"系指从原点获取广播组织的输出信号，并在该点以最终内容格式提供该信号，同时以电信方式向任何广播节目目标地区传送的过程。（塞内加尔）
② 世界知识产权组织：《罗马公约和录音制品公约指南》，刘波林译，中国人民大学出版社2002年版，第8页。

其是，若将广播组织权的客体定位于节目内容，那么就会出现广播组织对节目内容的控制权与著作权人、表演者、录音录像制作者对节目内容的控制权的重叠问题，从而违背《罗马公约》设立广播组织权不得影响著作权保护的宗旨。

其次，从公共利益的角度而言，满足人们的信息追求，促进人类文化发展，提高公民的文化素养，虽然离不开传播者对各种文化信息或文化作品的传播，尤其离不开广播电台、电视台的节目播送，但是，在保障广播组织的权利的时候需要保证不能影响或减弱公民对广播信息的知情权或获取信息权，而确定广播组织权客体时会出现如何平衡二者利益的问题。因此，我们也就会发现，该权的客体被确定为信号时，也就意味着广播组织仅仅对自己所发出的信号具有控制权，而对信号所载内容不具有控制权，除非自己是著作权人或录制权人，特别是在广播组织对公共领域内的作品传播的情况下，广播组织对所传播的内容是没有控制权的，如此一来，民众在获取或利用这些信息时就是自由的了。当然，若将该权客体确定为节目内容，就会出现民众在使用这些信息之前要获得广播组织的许可的问题，即使是时事新闻类的信息也要在获取或使用之前获得广播组织的许可，那么，可想而知，这种权利会对民众在获取或使用信息方面造成多么大的不便，以致对公共利益的伤害非常巨大。

既然广播信号作为广播组织权客体不仅具有深厚的理论基础，而且还得到了世界上大多数国家的立法认可，那么，相信在不久的将来，将广播信号作为广播组织权客体这种趋势在世界上会更加流行。另外，我们发现，在将广播信号作为广播组织权客体的基础上，随着传播技术的不断更新，广播信号自身的范畴也得到了不断扩展，从无线广播信号、有线广播信号、卫星信号，拓展到了广播前信号、网络广播信号。以下我们对此一一进行分析。

（一）无线广播信号

无线广播信号是最初确立广播组织权时所依托的唯一技术形式，即被纳入保护客体的唯一信号类型。例如1961年签订的《罗马公约》第3条第6款规定，"播放"是指为公众接收而通过无线手段传送声音或声音兼图像。该定义提到"无线手段"也就缩小了这一概念的范围。如同总报告中所指出的，罗马会议的观点是，只有通过赫兹波或其他无线手段的行为才构成播放。其结果是有线传送（声音转送、有线电视）被排除在这一概念的范围之外：众所周知，罗马公约不涉及有线传送。① 另外，需要注意的是，该无线信号应当是专供公众接收的，而非向单一个人或某一特定人群传送的信号。因此，《罗马公约》的政府间委员会于1974年专门出台了《关于保护邻接权的示范法》，认为卫星转播同无线广播性质相同，实属一类行为，从而将《罗马公约》的调整范围扩大至卫星广播信号。②

世界多数国家著作权法对广播的保护，不管是否涉及有线广播，基本上都会保护无线广播，所以，在此就不一一列举了。且在SCCR各届会议中各国对此也基本达成共识，如《关于保护广播组织的条约经修订的合并案文第二稿》第2条（a）项之规定③。尤其是，阿根廷、埃及、日本、新加坡、美国和乌拉圭在提案中认为，该定义是基于传统的广播概念而设的，所以在解读该条约相关条款时不会产生任何不确定性。另外，该定义中的第一句来源于《罗马公约》第3条（f）款，《伯尔尼公约》第11条之二采用了相同的广播概念。为了完整起见，根据埃及、日本、肯尼亚和美国的提案，"声音，或图像和声音"的说法被改为"声音，或图像，或图像和声音"。需要注意的是，该提案建议将"通过计算机网络进行的播送"排除在"广播"之外，以清楚的方式表明，计算机网络播送即使是以无线的方式进行的，也不符合广播的资格；而欧盟、洪都拉斯和肯尼亚等若干代表团提议，对"广播"做出更宽泛的定义，即不仅包括无线播送，而且还包括有线播送，欧盟在提案中提议，"广播""包括通过电缆或卫星"的播送。④

（二）卫星广播信号

自1958年美国第一个通信卫星升空，人类的通信能力逐渐获得了大幅

---

① 世界知识产权组织：《罗马公约和录音制品公约指南》，刘波林译，中国人民大学出版社2002年版，第18页。
② 胡开忠、陈娜、相靖：《广播组织权保护研究》，华中科技大学出版社2011年版，第115页。
③ 《关于保护广播组织的条约经修订的合并案文第二稿》第2条（a）项规定，"广播"系指以无线方式的播送，使公众能接收声音，或图像，或图像和声音，或图像和声音表现物；通过卫星进行的此种播送亦为"广播"。以无线方式播送密码信号，只要广播组织或经其同意向公众提供解码的手段，即为"广播"。"广播"不得被理解为包括通过计算机网络进行的播送。该定义紧随版权及相关权公约的传统，即："广播"的概念仅限于以无线方式、以在空中自由传播的无线电波——即无线电波或赫兹波——的方式进行的传播。因此，"广播"中没有包括以有线方式进行的传播。
④ WIPO, 关于保护广播组织的条约经修订的合并案文第二稿，SCCR/12/2 REV2., May 2, 2005。

度的提高。当然,在广播组织通过卫星传递节目信息而获益的同时,大量未经许可窃取卫星广播信号的行为伴随而来。鉴于《罗马公约》的保护仅限于特供公众接收的广播信号,而当时的技术决定了卫星传输的信号不能被公众直接接收,换言之,当时卫星传输信号的目的并非是提供给公众,如此一来,卫星广播的信号也就无法获得相应的法律保护。在某种程度上,这也就助长了盗播卫星信号的行为。于是,广播组织希望通过缔结一个国际公约来遏制截取通过卫星传送的并非传送给他们的节目信号的行为。

从1965年始,国际上就有专家和学者开始关注卫星广播信号保护的问题,他们举办了几次国际研讨会,得到了联合国教科文组织和世界知识产权组织的关注。1968年10月,世界知识产权组织的前身保护智慧财产国际局(International Bureau for the Protection of Intellectual Property),于日内瓦召开会议讨论卫星传送广播或电视节目的著作权以及邻接权。与会的部分政府专家相信并无订定新公约之必要,因为罗马公约关于广播的定义可以适当地解释为包含卫星传送(播送)。其他专家则认为该定义并未触及此一程度的问题,并且不可能包括有线传送(播送)。再者,罗马公约对于缔约国资格之限制,也使得原所欲规制者大大减少。该会议最后达成共识,承认处理卫星传送问题有签订一多边条约之必要性。① 此后,联合国教科文组织和世界知识产权组织召开了1971年的洛桑会议、1972年的巴黎会议、1973年的奈洛比会议,最终于1974年在布鲁塞尔会议以奈洛比会议产生的解决方案为讨论基础签订了《卫星公约》。奈洛比提案以国际公法之方式对卫星传送加以规制,要求缔约国必须遵守公约所定之标准,而非赋予著作人或广播事业得以对抗未经授权之载波信号之私权。② 因此,从《卫星公约》第2条第1款规定③可见,该条款是通过对缔约国加以保护义务的方式进行规范,并非将其定性为私权保护,且该项规定的落脚点在于保护载波信号的散布,而非信号内容的散布。

---

① 高诉慈:《著作邻接权之研究——以表演人、录音物制作人及广播事业之保护为中心》,硕士学位论文,台湾大学,2007年,第55页。
② Stephen M. Stewart, *International Copyright and Neighbouring Rights*, London: Butterworths, 1989, p. 214 – 215.
③ 《卫星公约》第2条第1款规定,各缔约国保证采取适当的措施,防止任何播送者在该国领土上或从该国领土上播送任何发射到或通过人造卫星但并非为了提供给他们的载有节目的信号。这种保证应当适用于以下情况,即起源组织是另一缔约国的国民和播送的信号是接收信号。

根据《卫星公约》第3条规定①可知，该公约保护的是从广播信号发出机构到卫星以及从卫星到中继站这两个相互衔接过程中所传递的信号，换言之，该公约规范的是窃取广播前的信号的行为，而非窃取直接向公众提供的接收信号的行为。

为了较好地掌握该公约所保护的信号，我们可以从技术操作层面着眼，将卫星广播信号传送过程分成两个相互衔接的阶段：发射阶段和接收阶段。起源广播组织通过无线电发射装置将载有节目内容的信号发射至通信卫星上的过程就是发射阶段，该过程中传输或流动的信号就是发射信号；通信卫星将收到的广播信号再传输至播送者或接收者的过程就是接收阶段，该过程中传输或流动的信号就是接收信号。基于不同的目的，接收信号又可分为直接接收信号和间接接收信号，直接接收信号是指供公众通过电视接收设备直接接收的节目信号；间接接收信号是指并非提供给公众而是提供给地面广播组织，再由其转播出去的信号。由此我们可以看出，《卫星公约》涉及的是发射信号以及间接接收信号，而直接接收信号的窃取行为并不在该公约的禁止范畴内。②

（三）有线广播信号

有线广播是指通过电线、电缆、光纤或其他有线方式进行广播的形式。虽然广播组织权制度的产生来源于无线电通信技术的发明与广泛应用，但是随着有线广播技术的出现与推广，广播组织权客体拓展受到了挑战，受保护范围由原来的无线广播信号拓展为无线、有线广播信号同时受到保护。

受当时技术所限，《罗马公约》签订前有线广播尚处于萌芽阶段，异地同时传送节目主要依靠地面发射装置和无线电波，所以，该公约将广播行为限定于以赫兹波或其他无线手段传送，而对有线广播并无涉及。但是，随着传播技术的迅猛发展，有线广播逐渐成为异地同时传送节目的另一重要方式，于是该公约在签订时又强调"这并不妨碍成员国国内就有线传送给予某种程度的保护。只是公约没有要求给予这种保护而已。"③

---

① 《卫星公约》第3条规定："如果由起源组织或以它的名义发射的信号是供一般公众从人造卫星直接接收的，则本公约不适用。"
② 《卫星公约》第3条："如果由起源组织或以它的名义发射的信号是供一般公众从人造卫星直接接收的则本公约将不适用。"
③ 世界知识产权组织：《罗马公约和录音制品公约指南》，刘波林译，中国人民大学出版社2002年版，第18页。

因此，越来越多的国家将广播组织权保护客体进行了拓展，赋予广播组织有线广播与无线广播同样的权利。例如，《法国知识产权法典》第7章专门针对卫星播放及有线转播进行了规定，《法国知识产权法典》第L.217-2条第Ⅰ款之规定[①]、《德国著作权法》第20条b款之规定[②]、《印度著作权法》第2条第d款（dd）项规定[③]、《意大利著作权法》第79条第1款规定[④]、《日本著作权法》第2条规定[⑤]、《俄罗斯联邦民法典》第1304条第1款规定[⑥]、《韩国著作权法》第2条第7款和第8款之规定[⑦]、《英国版权

[①] 《法国知识产权法典》第7章专门针对卫星播放及有线转播进行了规定，第L.217-2条第Ⅰ款规定，自1997年3月27日97-283号法律生效之日起，在本法典有规定时，对自欧洲共同体成员国远距传送的表演艺术者的表演、录音制品、录像制品进行有线、同步完整及不加变动转播的权利，仅由一报酬收取及分配协会行使。《十二国著作权法》，《十二国著作权法》翻译组译，清华大学出版社2011年版，第96页。

[②] 《德国著作权法》第20条b款第1项规定，以同步的、不加改动和完整的转播节目方式，通过有线系统或者微波系统再播放（有线转播）已播放的著作的权利，只能由著作权集体管理组织主张。本规定不适用于由广播电视组织就其播放主张的权利。第2项规定，著作权人将其有线转播权授予广播电视组织，或者录音制作人，或者电影制作人的，有线系统企业对于有线转播同样应当向著作权人支付报酬。《十二国著作权法》，《十二国著作权法》翻译组译，清华大学出版社2011年版，第151页。

[③] 《印度著作权法》第2条第d款（dd）项规定，广播指以下列方式向公众传播以任何无线传播的方式，不论是以一种还是多种信号、声音或图像的方式；或者以有线的方式，并且包括转播。《十二国著作权法》，《十二国著作权法》翻译组译，清华大学出版社2011年版，第224页。

[④] 《意大利著作权法》第79条第1款规定，在不损害本法规定的作者、录音制品制作者、电影或者视频作品或者系列动画片制作者、表演者或者演奏者权利的情况下，广播电台电视台享有下列排他性权利：（1）许可固定其通过有线或者无线播放节目。当通过电缆单纯地转播其他广播组织的节目时，该权利不属于电缆经营者。《十二国著作权法》，《十二国著作权法》翻译组译，清华大学出版社2011年版，第305页。

[⑤] 《日本著作权法》第2条规定，向公众传播是指为了使得公众直接接收而为的通过无线电信或有线通讯而进行的传播；第89条第4款规定，有线播放组织，享有第一百条之二至第一百条之五规定的权利（包括复制权、播放权和再有线放权、传播可能化权、有线电视播放的传达权）。《十二国著作权法》，《十二国著作权法》翻译组译，清华大学出版社2011年版，第400页。

[⑥] 《俄罗斯联邦民法典》第1304条第1款规定，邻接权客体有：（三）无线电及电缆播放组织的节目播放，其中包括无线电及电缆播放组织自己制作的节目，或者按照该组织的预约，该组织负担经费，而由其他组织制作的节目。《十二国著作权法》，《十二国著作权法》翻译组译，清华大学出版社2011年版，第450页。

[⑦] 《韩国著作权法》第2条第7款规定，公众传播是指作品、表演、录音制品、广播或数据库的传输，或者以有线或无线方式使公众能够接收或接触的行为；第8款规定，广播属于向公众传播的一种，是指为了公众的同步接收而对声音、图像、声像的传送。《十二国著作权法》，《十二国著作权法》翻译组译，清华大学出版社2011年版，第509页。

法》第 73 条第 1 款规定①、《澳大利亚版权法》第 10 条将"广播"定义为根据《1992 年广播服务法》中规定的广播服务②来向公众传播作品。我国《著作权法》对无线广播和有线广播并未做出区分,不过,根据该法第 10 条第 11 款对广播权进行的规定③可以看出,该法对有线和无线广播提供同样的保护,这与行政法规《广播电台电视台审批管理办法》第 2 条规定④相一致。

除了上述各国国内法对此规定外,多数国家在历届 SCCR 会议中认同将有线广播纳入草案保护之中。因此,《保护广播组织条约经修订的基础提案草案》第 5 条 b 款对有线广播进行了界定,⑤认为"有线广播"仅限于以有线方式进行的播送,既不包括有线方式也不包括卫星传输方式。该定义中保留了提及密码信号的解释性条款。出于与"广播"定义所涉的相同原因,"通过计算机网络进行的播送"不包括在"有线广播"的概念中。如果本条约根据提议,采用传统的广播概念,则必须要有关于"有线广播"的定义,但如果本条约采用更宽泛的广播概念,则这一定义便属多余。尽管若干代表团提议,对"广播"做出更宽泛的定义,将无线播送、有线播送和卫星播送全部包括至该定义中,但是《保护广播组织条约经修订的基础提案草案》建议对"广播"采用较为狭义的定义,以与著作权及相关权领域的现有条约(《罗马公约》和 WPPT)保持一致。⑥

---

① 《英国版权法》第 73 条第 1 款规定,本条款适用于在英国境内制作并有线接收和即时转播的无线广播;第 2 款规定,以下情形不构成对广播版权之侵权(a)若该经由电缆所做的转播是根据相关要求所做出的,或者(b)若或在一定程度上该广播是为了在其被有线转播并构成合格服务之一部分的区域所接收而制作的。《十二国著作权法》,《十二国著作权法》翻译组译,清华大学出版社 2011 年版,第 607 页。
② 《1992 年广播服务法》第 6 条规定:"广播服务"指向持有适合接受广播服务的设备的人传送电影节目或广播节目,而无论这种传送使用的是无线频率、电缆、光缆,卫星还是任何其他手段或上述手段的结合。
③ 以无线方式公开广播或者传播作品,以有线传播或者转播的方式向公众传播广播的作品,以及通过扩音器或者其他传送符号、声音、图像的类似工具向公众传播的作品的权利。
④ 《广播电台电视台审批管理办法》第 2 条规定,广播电台、电视台是指采编、制作并通过有线、无线、卫星或其他方式向社会公众播放广播电视节目的广播电视播出机构。
⑤ 《保护广播组织条约经修订的基础提案草案》第 5 条 b 款项规定,"有线广播"系指以有线方式的播送,使公众能接收声音,或图像,或图像和声音,或图像和声音表现物。以有线方式播送密码信号,只要有线广播组织或经其同意向公众提供解码的手段,即为"有线广播"。"有线广播"不得被理解为包括通过计算机网络进行的播送。
⑥ WIPO,世界知识产权组织保护广播组织条约经修订的基础提案草案,SCCR/15/2,July 31,2006。

由于这一定义的依据是传统的广播概念,很容易将广播组织的权利从无线广播拓展至有线广播、卫星广播、数字广播及网络广播,从而适应技术发展的需求,因此在解释现有条约时不会出现任何不确定性或相互干扰的可能性。

(四) 广播前信号

所谓广播前信号,从性质上说是指并非提供给公众直接接收的信号;从过程来讲,是指从演播室或例如某事件的现场,将节目材料运送到发射台所在地点的信号。此种信号亦可被用来在两个广播组织之间传送节目材料,还可在滞后一段时间或对材料进行一定的编辑之后进行广播。[①] 由此可知,广播前信号定义中一个非常明显的特征是不以公众接收为目的。

在国际层面,较早对广播前信号提供保护的当属 1974 年在布鲁塞尔签订的《卫星公约》。根据该公约第 2 条第 1 款[②]和第 3 条[③]之规定,可以看出,该公约明确提出要求成员国对卫星承载的广播前信号提供保护。不过,广播前信号在《罗马公约》里却并没有获得保护,因为《罗马公约》所提供的保护定位于以公众接收为目的的无线电传播,而对于"并非用来由公众直接接收的广播前信号"并不提供保护。

那么,广播前信号应不应该被保护呢?从现实利益而言,广播前信号同广播信号在本质上并无不同,都是一种能传播节目的电子载波,一般情况下所载广播节目也完全相同,如此背景下,对广播前信号的盗播与对广播信号的盗播在对广播组织所造成的损失方面并无不同,有时前者的损失甚至远远大于后者。因为,广播信号同广播前信号的区别除了在传播目的不同外还有时间上的先后顺序不同,若有人未经广播组织的同意对广播前信号进行盗播,那么,公众就会在广播组织广播该节目的既定时间之前接收并欣赏到该节目信号,从而严重影响广播组织的收视率,该损失远远超出对广播信号直接盗播所带来的损失。所以,立足于保护广播组织的正当权益,对广播前信号提供保护确有必要。比如,20 世纪 90 年代末英国天空电视台在对英超周六赛事转播中遭遇 17 家酒吧盗播挪威信号,导致收

---

① Ibid.;WIPO,关于保护广播组织的条约经修订的合并案文第二稿,SCCR/12/2 REV.2,May 2, 2005。
② 《卫星公约》第 2 条第 1 款规定,各缔约国保证采取适当的措施,防止任何播送者在该国领土上或从该国领土上播送任何发射到或通过人造卫星但并非为了提供给他们的载有节目的信号。
③ 《卫星公约》第 3 条规定,如果由起源组织或以它的名义发射的信号是供一般公众从人造卫星直接接收的,则本公约将不适用。

视率及相关收益因公众提前收看到赛事而出现下滑。①

从立法实践而言，通过对 SCCR 召开的各届会议分析，我们发现对广播前信号的保护已经逐渐成为一个趋势，如早在 2001 年，日本代表团就提出应对广播前信号给予保护，以防广播前信号未经授权而被拦截复制或被传播，②美国代表团对该建议表示支持，因为在美国，其通信法本身就将广播前信号进行解码的行为视为非法。③ 在 2004 年 SCCR 第 12 届会议拟定的《关于保护广播组织的条约经修订的合并案文第二稿》第 13 条规定：广播组织对于其广播前信号，应享有制止本条约第 6 条至第 12 条所述任何行为的适当和有效的法律保护。第 13 条载有关于在"广播之前的信号"或"广播前信号"方面保护广播组织的规定。该条要求缔约各方提供适当和有效的法律措施，保护第 6 条至第 12 条中所述涉及广播组织对其广播节目享有的权利方面的各种使用行为。对广播前信号的这种保护形式，是由埃及、欧盟、肯尼亚、美国和乌拉圭提议的。新加坡所提出的提案基本类似，但范围更广。④ 在 2006 年 SCCR 第 15 届会议出台的《保护广播组织条约经修订的基础提案草案》第 16 条规定：广播组织对于其广播前信号，应享有制止本条约第 9 条至第 15 条所述任何行为的适当和有效的法律保护。该条要求缔约各方提供适当和有效的法律措施，保护第 9 条至第 15 条所述涉及广播组织对其广播节目享有的权利方面的各种使用行为。⑤ 2012 年 SCCR 第 24 届会议出台的《保护广播组织条约工作文件》第 9 条备选方案 A 第 1 款规定广播组织对广播前信号享有专有权。⑥

除了在 SCCR 这个国际平台上进行讨论外，有些国家已经对广播前信号提供了法律保护，如《墨西哥著作权法》（1996 年修改）将地面电台向卫星传送信号以供随后广播的行为也视为广播，为其提供保护。《埃及知识产权保护法》第 138 条第 14 款规定，将作品、表演、录音制品，或者已录制作品或者表演，通过无线方式向公众进行音频或者音频-视频传

---

① 颜强：《英国足球地理：空中的战争》，http：//sports.sina.com.cn/r/2004-12-20/16191310778.html，2015 年 6 月 20 日。
② WIPO，*Protection of Broadcasting Organizations*，SCCR/5/4，May，2001。
③ WIPO，*Report*，SCCR/5/6，May，2001。
④ WIPO，关于保护广播组织的条约 经修订的合并案文第二稿，SCCR/12/2REV.2，May，2005。
⑤ WIPO，世界知识产权组织条约经修订的基础提案草案，SCCR/15/2，September，2006。
⑥ WIPO，保护广播组织条约工作文件，SCCR/24/10 CORR.，July，2012。

输。通过卫星进行传输的，视为广播。《英国版权法》第 6 条第 6A 款对特定卫星广播之保护措施进行了规定：当携带节目的信号被传送至卫星（上行链路站）的地点位于欧洲经济区国家，则该地点应被视为广播制作地，且该"上行链路站"的运营者应被视为广播制作者。虽然《法国知识产权法典》对广播前信号进行保护，但却是通过表演权加以保护，如该法典第 L.122 - 2 条之规定。①

（五）网络广播信号

随着三网融合技术的繁荣发展，手机电视、网络电视等人机互动业务得到了大量应用。截至 2014 年 12 月，中国手机网民规模达 5.57 亿人，网络视频用户规模达 4.33 亿人，网络视频用户使用率为 66.7%。② 人们通过手机、iPad，或电脑等电子终端可以收听或收看广播、电视节目，包括点播和同步播放的节目，也就意味着，人们可以接收网络广播信号。什么是网络广播信号呢？我们应首先从网络广播谈起。

正如前述，到目前为止，世界范围内对网络广播的定义尚未达成共识。不过，2004 年 SCCR 第十二届会议出台了《关于保护网播问题的备选和非强制性解决方案的工作文件》，该文件对网播进行了权威定义。虽然文件给出了三套备选解决方案，但是每套方案第 2 条对网播的定义并无不同。③ 到了

---

① 《法国知识产权法典》第 L.122 - 2 条规定，表演是指通过某种方式尤其是下列方式将作品向大众传播：（1）公开朗诵、音乐演奏、戏剧表演、公开演出、公开放映及在公开场所转播远程传送的作品；（2）远程传送是指通过电信传播的一切方式，传送各种声音、图像、资料、数据及信息。向卫星发送作品视为表演。

② 中国互联网络信息中心：《第 35 次中国互联网络发展状况统计报告》，http://www.cnnic.cn/gywm/xwzx/rdxw/2015/201502/wo20150203456823090968.pdf，2015 年 1 月。

③ "网播"系指以有线或无线的方式，通过计算机网络，使公众能基本同时得到所播送的声音，或图像，或图像和声音，或图像和声音表现物。此种播送如果加密，只要网播组织或经其同意向公众提供解密的手段，即应被视为"网播"。关于"网播"的定义是依据美国的提案提出的。该定义从结构上沿用了关于"广播"和"有线广播"的定义。在该定义中起作用的术语不是"播送"而是"使公众能得到播送内容"。这一用语意味着，在当今的技术环境下，获取载有节目的信号流只需要少量的活动即可实现。是由接收者来激活或启动通过电信渠道的播送。"使公众"和"基本同时"等内容，是用来将定义限定在可同时由多名接收者接收实时网流这一情况。接收者可以在某一具体时间登录节目流，并接收传来的任何内容，但不能以其他方式影响该节目流。这一定义把"使公众能得到播送内容"的行为仅限于通过计算机网络（根据其性质既可通过有线，也可通过无线方式进行）的此种活动。在定义的末尾，美国提议明确将"网播"和"其他计算机网络播送"的行为排除在"广播"和"有线广播"之外，但由于"广播"和"有线广播"的定义中已包括关于这一内容的明确规定，因此在此处被省略。WIPO，关于保护网播问题的备选和非强制性解决方案的工作文件，SCCR/12/5 PROV.，April，2005。

2006年，第十四届会议对其进行了一定程度上的修改，使表述更加清楚。①

根据以上定义，我们发现网络广播信号是由接收者来激活或启动的，通过电信渠道播送且可同时由众多接收者接收的实时网流。该定义强调，任何接收者都可在任何时间登录节目流，并接收节目流的固定内容，但不能以任何方式影响该节目流。这一定义把提供载有节目的信号限制于通过计算机网络进行的活动，而从性质上讲，后一活动通过有线或无线方式均可。另外，从这些定义中可以看出，对网播进行保护的领域非常狭窄、具体。并不是通过计算机网络播送的任何信号都受保护，只有从各个方面都与传统广播可比的网播行为，才属于受保护的范围。为此目的，WIPO 特对受保护范围内的播送行为做了严格的定义。此外，通过"网播组织"定义中的标准，可以确保保护仅延及与广播组织一样应受保护的人。

不过，各国对网络广播信号提供保护的认识，在 SCCR 会议上并不一致。美国对有关网络广播的提案并没有获得广泛支持，很多发展中国家认为对网络广播的保护的受益者是发达国家，发展中国家非但不能从中受益，反而会因为给予网络广播过强的保护而限制社会公众接触信息和学习知识的可能。② 鉴于各方普遍反对在条约中包含对网播组织的保护规定，且他们还承认网播具有潜在的经济和其他方面的重要意义，各方普遍持有的一种观点是，应当另立程序，于是，会议决定单独就网播和同时广播问题单独编拟一份工作文件，而第十二届、第十四届会议文件就是关于保护网络广播的初级文件。

尽管在国际上，很多国家并不认可对网络广播信号提供保护，但是将广播组织权客体拓展至网络信号及同步信号的趋势依然存在，就像欧盟为了缓和成员国之间的纷争提出对传统广播组织的网络播放信号，即同时广播信号提供保护，一些欧盟国家已经开始保护同步广播信号。例如《欧盟

---

① "网播"系指以有线或无线的方式，通过计算机网络，利用能为公众中的成员基本同时获取的载有节目的信号，播送声音，或图像，或图像和声音，或图像和声音表现物，供公众接收的行为。此种播送如果加密，只要网播组织或经其同意向公众提供解密的手段，即应被视为"网播"。WIPO，世界知识产权组织保护广播组织条约基础提案草案，SCCR/14/2, February, 2006。

② 胡开忠、王杰：《世界知识产权组织保护广播组织条约》，《知识产权》，2008 年 7 月。

信息社会版权指令》第3条第2款及序言第23段,①《英国版权法》第6条第1A款,②《匈牙利著作权法》第80条、《瑞典著作权法》第48条、《意大利著作权法》第79条③等,都赋予广播组织信息网络传播权。

三、广播组织权的内容

（一）转播权

正如伦普霍斯特所言,广播组织邻接权的存在就是为了保护广播组织在物化成产品的过程中所付出的努力和所投入的资金,④ 在广播电视业务市场中,对这些投入造成最严重的损害的一种形式就是在未获得授权的情况下随意对他人广播节目信号进行转播,成就了自己而造成被转播的广播组织的听众或观众流失和广告收入的降低。因此,授予广播组织转播权就成为很多国家广播组织权制度中的一项重要内容。不过,由于种种原因,该项转播权的具体内涵在很多国家不尽相同,尤其是在面对流媒体技术提出的挑战时。

1. 《伯尔尼公约》中的"转播"与《罗马公约》规定的转播权

作为世界上第一个国际著作权公约,《伯尔尼公约》虽然没有对"广播"和"转播"进行定义,但是通过逻辑推理也能推演出这两个词的内涵与关系。

---

① 《欧盟信息社会版权指令》第3条第2款d项规定了"向公众传播权",即成员国应规定广播组织就其广播的录制品享有授权或禁止他人通过有线或无线的方式向公众提供,使公众可以在个人选定的时间和地点获得该节目,无论该广播是以有线还是以无线方式传播的,包括电缆传播及卫星传播方式。序言第23段中还特别强调"对该权利应作广义的理解,它覆盖了所有向传播发生地之外的公众进行传播的行为,该权利应当包括就某一作品通过有线或无线形式向公众进行的包括广播在内的任何此种传输或传播"。
② 《英国版权法》版权部分第6条第1A款对广播进行定义,明确广播之定义所排除的情况是指任何经由互联网进行的传输,而下列情况除外：(a)互联网的传输与其他手段的传输同步进行。
③ 《匈牙利著作权法》第80条规定：通过电缆或以任何其他方式向公众提供其节目,使公众成员可以在其个人选定的时间和地点获得该节目的行为,应当经过广播电视组织的许可。《瑞典著作权法》第48条规定：对于已固定的广播,广播组织享有许可以有线或无线方式向公众传播,使公众中的成员能够在其个人选定的时间和地点获得固定的广播的权利。《意大利著作权法》第79条：对于已固定的广播,广播组织享有以有线或无线方式向公众传播,使公众中的成员能够在其个人选定的时间和地点获得被固定的广播的专有权利。
④ ［英］韦尔纳·伦普霍斯特：《广播组织的邻接权竟然如此复杂——对P.阿凯斯特几个重要结论的回应》,刘板盛译,《版权公报》2006年第3期。

第四章　三网融合背景下广播组织权制度的扩张

首先,广播的内涵可以从联合国国际电信联盟颁布的《无线电规则条款》(ITU Radio Regulations)中获悉。该条款将"广播业务"界定为"供一般公众直接接收而发送的无线电通信业务",由此可知,"广播"强调在传播方式方面必须是"无线电传输"方式。《伯尔尼公约》第11条之二款的内容对此遥相呼应,即文学艺术作品的作者享有授权广播其作品或以任何其他无线传送符号、声音或图像的方法向公众传播其作品的权利。① 因为,从句子逻辑结构来看,该句子用"或"字将"广播其作品"和"以任何无线传送－传播作品"联系到了一起,而从语法来看,"或"字前后的两项内容应该在语义上具有同质性。在制定该公约时,广播行为应该是众所周知的一种信息传递方式,而为了适应未来技术的发展,使该公约具有前瞻性,能够将尚未出现但又具有同质性的传递方式涵盖进来,起草者们将未来可能出现的"以任何其他无线传送符号、声音或图像的方法向公众传播其作品"的行为同"广播其作品"的行为并列规定。因此,不言而喻,在此的"广播"也是以"无线传送"的方式传播。另外,世界知识产权组织编写的《著作权与邻接权法律术语汇编》认为,广播往往被理解为"播放"的同义词,而播放通常被理解为利用无线电波(频率低于3000吉赫电磁波)进行声音和(或)图像的远程通信,供一般公众接收。②

其次,《伯尔尼公约》第11条之二款还规定,文学艺术作品的作者享有授权由原广播机构以外的另一机构通过有线传播或转播方式向公众传播广播的作品的权利。③ 通过对该句式的观察,我们发现该句仍是由"有线传播"和"转播方式"两部分构成,但连接两部分的字是"或",在此表达转折的意思,并且,这样表达也就和前面那项权利所描述的"广播其作品或以任何其他无线传送"形成了一个递进关系。

最后,单从词语之间的渊源而言,broadcasting(广播)与 rebroadcasting(转播)拥有相同的词根,在内涵方面应该是一脉相承的,因此,广播被

---

① [匈]米哈依·费彻尔:《版权法与因特网》,郭寿康等译,中国大百科全书出版社2009年版,第1069页。
② 世界知识产权组织:《著作权与邻接权法律术语汇编》(中英法对照),刘波林译,北京大学出版社2007年版,第26页。
③ [匈]米哈依·费彻尔:《版权法与因特网》,郭寿康等译,中国大百科全书出版社2009年版,第1069页。

确定为无线电传输方式时，转播顺理成章也应被视为无线电传输。该传承关系在世界知识产权组织编写的《世界知识产权组织管理的版权和相关权条约指南》中也得到了印证，该指南明确指出："对于转播，其唯一特征就是它的从属性质，其基础明显是与之具有概念同质性的广播。"①

《伯尔尼公约》对转播的认识一直延续到《罗马公约》。《罗马公约》第3条（f）和（g）款分别对播放和转播进行了规定，即转播是指一广播组织同时播放另一广播组织的广播电视节目；播放是指为公众接收而通过无线手段传送声音或声音兼图像。据此可知，《罗马公约》对转播权的定义可以概述为，转播权是指广播组织享有授权或禁止对其广播电视节目信号进行转播的权利，且其具体内涵包括以下几个方面。第一，该权利控制的范围仅限于无线转播，诸如有线、卫星、网络等转播形式均不在此列。第二，该权利控制的转播必须是对广播信号的同步播送行为。当然，该处所强调的"同步"只是从感觉上来讲的，并非毫秒不差的同步。因为，从信息流动的过程也知道广播信号在先，转播信号在后，在时间上必然存在前后之顺序，不过，由于技术使然，广播组织在收到信号后可以迅速将其转播出去，使观众几乎察觉不到两者在时间上的顺序。第三，转播并非录制后的广播。实践中，一些广播组织通过刻录设备将其他广播组织的广播信号进行刻录，然后在自己认为合适的时候将其对外广播，该行为并非广播组织转播权所规范的范畴，属于录制后播送权的范畴。

2.《罗马公约》后的转播权

在《罗马公约》制定时的通信技术条件下，广播组织主要是通过地面发射装置、依托无线电波向公众播送模拟广播信号，有线广播还处于发展的萌芽阶段，转播广播信号的行为通常也只能通过无线方式进行。② 因此，我们也就可以理解为什么该公约规范下的转播权只涉及无线转播行为。

但是，《罗马公约》制定后，有线广播技术获得了飞速发展，无线电波失去了广播领域的独霸地位，随之无线转播也失去转播领域的唯一性，

---

① 王迁：《论我国〈著作权法〉中的"转播"——兼评近期案例和〈著作权法修改草案〉》,《法学家》2014 年第 5 期。

② 孙雷：《邻接权研究》，中国民主法制出版社 2009 年版，第 212 页。

第四章 三网融合背景下广播组织权制度的扩张

有线广播、有线转播在广播业界大量出现，促使各国立法部门必须对信息技术发展向广播组织转播权提出的挑战做出适应性的调整和变革。因此，很多国家的著作权法中对此做出了相应调整，将广播组织的转播权扩展至有线转播。比如，《意大利著作权法》第79条第1款第3项规定，广播电台、电视台享有许可通过有线或者无线转播其播放节目的权利，当公众支付一定的费用后，亦可向公众传播。《日本著作权法》第99条第1款规定，播放组织，享有接收播放进行再播放或者有线播放的专有权利。《法国知识产权法典》第L.217-2条第I款规定，自1997年3月27日97-283号法律生效之日起，在该法典有规定时，对自欧盟成员国远距传送的表演艺术者的表演、录音制品、录像制品进行有线、同步完整及不加变动转播的权利，仅由报酬收取及分配协会行使。《德国著作权法》第20条b款规定，著作人将其有线转播权授予广播电视组织，或者录音制作人，或者电影制作人的，有线系统企业对于有线转播同样应当向著作人支付报酬。该获得报酬要求不得被放弃；并且只能事先让与著作权集体管理组织，且由其主张。《印度著作权》第2条第d款（dd）项规定，广播指以下列方式向公众传播：(i) 以任何无线传播的方式，不论以一种还是多种信号、声音或图像的方式；或者 (ii) 以有线的方式，并且包括转播。《匈牙利著作权法》第80条第1款规定，广播组织对其广播有权授权他人进行广播和授权他人通过有线的方式向公众传播。《墨西哥著作权法》第144条（Ⅲ）规定，广播组织有权授权和禁止借电缆或其他系统对广播进行同步传播。欧盟《关于协调卫星广播和有线转播的著作权和邻接权规定的指令》要求各成员国确保跨国的有线转播行为必须做到尊重他人著作权和邻接权；在进行有线转播时，如涉及广播组织的授权（不管是广播组织自己的权利还是其他人转让给广播组织的权利），转播组织都必须和广播组织进行协商，而不能通过集体管理组织来取得授权。[1]

3. 网络环境下的转播权

随着流媒体技术与三网融合技术之间的组合与联姻，截取传统广播组织的广播信号（或广播前信号）并将其数字化，然后将数字化的节目信

---

[1] The Council of the European Communities Directive 93/83/EEC of 27 September 1993 on the Coordination of Certain Rules Concerning Copyright and Rights Related to Copyright Applicable to Satellite Broadcasting and Cable Retransmission, article 8 (1), 转引自孙雷《邻接权研究》，中国民主法制出版社2009年版，第213页。

号通过互联网同步传输的传递方式已经大量出现。网络广播组织所从事的这种转播方式不同于传统广播领域内有线或无线转播那样主动将广播信号传送至大众,而是将广播电视信号进行数字化后通过互联网同步转播出去,使网络用户能够像广电用户一样同步收听、收看相同节目。然而,鉴于邻接权制度相对于技术发展的滞后性,广播组织能否控制网络转播就成为大家必须认真关注的重大问题。

首先我们来看美国是如何对待该问题的。2008年的案例中,Cablevision公司开发了一款"远程数字录像系统"(Remote Storage DVR System,以下简称为"RS-DVR"),可以为用户提供收看和录播回放电视节目两项服务,其一是类似传统有线电视组织将别人的电视节目信号接收并直接以即时的方式传输到用户的电视收讯器上供网络用户同步收看;其二是类似传统有线电视组织将别人的电视节目信号接收后存入"远程"地点的中心硬盘而非存储在用户本地,并形成临时复制件,当用户按下遥控器上的"录制"键时,该系统会将经过处理的节目内容保存到云端服务器上完成录存,以满足用户回播的需求。① 上述两种行为导致以卡通频道(The Cartoon Network)、环球影视制作(Universal City Studios Production)、派拉蒙电影公司(Paramount Pictures Corporation)为首的七家企业起诉Cablevision公司侵犯其电视节目作品的复制权和公开表演权。联邦地方法院认为Cablevision公司侵害了原告的复制权和公开表演权,判决原告胜诉,并禁止Cablevision公司在获得原告的合法授权前启用此系统。Cablevision公司不服判决提起上诉,联邦第二巡回上诉法院认为:其一,在实际操作中,尽管Cablevision公司的服务器确实对电视节目进行了瞬时复制,但是存续时间不到1秒钟,短暂程度难以符合"附着"的构成要件要求,因此,不构成对原告节目作品的非法复制;其二,Cablevision公司的"RS-DVR"的复制行为在用户指令下才能启动,而非Cablevision公司所为,因此,不应对作为被告的Cablevision公司科以直接侵权责任;其三,该系统将复制的节目回播给发出指令的特定用户,而非公众,因此,也就不构成对版权人公开表演权的侵害。于是该上诉法院撤销了地方法院给予原告胜诉的判决,并同时废弃了禁止令。正是由于Cablevision案的判决,云技术长足发展,衍生至Aereo时代。Aereo公司是一家美国新兴的互联网电视公司,更加准确地

---

① *Cartoon Network LP, LLLP v. CSC Holdings, Inc.*, 536 F. 3d 121 (2d Cir. 2008).

说应该是一家网络服务提供商，其自身并不生产电视节目，但是却可以为付费网络用户提供各大电视公司的电视节目实时信号服务，能够满足用户通过任何联网的个人电子终端实时收看直播的电视节目以及录制该电视节目的需求。而这项业务的开展，Aereo 公司并没有向有关电视内容提供商支付版税，也未获得他们的许可，因此，引起很多传统广播公司的关注甚至对此提起诉讼。自 2012 年 3 月起，拥有 Aereo 公司播放的电视节目版权的美国广播公司（ABC）、哥伦比亚广播公司（CBS）、全美广播公司（NBC）、福克斯电视台（Fox）、美国公共电视台（PBS）等 13 家传统广播电视公司纷纷向纽约南部地区法院提起诉讼，诉称 Aereo 公司在未支付版权费，也未经许可的情况下通过互联网向互联网用户转播电视节目信号，侵犯其公开表演权。不过，该法院驳回了原告的诉讼请求。不服的原告联合起来又向第二巡回法院提起诉讼，但该巡回法院维持一审判决并驳回上诉。① 于是，原告们继续向联邦最高法院申请复审，2014 年 6 月 25 日最高法院最终以六比三的票数做出判决，推翻了第二巡回法院的判决，认定 Aereo 公司侵权成立，原告们的公开表演权受到了侵害，并将该案发回到第二巡回法院重新审理。②

由此可见，网络转播行为在美国是受到保护的，不过，是被公开表演权所控制。而在我国乃至很多大陆法系国家的著作权法中广播组织权范畴都是需要考虑的问题。但是，在我国不管是立法还是司法，对于给予网络转播行为广播组织权保护都是持否定态度。

立法方面，虽然我国《著作权法》第 45 条③赋予广播组织转播禁止权，但是，由于《著作权法》《著作权法实施细则》及其相关司法解释均未对"转播"进行定义，网站未经许可对传统广播组织的广播信号进行同步转播的行为是否侵犯广播组织的转播禁止权，存在一定的模糊性。不过，由于《TRIPs 协定》第 14 条第 3 款规定④和《罗马公约》第 3 条规

---

① Wnet Thirteen v. Aereo, Inc., 712 F. 3d 676 (2d Cir. 2013).
② American Broadcasting Companies, Inc. v. Aereo, Inc., 134 S. Ct. 2498 U. S., 2014.
③ 《中华人民共和国著作权法》第 45 条　广播电台、电视台有权禁止未经其许可的下列行为：
（一）将其播放的广播、电视转播。
④ 《TRIPs 协定》第 14 条第 3 款规定，广播组织应有权禁止下列未经其授权的行为：录制其广播、复制其录制品及通过无线广播方式转播其广播，以及将同样的电视广播向公众再转播。

定①,仅仅涉及无线转播,而我国《著作权法》第45条是参照《TRIPs协定》和《罗马公约》对广播组织保护的规定制定的,所以,对该第45条的认识必须以上述两大国际条约的内容为基础,正确理解就是我国著作权法第45条的内容不可能超越国际公认的水准以及我国在此方面的承受力,该条确认的转播是不包括网络转播的。

另外,在司法方面,在前文的嘉兴华数诉嘉兴电信侵害广播组织权一案中,法院认为,嘉兴电信公司通过互联网转播了黑龙江电视台的广播节目,但根据现行法律的规定,尚不能将嘉兴电信公司通过网络转播黑龙江电视台节目信号的行为视为《著作权法》第45条规定的"转播"行为。②

那么,对网络转播行为到底应该如何看待呢?

从前述可知,由于技术所限,在《伯尔尼公约》《罗马公约》订约背景下,能够从事广播以及转播的组织只能是广播组织,所能采取的传播技术对应地也只能是无线电波技术,但是这并不意味着广播组织仅仅对无线广播或无线转播实施控制。随着有线广播、有线转播技术的蓬勃发展,世界许多国家通过相关立法将有线广播、有线转播纳入法律保护,尤其是纳入广播组织权保护。按照如此技术发展及相关权利对应规范之规律,流媒体技术的出现与发展,带来网络转播的产生与勃兴,也应带来相关立法对该转播行为的规范与保护。另外,授予广播组织对无线广播、无线转播、有线广播、有线转播等行为的控制权,目的在于保护广播组织为广播、转播等活动所付出的经济性、组织性、技术性的投入,而网络广播的出现,也是对传统广播组织前述投入的无偿占有,甚至巨大损害。因为,毕竟无线广播、无线转播、有线广播、有线转播等传输方式在传输范围方面是有界限的,只能覆盖特定区域内的受众,如此情况下,才能将它们纳入广播组织权中保护,而网络转播借助互联网的力量可以满足全世界范围内的网络用户接收,对于传统广播组织而言,网络转播给其带来的生存风险远超无线或有线转播给其所带来的风险,若在法律上对网络转播置之不理,传统广播组织的利益得不到相应的保护也就显而易见。尤其是,通过网络对

---

① 《罗马公约》第3条规定,播放是指公众接收而通过无线手段传送声音或声音兼图像;转播是指一广播组织同时播放另一广播组织的广播电视节目。
② 浙江省嘉兴市中级人民法院(2012)浙嘉知终字第7号判决书。

广播节目现场转播与通过传统广播媒体对广播节目现场转播在本质上并无不同，然而我国著作权法的规定，却使性质完全相同的两种行为仅仅因为实施的技术手段不同，而在法律定性上不同，这明显违背了"技术中立原则"。所以，将网络转播纳入广播组织权进行保护，不单单是为了保护传统广播组织的利益和发展，而且还是为了顺应技术挑战下的邻接权制度不断扩张的趋势。

目前，在国际层次比较流行的观点是，为了保护广播组织的利益不因技术的更新而受损，在立法对"转播"进行定义时采取"技术中立原则"，对转播所涉技术不做过多要求，即广播组织转播权的范畴不因技术不同而发生变化。2011年6月，SCCR第22届会议编拟《〈保护广播组织条约草案〉要件》目标部分指出，在广播活动不再限于传统平台的交汇时代，条约草案应以下列内容为依据：[1]

- 基于信号，并不排除为广播组织规定专有权；
- 技术中性，以确保广播组织在进行广播活动的所有平台均受到充分保护；以及
- 对原点平台和利用平台之间加以区分。[2]

2012年1月，SCCR第23届会议编拟《保护广播组织非正式磋商会议报告》，在目标部分指出，与会代表一致认为，考虑到技术的发展，条约草案应以打击全球日益增多的信号盗播和盗版现象为主要目标，更新对广播组织的保护。磋商强调了条约采用一种技术中立方式订立的重要性，应将技术中立作为核心要件在条约草案中予以遵循。[3]

早在2006年7月，SCCR第15届会议编拟文件对转播就进行了技术

---

[1] WIPO，保护广播组织条约草案要件，SCCR/22/11，May 30，2011。
[2] 根据这一区分，并考虑到大会2006年的任务授权，信号所源自的原点平台必须严格限于传统平台，例如空中传播、卫星、发射塔等，这些平台才有资格作为广播机构受到保护；同时，广播机构的信号应在信号送达的所有利用平台得到完全的保护，以确保保护有效，使广播机构有权制止未经授权使用其广播节目的行为。
[3] WIPO，保护广播组织非正式磋商会议报告，SCCR/23/9，January 27，2012。

中立定义。① 根据该定义，"转播"概念中的方式包括一切方式，即有线方式或无线方式或有线与无线合并方式或网络转播等方式。转播只有在系由原播送组织以外的另一人进行而且目的是让公众接收时，才具有相关性。这一点从拟议的定义中可以清楚看出。所有提案均建议要么在定义中，要么在有关权利的条款中，规定或窄或宽的转播概念。在目前的自由式定义中，"转播"涵盖了所有提案中的实质内容。其中还增加了有关措辞，以明确将保护延伸至再次转播的行为。该定义沿用了《罗马公约》的"转播"定义，仅限于同时转播，即仅限于一个广播组织的广播节目被另一个广播组织同时广播的行为。为了解决这一问题，录制后的滞后播送应单独对待，因为实际上这已属于新的播送行为。因此，应增加关于录制后播送行为的保护。

2013年3月，SCCR第24届会议编拟的《保护广播组织条约工作文件》第9条对转播权提出两个备选方案。② 在转播权定义方面，方案A和方案B这两个方案基本是一致的。虽然，二者都遵循了《罗马公约》第13条第1款a项对转播权的界定模式，但是在内容上是做了突破的，将转播所依赖的传输技术方式做了最宽泛的表述，不仅包括传统的无线、有线转播行为，还包括网络转播在内的任何未来新式技术上的转播行为，即"任何方式"，从而完全回应了信息传播技术发展对广播组织权制度提出的挑战，一劳永逸地实现广播组织利益在转播领域的合法保护。另外值得一提的是，这两个方案对转播行为的规范舍弃了禁止性立法模式而采取的是授权性立法模式，将广播组织的这种利益作为一种专有权利来看待，这不但是为了使广播组织在转播方面提高保护水准，而且还是"为了与WPPT和WCT中的行文保持一致"③。

另外，与此对应的"纯粹转播行为"被条约草案各项规定保护的客

---

① 《保护广播组织条约经修订的基础提案草案》第5条规定，"转播系指原广播组织或有线广播组织以外的另一人对本条（a）项或（b）项规定中所述的播送内容以任何方式进行的让公众接收的同时播送；对转播内容进行的同时播送亦应被理解为转播。" WIPO，保护广播组织条约经修订的基础提案草案，SCCR/15/2，July 31, 2006。
② 备选方案A：(1) 广播组织应享有以下的授权专有权：i. 以任何方式向公众转播其广播信号。备选方案B：(1) 广播组织应享有以下的授权专有权：iii. 以包括转播、有线转播和通过计算机网络转播在内的任何方式转播其广播节目。WIPO，保护广播组织条约工作文件，SCCR/24/10 CORR., March 6, 2013。
③ WIPO，关于保护广播组织的条约合并案文，SCCR/12/2，May 2, 2005。

体所抛弃，并得到了与会国普遍的支持。① 例如，《保护广播组织条约经修订的基础提案草案》第6条第4款之规定，可以说将所有转播活动均排除在保护范围之外，其中包括转播、有线转播、通过电缆及以其他手段转播。② 在此环境下，转播即为广播，转播组织所广播的，是另一个广播组织的广播节目。根据第5条c款中的定义，转播组织根本不可能符合广播组织的标准。③ 转播组织没有对向公众播送的任何内容提出动议和负有责任，也没有对播送内容进行组合及安排时间。因此，根据"广播组织"的定义，"转播"不在条约的保护范围之内。所以，最符合逻辑的做法是，将整个转播概念，包括转播、以有线方式或通过电缆进行的转播，以及通过计算机网络进行的转播，排除在保护范围之外。应当强调的是，根据这一理由，这样做在任何方面都不会影响受条约保护的未来权利人——广播组织和有线广播组织——对转播其原始播送内容或对转播内容再行转播所享有的保护。对于由从事转播活动的实体所转播的原始播送内容，依然享有保护的，只有广播节目或有线广播节目的原始播送者。④

（二）录制权

尽管《罗马公约》第13条b款对录制权进行了规定，即广播组织享有授权或禁止录制其广播电视节目的权利，但是关于录制的内涵并未涉及。不过，WIPO在1961年制定公约之际，在条约的注释中便已确定"录制"并非phonogram的同义词，phonogram一般仅限于声音的录制，而"录制"本身则可能包含了图像和声音。根据该注释解释第7条表演者录制权，录制的含义可以理解为：将声音或图像具体化于有形物中使其得以永久地或稳定地被感知、复制或以使其得以被用于长时间传达之用。另外，在1961年达成的一致意见还有，被控制的录制行为也包括仅录制部

---

① WIPO，保护广播组织非正式磋商会议报告，SCCR/23/9，May 30，2011。
② 《保护广播组织条约经修订的基础提案草案》第6条第4款规定，本条约的规定不得对以下行为提供任何保护：(i) 以任何方式对第5条（a）、（b）和（d）项所述的播送内容进行的纯粹转播。
③ 《保护广播组织条约经修订的基础提案草案》第5条（c）项规定，"广播组织"和"有线广播组织"系指提出动议并负有责任向公众播送声音，或图像，或图像和声音，或图像和声音表现物，以及对播送内容进行组合及安排时间的法人。
④ WIPO，世界知识产权组织保护广播组织条约经修订的基础提案草案，SCCR/15/2，July 31，2006。

分广播电视节目，但会议没有就取自屏幕的单一静止图像（画面）是否构成部分录制表明态度。这一问题被留给国内法决定（见总报告）。没有控制截取静止图像的权利，将可能使广播组织受到损害，特别是在新闻领域。任凭报刊社（他们在某种意义上是竞争对手）从电视屏幕上截取时事新闻或世界杯赛事中进球的画面并刊载，并不利于它们之间形成良好的关系。① 由此，结合该公约制定时的技术背景，录制意味着将播放的广播、电视节目信号固定于磁带等音像载体上，包括两层意思：其一，由于是对节目信号的固定，所以，这种固定既可是对信号中的声音进行固定，也可是对图像或音像的固定；其二，由于当时的技术中尚无当前的数字或电脑技术，固定本身的含义就是长久性地保存，因为是将信号的内容刻录或保存在磁带或磁盘等载体之上，具有很强的稳定性，并未出现暂时保存的可能。

随着数字技术的快速发展，录制时所用的技术手段发生了明显改变，不管是承载信号的载体还是固定信号的手段同《罗马公约》时期的录制情况都不可同日而语。因此，录制权的基本内容也就随着技术的发展而进一步发展。例如，《保护广播组织条约经修订的基础提案草案》第5条借用WPPT中的"录制"含义，对"录制"作了定义②，增加"或图像和声音，或图像和声音表现物"这一短语。"体现"一词涉及使用任何手段或介质将信号所载的节目材料并入或录制下来的结果。此外，要指出的是，同WPPT的相应定义一样，关于录制的定义并没有从质上或量上限定录制下来所需的"体现"期限。在"体现"所必需的永久性或稳定性方面，没有规定任何条件。③ 在此基础上，该草案第11条对录制权进行了规定，即录制权是指广播组织应享有的授权录制其广播节目的专有权。这一形式的录制权是由埃及、欧盟、日本、新加坡、瑞士、美国和乌拉圭提议的。④ 这一规定除细节上做了必要修改

---

① 世界知识产权组织：《罗马公约和录音制品公约指南》，刘波林译，中国人民大学出版社2002年版，第43页。
② 录制系指对声音，或图像，或图像和声音，或图像和声音表现物的体现，从而可通过某种装置使之被感觉、复制或传播。
③ WIPO，保护广播组织条约经修订的基础提案草案，SCCR/15/2, July 31, 2006。
④ WIPO，关于保护广播组织的条约经修订的合并案文第二稿，SCCR/12/2 REV.2, May 2, 2005。

以外，沿用了 WPPT 第 6 条①关于录制尚未录制的表演方面的相应规定。

由此可见，该草案对录制权内涵做了较为宽泛的界定，对于固定后的时间以及用于固定的载体不再做过多的要求，因为网络环境下，数字固定的技术能力远超传统录制技术能力，不一定非要固定于光盘或磁盘上，无论采取何种技术手段或介质能将信号所载的节目内容固定并可以被感觉、复制乃至传播即可。因此，扩充后的录制权，仅仅关注将广播节目信号固定下来的行为或结果，而对录制所使用的技术以及承载信号内容的载体形式不予强调。

（三）复制权

《罗马公约》第 13 条 c 款对广播组织享有的复制权进行了规定，即复制（i）未经其同意而制作的其广播电视节目的录制品；（ii）根据第 15 条规定②制作的其广播电视节目的录制品，但复制目的不同于该条所述目的。对于复制的含义，该公约第 3 条 e 款指出，复制是指就某一录制品（视觉的或视听的——作者注）制作一件或多件复制品。简而言之，复制是指对录制品的再次固定。由此可见，该条赋予广播组织的权利可以制止对未经其同意而制作的录制品进行复制，或制止对根据第 15 条规定的例外制作的录制品进行复制。该权利的核心内涵在于控制基于未经许可的以录制方式而为的复制行为，而非未经许可的复制行为本身。换言之，如果录制行为得到了广播组织的许可，那么未经许可对录制品进行的复制就不是《罗马公约》所指的侵犯广播组织复制权的行为。③

在该公约制定会议上与会国一致认为，同第 7 条的适用一样，在未经广播组织同意而制作的录制品是出于第 15 条所述原因制作出来的情况下，关于广播组织的权利应适用第 13 条 c 款第二项而不是第 13 条 c 款第一项。另外，该公约第 13 条规定的复制权并没有第 7 条第 1 款第 3 项 b 有关表演者复制权的规定，即如果制作复制品的目的超出表演者同

---

① WPPT 第 6 条规定："表演者应享有专有权，对于其表演授权：（i）广播和向公众传播其尚未录制的表演，除非该表演本身已属广播表演；和（ii）录制其尚未录制的表演。"
② 《罗马公约》第 15 条第 1 款（c）项规定："缔约国的法律和规章可以就下列使用对本公约提供的保护规定例外：（c）广播组织为用于自己的广播电视节目而通过自己的设备进行暂时录制。"
③ 孙雷：《邻接权》，中国民主法制出版社 2009 年版，第 222 页。

意的范围,缔约国也应给予表演者可能的保护。因此,一旦复制品是经广播组织允许而制作的,广播组织就丧失复制权。① 广播组织行使该权利不需要取得表演者的协助,可以仅以自己的名义为之。② 总体而言,广播组织依据第 13 条享有的复制权,是平行于第 7 条表演者权利以外之独立权利。

目前,很多国家著作权法对广播组织的复制权进行了规范。不过,他们所规定的复制权在内涵方面却是不尽相同。一方面,有的国家著作权法将广播组织复制权定位于控制对未经许可的录制品进行复制的行为。比如,《德国著作权法》第 87 条第 1 款第 2 项,《印度著作权法》(1957 年)第 37 条第 3 款对此都有详细规定。③ 另一方面,有的国家著作权法将广播组织复制权控制在对录制品的复制行为范畴内,而对录制品的来源是否获得广播组织的许可不做要求,换言之,其不关心对广播电视节目信号进行录制的行为是否获取了广播组织的许可。但是对录制品进行复制必须取得广播组织的许可,否则被视为侵权。例如,《巴西著作权法》第 95 条、《埃及知识产权保护法》第 158 条第 2 款、《日本著作权法》第 98 条、《俄罗斯联邦民法典》第 1330 条第 2 款第 2 项、《韩国著作权法》第 84 条、《法国知识产权法典》第 L.216 - 1 条等对录制品的复制行为进行了

---

① Walter, M. Michael, The Relationship of, and Comparison Between the Rome Convention, the WIPO Performances and Phonograms Treaty (WPPT) and the Agreement on Trade - Related Aspects of Intellectual Property Rights (TRIPS Agreement); the Evolution and Possible Improvement of the Protection of Neighboring Rights Recognized by the Rome Convention., Copyright Bulletin, Vol. XXXIV, No. 3, 2000, p. 22.

② WIPO, Guide to the Rome Convention and to the Phonograms Convention, [Geneva]: World Intellectual Property Organization, 1981, § 13.4.

③ 《德国著作权法》第 87 条第 1 款第 2 项规定,广播电视企业有将其广播电视播放录制成音像制品、制作成图片,以及复制与发行该音像制品或者图片的权利,出租权除外。《印度著作权法》(1957 年)第 37 条第 3 款规定,在与任何广播节目有关的广播节目复制权存续期间,任何人在未经权利人许可的情况下对该广播节目或其实质部分实施下列行为:(c) 制作广播节目的录音录像,或者 (d) 制作此种录音录像的复制物,但最初的录制未经许可,或虽经许可,但为用于该许可未预见的任何目的,或者 (e) 向公众出售或出租 (c) 项或 (d) 项中提到的录音录像物,或为此种出售或出租出价,则在符合第 39 条规定的情况下,均应视为侵害了广播节目复制权。《十二国著作权法》,《十二国著作权法》翻译组译,清华大学出版社 2011 年版,第 175、242 页。

规范。①

我国《著作权法》第 45 条虽然没有以专有权的形式进行规范，但是以禁止行为的方式规定，广播电台、电视台有权禁止未经其许可将其播放的广播、电视录制在音像载体上以及复制音像载体的行为。不过，细读条文发现，我国在保护广播组织复制权益方面仅仅限定于复制录制品行为，立法对录制品录制行为是否取得过许可并未明确，也就不考虑该因素。

从 SCCR 各届会议形成的文件来看，世界各国对复制权的认识始终存有争议。例如，由于意见不合，2006 年 SCCR 第十五届会议编拟的《保护广播组织条约草案》第 12 条对复制权准备了三套方案②：备选方案 N 源自阿根廷、洪都拉斯、肯尼亚、欧盟、日本、瑞士和乌拉圭代表的提案，除细节方面做了必要修改外，基本沿用 WPPT 第 7 条和第 11 条之规定；③ 备选

---

① 《巴西著作权法》第 95 条规定，广播组织应享有授权或禁止转播、录制、复制其广播，以及在公共场所通过电视向公众传播其广播的专有权；行使广播组织权不得损害广播所含的知识产权权利人的权利。《埃及知识产权保护法》第 158 条第 2 款规定，广播组织享有财产专有权：未经事先书面授权，禁止电视广播向公众传播。本条款规定的禁止使用行为，包括录制、复制、销售、出租、转播、以任何方式将该广播向公众发行或者传播，包括消除或者破坏对于该广播所采取的技术保护，比如设置密码或其他措施。《日本著作权法》第 98 条规定，播放组织，享有接收播放或者接收播放后进行有线播放、将播放有关的声音或者影响进行录音、录像或者通过摄影等其他类似方式进行复制的专有权利；第 102 条规定，有线播放组织，享有接收其有线播放、将有线播放的声音或者影响进行录音、录像或者通过摄影等其他类似方法进行复制的专有权利。《俄罗斯联邦民法典》（著作权部分）第 1330 条第 2 款第 2 项对广播电视节目复制专有权进行了规定，包括复制广播电视节目播放录制品，即制作一份或更多的广播电视节目播放录制品及其部分的复制件。同时，电子载体录制，包括电子计算机存储器录制广播电视节目播放，同样被认定为复制；例外的情形是这种录制系暂时的，而且是工艺流程不可分割的实质部分，该工艺流程的唯一目的是合理使用录制品或者将广播电视节目播放合理地传播于众。《韩国著作权法》第 84 条规定，广播组织有权复制其广播节目。《法国知识产权法典》第 L.216-1 条规定，复制、销售、交换或出租以供公众之需、远程播放及在需支付入场费的公共场所向公众传播视听传播企业的节目，应征得其制作者的许可。《十二国著作权法》，《十二国著作权法》翻译组，清华大学出版社 2011 年版，第 22 页，第 40 页，第 95 页，第 406—407 页，第 458 页，第 527 页。
② 备选方案 N：广播组织应享有授权以任何方式或形式对其广播节目的录制品直接或间接地进行复制的专有权。WIPO，世界知识产权组织保护广播组织条约经修订的基础提案草案，SCCR/15/2，July 31，2006。
③ WPPT 第 7 条规定，表演者应享有授权以任何方式或形式对以录音制品录制的表演直接或间接地进行复制的专有权；第 11 条规定，录音制品制作者应享有授权以任何方式或形式对其录音制品直接或间接地进行复制的专有权。

方案 O^① 来自美国和埃及的提案,这一方案符合《罗马公约》第 13 条 c 款第 1 项和第 2 项;^② 备选方案 HH,符合《罗马公约》第 13 条第 3 款第 1 项和第 2 项,其中第 2 款第 2 项规定,缔约各方在广播组织未授权同意复制的情况下,有义务禁止对第 2 款第 1 项所述以外的广播节目的录制品进行复制。^③ 根据第 24 条,对于违反这一禁止规定的行为,广播组织应可诉诸有效的法律补救办法。

2011 年在 SCCR 第 23 届会议上由南非和墨西哥代表团提出的提案《保护广播组织条约草案》第 6 条提出了 A、B 两套备选方案,只有备选方案 A 中第 4 项对复制权进行了规定,即广播组织应有权授权以任何方式或形式直接或间接复制其广播信号。该提议在 2012 年 7 月第 24 届会议经委员会通过的《保护广播组织条约工作文件》^④ 和 2014 年 4 月第 27 届会议由秘书处编拟的《保护广播组织条约工作文件》^⑤ 的第 9 条中得到了体现,即设置 A 和 B 两个方案,只有 B 方案第 1 款第 2 项对复制权进行了规定,即广播组织应享有以任何方式或形式直接或间接复制其广播的录制品的专有权。第 9 条 B 方案第 2 款和第 3 款对以上规定还进行了说明,即对于该条第 1 款第 2 项提及的行为,行使权利应符合哪些条件,应由主张此项权利之地的缔约方国内法确定,但条件是此种保护必须适当和有效;任何缔约方均可向世界知识产权组织总干事交存通知书,声明其将不规定广播组织享有第 9 条第 1 款第 2 项所规定的授权专有权,但通过禁止权为广播组织提供保护。

不过,同在第 27 届会议上,由阿塞拜疆、白俄罗斯、俄罗斯联

---

① 备选方案 O:(1)广播组织应有权禁止对其除第(2)款规定以外的广播节目的录制品进行复制;(2)对于根据第 14 条制作而该条不允许复制的录制品,或未经广播组织授权制作的其他录制品,广播组织应享有授权从这些录制品中复制广播节目的专有权。WIPO,世界知识产权组织保护广播组织条约经修订的基础提案草案,SCCR/15/2,July 31,2006。
② 《罗马公约》第 13 条 c 款第 1、2 项规定,广播组织应当有权授权或禁止:(1)未经他们同意而制作的他们的广播节目的录音或录像;(2)根据第十五条的规定而制作的他们的广播节目的录音和录像,但复制的目的不符合该条规定的目的。
③ 备选方案 HH,(1)广播组织应享有授权以任何方式或形式对其广播节目的录制品直接或间接地进行复制的专有权。(2)任何缔约方均可在向 WIPO 总干事交存的通知书中,声明其将规定广播组织不享有本条第(1)款所规定的授权专有权,但享有以下保护:(i)对于根据第 17 条制作而该条不允许复制的录制品,或未经广播组织授权制作的其他录制品,广播组织应享有授权从这些录制品中复制广播节目的专有权,以及(ii)未经广播组织同意对其本款第(i)项所述以外的广播节目的录制品进行复制。
④ WIPO,保护广播组织条约工作文件,SCCR/24/10,Sept. 21,2012。
⑤ WIPO,保护广播组织条约工作文件,SCCR/27/2 REV.,March 25,2014。

邦、哈萨克斯坦、吉尔吉斯斯坦、塔吉克斯坦、土库曼斯坦、乌克兰、乌兹别克斯坦和亚美尼亚代表团提交的文件《保护广播组织和有线广播组织条约提案》第 6 条规定，(1) 广播组织和有线广播组织应享有授权或禁止他人进行下列行为的专有权：(a) 对其广播节目或有线广播节目进行录制；(b) 在以下情况中复制其广播节目或有线广播节目的录制品：(i) 对其广播节目或有线广播节目进行的录制未经其同意；(ii) 根据本条约第 7 条对其广播节目或有线广播节目进行的录制，被用于该条规定以外的其他目的。① 由此可见，该提案对复制权的界定，立足于"基于未经许可的录制而为的复制行为"，而非未经许可的复制行为本身。

对于以上几种不同的保护方式，笔者以为，第一，进行保护后必然比无保护好，所以，这几种保护方式不管是哪一个，对于广播组织的利益都会产生很积极的影响。第二，从广播组织权制度保护的客体角度而言，授予的保护仅延及广播组织为播送而使用的广播信号，而不延及此种信号所载的作品或其他受保护的客体，录制品一旦产生，录制品就不再存有信号而仅存广播内容了，因此，复制权保护的行为追溯至信号被录制是否取得许可，对于复制行为本身不加思考，也就顺理成章。第三，对于复制本质含义而言，复制就是对录制品的再次固定，那么复制权就是广播组织对复制录制品的行为控制的专有权，仅仅强调这个复制本身是否获得广播组织的许可授权。第四，由于未经许可对获得授权而制作的录制品进行复制的行为在现实中经常出现，从公平而言，若不对该行为加以制止，不利于广播组织的利益保护，因此，从切实维护广播组织利益的角度而言，广播组织的复制权应定位于对广播录制品复制的行为本身实施控制。另外，随着三网融合技术的发展，技术中立原则的贯彻，广播组织复制权所控制的复制本身不受技术方式所限也就水到渠成。例如，《意大利著作权法》第 79 条第 1 款第 2 项规定，广播电台、电视台享有许可以任何方式或者形式、全部或者部分地、直接或者间接地、临时或者永久地复制其播放的节目的权利。②

---

① WIPO，保护广播组织和有线广播组织条约提案，SCCR/27/6，April 21，2014。
② 《意大利著作权法》第 79 条第 1 款第 2 项规定，广播电台、电视台享有许可以任何方式或者形式、全部或者部分地、直接或者间接地、临时或者永久地复制其播放的节目。《十二国著作权法》，《十二国著作权法》翻译组译，清华大学出版社 2011 年版，第 40 页。

（四）发行权

虽然《罗马公约》和《TRIPs 协定》并未要求成员国为广播组织设立发行权，即这两个国际公约都未涉及广播组织发行权的规范和保护，但是，鉴于现实中他人将广播信号录制后进行销售的现象层出不穷，很多国家著作权法对广播组织发行权进行了规范。比如，《埃及知识产权保护法》第 158 条之规定[①]、《法国知识产权法典》第 L.216-1 条之规定[②]、《意大利著作权法》第 79 条之规定[③]、《俄罗斯联邦民法典》第 1330 条第 2 款第 3 项之规定[④]。另外，由于英美等国均将广播电视节目视为作品，广播电视企业享有作品作者的著作权，因此，广播电视企业对于广播电视节目的复制品享有发行权当属法理之中。且在美国，很多判例[⑤]认为通过网络公开传播作品构成"发行"，未经许可通过网络公开传播作品就是侵犯"发行权"。

由于国际公约对广播组织的发行权并未涉及，而很多国家对此又有主张，且为了对广播组织提供更好的全面保护，所以，SCCR 很多会议对该权利都有讨论。尤其在第 15 届会议中，由 SCCR 主席与秘书处合作编拟的《保护广播组织条约经修订的基础提案草案》，为保护该权利在第 13 条提出了三套备选方案，其中，备选 P 方案是由欧盟、瑞士和乌拉圭提议

[①] 《埃及知识产权保护法》第 158 条规定，广播组织享有未经事先书面授权，禁止电视广播向公众传播的财产专有权。本款规定的禁止使用行为，包括录制、复制、销售、出租、转播、以任何方式将该广播向公众发行或者传播，包括消除或者破坏对于该广播所采取的技术保护，比如设置密码或其他措施。《十二国著作权法》，《十二国著作权法》翻译组译，清华大学出版社 2011 年版，第 95 页。

[②] 《法国知识产权法典》第 L.216-1 条规定，复制、销售、交换或出租以供公众之需、远程播放及在需支付入场费的公共场所向公众传播视听传播企业的节目，应征得其制作者的许可。《德国著作权法》第 87 条第 1 款第 2 项规定，广播电视企业有将其广播电视播放录制成音像制品、制成图片，以及复制与发行该音像制品或者图片，出租权除外的专有权。《十二国著作权法》，《十二国著作权法》翻译组译，清华大学出版社 2011 年版，第 175 页。

[③] 《意大利著作权法》第 79 条规定，广播电台、电视台享有许可发行其播放的节目的专有权利。如果权利人未在或者未同意在欧共体成员国境内首次销售的，发行权在欧共体境内并不穷尽。《十二国著作权法》，《十二国著作权法》翻译组译，清华大学出版社 2011 年版，第 305 页。

[④] 《俄罗斯联邦民法典》第 1330 条第 2 款第 3 项规定，使用广播电视节目播放的方式有发行广播电视节目播放，即销售或者以其他方式转让广播电视节目播放录制品的原件及复制件。《十二国著作权法》，《十二国著作权法》翻译组译，清华大学出版社 2011 年版，第 458 页。

[⑤] A&M Records, Inc. v. Napster, 239 F.3d 1004, at 1014 (9th Cir. 2001); Warner Bros. Records, Inc. v. Payne, 2006 U.S. Dist. LEXIS 65765, at 3-4 (W.D. Tex., 2006).

的，并沿用了 WPPT 第 8 条①和第 12 条的相应规定，授予广播组织授权发行其广播节目录制品的专有权，根据第 1 款，发行权延及广播节目录制品的原件和复制品的销售或其他形式的所有权转让。第 2 款规定，关于广播节目录制品的原件或复制品被首次销售或以其他方式转让所有权之后权利的用尽所依据的条件，留待各缔约方确定。权利用尽仅涉及可作为有形物品投放流通的物质复制品。②

备选 Q 方案采用了埃及和美国的提案，建议授予广播组织禁止向公众发行和进口未经授权制作的其广播节目的录制品的复制品的权利。洪都拉斯建议对发行未经授权制作的广播节目录制品或此种录制品的复制品规定一种专有权。③

备选方案 II 把上述 P 和 Q 两种备选方案所涉的做法结合起来，提供采用双重保护的可能性。该方案中第 1 款所规定的发行权属于一种无条件的知识产权型专有权；第 2 款规定，关于发行权的用尽所依据的条件，留待缔约各方确定；第 3 款的规定让缔约方可以做出通知，选择通过禁止的方式让广播组织受到保护。对于违反这一禁止规定的行为，广播组织应可诉诸有效的法律补救办法。

尽管该草案为广播组织的发行权保护提供了三套方案，但是在会议召开期间反对的声音不绝于耳，如国际电影发行商协会（FIAD）、国际电影制片人协会（FIAPF）、国际音乐出版者联盟（ICMP/CIEM）和国际唱片业协会（IFPI）都表示为广播组织设立发行权不必要而且不适当；国际新闻工作者联合会（IFJ）则明确指出广播组织的发行权所保护的已经不是广播信号，违反了对广播组织进行保护的本义，明确反对设立广播组织发行权。④ 不过，与会国在面对如此强烈反对的同时，更加坚定了保护广播组织发行权的立场。如在第 24 届会议经委员会通过的《保护广播组织条

---

① WPPT 第 8 条规定，（1）表演者应享有授权通过销售或其他所有权转让形式向公众提供其以录音制品录制的表演的原件或复制品的专有权。（2）对于在已录制的表演的原件或复制品经表演者授权被首次销售或其他所有权转让之后适用本条第（1）款中权利的用尽所依据的条件（如有此种条件），本条约的任何内容均不得影响缔约各方确定该条件的自由。
② WIPO，世界知识产权组织保护广播组织条约经修订的基础提案草案，SCCR/15/2，July 31，2006。
③ WIPO，关于保护广播组织的条约合并案文，SCCR/12/2，May 2，2005。
④ 孙雷：《邻接权研究》，中国民主法制出版社 2009 年版，第 225 页。

约工作文件》第 9 条 B 方案第 7 项①和第 27 届会议由秘书处编拟的《保护广播组织条约工作文件》第 9 条中 B 方案第 1 款第 vii 项②对发行权进行了相同的表述。

由此可见，从 2004 年到 2015 年 3 月，与会国在国际会议上已形成共识，即不管是通过授予广播组织发行方面的专有权还是禁止权，两者必选其一。其实，授予广播组织发行专有权是保护广播组织的必然趋势。因为，尽管广播组织的复制权和录制权已经为节目信号提供了应有的保护，对于盗录、非法复制等行为会起到应有的制止作用，但是，毕竟广播组织外的单位或个人在对节目信号录制后或对承载节目信号录制品进行复制后很少没有后续赚取利润的活动或行为，录制或复制的主要目的在于销售，赚取不义之财。所以，设立录制权、复制权充其量只是对广播组织利益起到部分保护作用，赋予广播组织发行权也就免去了由录制权和复制权给销售节目信号录制品间接保护的过程，会直接起到保护广播组织在发行方面的利益的作用。况且，优秀的电视节目在自己的电视台重播或授权其他电视台重播的概率非常大，若有人在未获取许可的情况下将热门电视节目录制后的录制品进行大量销售，势必会对前述电视台重播的收视率造成巨大影响，造成广告费的减少，造成对广播组织所付出的技术性、组织性和经济性投入的损害。

（五）录制后播送权

对其他广播组织的广播信号进行再次播送，鉴于时间方面的差异，可以分为转播和重播。转播在时间上强调对广播信号的同步播送，而重播在时间上强调滞后性，即并不对其他广播组织广播信号直接进行同步播送，而是先行录制，然后在自认为合适的时间再向社会播送。对于转播，多数国家的著作权法都为广播组织提供了法律保护，而与转播明显不同的重播，很多国家并不对齐提供法律保护，如我国《著作权法》第 45 条、《巴西著作权法》第 95 条、《埃及知识产权保护法》第 158 条、《法国知

---

① WIPO，保护广播组织条约工作文件，SCCR/24/10 CORR.，March 6，2013。
② 《保护广播组织条约工作文件》第 9 条中 B 方案第 1 款第 vii 项规定，广播组织应享有通过销售或其他所有权转让形式向公众提供其广播信号录制品的原件和复制品的专有权。同时强调任何缔约方均可向世界知识产权组织总干事交存通知书，声明其将不规定广播组织享有本条第 1 款第 vii 项所规定的授权专有权，但通过禁止权为广播组织提供保护。WIPO，保护广播组织条约工作文件，SCCR/27/2 REV.，March 25，2014。

识产权法典》第 L.217-2 条、《德国著作权法》第 87 条、《印度著作权法（1957 年）》第 37 条、《俄罗斯联邦法典》第 1330 条、《韩国著作权法》第 85 条等都规定了广播组织享有同步转播的权利，但是，对于滞后的重播则并没有提供保护。

在国际层面，现有的国际文件，如《罗马公约》《TRIPs 协定》等，也都没有对该项权利提供保护。况且，一些国际组织对设立该项权利明确表示担忧和反对，如联合国教科文组织指出广播组织如享有此项权利就可能会使合法地使用某些作品的行为受到妨碍（已处于公共领域或者是经授权使用的作品）；国际新闻工作者联合会反对给予广播组织此项权利，认为一方面基础提案提供的保护立足于广播信号，而录制后播送权保护的是信号所载内容而非广播信号；另一方面，录制后播送权在实践中对节目中他人作品的著作权行使必然会产生消极影响。[1]

那么，是否应该针对录制后播送权提供保护呢？笔者以为，转播行为与录制后播送行为在本质上并无区别，无非就是在接收广播信号与转发该广播信号之间的时间长短不同，前者要求瞬间完成转发，后者要求瞬间之外的时间段来完成转发。转播行为的实施者利用了原广播组织的广播信号，其转播行为建立在原广播组织的经济、技术、人员的投入之上，而录制后的播送行为也离不开原广播组织的广播信号，也建立在原广播组织的劳动成果之上，细微不同在于，前者是直接利用广播信号，后者是增加"固定"信号环节而间接利用广播信号，即两者都源于广播信号。因此，著作权法在为转播行为提供保护的同时，没有理由放任他人未经许可将广播组织的广播信号录制后播送。况且，这种在时间上差异决定不了未经许可的转播肯定会对广播组织造成损害而未经许可的重播肯定不会对广播组织造成损害。一般而言，重播在时间方面的间隔越短，给原广播组织所造成的影响越大，该间隔小到毫秒时，重播也就成为转播，对原广播组织的影响最大。但是，该间隔也不是越大，对原广播组织的影响必然越小。比如，在国外举办的足球世界杯或欧洲杯，由于时差问题，大多转播的时间是中国凌晨，只有所谓的铁杆球迷在晚上坚守，大多民众会休息。若将直播信号录制后在次日的电视黄金时段进行播放，收视民众的数量应该是很

---

[1] WIPO, Statement from Intergovernmental and Non-Governmental Organizations, SCCR/15/4, July 19, 2006, 转引自孙雷《邻接权研究》，中国民主法制出版社 2009 年版，第 227 页。

可观的。因此，若对这种重播行为不加以规范，广播组织的利益很难获得公正的保护。正基于此，也有一些国家的国内立法对录制后再播送的行为提供了法律保护，例如，《墨西哥著作权法》第 144 条第 2 款规定，广播组织享有授权和禁止延时传输（deferred transmission）广播的行为[1]；《意大利著作权法》第 79 条第 2 款规定，广播组织享有"使用其固定的新播放的、转播的，或者新录制的节目的排他性权利"[2]。

也正是为了实现广播组织在重播方面的利益保护，在 SCCR 会议中所有代表团均认为非同时进行的播送只能利用原始播送的录制品才能进行，而这种形式的播送因此可被视为新的播送行为。另外，他们进一步以这样或那样的方式提出建议，在录制品的滞后播送方面，应对广播组织给予保护。[3] 于是，通过讨论，与会代表在《保护广播组织条约经修订的基础提案草案》第 14 条中，为保护该权提供了两套备选方案[4]：方案 JJ 是采用了阿根廷、埃及和美国所提出的方案，规定滞后播送的专有权。这一授权播送的权利涉及录制后以任何方式进行的让公众接收的一切播送行为，其中包括广播、有线广播和通过计算机网络进行的播送。[5]

备选方案 KK 中的第 1 款内容强调该录制后播送的权利属于一种专有权；第 2 款的规定的内容为缔约国提供一个选择方案，在不选择授予广播组织录制后播送专有权时，可以选择以禁止性表述来保护广播组织这方面的利益。对于违反这一禁止规定的行为，广播组织应可诉诸有效的法律补救办法。该方案的内容在以后的各届会议所形成的文件中都加以保留，例如，最新的第 27 届会议所形成的《保护广播组织条约工作文件》中第 9

---

[1] Mexico Federal Law on Copyright 1996, article 144（Ⅱ）.
[2] 《十二国著作权法》，《十二国著作权法》翻译组译，清华大学出版社 2011 年版，第 305 页。
[3] 阿根廷、埃及和美国在提案中对同时转播与基于录制品的（滞后）播送之间加以区分。欧盟、肯尼亚、日本（有关转播）、洪都拉斯、新加坡（有关通过电缆进行的转播）、瑞士和乌拉圭等若干其他代表团建议，转播的专有权亦涵盖基于录制品的（滞后）播送。WIPO, 关于保护广播组织的条约合并案文，SCCR/12/2, May 2, 2005。
[4] 备选方案 JJ。广播组织应享有授权在其广播节目被录制后播送此种广播节目的专有权。备选方案 KK。(1) 广播组织应享有授权在其广播节目被录制后以任何方式播送此种广播节目供公众接收的专有权。(2) 任何缔约方均可在向 WIPO 总干事交存的通知书中，声明其将规定广播组织不享有本条第（1）款所规定的授权专有权；但规定凡未经广播组织的同意，利用未经授权对其广播节目制作的录制品，播送其广播节目的行为，均应予以禁止，从而为广播组织提供保护。
[5] WIPO, 世界知识产权组织保护广播组织条约经修订的基础提案草案，SCCR/15/2, July 31, 2006。

条备选方案 B 的第 1 款第 6 项规定，广播组织应享有在其广播节目被录制之后以任何方式播送其广播节目供公众接收的专有权。同时，该条第 3 款还规定，各缔约方可以在授予广播组织专有权和禁止权两者中进行选择。

（六）提供已录制的广播节目的权利

流媒体技术的出现，为视频网站的繁荣提供了关键的技术支撑，而广播节目录制品的数字化，为视频网站互动传输业务提供了核心的内容支撑。换言之，在如此的新技术背景下，视频网站（包括广播组织创办的网站）有能力将广播信号录制后上传至网站网络服务器上，满足网民的点播需求，突破传统广播组织在固定时间播放的播送方式，让网民可以在自己选定的时间和地点收看收听广播节目，从而实现广播节目的多元化、个性化、自主化。正是因为提供已录制的广播节目的行为是为适应新技术而生的，具有深刻时代烙印的《罗马公约》和传统的著作权法对此也就没有规定，该项权利的保护也就难寻踪影。于是，很多视频网站在未取得广播组织许可的情况下，将其他广播组织的广播节目录制品或者广播节目信号数字化上传至自己网站的服务器中任由网民根据自身需求进行点播，从而实现网站的广告利润及其他业务利润。由此可见，视频网站通过提供广播节目的点播而获取利润是建立在其他广播组织对广播节目制作所进行的各种投入基础之上，给广播组织的利益造成严重损害也就不言而喻。若对越来越多通过网络点播深受大众喜爱的而又未获得许可的广播节目的行为不加制止的话，在广播组织的利益未受法律尊重的同时，公平与正义也难以得到维护与体现。尤其是，在对转播和重播提供保护的情况下，鉴于转播和重播都是广播组织在安排的时间运营的，观众都是被动接收，其给观众带来的随时随地收听收看的便利和趣味远低于提供已录制广播节目，于是，未经许可从事提供已录制广播节目供网民在任何时间和任何地点加以收听收看所给广播组织带来的伤害要远远大于前者，所以，赋予广播组织提供已录制广播节目的权利也应该是顺理成章的。

针对这一法律缺陷，一些国家或地区立法扩展了广播组织权的内容，将交互式向公众提供广播录制品的行为纳入广播组织的控制权范畴。例如，《荷兰邻接权法》（1993 年）第 8 条第 1 款第 5 项规定，广播组织享有向公众提供广播节目的录制品或复制品，或以其他方式公开的权利，无论为此使用何种技术设备。《意大利著作权法》第 79 条第 1 款第 4 项规定，广播组织享有许可任何人在其选定的地点和时间及获得的方式将其通过有线或者无线播放的节目自由支配的排他性权利。《俄罗斯联邦民法典》第1330条第2款第5项规定，广播组织享有将广播电视节目播放公布于众，即任何人能够自行决定在任何地点和任何时间接受广播电视节目播放的专有权。另外，对于英美等国，鉴于其将广播节目作为作品，广播组织以作者的身份通过向公众传播权来控制向公众提供广播录制品的行为。

在地区立法方面，《欧盟信息社会版权指令》（2001年）第3条第2款规定，邻接权人就其受保护客体享有授权或者禁止以有线或者无线的方式向公众提供受保护的客体，使公众中的成员可以在其个人选定的地点和时间获得这些受保护客体的专有权利。同WPPT相比，该指令不仅赋予了表演者和录音制品制作者向公众提供权，而且将这项权利的享有者延伸到了电影制片人和广播组织。具体来说，表演者就其已经固定的表演活动、录音制品制作者就其录音制品、电影制片人就其电影原件和复制件、广播组织就其已经固定的广播节目，都享有互动式的"向公众提供权"。①

除此之外，在SCCR召开的历届会议中，多数与会国认为在网络融合背景下广播组织应该享有像表演者和录音制品制作者一样的向公众提供权，需要为广播组织增加一项保护提供已录制的广播节目的权利。于是，经过协商，《保护广播组织条约》第15条为此提供了三套方案②，其中备选方案R采取的是授权式立法模式而备选方案S采取的是禁止式立法模式。前者是由阿根廷、欧盟、洪都拉斯、日本、肯尼亚、瑞士和乌拉圭提议的；后者是由美国提议的，而埃及建议规定禁止提供录制品的权利，但该建议中没有关于录制品须系未经授权制作这一

---

① 李明德等：《欧盟知识产权法》，法律出版社2010年版，第288页。
② 备选方案R：广播组织应享有专有权，以授权通过有线或无线的方式向公众提供其已录制的广播节目，使该广播节目可为公众中的成员在其个人选定的地点和时间获得。备选方案S：广播组织应有权禁止通过有线或无线的方式，利用未经授权制作的录制品，向公众提供其广播节目，从而使公众中的成员可在其个人选定的地点和时间获得该广播节目这一行为。备选方案LL：（1）广播组织应享有专有权，以授权通过有线或无线的方式向公众提供其已录制的广播节目，使该广播节目可为公众中的成员在其个人选定的地点和时间获得。（2）任何缔约方均可在向WIPO总干事交存的通知书中，声明其将规定广播组织不享有本条第1款所规定的授权专有权；但规定凡未经广播组织的同意，通过有线或无线的方式，利用未经授权制作的录制品，向公众提供其广播节目，从而使公众中的成员可在其个人选定的地点和时间获得该广播节目的行为，均应予以禁止，从而为广播组织提供保护。

条件。① 而备选方案 LL 是将前述 R 和 S 两种备选方案结合起来，采用双重保护这一解决方案，该方案在 2004 年 11 月会议上得到了广泛但并不一致的支持。需要注意的是，在向公众提供广播节目方面，不存在权利用尽的问题。权利用尽仅与发行由权利人或经其同意投放市场的有形复制品相关。

时间到了 2014 年，最新的 SCCR 第 27 届会议形成的《保护广播组织条约工作文件》中第 9 条备选方案 B 的第 1 款第 5 项②和该方案的第 3 款的规定③，虽然与前述有关内容在具体的表述方面不尽相同，但基本含义是相同的，即与会国应在授权式立法模式和禁止式立法模式这两种立法模式中进行选择。

不过，对广播组织提供这种权利保护模式的提案却遭到了一些国际组织的反对，如公民社会联盟（CSC）指出，为广播组织设定此项权利会引起权利的冲突和重叠，因为即使著作权人或相关权利人授权他人对包含在广播中的作品或其他客体进行使用，被授权者也还是要向广播组织取得许可，而且公众对原本处于公有领域的作品或其他客体会失去自由使用的机会。④ 其实，这完全是多虑了，因为该权利保护的还是以信号为核心，或者基于信号录制而存在的广播节目，对于载于信号之外的任何作品都不是该权利甚至不是广播组织权所要保护的客体。比如，就唐诗三百首这类早已进入公共领域的作品而言，广播组织制作节目时用到了这些唐诗作品，对于承载这些唐诗作品的信号录制品就不能未经许可被利用，而这并不妨碍他人利用其他形式所承载的这些唐诗，所以，规定该权利只是为了保护广播组织在传递这些唐诗作品所做出的各种投入，而不是为了保护这些唐诗。如此情况下，作为公共领域的这些唐诗作品并没有失去被自由使用的机会，只是不能随意使用承载这些唐诗的广播信号及其录制品。

（七）向公众传播权

《罗马公约》第 13 条第 d 款赋予了许可或禁止公开传播电视节目的

---

① WIPO，关于保护广播组织的条约经修订的合并案文第二稿，SCCR/12/2 REV.2，May 2，2005。
② 第 9 条备选方案 B 的第 1 款第 5 项规定，广播组织应享有以下的授权专有权向公众提供其广播节目录制品的原件和复制品，使公众中的成员在其个人选定的地点和时间可以获得。
③ 方案的第 3 款规定，任何缔约方均可向世界知识产权组织总干事交存通知书，声明其将不规定广播组织享有本条（1）款第（v）项所规定的授权专有权，但通过禁止权为广播组织提供保护。
④ WIPO, *Statements from Intergovernmental and Non-Governmental Organizations*, SCCR/15/4, July 19, 2006，转引自孙雷《邻接权研究》，中国民主法制出版社 2009 年版，第 229 页。

权利,即广播组织享有授权或禁止实施以下行为的权利:在收取入场费的公共场所公开传播其电视节目。被请求保护的缔约国国内法可以规定行使这一权利的条件。该权利的设立理由是:鉴于当时电视机的普及率尚很低,并非家家户户都拥有电视机,一些咖啡馆、饭店或影剧院为招徕顾客而提供电视节目播映,并因提供这种优惠待遇而收取某种费用,它们这样做,是利用电视节目来达到自己营利的目的。① 如此一来,该行为的合法性受到了质疑。因为尽管公民个人或家庭收听收看广播节目的行为的合法性毋容置疑,但是作为营利机构的经营场所将广播组织向公众提供的信息服务据为己有并以此牟利的行为,不但对著作权人和相关权利人的利益造成损害,而且还会对广播组织的广播利益造成伤害,甚至可能引起作品著作权人或其他相关权利人不予授权播放的情形。比如对于体育赛事广播,由于这些经营场所的公开播放往往会减少门票收入,因而常常导致赛事组织者拒绝授权对赛事进行电视播放,除非广播组织能够控制在哪些地方通过电视机公开播映。所以,为了公平起见,应赋予广播组织该项权利,使广播组织能够有效控制在公开场所播放电视节目的行为,即使有人未经许可从事了公开传播行为,也能依法责令这些营利场所或单位支付一定费用以期弥补广播组织的劳动投入。当然,由于目前电视机的高度普及,该问题也就不那么严重了。

另外,对《罗马公约》第13条所规定的公开播放权的内涵进行观察可知,首先,该权利的实施需要满足两个条件:其一,仅仅涉及"公共场所";其二,必须属于进入收费的播映场所,不包括对餐饮等服务进行收费的情形。②其次,该权利所保护的主体是电视台而非广播电台,出现该种差异性保护的原因在于电视台节目常常被咖啡馆、酒吧、饭店或影剧院接收并播放,而广播电台节目很少被上述公共场所播放使用。

《罗马公约》为世界各国对该权利的规范和保护的立法提供了蓝本,不过,国与国之间也略有不同。例如,《德国著作权法》第87条第1款第

---

① 世界知识产权组织:《罗马公约和录音制品公约指南》,刘波林译,中国人民大学出版社2002年版,第44页。
② 世界知识产权组织:《罗马公约和录音制品公约指南》,刘波林译,中国人民大学出版社2002年版,第44页。

3项①、《巴西著作权法》第95条②和《法国知识产权法典》第 L. 216 – 1条③所规定之内容基本保留了《罗马公约》对此之要求；《日本著作权法》第100条④虽然在主体方面没有突破该公约的范畴，即仅限于电视台或电视节目，但是又增加了一个条件，即"使用放大影像的特别装置"；《俄罗斯联邦民法典》第1330条第2款第6项⑤、《印度著作权法》第37条第3款⑥虽然规定的权利名称一个是公开表演权，另一个是复制权，但是具体内容基本都是在支付费用背景下广播组织许可他人在公共场所接收广播电视节目的权利，且将广播电台的节目也包括进来，扩大了该权利的内涵。做出扩展情形的还有《意大利著作权法》第79条第1款第3项。⑦

由此可见，很多国家对该权利的认识是不一致的，而为了统一认识，SCCR会议对该权利进行了热烈的讨论。首先，对于"向公众传播"进行的探讨，洪都拉斯在其提案中建议，同《罗马公约》一样，将"向公众传播"仅限于电视。阿根廷、肯尼亚和美国在其提案中将"向公众传播"延伸至从某播送内容的录制品向公众进行"传播"或"再现"的行为。一些代表团将控制"向公众传播"的权利仅限于只有买门票才能进入的公共场所。⑧ 不过，《关于保护广播组织的条约经修订的合并案文第二稿》对"向公众传播"提出了非常具体、狭窄的定义，该定义援引了《罗马公约》第13条 d 款对电视节目所使用的概念，但将其延伸至向观众传播

---

① 《德国著作权法》第87条第1款第3项规定，广播电视企业有在只有支付入场费公众放得进入的场所使公众感知其广播电视播放的独占权利。
② 《巴西著作权法》第95条规定，广播组织应享有授权或禁止转播、录制、复制其广播，以及在公共场所通过电视向公众传播其广播的专有权。
③ 《法国知识产权法典》第 L. 216 – 1条规定，复制、销售、交换或出租以供公众之需、远程播放及在需支付入场费的公共场所向公众传播视听传播企业的节目，应征得其制作者的许可。
④ 《日本著作权法》第100条规定了电视播放的传达权，即播放组织，享有接收电视播放或者接收电视播放后进行有线播放的专有权利，以及使用放大影像的特别装置向公众传达其播放的专有权利。
⑤ 《俄罗斯联邦民法典》第1330条第2款第6项规定，使用广播电视节目播放的方式如下：公开表演，即利用技术设备在收费入场的场所，随便播放广播电视节目，而不管在播放场所或者与播放同时的其他场所接受的情况如何。
⑥ 《印度著作权法》第37条第3款规定，在与任何广播节目有关的广播节目复制权存续期间，任何人在未经权利人许可的情况下对该广播节目或其实质部分实施下列行为：(a) 转播广播节目，或者 (b) 在收取费用的情况下使公众听到或看到广播节目。
⑦ 《意大利著作权法》第79条第1款第3项规定，广播电台、电视台享有许可通过有线或者无线转播其播放的节目，当公众支付一定的费用后，亦可向公众传播。
⑧ WIPO, 关于保护广播组织的条约经修订的合并案文第二稿, SCCR/12/2 REV. 2, May 2, 2005。

带有声音以及图像和声音的播送或转播节目内容,并涉及向表演("再现""展示"等)现场的观众或听众进行公开表演这一具体情况。①

其次,对于"向公众传播权",多数代表团,即埃及、欧盟、洪都拉斯、新加坡、美国和乌拉圭建议,该权利仅涉及公众要买门票才能进入的场所,而其他一些代表团,即阿根廷、日本、肯尼亚和瑞士,在提案中没有包括这一要求。② 于是,《关于保护广播组织的条约经修订的合并案文第二稿》第7条对"向公众传播权"提出了两套方案:备选方案L和备选方案M。③ 备选方案L无条件地承认这一专有权。这一模式是由阿根廷、欧盟、洪都拉斯、日本、新加坡、瑞士和乌拉圭提议的。备选方案M中的第1款载有与备选方案L一样的规定,所提供的保护以第2款和第3款为条件。第2款和第3款采用的是埃及和美国的提案。第2款中载有一条关于由国内法来确定条件的专门规定,这一规定可见于《罗马公约》第13条d款。第3款让各成员国有可能通过做出保留,对第1款的规定加以一定的限制,或根本不适用这些规定。在SCCR 2004年6月会议的讨论中,备选方案M比备选方案L得到了更多的支持。

尽管SCCR在2004年11月会议上,对一些代表提议删除该权利的议案进行了审议,但是对该权利的保护在以后的SCCR各届会议上并没有消失。如第24届SCCR通过的《保护广播组织条约工作文件》第9条对授予广播组织"向公众传播"专有权提出了两套方案:备选方案A规定,广播组织享有为取得商业优势或利用超大屏幕在公共场所表演其广播信号的专有权,且行使本项权利应符合哪些条件,应由主张此项权利之地的缔约方国内法确定,但条件是此种保护必须适当和有效;在备选方案B中

---

① 这一类传播行为可包括接收广播信号并将广播的节目内容在咖啡馆、酒店大厅、交易会场所、电影院屏幕或对公众开放的其他场所向公众播送的行为。该定义是想包括让公众能通过位于上述各类场所的收音机或电视机听到和/或看到节目内容这一行为。
② WIPO,关于保护广播组织的条约经修订的合并案文第二稿,SCCR/12/2 REV. 2,May 2,2005。
③ 备选方案L:如果向公众传播其广播节目是在收门票的公共场所进行的,广播组织应享有授权进行此种传播的专有权。备选方案M:(1)[同上文备选方案L的规定]。(2)行使这一权利的条件应由被要求提供本条第(1)款规定的保护的缔约方国内法律确定。(3)任何缔约方均可在向世界知识产权组织总干事交存的通知书中,声明仅对某些传播适用本条第(1)款的规定,或声明将以某种其他方式对适用这些规定加以限制,或声明根本不适用这些规定。如果某缔约方作出此种声明,其他缔约方则无义务将本条第(1)款所述的权利给予总部设在该缔约方的广播组织。WIPO,关于保护广播组织的条约经修订的合并案文第二稿,SCCR/12/2 REV. 2,May 2,2005。

广播组织享有向公众传播其广播节目的专有权,且任何缔约方均可向世界知识产权组织总干事交存通知书,声明其将不规定广播组织享有该专有权,但通过禁止权为广播组织提供保护。① 在 2014 年 4 月的第 27 届会议上,由英国代表团提交的提案延续了前述规定②,但由阿塞拜疆、白俄罗斯、俄罗斯联邦、哈萨克斯坦、吉尔吉斯斯坦、塔吉克斯坦、土库曼斯坦、乌克兰、乌兹别克斯坦和亚美尼亚代表团联合提交的提案对此进行的规定有所不同:广播组织和有线广播组织应享有授权或禁止他人进行为商业目的公开放映其广播节目或有线广播节目,或其广播节目或有线广播节目的录制品的专有权,且行使本项权利应符合哪些条件,可由主张此项权利之地的缔约方国内立法确定,但条件是此种保护必须适当和有效。③

通过对主要国家国内立法以及 SCCR 会议代表提案的梳理和分析,笔者以为,虽然技术的发展带来私人信息终端多样化的趋势越来越明显,但是,在收取入场费的公共场所内接收广播节目信号并向公众播放的行为仍被多数国家广播组织权所包含,且这种保护趋势也越来越明显。相对于《罗马公约》的相关规定,该种保护拓展了权利客体,由电视节目信号发展到广播信号和电视信号,也就是不仅保护声音的传播而且还保护图像和声音混合一体的传播。

第二节 广播组织权制度扩张的必要性

信息传播技术的日新月异促进了人们利用广播电视获取信息途径的多样性,这些新情况既带来了广播组织权制度难以适应技术发展的困境,又从深层次改变了广播组织的生存状态,于是广播组织寻求权利的扩张也就成为顺理成章的事情。不过,任何一项权利在制度方面的扩张都意味着有关利益的重新分配,因此,分析广播组织权制度扩张的必要性离不开对广播组织权立法的价值追求的探讨。

---

① WIPO,保护广播组织条约工作文件,SCCR/24/10 CORR.,March 6,2013。
② WIPO,拟议的 WIPO 保护广播组织条约,SCCR/27/3,April 8,2014。
③ WIPO,保护广播组织和有线广播组织条约的提案,SCCR/27/6,April 21,2014。

SCCR 自 1998 年起对新技术背景下广播组织权保护问题进行了长达 17 年的研究和探讨,协调世界各国对此的立法立场并形成了多份文件,在广播组织权的适用范围、权利客体、权利内容及其限制等多方面都实现了拓展。在这些文件的序言中,世界各国普遍认同的立法价值从侧面也反映了广播组织权制度扩张的必要性。例如,从世界知识产权组织于 2004 年出台的《关于保护广播组织的条约有关保护网播问题的附加和任择议定书》中序言[①]以及世界知识产权组织于 2006 年出台的《保护广播组织条约经修订的基础提案草案》序言[②]来看,各国必然能看到由于信息传播技术尤其是融合技术的发展造成网络广播节目国内国际盗播现象逐渐严重,因此,为了制止非法使用网播节目的行为,适应经济、社会、文化和技术发展以恰当解决该问题,就必须采取新的国际规则,认可网播组织的权利,当然,该国际规则必须保持两个平衡:其一,网播组织的权利与公共利益之间的平衡;其二,网播组织的权利与著作权、相关权之间的平衡。维持这两个平衡才能为作者、表演者和录音制品制作者带来利益。

---

① 《关于保护广播组织的条约有关保护网播问题的附加和任择议定书》序言中指出,缔约各方,出于以尽可能有效和一致的方式发展和维护保护网播组织权利的愿望,承认有必要采用新的国际规则,以提供解决由经济、社会、文化和技术发展所提出的问题的适当方法,承认信息与通信技术的发展和交汇带来了深刻的影响,致使未经授权在国内和跨越国境使用网播节目的可能性和机会增加,承认有必要保持网播组织的权利与广大公众的利益尤其是教育、研究和获得信息的利益之间的平衡,承认建立一种既保护网播组织,又不使版权及相关权权利人对网播节目中所载作品及其他受保护客体的权利受到损害的国际制度这一目标,并承认网播组织必须要认可这些权利,强调提供有效和一致的保护,制止非法使用网播节目的行为,会对作者、表演者和录音制品制作者带来利益。WIPO,世界知识产权组织关于保护广播组织的条约有关保护网播问题的附加和任择议定书,SCCR/12/5,April 13,2005。
② 2006 年出台的《保护广播组织条约经修订的基础提案草案》序言指出:缔约各方,出于以尽可能有效和一致的方式发展和维护保护广播组织权利的愿望,承认有必要采用新的国际规则,以提供解决由经济、社会、文化和技术发展所提出的问题的适当方法,承认信息与通信技术的发展和交汇带来了深刻的影响,致使未经授权在国内和跨越国境使用广播节目的可能性和机会增加,承认有必要保持广播组织的权利与广大公众的利益尤其是教育、研究和获得信息的利益之间的平衡,承认建立一种既保护广播组织,又不使版权及相关权权利人对广播节目中所载作品及其他受保护客体的权利受到损害的国际制度这一目标,并承认广播组织必须要认可这些权利,强调提供有效和一致的保护,制止非法使用广播节目的行为,会对作者、表演者和录音制品制作者带来利益。WIPO,世界知识产权组织保护广播组织条约经修订的基础提案草案,SCCR/15/2,July 31,2006。

第四章　三网融合背景下广播组织权制度的扩张

一、广播组织权制度之资金基础

传播技术领域的革命带来著作权法的产生和发展,从一定意义上说,著作权制度的发展史,也是传播技术进步的历史。① 反之亦然,信息传播技术的发展在带来作品生产方式多样化的同时,也带来了作品利用方式的日益增多,并直接促进了著作权法变革和发展以及包括广播组织权在内的邻接权的产生与发展。

通常而言,著作权是对作者的创造性劳动进行保护的一种权利,强调文学、艺术或科学领域中作品的原创性,而邻接权保护的是传播者传播作品的权利,是为表演者、录音制品制作者及广播组织由传播作品的行为所产生的成果,即表演、录音制品及广播信号,提供的一种权利保护。尽管传播者的传播活动也有一定的技巧,但该技巧主要是一种"传播技术"上的技巧而非"创造艺术"上的技巧。② 尤其是广播组织在传输节目信号的过程中并不要求创造性,只强调能够将承载节目的信号有效、高质地传输至大众。而正是基于如此目的,广播组织需要投入大量的资金用来更新技术、储备人才、架设基础设备。那么为了保障广播组织能够积极、持续地投资到对作品传播的事业中来,为广播组织创设一种类似著作权的权利来保护其权益也就顺理成章了。③ 因为,为了满足公众对作品的获取与知悉,不仅作品的创造活动是必需的,而且对作品的传播也是必要的。该传播行为离不开人力、物力的支持,传播后形成的成果若可以被他人随意使用,那么传播者在市场上就会处于非常不利的地位,这也就会极大地挫伤传播者对作品传播的积极性。④ 由此可见,为广播组织提供法律保护的基础在于其为作品传播所做的贡献以及其为此所做的技术、时间和资金方面的投入。广播组织权作为一项专门保护投资者的权利,通过授予其专有性的权利激励其对优秀作品的传播,既能回应广播电视产业发展所产生的保护需求,又能满足作品作者的利益实现。当然,正是基于保护广播组织的有效投资才设立广播组织权,因此,对广播组织

---

① 吴汉东:《著作权合理使用制度研究》,中国政法大学出版社1996年版,第222页。
② S. M. Stewart, *International Copyright and Neighbouring Rights*, London: Butterworths, 1983, p. 178.
③ M. Sakthivel, *Webcasters' Protection under Copyright—A Comparative Study*, Elsevier Ltd., 2011, p. 8.
④ [日] 田村善之:《日本知识产权法》,周超、李雨峰译,知识产权出版社2011年版,第495页。

的保护程度必须与其投入和所承载的公共责任相匹配。换言之，不管新技术能够为广播组织提供什么样的信息传播方式，为此投入多少，广播组织权的扩展必须保持广播组织权与广大公众的利益尤其是教育、研究和获得信息的利益以及同广播节目中作品的作者或相关权利人的利益之间的平衡。

广播组织在广播事业中的投入主要包括三个方面：传输设备、对内容的选择与编排以及对节目信号的制作和传输。传统广播组织成立之初，离不开对节目制作、信息传输设备的采购及架设，对此需要花费大量的人工和资金。比如，有线广播组织的建设投入主要集中在线路接入费用和维护费用等方面，需要巨额的前期资本支出。每个家庭基础上的布线成本取决于人口密度和地理或规划问题，但在美国或西欧等发达国家或地区市场中，平均的成本是每户 500 欧元至 1000 欧元或更多，而在发展中国家或地区市场，如中国等国家或地区的费用则是每户 200 欧元。在欧洲，有线广播组织从每个有线电视用户处得到的平均收益是每月 11 欧元。考虑到并不是所有的家庭连接电缆后都将订阅服务——通常在该地区 40% 的家庭会订阅服务——很明显，布线是一个昂贵的解决方案。此外，在低密度区域架设电缆的经济性体现为，在大多数情况下，获取投资回报是不可能的，因此，只有在更多的人口密集的城镇和城市建设有线电视系统是可行的。由于这一点，许多市场，特别是发达国家市场，已经看到了有线电视转出的结局，即网络覆盖本质上与以往一样大。这意味着，有线电视公司大部分的投资集中到他们旨在改善和增加服务的基础设施上面，以从现有接受服务的家庭获得尽可能多的增量收入。① 无线广播组织的建设投入主要集中于电视信号塔的建设与维护，而地面传输的相对短程性质意味着众多发射信号塔是必需的。在英国等市场，需建设超过 1000 个信号塔才能使信号覆盖到人口的 99%，而在中国市场，则需要超过 30000 个信号塔才能覆盖大多数人口。②

对节目的选择与编排是智力方面的投入，是广播组织工作人员在研究观众收视心理、明确自身定位的基础上，通过根据编排原则搭配软硬新

---

① WIPO, *Study on the Socio economic dimension of the Unauthorized use of signals part 1 current market and Tecnology trends in the broadcasting sector*, SCCR/19/12, November 30, 2009.
② WIPO, *Study on the Socio economic dimension of the Unauthorized use of signals part 1 current market and Tecnology trends in the broadcasting sector*, SCCR/19/12, November 30, 2009.

第四章 三网融合背景下广播组织权制度的扩张

闻、长短新闻,选取丰富、报道形式多样的题材,力求实现压制竞争对手,获取眼球经济的创新过程。可以说,作为广播组织各个频道运行的关键一环,节目的选择与编排不但直接决定节目的收视率,而且对节目广告的经营也会带来很大的影响。那么,确定如何在节目编排过程中既能够充分体现职能管理部门的政策要求,又能够充分关注到受众的需求,科学与艺术素养就成为广播组织编排人员必须具备的素养。也就是说,节目的选择与编排并非简单地将各个节目串联起来,而是在认真分析不同区域、不同性别、不同年龄、不同教育背景、不同职业造成的观众心理诉求上的差异,将有限的节目内容与目标受众在时间上做到无缝对接,在情感上做到有的放矢,为受众呈现视觉大餐。不过,需要注意的是,节目选择与编排所体现出的创新同作品创新是不一样的。既然这种智力投入蕴含于不同节目之间的衔接与取舍内,那么判断未经许可盗播广播节目的行为是否侵害广播组织的权利,就要看盗播的是单独的某一节目信号还是整套节目信号,若是前者,侵害的主要就是作品作者或录音录像制品者的权利;若是后者,侵害的不仅会是作品作者或录音录像制品者的权利,还有广播组织的权利。

  对节目进行选择和编排的同时通过相应的设备及技术将其制作成可供传输的信号,然后,通过传输设备将载有节目内容的信号传输至大众。而广播电视信号在传输模式方面,也已经由模拟复合逐渐向数字压缩、多路复用技术方向发展,传输方式从地面无线、有线发展为利用宇宙空间的卫星直播和利用互联网的网络广播。因此,按信号传输方式可以对广播电视传输方式进行分类:无线传输、有线传输、卫星传输和网络传输。无线传输作为广播电视事业最为原始的传输手段到目前为止仍是广播组织提供广播电视节目的基本手段。不过,由于有线传输在信号传输稳定性和频道多样性等方面的优势,该种传输方式成为城镇居民接收广播信号的主要手段。当然,在网络广播发明之前卫星传输为全国范围内传输转播机构提供节目源的功能非常强大,尤其是原来的模拟卫星信号发展至数字卫星信号后,卫星传输利用了数字传输与数字压缩技术,提高了信息传输质量。网络传输是一种以点对点传递数字信息流的方式进行、由用户来启动的信息传送,是为计算机等终端提供节目服务的主要手段。不断扩展的传输方式,尽管为广播组织产业带来了活力,但是在实现该传输之前与之中,投资建设与运营的资金会是一大笔费用。

二、广播组织权制度之技术基础

正如前述，无线广播技术的产生带来了广播组织权制度的出现。而信息传播技术的更新是否必然推动广播组织权制度的拓展，有待于我们的进一步分析。

自无线广播技术产生之后，人类在信息传播技术发明方面取得了突飞猛进的发展，到目前为止，广播组织在传输节目信号过程中使用的技术包括有线广播技术、卫星广播技术和网络广播技术。有线广播是通过导线（金属或光纤）传输网络，将广播电视节目传输给订阅者的接收设备的广播。在目前的技术支持下，有线广播传输途径分为广播电视网络、电信传输网络和低压电力传输网络。有线广播传输最大的特点在于：克服了无线广播传输深受区域大小、信号发射、天气、建筑物干扰等因素影响而音质不稳定的缺陷，能使音质稳定清晰；在无线频率资源有限的前提下，有线广播可以增加教育教学、古典音乐、通俗音乐、体育栏目等频道为受众提供更加到位、更为专业化的广播电视服务；广播卫星采取的是收集地面广播组织发射的微波广播信号后转播给地面公众直接接收的广播方式。

上述有线广播、卫星广播技术的成熟与运用，在满足人们收视收听优质、丰富广播节目需求的同时，也为未经许可的、日渐"繁荣"的多种盗播行为或手段提供了便利，给广播组织的广播利益造成难以估量的损失。

尤其在卫星技术由卫星传输发展到直播卫星传输的过程中，广播组织使用无线电波与有线电视系统相结合的方式将节目信号传送，即首先通过无线播放设备将节目信号发射至卫星，由卫星的接收系统进行接收，随后卫星将该信号发送至地面的有线电视系统，该系统再将信号传送至千家万户的电视终端上。在这个信息流动的过程中，一些组织机构（包括一些合法广播组织）为了获取不义之财在未经授权许可的情况下截取节目信号并向终端用户的盗版接收装置（机顶盒和智能卡）传输。由此可见，盗播的技术和方式在广播技术由无线发展至有线技术、卫星技术的时候，也进行了不断升级：从无线电信号窃取到有线盗播，再到卫星信号盗取。另外，除了信号盗播外，市场还存在对广播节目信号进行非法录制、销售和出租的行为。比如，有些公司或个人在未经许可的情况下将热门电视节目或体育赛事偷录成录音录像制品，然后投入文化市场进行销售或出租非法获取利润。

由于1964年《罗马公约》对广播的规定仅仅反映了当时社会的无线广播技术背景[①]，而随后的信息广播技术早已超出了《罗马公约》所规定的外延，于是，有线广播、卫星广播无法因遭到盗播而得到当时法律的保护，即当他人对有线广播节目未经授权即加以复制、再进行有线播送时，有线广播组织均不能对其主张权利，广播组织权对于广播事业与有线广播事业的保护显然发生失衡。如此状况下，广播组织与有关法律专家均认为原有的权利内容体系已经不能适应新时代的变化，由广播技术发展带来广播手段的更新，使广播组织权利内容扩展实属自然而然。因此，越来越多的国家将广播组织权保护客体的范围进行了拓展，赋予广播组织有线广播与无线广播同样的权利，对有线广播信号进行了保护。如1986年，《日本著作权法》进行了部分修正，即将有线广播事业纳入邻接权加以保护。同时，广播卫星技术的出现以及广播信号在此间的传输，也带来了广播前信号窃取现象的发生，1964年的《罗马公约》同样没有对此进行保护。而现实的盗播卫星信号所带来的危害，促使人们对此有所回应，于是，为广播前信号提供法律保护的国际公约——《卫星公约》——于1974年在布鲁塞尔签订，该公约指出，各缔约国保证采取适当的措施，防止任何播送者在该国领土上或从该国领土上播送任何发射到或通过人造卫星但并非为了提供给他们的载有节目的信号。

当人类实现有线广播、卫星广播后，信息传播技术发展的步伐并没有停止而是更加迅猛。尤其是数字技术的发明和互联网技术的产生，为信息传播事业插上了腾飞的翅膀。当人类步入20世纪末期和21世纪初，数字信号技术取代了模拟信号技术，使广播电视节目信号传输具备了质量高、容量大、多媒体、可跨界传播等优势，实现了数字直播卫星广播、网络广播等新型传输方式的开发与运营。而正是宽带的普及与不断升级，以及互

[①] 当时，FM 广播几乎不存在，晶体管收音机尚未被发明，距离立体声广播出现的时间还相当的遥远，录音技术还刚起步，卡式录音座仅是一个产品概念，数字广播（DAB）的概念人们根本是想都没想过，距离彩色电视出现的时间也还相当的遥远，录像设备（录像机）是个遥远的梦想，有线闭路仅在少数国家开始布建，卫星广播是科幻小说的剧情，广播事业的竞争根本不存在。See Werner Rumphorst, "Neighbouring Rights Protection of Broadcasting Organisations", *EIPR*, 14 (10), 1992, p. 339 – 342.

联网上民众对资讯的旺盛需求，带来网络广播的出现以及迅速传播。当下各大视频网站的火爆以及逐年递增的视频网民数量（截至2014年12月，中国网络视频用户规模达4.33亿人①），印证了网络广播在广大网民心目中受欢迎的程度。

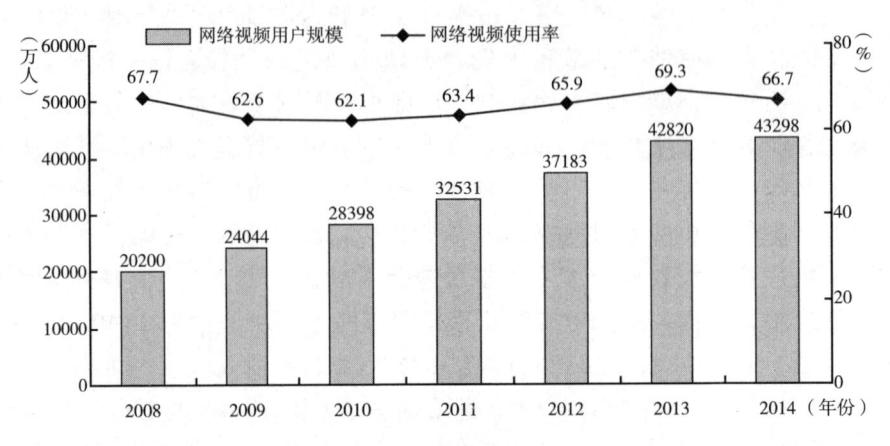

图4-1 2008—2014年中国网络视频用户规模及使用率

资料来源：中国互联网信息中心（CNNIC）中国互联网络发展状况统计报告（2015年1月）。

基于流媒体技术通过计算机网络以点对多或点对点方式，实现服务器上的音频和视频资源的及时传输，网络广播使用户可以根据自己选定的时间和地点登录互联网获取自己喜欢的广播节目内容，促成了网络同步转播之广播电视节目直播范围的扩大，克服了频谱稀缺的不足。目前网络广播的形式主要包括：网络点播、网络预定广播、网络同步转播等。当然，任何新技术的出现都是双刃剑，网络流媒体技术也不例外，即在满足人们通过网络获取信息的需求的同时，其对广播组织的利益也会产生巨大影响。以国内著名视频分享网站"土豆网"为例，其成立之初秉持着以网民为中心的理念，希望为网民打造一个能够自由分享的视频交流平台，网民可以在此平台上进行上传、浏览、评论等多种互动活动。而随着视频压缩技术和流媒体技术的日益进步，原本容量巨大的广播电视节目或其他视频内

---

① 中国互联网络信息中心：《第35次中国互联网络发展状况统计报告》，http://www.cnnic.net.cn/hlwfzyj/hlwxzbg/，2015年6月20日。

第四章 三网融合背景下广播组织权制度的扩张

容均可在无损清晰度的状况下被超强压缩，这直接鼓励了大量网民在该视频网站上上传各种视频内容，如电影、电视剧的片段甚至整个影片，也直接使该视频网站具有了为网民提供瞬间下载或在线流畅观赏视频甚至直播的服务的可能。

以这种技术为基础的视频网站放任网民随意上传或播放广播节目的行为，毫无疑问会对有关广播组织的利益带来消极的影响。因为这种行为必然导致电视剧收视率和广告收入的降低以及相应相关音像制品销量的下降。[1] 例如，利用 BitTorrent 软件的档案分发及 YouTube 的视频网站服务等进行播送，已严重影响著作权人和邻接权人的利益。由于互联网服务供应商供应数据储存空间及速度已不构成任何技术问题，于是在互联网的平台上，广播节目盗播的侵权行为已没有地区性的界限。因为内容一旦被上传于网络或使用点对点即 P2P 联结技术做档案分享，只要著作权人和邻接权人没有通过快速及有效的渠道制止或防范该侵权行为，网上就会大范围非法下载和共享著作权人的作品和广播组织的广播节目，从而大幅增加广播信号和内容被侵权的数量。[2] 英国科技顾问公司 Envisional 的研究显示，绝大多数的美国和英国流行电视剧可供网络下载和播放，2008 年的电视节目盗版数量比 2007 年增加了 150%。其中，英国在全球电视节目盗版数量中位居首位，高达 1/5，仅次于第二的澳大利亚和第三的美国。这对专门播映热门影集与广播电视节目的付费电视企业，如英国电视企业 Sky 和 Channel 4，可能造成严重威胁。非法下载及传送广播信号及内容，成为广播组织在历史上面临的重大挑战。[3]

另外，在众多网络盗播行为中，还有一类较为严重的就是未经授权的现场体育赛事网络转播的行为。该类行为主要有以下三种方式：（1）流媒体播放（连续播送），比如通过点对点网络电视服务商收看体育赛事节目或者直接从网络服务器上以连续播送方式进行收看；（2）上传到文件共享网站的节目录像；（3）用户上传到内容网站以及文件共享网站等上的精彩赛事节目的荟萃。该类行为运用的技术主要有两种：（1）单播流

---

[1] 王迁：《视频分享网站著作权侵权研究》，《法商研究》2008 年第 4 期。
[2] 陈娜：《广播组织权制度研究》，博士学位论文，中南财经政法大学，2009 年，第 107 页。
[3] 李乐娟：《新媒体对广播业带来的挑战——亚太广播联盟版权委员会会议后记》，http://www.rthk.org.hk/mediadigest/20070413_76_121391.html，2014 年 3 月 25 日。

媒体技术①；（2）基于点对点技术的流媒体 P2P 技术②。而支持这两种技术运行的仅需宽带互联网和普通电脑。由于使用前者观看直播节目往往需要缴费，而使用后者享受转播服务通常是免费的，所以，P2P 技术成为现场体育赛事电视直播网络盗播所最为常用的技术也就不难理解。运用 P2P 技术进行网络盗版的现象在加拿大、中国、韩国、瑞典、西班牙和俄罗斯尤为猖獗。③ 数据显示，全球范围内通过互联网收看未经授权的体育赛事转播的观众人数众多。如《体育广播权与欧盟竞争法》一书所指出的："仅仅是 2007 年 11 月份的一场 NBA 赛事的流媒体直播源就吸引了超过 100 万人，而其中 3/4 的观众可以确定在中国。"④

如此背景下，广播组织权能否拓展至网络广播呢？早在 2002 年 SCCR 第八届会议上，美国就主张将法律保护延伸至网络广播，认为从技术角度而言，网络广播同传统广播在功能上并无二致，因此，在法律上理应被一视同仁。⑤ 但是，美国的提案并没有获得大多数与会国的支持，尤其是大多发展中国家从国家发展战略角度认为对网络广播提供保护不但不会使他们受益，而且会限制公民接触信息和学习知识的机会，而发达国家却是最大受益者。为了扩大共识，欧盟退而求其次，提出应将传统广播组织的网络广播，即网络转播纳入法律保护之中，这在一定程度上获得了各代表团的支持。⑥ 不过，尽管如此，SCCR 还是暂时搁置了网络广播问题，在 2006 年《广播组织条约（草案）》中并未将网络广播信号纳入广播组织

---

① 单播流媒体技术是指支持将视频直接从服务器向单个客户端用户连续播送的技术。参见宋海燕《中国版权新问题》，商务印书馆 2011 版，第 112 页。
② 基于点对点技术的流媒体 P2P 技术是指又称对等互联网络技术，是一种网络新技术，依赖网络中全部参与者的计算能力和带宽，而不是较少的几台服务器上。P2P 网络的一个重要的目标就是让所有的客户端都能提供资源，包括带宽、存储空间和计算能力。因此，当有节点加入且对系统请求增多时，整个系统的容量也随之增大。这是具有一组固定服务器的 C/S 结构不能实现的，这种结构中客户端的增加意味着所有用户更慢的数据传输。
③ 美国贸易代表办公室：《美国特别 301 报告》（2008 年），第 10 页，转引自宋海燕《中国版权新问题》，商务印书馆 2011 年版，第 112 页。
④ Background Report on Digital Piracy of Sporting Events, Envisional Ltd. and NetResult Ltd., 2008, p. 11, 转引自宋海燕《中国版权新问题》，商务印书馆 2011 年版，第 113 页。
⑤ WIPO, *Protection of the Rights of Broadcasting Organizations* (*Proposal submitted by the United States of America*), SCCR/8/7, October 21, 2002.
⑥ WIPO, 关于保护网播问题的备选和非强制性解决方案的工作文件，SCCR/12/5 PROV., April 13, 2005。

权保护范围,决定在以后合适时候在单独文件中对其进行规定。①

正如前述,技术的发展总是对著作权制度不断提出挑战,而后者也总是随着前者的前进步伐做出相应的调整和变革。无线电技术的发明与运用,带来了广播组织权的产生与发展,同时也在该项制度上烙下了这项技术的印记。信息技术的升级与改造丰富了广播组织权主体与客体,必然要求该项制度做出顺应信息技术发展的调整,坚持技术中立原则,将有线广播、卫星广播、网络广播都纳入保护范围。

三、广播组织权制度之政治、文化基础

根据我国《广播电视管理条例》第 10 条之规定,广播电台、电视台只能由县、不设区的市以上的人民政府广播电视行政部门设立,其中教育电视台可以由设区的市、自治州以上的人民政府教育行政部门设立。其他任何单位和个人不得设立广播电台、电视台。国家禁止设立外资经营、中外合资经营和中外合作经营的广播电台、电视台。由此可见,广播组织在我国遵循的是国有的体制,是党、政府和人民的喉舌,是政令上传下达的桥梁和新闻传播的通道,能够沟通监督、引导舆论。广播组织的这一社会属性和它的工具特性——传播功能,总是血肉般交织在一起,也就成为政治属性的突出体现。那么,为了维护以及充分发挥这一政治属性,促进广播组织的繁荣发展也就成为加强政治建设的题中之义。而广播组织权的拓展就是扩充法律在广播组织的权利保护方面的规定,广播组织基于此可以获得更加广阔的权利保护,顺势带来广播组织的快速发展,也就能够更加充分地发挥广播组织在政治宣传或传播中的功能。

另外,从民主角度考虑,广播组织权制度还能够服务于一定的民主政治,具有增进民主价值的功能,在建设民主市民社会中发挥着建设性的作用。因为,广播电视在当今社会中是一个非常强大的信息交流平台,在构建公共领域中发挥着不可替代的作用。可以说,广播组织为公民的发言或获取知识、交流思想提供了强有力的管道或平台,在这个过程中,广播组织也有自己的权益需要获得维护,即在给他人提供便利的同时,自身权益也应获得保护,为传播他人信息或繁荣文化市场做出更大的贡献。由此可

---

① WIPO,关于世界知识产权组织保护广播组织条约基础提案草案,SCCR/14/2,February 8,2006。

见，由广播组织权支持的广播电视的信息公开构成了民主社会的关键部分，而广播组织权制度促进并保护了这一公开的民主特征，其手段是在保护传播者传播与对这种传播的控制实施一定的限制之间谋求某种平衡。这也就反映了广播组织权制度在国家策略方面所体现出的通过激励机制和市场约束实现公民民主自由的特征。尤其是，在节目传播市场层面，广播组织权制度有利于增强的民主功能体现在两个方面：其一，生产性功能，即先进的广播组织权制度向包括政治在内的他人创造性表达的传播提供了激励机制，从而能够提高社会的民主程度；其二，结构型功能，即赋权与限制相结合，广播组织权制度在保护传播活动的同时也要对其设定必要的限制，旨在促进个人学习、教育、文化研究等活动从而为公共利益的维护提供足够的空间。因此，在如今三网融合的背景下，需要适时强化广播组织权保护以便广播组织权制度更好地发挥其增进民主价值的作用。

当然，随着政治文明的日益发展，适当的广播组织权利扩张也适应了民主社会对广播组织权保护的需要。可以说，从广播组织权制度的民主范式而言，广播组织权制度在支持民主文化方面发挥着独特的作用。民主社会离不开民众通过包括广播组织在内的媒介进行的有效的思想表达，离不开媒介市场中的自由竞争。也就是说，广播组织节目内容对社会的影响能否获得最大程度的发挥，取决于广播电视节目在传媒市场中是否能获得最大程度的流转。广播电视节目传播的范围越广、速度越快，其所带来的社会效用也就越大；其所带来的社会效用越大，越能促进广播组织权制度激励广播组织传播更多、更好的电视节目并激励作者创造更多、更好的作品以供广播组织使用。因此，基于网络技术的发展，扩展广播组织权的内涵以维护传播广播电视节目的积极性，不仅在一定程度上能够扩大公民的知情权、政治参与权，而且还能提高新闻自由、言论自由或表达自由化程度。

除了上述政治因素外，从繁荣文化层面来看，广播组织权的适当扩张在强化对广播组织保护的基础之上不仅能激励广播组织制作和传播节目的积极性，而且还能激励节目内容的著作权人的创作和传播积极性，对推动文化发展、繁荣时代精神具有不可替代的功能。任何一项新权利的设立或原有权利的扩张都会导致既有利益的重新分配，广播组织权的扩张也不例外。正如前述，在《罗马公约》缔结期间，有人持有"蛋糕理论"，认为著作权保护的利益是固定的，其他主体若参与分配必然带来该利益的减损,即认为不同利益集团之间的利益冲突不仅存在于作者与表演者之间,也存在于广播组织与作者之间以及广播组织与表演者、录音制品制作者之间,因此,广播组织权人介入作品价值链必然带来作者自身利益的减损,人越多,利益越分散。其实,该理论违反了动态平衡规律,因为其只是静态地看待著作权市场中的利益行为,作者的著作权利益不是固定不变的,其大小是由传播的范围和规模决定的,即作者的作品在传播市场中表现得越活跃,欣赏、购买或复制该作品的人就会越多,该作者由此获得的利益也就会越大;反之,如果作品在传播环节出了问题,很少有人去听、去看、去复制、去购买、去传播作品,那么,作者由此获得的利益也就会很少或逐渐减少,作品的内在价值因为传播领域出现问题而未能被充分挖掘出来。因此,广播组织权的扩张促进了广播组织的发展,广播组织更加努力地实现他人作品在广播电视信号中的呈现,制作的节目更加精良且广受受众喜爱,在实现自身利益增长的同时节目内容作者的利益极大地增加。可以说,尽管广播组织权的扩张本身意味着对他人使用广播组织节目内容限制的增强,但是,只要这种限制未影响之后的作者在创作新作品时借用该节目内容,也没有影响到被扩张背景下广播组织权合理使用的适用,它就会在一定程度上满足节目中作品作者的利益实现,激发作者、广播组织对作品创作和传播的积极性,从而实现信息事业和文化事业的繁荣和发展。

当然,即使是从上述增进民主政治和繁荣文化方面考虑著作权扩张的正当性,也需要防止因过度扩张而带来的破坏性作用。例如,被扩张的专有权可能被用来压制政治性的或社会性的批评,被扩张的著作权可能会增加后续作者的创作成本和公众接近该作品的个人成本,甚至在有些情况下使对作品的接近成为一种负担。

第五章 三网融合背景下广播组织权的限制

第一节 广播组织权制度的利益平衡

著作权法通过创设广播组织权,赋予广播组织者专有权,使之获得物质和精神利益,激励其更积极地从事作品传播活动,从而促进科学技术的发展、思想和文化的进步,满足大众对于精神文化生活信息的需求,促进公民精神人格的发展和自我实现。其实质在于通过机制与技术运用将广播组织者物质利益与社会精神文化利益相结合,广播组织者物质利益是手段,他人和社会的物质与精神文化利益是目的。因此,广播组织权制度必须以广播组织者利益与社会公共利益共通、协调、一致为基础,采取各种措施协调、平衡两者的关系,但是,随着信息技术的发展变化,两者不可避免地会产生冲突,广播组织权制度利益平衡也就成为一项常谈常新的话题。

一、广播组织权与公共利益的冲突与平衡

广播组织权制度在利益平衡方面的价值目标在于实现各利益主体间的和谐状态。该和谐状态主要涉及广播组织与著作权人的权利与义务之间的平衡,以及广播组织和其他广播组织之间的利益平衡等,最为核心的和谐状态诉诸广播组织的私人利益与公众接受广播电视信号的公众利益以及在此基础之上更广泛的社会公共利益之间的平衡。广播组织权制度的利益平衡体现了广播组织权的二元价值取向,即对广播组织权益的保护与对这种

专有权的限制并存。恰如会议主席努马·德罗在1884年第一次伯尔尼外交会议闭幕式中所言，面对公共利益，没有绝对的权利，任何权利都必须受到限制。①

（一）广播组织权与公共利益之间的冲突

广播组织权的设立与发展源于广播组织对信息作品传播为社会所做出的贡献，因此，著作权法中广播组织所享有的权益同社会公众所享有的利益应具有高度契合性。但是，由于各种原因，现实中广播组织权与公共利益之间发生冲突也并非个别现象。

1. 现有合理使用制度对广播组织权与公共利益之间的平衡协调乏力

鉴于我国制定合理使用制度的立法技术采取的是列举的方式，带来立法实体内容无法满足时代的发展与技术的更新的问题，存有很大的局限性。因为尽管列举方式的立法模式拥有很多优势，比如，遵循了法定主义原则、对司法活动有明确的指引。但是，该立法模式所带来的不利后果也是不可避免的，比如列举的项目毕竟是有限的，不可避免地存有遗漏的情形；列举明确，很难适应当下或未来技术新发展所带来的新要求，不可避免地存有滞后性或缺乏包容性等缺陷。如此一来，在司法活动中，针对新技术背景下所形成的诉讼案件，在无法直接适用《著作权法》中的合理使用条款时，为了判决必然会启用法官的自由裁量权，而司法裁判结果不一致或不确定的现象也就在所难免。

相对而言，美国的合理使用制度体现出超强的原则性，更具有灵活性、超前性以及可操作性，对世界版权法和版权制度的发展贡献巨大，深受广大专家学者的好评。但是，即使在这样的情况下，美国合理使用制度在协调版权（美国版权法中不存在广播组织权，但是广播组织的权利并非不受保护，而是以版权的形式为其提供保护）与公共利益之间的平衡时也并非完美无缺，而是缺乏实质的动力。

首先，以"因素主义"立法模式著称的美国合理使用制度以及《数字千年版权法案》所确立的"反限制条款"都彰显了美国政府积极拓展版权保护范围而缩小合理使用制度使用范围的真实目的。根据美国《宪

---

① "应根据公共利益对绝对保护加以限制。如果对某些复制设备不做出保留，就不可能满足对日益增长的大众教育的需求，但是对复制设备的保留也不能沦为对它们的滥用。"参见1884年伯尔尼外交会议记录，第68页，转引自［匈］米哈依·菲彻尔《版权法与因特网》，郭寿康等译，中国大百科全书出版社2009年版，第375页。

法》第 1 条第 8 款之规定可以发现，该条款不但蕴含着版权法之精神，而且毫不含糊地将版权制度建立在典型的工具主义基础之上，蕴含着保护版权乃工具或手段之含义，以实现社会科学和实用技术有所发展为目的。[1] 正如《美国版权法》1909 年的立法报告所言，版权法的立法目的在于通过设立有限的专有权，促进整个社会福利。[2] 由此可见，美国版权法的法典精神在于通过"授予作者在有限时间内的经济垄断权"这种手段，最终实现"诸如社会文化事业之类的公共利益发展"的目的。可以说，"在受到限制的情况下，作者的利益与公众的利益是一致的。在两者发生冲突时，作者的利益必须让位于公共福利。版权法的最终任务是在作者控制其作品传播的权利与促进其作品进行最广泛传播的公共利益之间创设一种平衡。"[3] 但是，新制度经济学思想促使版权领域中新激励理论的出现，[4] 对《美国版权法》（1976 年）以及之后的相关立法产生了巨大影响，其认为版权是存在于保护作品创造的投资基础之上的。版权存在的终极价值并非仅仅是促进或引导新作品的创作与传播，因为，该学派认为作品是一种商品，作者是这种商品的主人，为了实现作者的利益最大化，应该穷尽开发该种商品的所有商业价值，尤其在面对媒介融合新技术所带来的损失时，应对版权进行扩张。因此，虽然《美国版权法》（1976 年）第 107 条[5]是作为限制版

---

[1] 《宪法》第 1 条第 8 款规定："为了促进科学与实用技术的进步，国会有权赋予作者和发明者对其各自的文字作品和发明享有一定期限的专有权。"
[2] "国会根据美国宪法制定的版权法并非建立在作者对其作品的自然权利基础上——而是建立在如果赋予作者一定时间内的独占权利，整个社会福利将得以增加，科学和实用艺术将得到促进的基础之上。" H. R. No. 2222, 60th Cong., 2d sess, 转引自王清《著作权限制制度比较研究》，人民出版社 2007 年版，第 205 页。
[3] Copyright Office, Sixty-fourth Annual Report of the Register of Copyrights for the Fiscal Year Ending June 30, 1961, the General Revision of the U. S. Copyright Law, 1961, p. 6.
[4] 该学派的核心观点是从福利经济学的角度分析，公共利益等同于整个社会福利的最大化，而整个社会福利的最大化又取决于版权人个人利益的最大化。个人利益最大化激励权利人创作与传播作品，因此，会有更多的新作品问世并得以传播。
[5] 《版权法》第 107 条："虽有第 106 条及第 106 条之二的规定，为了批评、评论、新闻报道、教学（包括用于课堂的多件复制品）、学术或研究之目而使用版权作品的，包括制作复制品、录音制品或以该条规定的其他方法使用作品，系合理使用，不视为侵犯版权行为。任何特定案件中判断对作品的使用是否属于合理使用时，应予考虑的因素包括：（1）该使用的目的与特性，包括该使用是否具有商业性质，或是为了非营利的教学目的；（2）该版权作品的性质；（3）所使用的部分的质与量与版权作品作为一个整体的关系；（4）该使用的对版权作品之潜在市场或价值所产生的影响。作品未曾发表这一事实本身不应妨碍对合理使用的认定，如果该认定系考虑到上述所有因素而做出的。"

权而存在的规范，但是其不无透射出扩张版权范围的实质，体现了和美国合理使用制度与促进公共利益的法律精神截然对立的促进个人利益的法条精神。① 无疑，这与创设合理使用制度的初衷及实质严重背离。

其次，美国合理使用制度欠缺制度性规范的确定性与指导性价值。美国合理使用制度源于将司法实践中的判断要素以成文法的形式固化，以图形成具有确定性与指导性的制度性规范，但是，鉴于该制度本身的复杂性，即使用成文法的形式固定了这些判断要素，其也只能作为裁判的参考标准，而并非形成毫无异议且完整的规范。② 例如，"使用的目的与特性，包括该使用是否具有商业性质，或是为了非营利的教学目的"不仅是判断合理使用行为是否合理的第一要素，同时也是支撑整个合理使用制度大厦的根基。不过，这里的"目的与特性"只是起到一种示例性的作用，其并没有给出具体的目的类型或者范围，因此法官尚需具体案例具体分析。

另外，波斯纳他们认为非商业使用的要求在很大程度上是空洞的，它没有而且也不应发挥重大作用，因为大多数表达行为是商业性的，而且大多数合理使用的复制也是商业性的。③ 由此看来，在商业使用与非商业使用之间并不存在一个泾渭分明的标准，尤其进入三网融合时代后，即使是像法官这样的专业人才也很难判断通过互联网复制广播电视节目的用途是商业还是非商业。况且，《美国版权法》（1976年）在规定"使用的目的"时，并未涉及私人复制的分类。换言之，《美国版权法》（1976年）立法者关注的是"竞争者"即出版者和其他作者使用他人作品或广播电视节目的行为，也只有"竞争者"的这种行为才具有区分商业与否的必要。而对于普通民众的阅读和欣赏行为，并无判断是否是合理使用的必要，因为一旦该判断可以运用于普通民众，那么必然会涌现出大量侵权诉讼，而这绝非合理使用制度创设目的之所在。④ 但是，上述分析只适应传统传媒时代，而随着数字网络技术的出现，私人复制极其简便，数量庞大

---

① 王清：《著作权限制制度比较研究》，人民出版社2007年版，第206页。
② William F. Patry, *Fair Use Privilege in Copyright Law*, Washington: The Bureau of National Affairs, Inc., 1995, p.417.
③ ［美］威廉·M.兰德斯，理查德·A.波斯纳：《知识产权法的经济结构》，金梅军译，北京大学出版社2005年第1版，第146页。
④ L. Ray Patterson, Stanley W. Lindberg, *The Nature of Copyright: A Law of User's Right*, Athens: University of Georgia Press, 1991, pp.102–106.

的私人复制对版权人及邻接权人的权益影响很大。在该背景下，传统理论以"使用目的"分类将"私人复制"排除于侵权之外，造成版权法难以适应三网融合的需求，就没有存在的基础了。由此可知，美国的合理使用制度丧失了成文法律制度性规范的确定性，因而无法作为使用行为合理与否的论断性规则。另外，与之具有的适用目的的广泛性与判断的灵活性的优点如影随形的是其难以逾越的因个案判决结果不一致所导致的不确定性与不可预见性等缺陷，从而使其缺乏对现实的指导意义。[①]

2. 著作权法变革打破广播组织权与公共利益原有的平衡

（1）保护期限的不断延长对公共利益的影响

从历史和现实角度来看，世界各国著作权法对作品及广播节目信号的保护期限曾经并正在经历一个不断延长的过程。从世界上第一部著作权法《安娜法令》规定保护期限为 14 年（可续展一次，续展有效期为 14 年）开始，世界各国的保护期限呈现出不断上升的趋势。如在美国，1790 年《版权法案》规定版权保护期为 14 年（可续展一次），到 1989 年美国加入《伯尔尼公约》时已延长至"作者有生之年加死后 50 年"，再到 1998 年美国国会通过《版权保护有效期延长法案》（Sonny Bono Copyright Term Extension Act），版权保护期又延长到"作者有生之年加死后 70 年"；1886 年，由德国、比利时、法国、英国、意大利等 10 个国家签署的《伯尔尼公约》规定最低保护期为 10 年，到 1908 年第一次修订时将保护期调整为"作者有生之年加死后 50 年"，一直至今；1993 年 10 月 29 日，欧盟理事会批准了《关于协调版权和特定邻接权保护期的指令》将保护期调整为"作者有生之年加死后 70 年"；《罗马公约》规定广播组织权保护期限为从有关的广播节目开始播出之年的年底起算不低于 20 年，而 2006 年 SCCR 出台的《保护广播组织条约经修订的基础提案草案》规定依该条约授予广播组织的保护期，应自广播播出之年年终起算至少持续到 50 年，等等。尽管这些国家和地区在推进保护期不断增长时所持有的理由为"寻求对作者的公正；激励新作品的产生"[②]，但是不少持反对态度的人却认为，一方面，在著作权交易市场，大量的著作权人不是原作者，很多都

[①] 王清：《著作权限制制度比较研究》，人民出版社 2007 年版，第 195 页。
[②] Senate Report, No. 104-315, at 3，转引自韦景竹《版权制度中公共利益研究》，中山大学出版社 2011 年版，第 125 页。

是公司企业，著作权保护期的延长并不能必然给原作者及其家庭或后代带去利益；另一方面，实践中没有任何研究或数据能证明在50年而非70年保护期的情况下，作者的创作激情会受到打击。所以，保护期的延长只是为著作权人利益又多提供了20年的保护，而对消费者而言无疑是多出了20年的作品版税支出，最终导致公共利益的损害。[①] 恰如我国学者指出，根据作品有限保护期限理论，当作品保护期届满进入公有领域时，著作权人就无权对作品再行控制，作品可以为公众自由出版、自由使用。而将著作权保护期延长，除了增加著作权人的经济利益外，并不会提升作品的社会价值，反而降低了作品的社会价值。[②] 对于广播组织权的保护期限的延展也是一样的，在没有充分证据证明延长广播组织权的保护期限可以激励广播组织者编辑制作更多更好的广播电视节目信号、促进科学文化知识繁荣发展的情况下，不断延长广播组织权保护期限是一种对公众极不负责任的表现。这损害了广播电视观众作为消费者的权益，及对应该进入公有领域的广播电视节目的自由使用和演绎的权利。

（2）不断加强的技术措施对公共利益的影响

随着数字技术和网络技术的出现和发展，视频音频作品通过数字化可以轻易地在网络上传播、复制，在满足著作权人、广播组织者扩大著作权销售的同时，又向著作权人、广播组织者的利益提出了严峻的挑战。因此，为了趋利避害，越来越多的著作权人或广播组织者将各种技术措施应用到保护利益方面，以期从最大程度上杜绝他人未经许可使用作品或广播电视节目信号的可能。不过，自技术措施问世以来，各种破解、规避技术措施的方法和工具就层出不穷，仅靠著作权人、广播组织权人自身所采取的技术措施来保护其自身利益已完全不能适应新形势发展的需要。于是，国际条约和各国立法对技术措施予以法律保护也就成为必要手段。但是，由于对技术措施立法保护的主要目的在于保护著作权人、广播组织等主体的合法利益，因此，其对公众所享有的利益往往加以忽视，导致技术措施在阻止他人非法使用受保护的作品或广播电视节目信号的同时，也将普通民众的合理使用行为拒之门外，增加文化传播制作的成本，阻碍正常的文

[①] Craig W. Dallon, "The Problem with Congress and Copyright Law: Forgetting the Past and Ignoring the Public Interest", *Santa Clara L. Rev.* Vol. 44, 2004, p. 365.

[②] 韦景竹：《版权制度中公共利益研究》，中山大学出版社2011年版，第127页。

化交流,所以,很多国家的立法中都会存在技术措施保护妨碍公共利益的问题,主要表现在以下几个方面。

其一,对言论自由的妨碍。广播组织权保护的是广播组织对广播活动的资金投入、人力投入,及所形成的广播电视节目信号等,对广播电视节目内容所展现的思想或信息是不加以保护的。网络环境下,广播组织权人通过采取技术措施,阻碍公众自由接触受保护的广播电视节目信号,即使在符合合理使用的情况下也一样,因而其所承载的思想、信息无法为公众所了解、收听收看和欣赏,从而无法实现围绕该节目的其他创作或制作,以及对节目的评论和适当、自由的引用。而这就将广播组织所享有的权利延伸到了思想领域,违背了广播组织权制度的基本宗旨和最终目标,妨碍了公众获取、使用信息的自由乃至侵犯言论自由,使得人们无法站在前人的肩膀上推进社会文化的繁荣。另外,技术措施对社会信息两极分化即信息鸿沟的形成也有相当大的加深作用。

其二,对合理使用的挤压。合理使用制度是世界各国著作权法中对著作权和邻接权进行限制的一种主要制度,也是维护著作权法中各种主体之间以及与各主体公共利益之间平衡的重要机制。可以说,设置合理使用制度的目的在于通过对私权的限制维护社会的公共利益,即社会公众可以利用合理使用制度的规定,依法无偿、自由地使用广播电视节目。而技术措施保护的立足点和归宿都在于限定他人无偿利用著作权或广播组织权所保护的客体范围,以实现维护权利人合法利益的目的。从价值取向来看,上述的不同为合理使用与技术措施的冲突埋下了伏笔。从实践操作来看,技术措施对任何使用行为都是一视同仁不加区分的,无论他人实施的是侵权行为还是合理使用行为,都会被权利人的设置挡在门外,客观上也就将合理使用排除在外了。因为技术措施仅仅只是一种机械手段,它不具备足够的智力来判断来自外在的行为是否合法。如此背景下,技术措施对公众为个人目的而自由获取、使用广播电视节目的合理使用行为的限制就不容忽视,从长远来看,该等限制无疑会影响网络视频或音频的繁荣与发展。有鉴于此,为平衡技术措施对合理使用所带来的影响,制定技术措施例外条款就十分必要。[1]

---

[1] 对此,《数字千年版权法案》(DMCA) 第1201节 (a) (1) (A) (B) (C) 规定,该法规定技术措施条款在颁布2年后生效;在这2年中和以后的每3年,由版权登记机构提出建议,国会图书馆根据版权登记机构的建议制定规则,认定根据DMCA其权益受到或可能受到不利影响的使用者,并规定这样的使用者可以规避该法规定的技术保护措施。

其三，对权利保护期的延展。广播组织权区别于物权的一个重要特点在于前者具有时间性，而该时间性设定的目的在于保证公众在一定期间过后能够接触、获取、利用广播电视节目，促进社会文化和科学事业的发展与繁荣。换言之，广播组织权是一种有限的独占权，当该权利保护期届满，广播组织权人对广播电视节目的独占权丧失后，广播电视节目将进入公共领域，供公众自由使用。但是，由于技术措施的出现和存在，即使广播组织权的保护期已经届满，公众在没有取得破解技术或手段的情况下仍然无法对广播电视节目进行利用，甚至根本无法获得已进入公共领域的广播组织权保护的客体。在某种程度上，相当于广播组织权人利用技术措施规避了权利保护期的限制，间接达到了延长广播组织权保护期的效果。

其四，权利内容的不断扩展对公共利益的影响。正如上一章所述，广播组织权的内容随着时代的发展而不断增多，如在《罗马公约》颁布之前，世界各国对广播组织权的认识既不统一又不深入。《意大利著作权法》（1941年）对广播组织权做出了当时较为先进的范畴划分，包括转播权、复制权和利用复制品广播的权利等；而从《罗马公约》颁布时起至20世纪90年代，广播组织权扩展至4个权利：转播权、录制权、复制权和向公众传播权等；进入20世纪90年代后，国际社会对广播组织权的认识又向前迈进了一大步，在SCCR各届会议中尽管与会国在具体权利的内涵上尚存有不同认识且还没有有关广播组织权保护公约的草案通过，但与会国已基本形成共识，在原来的4个权利的基础上又增加了提供已录制的广播节目的权利、发行权、录制后播送权等三个权利。至此，广播组织权的外延得到了极大的拓展，广播组织的利益得到了更全面的保护。不过，我们应该认识到社会的利益是一定的，多方的利益在一个平衡的状态下发展可以实现总体利益的最大化，但一旦打破平衡，一方利益获得的保护逐渐增多时，其他方的利益尤其是公共利益必然会受到损害。比如，相对于《罗马公约》而言，《保护广播组织条约草案》第9条对转播权的规范在内容上实现了多个层次的飞跃，即它将广播组织转播权的范围从原来的无线转播拓展至有线转播、卫星转播、网络转播等多种转播方式。但是，扩大权利范围，尤其是赋予广播组织网络转播权，必然会给网络自由共享理念带来挑战，网络传播、共享信息的速度肯定会受到阻碍。另外，针对当下交互式传播方式的盛行，未经许可从事交互式广播的行为是否应该被控制，《保护广播组织条约经修订的基础提案草案》第15条对此做出回应，规定了广播组织具有导向性且会享有提供已录制的广播节目的权利，预示着未来该草案一旦生效必然会对网络盗播行为产生很大的影响。但是，与此同时，公众在网络上自由获取广播电视节目的机会就会大大减少，网络文化的繁荣也会受到一定的影响。

(二) 广播组织权与公共利益之间的平衡

广播组织权与公共利益之间的平衡，是学界和业界历来共同关注的话题。早在2006年，SCCR第15届会议颁布的《保护广播组织条约经修订的基础提案草案》[1]，就要求各缔约方必须保持广播组织权与公共利益之间的平衡；第27届会议颁布的《保护广播组织条约工作文件》规定条约的内容不得出现任何限制或遏制公共利益自由发展的条款。[2] 另外笔者通过梳理发现，在SCCR多数会议出台的文件中还规定了条约的内容不得出现任何限制或遏制文化多样性的自由的条款，且要求各缔约方承诺对任何新专有权利的设置都必须起到支持而非阻止文化多样性的发展的作用。由此可见，立法者在推进广播组织权扩张的同时，不能离开对其公共利益平衡的打造，不能置公共利益于不顾。

1. 广播组织权与公共利益平衡的互动机制

著作权制度自产生之日起，就存在公共利益与私人利益平衡的问题。"为了维持著作权人的权利与公众接近作品的利益，著作权法从来没有授予著作权人对作品完全的控制权。这种控制权是有限的，甚至在专有权期限内也是如此。"[3] 可以说，自著作权产生以来，其在性质上就是一种相对而非绝对的权利，这一本质属性也正体现了保护著作权平衡的精髓。作为著作权制度不可分离的一部分，广播组织权也是一种相对而非绝对的权利，也要体现平衡精髓的价值追求，即在广播组织权获得适当保护的基础

---

[1] 《保护广播组织条约经修订的基础提案草案》规定，"缔约各方，出于以尽可能有效和一致的方式发展和维护保护广播组织权利的愿望，承认有必要保持广播组织的权利与广大公众的利益尤其是教育、研究和获得信息的利益之间的平衡"。WIPO，保护广播组织条约经修订的基础提案草案，SCCR/15/2，July 31，2006。

[2] 《保护广播组织条约工作文件》规定，"本条约的任何内容均不得限制缔约方促进人们获得知识和信息以及实现国家教育和科学目标，遏制反竞争的做法或采取其认为系促进对其社会经济、科学和技术发展至关重要的领域中的公众利益所必需的任何行动的自由"。WIPO，保护广播组织条约工作文件，SCCR/27/2 REV.，March 25，2014。

[3] Devon Thurtle, *A Proposed Quick Fix to the DMCA Overprotection Problem That Even a Content Provider Could Love... or at Least Live With*, 28 Seattle Univ. L. R.，2005，p. 1060.

之上，广播组织权的保护范围和保护水平必须有所限制。换言之，当广播组织权保护的范围过大时，会造成广播组织对他人正常获取与使用节目信号的过度限制，可能会损害到节目信号及其内容的传播和使用，使得广播组织权的设置背离促进文化发展繁荣与增进整个社会福祉的目标；相反，如果广播组织权保护的范围过窄的话，则难以使广播组织在传播作品过程中所付出的努力和所投入的资金获得应有回报，广播组织在缺乏经济激励的状况下传播作品的动力和积极性就会非常受挫。在怎样的广播组织权范围和保护水准下广播组织权与公共利益才是平衡的？这是广播组织权制度自产生以来，各国乃至 SCCR 各届会议在探讨保护广播组织权益的时候必然要面对的一个非常棘手的问题。可以说，这种平衡就是对广播组织的利益和公众利益进行的协调与合理的配置，是对广播组织权的专有与公有之间界限的合理划分。

由于该种协调和合理配置本质上是要解决作为一种对节目信号垄断的广播组织权的限制问题，因此，平衡的广播组织权关注的是在什么样的情况下应终止专有权，在什么样的情况下他人可以不受限制地使用节目信号。从宏观层次来看就是应在多大的程度上授予广播组织者、著作权人或公众控制节目信号使用和处置的权利，尤其是广播组织权的保护范围必须为公众使用节目信号留下合理、必要的空间。正如吴汉东先生所指出的，各利益主体在谋求自身利益时，应当被适当地限制在一定范围内，任何一方的权利超过一定限度，就必然会侵犯对方的权利，从而打破两者之间平衡和协调的关系。[①]

广播组织权的平衡保护是调和不同主体间利益需求的产物。从广播组织者的角度说，广播组织权是控制节目信号、避免传播后被他人擅自利用的法律设计，本质上是广播组织者控制其编排播放的节目信号的权利；从使用者的角度而言，公众通过广播电视获取文化、知识、艺术、信息的权利，必须在广播组织权制度中得到反映：公众享有免费接收节目信号的自由，但广播组织权制度并没有赋予公众对广播组织编排播放的节目信号进行转播、播放、录制、复制或发行等行为的自由。因此，广播组织利益和公众利益的平衡，需要在广播组织权制度中贯彻广播组织权与公共利益平衡的互动机制才能加以保证。

---

① 吴汉东：《著作权合理使用制度研究》，中国政法大学出版社 2005 年版，第 48 页。

2. 广播组织权与公共利益平衡的实现机制

在制度层面，实现广播组织权与公共利益之间平衡的机制在于设立公共领域，可以说，公共领域的设立是广播组织权制度主张平衡专有权与公共利益的关键。广播组织权制度自产生伊始，就与公共利益处在一个互相制衡的机制之中。广播组织权制度将著作权法中发展出的系列原理——有限的保护期、合理使用、侵权例外等——移植使用，旨在保护公共领域并促进广播组织私人利益。那么，什么是广播组织权制度中的公共领域呢？该公共领域是知识产权领域一个被广泛使用的概念，指的是相关圈子里的每个人都拥有平等接触资源的机会，在某种意义上它是不被控制的资源，是不受知识产权保护而由公众自由使用的知识产品和因知识产权保护期满而进入公共领域的知识产品。[①] 因此，在广播组织权制度语境下，公共领域的特点如下：其一，是广播组织为传播而编排播放的节目信号；其二，公众可免费接收并使用的该种节目信号；其三，节目信号具有与广播组织权相匹配的地域性，即由在广播组织权制度实施地域范围内的群体所享有；其四，公众接近公共领域的节目信号的机会均等。

广播组织权制度公共领域的创设体现了广播组织权制度中促进优秀广播电视节目的生产和满足民众获取科学文化知识需求的两个对立的利益的平衡。该制度的设计一方面要确保广播组织者有足够经济上的回报来制作优秀的广播电视节目；另一方面则要通过确保广播组织者的垄断权不会达到阻碍其他人制作或传播竞争性广播电视节目的程度而维持公共领域的存在。可以说，广播组织权制度公共领域的设立，本质意义在于给未来的广播组织者和其他作者提供传播、创新、学习科学文化知识，或获取和交流思想和信息的公共空间。但是，由于媒介融合技术的发展与普及，互联网空间既可满足民众的信息自由获取又可成为盗版盗播者的天堂，使广播组织权制度中的公共领域产生了前所未有的危机。一方面，正是近些年信息传播技术的日新月异，使网络转播或传播、数字录制与复制或发行等技术手段及行为的成本大幅度降低，人人皆可实施，给广播组织权保护带来极大的危害与挑战。世界各国通过相关立法扩大广播组织权的保护范围并加强保护力度，以适应大容量、大范围、高速度的裂变式的信息传播所带来的冲击。另一方面，由于互联网的优势在于共享，以至于网民共享信息的

---

① 陈娜：《广播组织权制度研究》，博士学位论文，中南财经政法大学，2009 年，第 44 页。

欲望日益旺盛，而广播组织权的不断扩张，使得他人接收或使用广播电视节目必须获得广播组织的许可，限制了民众或网民对信息的获取以及文化知识的快速传播，以至于原有的广播组织权与公共利益之间的平衡被打破。为了应对这种危机，使失衡的关系恢复至平衡的状态，在授予广播组织新的专有权时必须强调有限性，即该专有权在保障广播组织者能够控制播放的节目信号不被擅自利用的同时，应预留一部分不受保护的区域作为为他人转播或借鉴、编排新的广播电视节目或其他作品而提供的素材，以及提供给大众使用，令大众从中汲取思想、文化、知识、信息等的原材料。这种有限性可以满足社会大众汲取播放的广播电视节目的艺术、文化等方面营养的需求，并在现有基础之上有效扩大更多、更有价值的知识和信息的传播范围。广播组织专有权的有限性，从本质上而言表现在如下几个方面。其一，权利主体的有限性，即"只有将节目向公众进行播放并且给予监控并担负责任的那些企业，而不是那些仅仅将节目进行技术上的执行的企业，才属于播放企业。"① 其二，时间的有限性，即在时间上对设置该权的目的进行一个切割：为了能够将广播组织最大的创造传播激情激发出来，需赋予其专有权，实现广播组织传播节目的利益；但是，为了推动人类科学技术、文化艺术的发展，有必要对该权利设定一定的期限，过了该期限，该权利所保护的客体即成为公共物品，任何人在任何地点无须获取授权即可利用。其三，权利使用的有限性，即广播组织并非在任何情况都可以实施垄断的专有权，在法律明文规范的条件下，允许他人自由使用广播电视节目而不必征得同意，也不必支付报酬的情况是合理使用制度。其四，权利范围的有限性，即广播组织所享有的权利并非可以无限制地扩张，当下世界各国对网络广播权的设置产生不同意见就是有限性的外在表现，因为，"过高的权利保护水平和过大的保护范围会导致公众获取信息资源的成本增加，阻碍公众的言论自由和信息获取等文化权利的实现。"②

在如此背景下，对专有权的限制所形成的公共领域常常处在不断失衡又不断修复直至平衡的机制之中。

3. 广播组织权与公共利益平衡的具体表现

根据公共利益都必须具有正当的、合理的利益内容这一要求，著作权

---

① [德] M. 雷炳德：《著作权法》，张恩民译，法律出版社2005年版，第517页。
② 陈娜：《广播组织权制度研究》，博士学位论文，中南财经政法大学，2009年，第49页。

法促进科学文化事业有序繁荣发展的公共利益目标体现了著作权法对社会文化、经济领域的公共秩序和效率、效益的追求。① 广播组织权与公共利益平衡的具体表现主要体现在以下三个方面。

(1) 广播组织权与言论自由的平衡

言论自由是民主的基石,是文明社会发展的根本保障,对人们的人格完善以及自主性的培养具有关键作用。因此,世界各国普遍将其作为一项基本人权。在国际层次,《世界人权宣言》第19条②、《公民和政治权利国际公约》第19条③对表达自由进行了最为权威的表述。据此,言论自由的内涵包括两个部分:其一,人人有权在法律的范围内持有意见且可以通过任何媒介自由发表意见;其二,人人享有寻求、获取、接受、传递合法信息的自由。

言论自由,作为宪法的基本权利和基本人权,在人们追求真理、健全民主、促进实现自我价值等方面都功不可没,体现出绝对性的公共利益。而广播组织权作为一项私权,虽然保护的是作为私人的广播组织者的利益,但是其主要功能在于通过赋予和保护广播组织权利,为信息传播提供经济激励,激发广播组织进行广播的积极性,这样,一方面可以促进信息的快速流通,另一方面可以激发被传播作品作者的创作积极性,最终促进科学技术、思想文化的发展与繁荣,从而使公民言论自由和社会进步得以实现。因此,可以说,广播组织权与言论自由是手段和目的的关系,两者统一于同一广播行为之中。

流媒体技术的出现,使得广播电视脱离了传统传播技术那种对收听或收看地点和时间的限制,各种手持终端通过互联网可以实现无限的互联和

---

① 韦景竹:《版权制度中公共利益研究》,中山大学出版社2011年版,第55页。
② 《世界人权宣言》第19条规定,人人有权享有主张和发表意见的自由;此项权利包括持有主张而不受干涉的自由;和通过任何媒介和不论国界寻求、接受和传递消息和思想的自由。The Universal Declaration of Human Rights, http://www.un.org/en/documents/udhr/, 2015年5月23日。
③ 《公民和政治权利国际公约》第19条对此有更完善的规定,"一、人人有权持有主张,不受干涉。二、人人有自由发表意见的权利;此项权利包括寻求、接受和传递各种消息和思想的自由,而不论国界,也不论口头的、书写的、印刷的、采取艺术形式的,或通过他所选择的任何其他媒介。三、本条第二款所规定的权利的行使带有特殊的义务和责任,因此得受某些限制,但这些限制只应由法律规定并为下列条件所必需:(甲)尊重他人的权利或名誉;(乙)保障国家安全或公共秩序,或公共卫生或道德。"

互通，精英阶层与弱势群体在使用新媒体方面的差异已逐渐消失，人人既是受众又是传播者，"话语权"被稀释，不再集中于某一群体手中，以至于崭新的，以传播、获取、交流、共享信息为特征的公共空间得以建立。新媒体的出现增加了传媒作为信息传播的载体和意见表达平台的广度和深度，不但激发和保障了大众参与公共话题讨论的热情，而且促进了公民言论自由的实现，另外还将舆论的监督功能推进到一个崭新的阶段。大众传媒不仅是各利益群体了解决策信息、表达利益需求的有效渠道，而且也是提高公民民主参与决策程度、监督政策遵循公共利益原则的重要保障。① 因此，包括广播组织在内的大众传媒越发达，包括言论自由在内的民主权利越繁荣。

尽管设立广播组织权的直接目的是回报广播组织对广播活动的投入和贡献，而该权利的设立会促进广播组织的繁荣与发展，按道理也会使言论自由更好地实现。但是，毕竟作为基本权利的言论自由和作为私权的广播组织权在法律价值层面具有相反的一面，所以，在为了保障广播组织私人利益而设置广播组织权时，不能没有边界：要充分考虑公民言论自由的实现，不能对其造成不应有的损害；同时，言论自由也不是绝对的权利，该自由的实现必须充分尊重和保障广播组织的私权利益。如此一来，为实现广播组织权与言论自由之间的和谐与平衡，使广播组织权为广播组织者带来广泛经济利益的同时，也使公民能够享有接近、传播、利用信息所带来的利益，有必要通过合理使用、法定许可等制度对广播组织权实施一定的限制与制约。

（2）广播组织权与获取信息自由的平衡

1999年6月，联合国教科文组织推出了"全球信息结构计划"（Global Infrastructure Programme，GIP），确立了八个价值理念，包括自由、普遍获取信息是一种基本人权，人们应自由地参加全球社会文化生活，分享艺术和科学进步带来的利益。② 尤其是，随着世界各国普遍颁布关于信息公开的相关法律法规，公众自由、平等地获取信息成为一项基本权利。获取信息自由可分为积极自由和消极自由两种形态：前者是指有关信息本

---

① 强月新、赵双阁：《法治视阈下大众传媒与政治文明建设研究》，武汉大学出版社2011年版，第426页。

② 韦景竹：《版权制度中公共利益研究》，中山大学出版社2011年版，第61页。

来是应当让公众知悉的，但鉴于该信息被控制在政府机关或其他公共机构手中，获取信息的自由必须借助他们的积极行为才能实现；后者是指公民对自然存在的信息享有寻求、获取的自由，国家、社会、他人只是承担消极的不予干预、妨碍的义务。由此可见，公民自由获取的信息中，既包括政府信息，也包括其他公共机构应该公开的公共信息，如气象信息、交通信息等。鉴于现代信息社会中大部分重大信息是国家机关在履行职务过程中所产生、获得并控制的，该项自由即成为一项公民知悉国家、社会的公共事务的政治权利，而对于国家机关来说，向公民提供信息则是必须承担的义务。

在著作权法中，为了实现公民对政府信息的获取自由，各国基本上都会将法律、法规、国家机关的决议、决定、命令和其他具有立法、行政、司法性质的文件及其官方正式译文等规定为不适用著作权法的作品。换言之，政府机关所颁布或出台的文件都不是著作权法意义上的作品，公民都可以通过各种媒介或渠道自由获取这些文件或信息，以实现自己的知情权。广播组织在帮助国家实现政府信息公开方面具有得天独厚的优势，不仅在时效性方面表现快速，而且能满足民众的视听需要与享受。广播组织对这些信息的广播是自由的，不需要考虑著作权问题，政府机关不能向作为传播者的广播组织主张著作权。同时，广播组织对于传播这些文件的节目信号，也不应享有邻接权利益，公民可以自由接收或使用这些承载公共信息的广播电视节目而不用获得许可，这不仅是广播组织所承担的重要信息传播的社会责任使然，而且是公民获取信息自由的权利使然。

除了上述政府信息外，公民享有知悉资格且能够给其带来利益的社会公共信息和人类文化成果还包括时事新闻。时事新闻不适用著作权法在国际上是个惯例。例如，《伯尔尼公约》第2条第8款规定，"本公约的保护不适用于日常新闻或纯属报刊信息性质的社会新闻"。在很多国家的国内法中都将新闻排除在著作权保护之外，以"不适用于版权法"或"对于新闻媒体传播的每日新闻的复制与使用不加任何限制"等方式做出限制。例如，《韩国著作权法》第7条规定，本法不保护单纯传播简单事实的时事新闻报道；《俄罗斯联邦民法典》第1259条第6款第4项规定，关于事件和事实的纯新闻性质的报道（今日新闻报道、电视节目、运输车辆时刻表等方面的新闻报道）不属于著作权客体；中国《著作权法》第5条第2款规定，该法不适用于时事新闻。

时事新闻不适用于著作权法的规定体现了对公民获取新闻信息的自由的尊重与保护，其主要原因在于以下两点。

首先，时事新闻在本质上是一种事实，而著作权法对事实是不保护的。"客观事实本身不能受到著作权法的保护。事实是客观存在和发生的事情，它一旦产生，就不可能再受人类思想或创作活动的影响，不可能由作者'创作'出来，因此不可能是具有'独创性'的作品。"[1] 时事新闻本身是客观事实，而新近发生的客观事实往往具有公共属性，一旦被赋予著作权极有可能会导致信息流通受阻或信息垄断。

对此，世界知识产权组织在《保护文学和艺术作品伯尔尼公约指南》（以下简称《指南》）中进行了说明。[2] 具体而言，第2条第8款前半句说明公约不保护的客体是"新闻（news）"和"事实（facts）"，且将其纳入"素材（material）"的范畴之中；后半句说明在对这些事实进行报道时若有创造性的表述就会受到著作权保护。因此，该《指南》还进一步指出："换句话讲，不论是新闻和事实本身，还是对它们的单纯报道，都不受保护，因为这类素材缺少可以被看成文学和艺术作品的必要条件。"[3] 由此可见，新闻事实以及对其直观记录传播的时事新闻，因为单纯得只剩下事实了，不存在或基本不存在作者的主观表现，即没有写作人的智力劳动，缺乏对事实进行创造性的表述，如描写或分析等，所以，不受著作权法保护。"版权法保护新闻报道的表达方式——它被讲述的方式、事实及被呈现的风格与方法——但是不保护报道里的事实。"[4] 由于我国著作权法中包括邻接权，且我国《著作权法实施条例》第5条对上述《伯尔尼公约》中的时事新闻还进行了扩大解释，"时事新闻是指通过报纸、期刊、广播电台、电视台等媒体报道的单纯事实消息"，所以，"时事新闻不适用于

---

[1] 王迁：《知识产权法教程》，中国人民大学出版社2009年第2版，第66页。
[2] "公约做出这一款规定，说明它并不打算保护单纯的新闻或各种事实，因为这类素材（material）并不具备可以被确认为作品的要件。另一方面，采访记者和其他记者用于报道和评论新闻的文字如果包含充分的智力创作成分，足以看作是文学和艺术作品，则是受到保护的。"世界知识产权组织：《保护文学和艺术作品伯尔尼公约（1971年巴黎文本）指南》，刘波林译，中国人民大学出版社2002年版，第21页。
[3] 世界知识产权组织：《保护文学和艺术作品伯尔尼公约（1971年巴黎文本）指南》，刘波林译，中国人民大学出版社2002年版，第228页。
[4] [美]唐.R.彭伯：《大众传媒法》，张金玺、赵刚译，中国人民大学出版社2005年版，第479页。

本法的规定"中的时事新闻不但应被理解为不属于著作权保护的客体，而且也不属于广播组织权保护的客体。当然，时事新闻不属于广播组织权保护范围的主要理由不在于其缺乏创新性的表述形式，而在于以单纯事实为唯一特征的时事新闻不能受到任何私人专有权的垄断，否则就会导致言论市场信息流通的不畅。

其次，如此规范可以满足公众知情权。时事新闻不适用著作权法，不受广播组织权的保护还出于满足公众知情权方面的考量。知情权是当代一项非常重要的公民政治权利，该权的目的就在于保障公民能够在尽可能短的时间内获取、了解依法可知的信息，包括国家大事或国际形势等的时事新闻。而广播组织权的保护，目的在于保护广播组织在传播信息过程中所做的经济、技术、管理、经营等方面的投入，因而要求任何人除非是在合理使用情况下，否则必须取得广播组织的许可并支付报酬才能转播、复制或使用广播组织节目信号。当然，这也势必造成对节目信息流动时效的某种限制或者约束，从而影响公民获取节目信息即知情权的实现质量。因此，在某种程度上，广播组织权与知情权产生了冲突。将时事新闻排除于广播组织权保护范畴，对时事新闻作者的权利进行限制，时事新闻在被利用流转过程中可能会出现的授权、缴费等环节也都会消失殆尽，加快了广播电视节目被转播、复制的速度，促进公民对国家大事、国际时事的快速了解，从而实现广播组织权同以知情权为背景的公共利益之间的某种合理平衡。

（3）广播组织权与自我实现的自由的平衡

所谓自我实现，是指个人在实践活动中不断提高满足自身生存和发展需要的能力，发展自己的能力、才干与个性，实现自己确立起来的人生理想等价值追求的过程。① 美国心理学家马斯洛从人的需要角度提出了人的自我实现问题，且将人的需要分为五个层次。② 根据马斯洛的划分，这五个层次的内在要求由低级到高级依次得到满足，并最终使"自我实现"

---

① 吴倬：《人的社会责任与自我实现——论自我实现的动力机制和实现形式》，《清华大学学报》（哲学社会科学版）2000年第1期。
② 他认为，人类有两种性质的需要和本能，一类是低级需要和本能，它是沿着生物谱系上升方向逐步变弱的需要；另一类是高级需要和心理潜能，它随着生物进化而逐渐呈现出来并不断强化。在此基础上，他将人的需要分为五个层次：基本生理需要；安全需要；归属与爱的需要；尊重需要，包括自尊、自重、威信和成功等；自我实现的需要，包括实现自己的潜能，充分发挥自己的能力等。[美]马斯洛：《动机与人格》，许金声等译，华夏出版社1987年版，第40—53页，转引自马捷莎《论人的自我实现》，《黑龙江社会科学》2007年第1期。

的需要得到满足。据此，我们可以认为，自我实现需求是人的需求的最高层次或人的生命的最高境界，需要更高的条件才能得到满足和实现。

从微观而言，自我实现的需要包括满足自身物质生活的需要、满足自身文化生活的需要和满足自我能力完善的需要等三个方面。由此可见，自我学习、自我发展既是自我实现的一部分又是自我实现的强力保障。一个人的全面发展离不开自我学习、自我发展，尤其是在如今的信息时代，人与人之间的差距在于掌握信息量的不同，自我学习的能力、自我学习的强度决定了一个人是否能适应当下的社会发展。反之，社会的发展也是自我实现的基础条件，换言之，如果社会落后甚至停滞不前，人类实现自我也就失去了环境基础。因为，一方面，社会的不断繁荣、完善会相应地对人的进步逐步提出新的更高的要求，促使人们提升自己的素养、品德、学识、境界、能力等；另一方面，不断繁荣、完善的社会又会帮助人们为实现自我发展不断打造新的更高的条件，为进一步提升人们的素养、品德、学识、境界、能力等提供机会。基于此，自我实现既离不开人的自我学习的投入，又离不开适宜学习的宽松环境以及能够激励和促进自我学习的机制和制度，而广播组织权制度就是其中之一。

广播组织权制度在促进自我学习、自我发展方面具有重要的意义。智力成果、广播电视节目是自我学习的重要保障，而广播组织权制度正是调整广播电视节目信号传播与使用的一项法律制度。世界各个法治国家的著作权法中几乎没有不支持或不鼓励或不保障个人学习、研究的。个人因学习、研究或欣赏等目的使用他人正在或已经广播的电视节目；教育机构、图书馆等公益机构为公众提供科学技术、文化艺术等资源；为学校课堂教学或者科学研究，少量复制或引用广播节目，供教学、科研人员、读者使用，这些情形都被纳入合理使用的范畴。

二、广播组织权与其他权利的利益失衡与平衡

在一个成熟的著作权制度中，应该充分体现出广播组织与作者、广播组织与其他传播者、广播组织与公众利益之间的合理利益分配，并建立起各方利益平衡的实现机制。但是，由于传统著作权理论对于广播组织的法律地位认识不足，使得很多国家的著作权保护集中体现在以作者为中心的著作权权利义务的规范上，而对于广播组织的规范却严重不足。另外，广播组织对

于作者、社会公众的影响已超出市场自我调节的范畴。解决各广播组织间冲突，包括电台电视台与视频网站之间的冲突，都呼唤法律进行补充和完善。

（一）广播组织权与其他权利的失衡

1. 广播组织权与著作权在利益实现方面的失衡

广播组织权的权利主体是广播组织，著作权的权利主体是作者，广播组织在开展广播业务时经常会使用受著作权保护的作品，因此，广播业务中广播组织的利益和作者的利益的失衡也就在所难免。首先，从主观层次来看，相对于作者，广播组织具有更强烈的利益驱动。作者创造作品的原因很多，在古代，作者创造作品的唯一目的就是追求自我精神的实现，让自己的思想流芳百世，进入近代后尤其在当下，作者创造作品的目的就复杂了，多多少少会受经济利益的驱动，有的甚至就是为了适应市场赚取利润而创作。当然，我们也可发现，越是偏重市场而创作的作品，其精神内涵越低，其长远的价值也就越低。正基于此，一定程度上著作权法对作者的人身权保护会强于财产权保护。同时，由于个人市场能力有限，即使是迎合市场而作，作者在创造过程中也很难真正把握市场动向，且作者本人也很难把控能否获得市场的认可。但是，广播组织在这方面完全不同。除了社会责任、宣传责任外，市场驱动性是我国广播组织从事作品广播的主要出发点，尤其是随着广播电视产业市场化程度的加深，广播组织的生存会更加依存市场，其逐利程度也就会更加明显。尽管广播组织的频道或节目在传播作品时并不全是为了获取收视收听最大化而实现利润最大化，但是从整体来看，广播组织为了竞争和生存发展，必然要选择市场所需的作品进行传播，在主观上，经济利益驱动性会非常明显且强烈。其次，从客观效果来看，广播组织在很大程度上影响着作品经济利益实现的市场。正如前述，广播组织要比作者更了解市场对作品的需求情况。在广播中，广播组织逐渐了解了视听者的喜好，这也就为广播组织进行传播时的作品选择奠定了基础。可以说，广播组织比作者更了解如何实现作品的经济利益，原因在于广播组织掌控视听市场营销网络，并且具备专业的视听广播团队和娴熟的节目市场营销技巧、经验。另外，由于著作权法对广播组织的权利义务规定得非常简单，在实践中，广播组织常常通过与作者签署合同来确定权利和义务，且这类合同条款的确定在多数情况下是由广播组织主导的，因此，广播组织在实现作品经济利益过程中占据着主导地位。比如，2008年，广电总局下发指导意见，建议内容提供商（包括制片商、外包内容供应商）和发行商获得票房收入的 43%，终端渠道商（包括影院、电视、网络等媒体）获得票房收入的 57%。①

2. 广播组织权与著作权在法律规范方面的失衡

目前很多国家的广播组织权利保护规范并不是很完善。尤其在我国，《著作权法》虽然通过列举的方式对合理使用和法定许可的范围进行了规范，但是对权利限制制度的目的和基本原则并未涉及，因此，在数字信息传播技术发展过程中，广播电视行为一旦突破原有规定，原有的权利限制制度就呈现出陈旧而不合时宜之状态。

在信息时代，网络获取信息已成常态，网民通过互联网可以轻易获取各种数字作品，如此一来，著作权内涵的扩充也就不仅仅停留于呼吁阶段而是实打实地被加以推进，如我国的"信息网络传播权"就是为了应对网络数字传播对著作权提出的挑战而设立的。尽管如此，由于网络上非法复制、传播的成本非常低廉，非法复制、传播行为依然很猖狂，引来著作权人的强烈不满，于是，著作权又增加了支持作者采取技术措施、权利管理信息等能对抗网络未经许可的复制和传播行为的规定，著作权得到前所未有的保护。如此背景下，广播组织得以使用的作品范围会大大缩小。虽然著作权法中有合理使用制度、法定许可制度的规范，但鉴于作品有技术措施的保护，广播组织也难以完全利用合理使用或法定许可制度。另外，对于某些原本已进入公共领域的作品或事实信息，广播组织可能由于某些人采取的技术保护措施，而难以逾越这个障碍去获取它们。如此背景下，广播组织与作者之间的利益分配失衡也就不难理解。

法定许可制度对平衡广播组织与作品作者、录音制品制作者之间的权利义务起到很大的作用，可以说，法定许可制度就是为了限制著作权扩展邻接权所设立的制度。对于广播组织而言，该制度在我国《著作权法》中对应的是第 43 条和第 44 条之规定。② 公平分配广播组织与作者、录音

---

① 广电总局电影局：《广电总局电影局关于调整国产影片分账比例的指导性意见》（2008）影字 866 号，http://dy.chinasarft.gov.cn/html/www/article/2011/012d834404a870c14028819e2d789a1d.html，2015 年 6 月 1 日。

② 中国《著作权法》第 43 条规定，广播电台、电视台播放他人未发表的作品，应当取得著作权人许可，并支付报酬。广播电台、电视台播放他人已发表的作品，可以不经著作权人许可，但应当支付报酬。第 44 条规定，广播电台、电视台播放已经出版的录音制品，可以不经著作权人许可，但应当支付报酬。当事人另有约定的除外。具体办法由国务院规定。

制品制作者之间的利益主要体现在使用作品或录音制品的有偿性和公平对价上。正是基于我国《著作权法》第44条的规定，国务院颁布了《广播电台、电视台播放录音制品支付报酬暂行办法》（以下简称《付酬办法》），对广播电台、电视台就播放已经发表的录音制品向著作权人支付报酬的方式、数额等有关事项进行了规定，以期保障著作权人依法行使广播权并方便广播电台、电视台播放录音制品。不过该办法的美中不足之处在于，规定的付酬方式比较僵化，缺乏灵活性。① 一般情况下，法定许可使用所需付酬的事项由当事人双方协商确定，若协商不成，才需要采取仲裁或诉讼方式解决，日本和美国基本都是采取这种方式。② 不过在我国，在当事人达不成协议的情况下——现实中当事人确实也很难达成一致意见——则需依据《付酬办法》规定的付酬标准支付报酬。③ 这种统一的付酬标准很难适应不同案情的需要，不但表现僵化，而且打破了著作权人与广播组织之间的平衡，更直白地说，就是该规定对著作权人的利益保护要比对广播组织的利益保护更加有力和有利。

3. 广播组织权与其他邻接权的利益失衡

这里的"其他邻接权"主要是指表演者权和录音制品制作者权。④ 在1961年，为了在国际立法会议上获取合法地位，消除新技术（如留声机、电影、电视机等）所带来的消极影响，广播组织、表演者和录音制品制作

---

① 胡开忠：《广播电台电视台播放录音制品付酬问题探析》，《法律科学》2012年第2期。
② 《日本著作权法》第68条第1款规定，希望播放已经发表的作品的播放组织，请求与著作权人达成播放许可协议，但未达成协议或者无法进行协议时，经文化厅长官裁定，并且向著作权人支付文化厅长官规定的，相当于一般使用费的补偿金时，可以播放该作品。《美国版权法》（1976年）第118条（b）款规定，无论反托拉斯法如何规定，已发表的非戏剧作品和已发表的绘画、图形和雕塑作品的版权所有人与任何大众广播实体之间可彼此协商，并就支付使用费的条件和标准以及各版权所有人之间对已付使用费的分配比例达成一致……（2）一名或一名以上的版权所有人与一个或一个以上的大众广播实体之间在任何时间内自愿订定的许可使用协议应取代国会图书馆长的任何决定……（3）如无依第2项议订的许可使用协议，则国会图书馆长应依第八章组成版权使用费仲裁庭决定，并在《联邦公报》上公布使用费支付标准及条件……
③ 《广播电台电视台播放录音制品支付报酬暂行办法》第8条规定，广播电台、电视台播放录音制品，未能依照本办法第四条的规定与管理相关权利的著作权集体管理组织约定支付报酬的固定数额，也未能协商确定应支付报酬的，应当依照本办法第四条第（一）项规定的方式和第五条、第六条规定的标准，确定向管理相关权利的著作权集体管理组织支付报酬的数额。
④ 由于《罗马公约》中只有"录音制品"，没有"录像制品"的规定，而我国现行《著作权法》中规定的是"录音录像制品"的保护，所以，文中在《罗马公约》语境下使用"录音制品"一词，而在我国现行《著作权法》语境下则使用"录音录像制品"一词。

者共同呼吁设立邻接权，于是《罗马公约》得以颁布。尽管在该公约制定过程中，他们三方暂时组成一个利益共同体，但是，这并不代表他们三者之间的利益只有统一没有冲突。换言之，在模拟信号传输技术背景下，广播组织和表演者、录音制品制作者之间的利益关系相对稳定。广播组织的盈利模式很是单一，除了政府补贴外，主要就是广告收入，但是，自有线广播、卫星广播技术出现以后，广播组织的盈利模式除了原来政府补贴、广告收入的方式外，增加了订阅户的收视费这种方式。这种情况下，盗播的出现，给广播组织的订阅盈利情况带来了很大的损害。尤其是数字网络技术的出现及其发展，为盗播、盗录或转播广播信号提供了便利的技术手段，带来的直接后果就是广播组织的收视率下降、订阅户数量的流失、广告投放的减少，广播组织的广播利益会受到更严重的损害。于是，广播组织为了保护自身利益、应对技术提出的挑战，必然会在法律上寻求扩大化的保护，保护的办法之一就是赋予广播组织对其广播信号采取技术保护措施或管理信息的权利。在为应对盗播、盗录等非法行为而采取保护措施时，广播组织不仅会对广播信号实施控制而且会对信号所承载的广播内容起到控制的效果。比如，一年一度的央视春节联欢晚会中，某一个表演者希望将自己的表演作品授予一个出版公司出版，而由于央视对广播信号采用了技术保护措施，出版公司在未经央视许可情况下难以将该广播电视节目录制。如此一来，表演者在其表演者权的行使上受到了阻碍，相应的利益也就难以实现。

（二）广播组织权与其他权利的利益平衡

1. 广播组织与著作权人之间的利益平衡

著作权制度中将著作权保护作为核心内容本无可争议，但是，为了实现著作权人与邻接权人之间的利益平衡，很多学者呼吁对邻接权人应多加保护。[1] 我国著作权法上存在着著作权人与广播组织之间法律地位、现实关系上的悖论，即著作权法对著作权人的重视与强调，与实践中广播组织居于强势地位的事实形成了反差。[2] 形成如此局面，无外乎是因为以自然人为主的著作权人与以法人为主体的广播组织在现实中所控制的资源以及经济地位的悬殊。如何解决该问题？笔者以为，一方面应当通过对广播组织

---

[1] Giuseppina D'Agostino, *Healing Fair Dealing? A Comparative Copyright Analysis of Canada's Fair Dealing to U. K. Fair Dealing and U. S. Fair Use*, 53 Mcgill L. J. 309, 2008, p. 309.

[2] 骆电：《作品传播者论》，法律出版社 2010 年版，第 233—236 页。

进行市场化改革实现我国广播组织去事业单位色彩，使得广播组织与著作权人的法律地位趋于平等；另一方面，应当进一步完善法定许可制度、加强对著作权集体管理组织的支持，从而建立起强大的能代表著作权人个人利益的团体，在实力上达到团体与广播组织之间相当平衡之状态，实现二者的平等对话、抗衡与博弈。

平衡广播组织与著作权人的利益应当从以下两点着手。

首先，确立广播组织与著作权人同等的法律地位。同等的法律地位是平衡广播组织与著作权人之间利益的前提和现实需要。因为，只有法律地位平等才能谈及主体资格的平等，拥有平等的主体资格才拥有平等谈判的权利。应该说，在著作权交易市场，广播组织和著作权人都是市场主体，若想实现这两者之间利益平衡，首先应该赋予它们平等参与著作权交易的资格。但是，鉴于广播组织拥有"审查权"[①]和宣传功能，且这种"审查权"和宣传功能在一定程度上帮助广播组织对作品广播市场形成了垄断，广播组织与著作权人的市场资格并不平等。同时，这也成为广播组织与著作权人之间利益失衡的主要表现。[②] 多年以来，英美等国的版权法就是通过赋予它们相同的法律身份，即将广播组织归属于版权人的方式，而解决这些失衡问题，以期在尊重协商自由前提下赋予广播组织与版权人平等、并重、别无二致的谈判地位。我国著作权法不属于英美法系，不可能借鉴英美版权法没有邻接权制度的做法，但是我们确实不应再过分强调广播组织的审查权和宣传功能，而忽视普通作者的利益获取。我们首先在意识上应认识到广播组织在我国市场主体中已占据着很重的一部分，积极推进广播组织市场化改革，继续完善《付酬办法》。

其次，平衡配置广播组织与著作权人的权利义务。为了鼓励创新，世界各国通过设立著作权为作者创设了独有的私权。但是，基于实现人类文化的快速繁荣的目的，并为了保障作品快速传播所带来的经济效益，著作

---

① 中国《广播电视管理条例》第33条规定，广播电台、电视台对其播放的广播电视节目内容，应当依照本条例第三十二条的规定进行播前审查，重播重审。

② 如1990年《中华人民共和国著作权法》第43条规定了广播电台、电视台播放录音制品不付酬的法定免费许可使用制度。直到2001年修订的《著作权法》第43条才将其修改为法定许可使用制度，即广播电台、电视台播放已出版的录音制品需要向著作权人支付报酬，但具体办法由国务院规定。然后又经过长达8年的讨论和协商，2009年11月10日，国务院才颁布《广播电台、电视台播放录音制品支付报酬暂行办法》。

权法又对著作权进行了一定的限制，如设置法定许可制度。而人类文化的快速繁荣离不了广播组织的积极参与，广播组织传播各类信息的过程既是其赖以生存的经济行为又是满足公民知情权、促进社会文化发展的公益行为，还是作者提高声誉、扩大影响、实现经济利益的重要通道。法定许可制度的设立恰恰符合实现广播组织这些功能的需求，换言之，法定许可制度就是为包括广播组织在内的传播者的传播行为提供保护的一种制度。在如此情况下，广播组织的传播信息的能力得到了极大提高，广播组织在符合法定情况时可以随意传播各种作品，前提是广播组织应承担支付给作者对应报酬的责任或义务，给予作者一定的回馈。所以说，法定许可制度是一个很好的平衡广播组织与著作权人之间权益的机制，为实现广播组织与著作权人之间的利益平衡奠定了稳定的法制基础。不过，对于广播电视法定许可使用的报酬支付，应遵循市场原则和反垄断原则，贯彻协议优先、公益优先等原则。另外，应当完善我国著作权集体管理组织，更好地实现著作权人的利益。

2. 广播组织与其他邻接权人之间的利益平衡

首先，在法律制度中，广播组织权保护相对于其他邻接权保护，水平要低，范围要小。在信息传播市场中，著作权法不仅激发了作者从事文学创作的激情，而且对表演者和录音录像制作者从事文艺创作的激情也有同样的激发作用。表演者的表演、录音录像制作者制作的录音录像制品，若希望能在短时间内被大多数人看到或听到，一般情况下离不开广播组织对其进行的广泛传播。如此一来，对于由表演者表演、录音制品所带来的利益，不只表演者、录音制品制作者应当享有，对该利益的形成做出过贡献者都应参与分配和享有，于是，广播组织就成为了利益分配者。广播组织同表演者或录音制品制作者，在市场交易的过程中，常常通过谈判、再谈判的过程，最终使双方的利益达到自认为满意的平衡。广播组织同表演者、录音制品制作者在法律中所处的地位是相同的，即统称为"邻接权人"，但是，在广播信息传播过程的顺序中，首先应该有表演者表演，录音制品制作者制作录音制品，然后才能谈得上与表演、录音制品有关的产权、分配、流转等问题。因此，在这个过程中，表演者、录音制品制作者所付出的劳动具有至关重要的意义。如此情况下，广播组织权的保护水平难以高于表演者权、录音制品制作者权，且广播组织权的保护范围难以大于表演者权、录音制品制作者权。这都是符合现实状况和法理基础的。当然，如此认识，也是为了避免对广播组织权与其他邻接权利益体系的侵害，维持各种权利相互之间的互动与平衡。

其次，在市场中增强其他邻接权人的实力。尽管前文指出，法律对广播组织权保护相对于其他邻接权保护，水平要低、范围要小，但是，电台电视台都是拥有雄厚资金，具备高水平的专业传播人才队伍，掌控遍布一省、一国甚至世界传播途径的法人，尤其是中国的广播组织都是事业法人，比起松散的表演者、音像制品制作者等邻接权人，往往具有超强的市场优势。这种市场优势在历史上[①]乃至现如今都对广播组织与其他邻接权人之间的利益关系的协调发挥着很大作用。因此，在赋予广播组织权利的时候，要避免出现因权利范畴过大，造成广播组织与其他邻接权人之间的利益失去平衡、倒向广播组织一边的情况。当然，也不能由于广播组织强大的现实控制力而拒绝对其适当的权利权能予以确认和保护。恰当的措施是，一方面对不断扩展的广播组织权实施合理的限制，将实施广播组织权对其他邻接权所带来的影响降到最低；另一方面，其他邻接权人可以通过组建代表自身利益的各种行业协会，在与广播组织的交往中，避免出现"孤军奋战"的现象，增强同广播组织谈判的实力。

第二节　三网融合背景下广播组织权的限制

一、合理使用制度

（一）合理使用概述

1. 合理使用的产生

合理使用制度肇端于英国，发展于美国，在两国都经历了从判例法到

---

① 在20世纪40年代，美国作曲家作家出版者协会与广播组织因播放歌曲产生一起万人瞩目的诉讼纠纷，该协会认为收音机表演也是公开的和营利性的，而广播组织认为，因为没有任何公众出席电台的演播厅，所以该表演就不能被认为是公开的，并且，因为公众无须为收听节目支付任何费用，故该表演也是非营利性的。1941年1月1日，除了几家独立电台按该协会的条款续约外，全美国的电台都停止播放该协会成员的音乐。结果，协会成员不仅从电台那里获得的使用费不断缩减，而且唱片和乐谱的销售收入也在减少，这也证明广播组织所主张的一个经验性事实，即电台广播事实上扩大了音乐作品的销量。同年8月，该协会认输。[美] 保罗·戈斯汀：《著作权之道：从古登堡到数字点播机》，金海军译，北京大学出版社2008年版，第58—61页。

成文法的上百年发展过程。

在英国，1740年Gyles诉Wilcox摘用自己著作（共275页）35页内容一案中，法院最终判决认为出于创新、学习和评论之目的而合理节略摘用他人作品内容的行为，不属于侵权。① 该理念成为合理使用的萌芽。1803年，《道路指南》一书的作者Cory将被告Kearsley诉至法院，认为被告作品抄袭了自己道路测量的作品内容，实施了侵权行为。但是，Ellenborough法官指出，判断该行为是否侵权，应考虑被告的使用目的是否为了公共利益，使用效果是否产生了对公众有用的新作品，并因此最终驳回原告起诉，判定被告行为并不侵权。在该案中，法官第一次使用"合理使用"（used fairly）一词，并同"合理节略"进行了比较，指出"合理节略"只是强调对作品内容的节选或缩写，而合理使用则意味着借用他人作品的部分内容实现新作品的创造，并以此来完成对公众有益的新作品的提供。② 1807年，在Roworth诉Wilkes一案中，Ellenborough法官指出，合理使用的前提是不得对原作者的权益造成伤害，即引用他人作品而创造的新作品不得影响原作品的销售市场，否则就是侵权。1836年，在Bramwell诉Halcomb一案中，法官指出使用他人作品必须在数量方面有所限制且考虑使用价值。1839年，在Lewis诉Fullarton一案中，法官采用"fair dealing"一词来表达这种正当的行为。通过观察这些案例可见，英国法官对合理使用的思想逐渐深入并逐渐成熟起来，为侵犯版权的例外提出了典型理由。而这种思想直到1911年才以成文法的形式被英国版权法设立成一项制度，且在1956年和1988年两次版权法修订中都进行了保留。③

英国判例法对合理使用规则的创新与归纳在美国判例法中获得了进一步的理论化和系统化的发展。在美国，学界普遍认为第一个将合理使用思想使用至判决中的法官是Joseph Story，他在1841年的 *Folsom v. Marsh* 一案中不仅首创性地引入合理使用原则，而且还对其进行了理论化发展，认

---

① William F. Patry, The Fair Use Privilege in Copyright Law, the Bureau of National Affairs, Inc., 6 (1986).
② William F. Patry, The Fair Use Privilege in Copyright Law, the Bureau of National Affairs, Inc., 6 (1986).
③ William F. Patry, The Fair Use Privilege in Copyright Law, the Bureau of National Affairs, Inc., 56 (1986).

为"简而言之,在决定这类问题时,我们必须要时时注意做出选取的性质和目的,被使用资料的数量和价值,以及这种使用可能损害的原作品的销售或者减少其利润或者取代原作的程度"。① 在这之后若干年中,该法官的思想在很多判例中得到了应用:其一,在 1842 年 Compbell v. Scott 一案中,判决书指出大量引用别人作品而不加注释、评价的,不属合理使用;其二,在 1867 年 Scott v. Stanfore 一案中,判决书指出使用他人作品的目的在于损害原作品价值或销售市场营利的,不属合理使用;其三,在 1868 年 Lawrence v. Dana 一案中,判决书指出合理使用不包括使用他人作品中的构思、风格和结构;其四,不同的作品适用不同的合理使用判断标准——对未发表作品的合理使用要严于已发表作品,对虚构作品的合理使用要严于纪实作品,对现存历史资料的合理使用要宽于已将事实进行收集、筛选而编创的作品。② 这些成功的判例为合理使用原则寻求以成文法规范奠定了坚实的基础,到 1976 年,《美国版权》法为合理使用制度的目的和使用范围提供了系统的规范。

2. 合理使用的基本含义

在版权法中,合理使用是一个最易引起争议而又难以为人理解的规则,③ 被认为是整个美国版权法中最棘手的问题。④ 尽管如此,还是有学者尝试对其进行定义:"合理使用是指作品利用人在未经作品版权人授权或准许利用的情况下,出于公共利益的考虑,被容许使用他人享有版权的作品,而不会侵犯该作品版权的行为"⑤,也有国家立法对其进行定义。2000 年《爱尔兰版权与有关权法》增加了合理使用的定义,"在本部分,合理使用意为使用已经合法向公众提供的文学、戏剧、音乐或艺术作品、电影、录音制品、广播、有线电视节目、非电子原创数据库或已出版版本的版式,其使用目的和使用长度不会不合理地损害版权所有人的利益。"根据前述不难看出,上述两个定义都存有很大的缺陷。国内权威专家的定

---

① Folsom v. Marsh, 9 F. Cas. 342, at 348, 转引自 Gillian Davies, Copyright and the Public Interest, London: Sweet & Maxwell, 2002, p. 106.

② 吴汉东:《知识产权多维度解读》,北京大学出版社 2008 年版,第 556 页。

③ L. Ray Patterson, The Nature of Copyright: A Law of user's Rights, University of Georgia Press, 1991, p. 66.

④ Sheldon W. Halpern, Copyright Law: Protection of Original Expression, Carolina Academic Press, 2002, p. 398.

⑤ David J. Moser, Moser on Music Copyright, Artistpro Publishing, 2006, p. 158.

义一定程度上弥补了上述定义的不足,"合理使用是指在法律规定的条件下,不必征得著作权人的同意,又不必向其支付报酬,基于正当目的而使用他人著作权作品的合法行为。"① 但是,有青年学者提出不同意见,认为该定义没有分清合理使用的对象是作品还是著作权人的权利,且定义缺少一个要件,即不得侵害著作权人的其他权利,并在吴汉东文章②的基础上总结出一个定义。③

笔者以为,对合理使用进行定义应从四个方面着手:第一,为了公共利益或非商业目的;第二,形式上不要求取得许可和支付报酬;第三,程度上要求适当;第四,在结果上不能损害原作者的利益。基于以上四个方面的考量,合理使用是指在法律规定的条件下,不必征得著作权人的同意,且不必向其支付报酬,基于正当目的适当利用著作权人对作品享有的专有使用权利而不损害原作者利益的一种合法行为。

3. 合理使用的立法例

尽管世界各国对合理使用的立法不尽相同,但是,通过梳理大致可分为两类:因素主义模式和规则主义模式。

①因素主义模式。以美国为代表的版权立法在合理使用制度的规范中并没有具体规定哪些使用情况属于合理使用,而是仅仅规定了判断是否是合理使用需要考虑的几个要素,供法官在判定实施一种受版权专有权利控制的行为是否构成合理使用时考虑,如《美国版权法》第107条之规定④。另外,《澳大利亚版权法》第40条第2款、《新西兰版权法》第43

---

① 吴汉东:《知识产权多维度解读》,北京大学出版社2008年版,第636页。
② 吴汉东:《知识产权多维度解读》,北京大学出版社2008年版,第638—640页。
③ "合理使用是指在法律规定的条件下,不必征得著作权人的同意,又不必向其支付报酬,基于正当目的而无偿利用著作权人对作品享有的专有使用权利的一种合法行为,这种合法行为以注明作者姓名、作品名称,不得侵犯著作权人的其他权利为前提。"于玉:《著作权合理使用制度研究——应对数字网络环境挑战》,博士学位论文,山东大学,2007年,第8页。
④ 《美国版权法》(1976年)第107条规定,虽有第106条及第106条之二的规定,为了批评、评论、新闻报道、教学(包括用于课堂的多件复制品)、学术或研究之目的而使用版权作品的,包括制作复制品、录音制品或以该条规定的其他方法使用作品,系合理使用,不视为侵犯版权行为。任何特定案件中判断对作品的使用是否属于合理使用时,应予考虑的因素包括:①该使用的目的和特性,包括该使用是否具有商业性质,或是为了非营利的教学目的;②该版权作品的性质;③所使用的部分的质与量与版权作品作为一个整体的关系;④该使用对版权作品之潜在市场或价值所产生的影响。作品未曾发表这一事实本身不应妨碍对合理使用的认定,如果该认定系考虑到上述所有因素而做出的。

条第 3 款也都采取了因素规范模式。

②规则主义模式。只要是通过具体、明确的规定对合理使用的行为类型和相关要求进行规范的，都属于此类立法模式。多数国家的著作权法都是通过规则主义立法模式，对合理使用制度进行规范。如《日本著作权法》第 30—49 条、《俄罗斯联邦民法典》第 1273—1280 条、《韩国著作权法》第 23—38 条、《意大利著作权法》第 65—71 条第 6 附条、《印度著作权法》(1975 年)第 52 条、《德国著作权法》第 44 条 a—第 53 条、《法国知识产权法典》第 L. 122‐5 条、《埃及知识产权保护法》第 171 条、《巴西著作权法》第 46—48 条、中国《著作权法》第 22 条等，基本没有规范"限制与例外"的一般原则，而是把所有不需要经著作权人许可也不需要支付费用的使用他人作品的行为纳入"权利的例外和限制"条款，通过明确、详尽的对例外情形的列举，为法官判断相关利用作品行为是否侵权提供指南。

(二) 三网融合技术对合理使用制度提出的挑战

1. 公共领域的缩减制约社会创新发展

数字技术与网络技术的发展到如今推动了三网融合技术的实现，而这些技术被广泛利用后对著作权法提出了严峻的挑战，各国为迎接该挑战纷纷修改著作权法，以适应网络互动、网络传播所带来的新兴利益冲突。其中，广播组织权制度在面对新技术挑战时选择的是拓展权利的内容及种类，"在 SCCR 召集的会议上，多数国家都同意保留《罗马公约》规定的四项权利，但在内容上予以更新。另外，一些国家建议根据网络技术和其他新技术的发展增加一些新的权项。上述建议后来在《广播组织条约草案》中得到了肯定。"① 对于那些权利内容的更新以及新权项的增加，在上一章内容中已经分析在此不做赘述。就整体而言，权利与公共领域是一对相对应的概念，即著作权法中的权利越多，控制范围越大，能够满足大众自由获取信息需求以及促进社会文化繁荣发展的公共领域就会越窄。尤其是，广播组织在整个信息传播格局中的重要公益地位，奠定了以保护广播组织利益为目的的广播组织权的扩大的基础，所以必然要以不损害公众利益为标准设计制度。因此，若广播组织权无节制地扩张，则必然导致公共领域的萎缩，很多本属公众能够自由使用的广播电视节

---

① 胡开忠等：《广播组织权保护研究》，华中科技大学出版社 2011 年版，第 125 页。

目将因为相应广播组织权的确立只能通过获取许可支付报酬等方式获得。如此一来，人类共有的电视节目信号越来越多地专有起来，从长远来看非但不能促进社会文化事业、科技创新的繁荣发展，反而会成为社会文明与进步的障碍，因为专有权的增多就代表着他人自由使用范围的缩小，人类文明进步引以为傲的"继受与传承""借鉴与发展"就会受到极大的制约，"站在巨人的肩膀上"做出创新就会成为一句空谈。

2. 技术保护措施对合理使用的剥夺

"技术一方面它确实在一定程度上起到了保护权利人的作用，另一方面却在事实上剥夺了公众适用合理使用条款的可能性。"① 该处所提的"技术"特指技术保护措施。在三网融合时代，数字压缩、数字储存、数字复制、数字传输、P2P、流媒体、IPTV等层出不穷的技术不仅为作者或广播组织的创作与传播带来前所未有的变化，同时也给著作权人和广播组织的利益带去前所未有的危险。在如此情况下，传统著作权法中的事后救济制度在阻却侵权、恢复原状方面呈现被动态势，于是，更加积极的主动防御措施－技术保护手段应运而生。目前，技术保护措施被越来越广泛地运用到保护著作权和广播组织权等方面，主要包括访问控制措施和使用控制措施。例如，若网页可以浏览，但不可以复制粘贴，就是被使用控制措施所控制；没有正确的密码，广播节目接收设备无法接收观看电视节目内容，就是被访问控制措施所控制。从实践效果来看，恰当的技术保护措施确实能为网络环境下保护著作权人或广播组织的权利提供切实可行的手段，证明了技术保护措施的存在的合理性与必要性。

但是，技术保护措施是一把双刃剑，在为著作权人或广播组织权人带来"无微不至"的保护的同时，对合理使用制度的贯彻实施也产生了很大程度上的冲击。因为对于设置于作品或广播节目上的技术保护措施，不同的法律主体会有不同的法律追求：著作权人希望在法律规定的限度内可以将控制访问的措施和控制使用的措施布置得越完善越好；使用人总是希望可以规避或破坏技术措施，因为使用人凭借合理使用制度本来可以无须经许可、无须支付报酬就能适当使用别人的作品或广播电视节目，但就因为

---

① 郭禾：《网络技术对著作权的影响》，商务印书馆2002年版，第307页。

技术保护措施的出现和存在，就成为使用人享有"合理使用"的障碍和负担，切断了通往合理使用之路。所以，客观而言，技术保护措施不恰当地扩大了著作权保护的范围，一定程度上压缩甚至有时是剥夺了使用人应当享有的合理使用的权益，最终造成社会公共利益的损害。

3. 对"个人合理使用"的质疑

为个人目的而使用（使用的主要方式为复制）他人作品，即个人使用者为非商业性的教学、研究或娱乐等目的对其合法获得的他人作品进行的复制在模拟技术（相对于目前的数字技术而言）环境下很长时间都是没有问题的。"为了让个人也能够对精神生活进行全面参与并且能够通过接受教育来发展自己的个人人格，现行著作权法典在很大范围内将个人使用以及私人以其他形式使用作品的行为规定为不受著作权调整的行为。"① 大多数国家的立法允许复制供个人使用的复制件，但具体的规定有所不同。主要有以下两种。一种是明确允许自由无偿复制受保护的作品的立法，但只能复制一份，而且不能谋利，仅供个人使用（《巴西著作权法》第49条第2款；《哥伦比亚著作权法》第37条；《西班牙法》第31条第2款；《秘鲁法》第70条；《委内瑞拉著作权法》第44条第1款，等等）。其中某些法律只允许以手工方式制作的复制件，即手抄或打字件（《哥斯达黎加法》第74条；巴拉圭1985年《民法》第2180条）。另一种是遵循盎格鲁－撒克逊法律传统的立法，在这些立法中，为个人目的进行的复制由与合理使用（合理用途或合理行为）有关的条款管理。② 另外，美国国会在1971年曾指出版权法从没有禁止对广播或者对录有表演内容的磁带、录像带的家庭复制，非营利性的家庭复制是正常的和不受限制的。

但是，由于数字技术和网络技术的产生与发展，尤其是三网融合技术出现以后，极大地降低了复制、传播的技术和经济门槛，以往在工厂等机构才能进行的大量复制目前在个人家中就能实现，极大地改变了作者、传播者、使用者之间既有的均衡关系，于是个人合理使用与非合理使用之间的界限变得十分模糊。在印刷著作权时代，个人使用因对著作权人的合法

---

① ［德］M. 雷炳德：《著作权法》，张恩民译，法律出版社2005年版，第298页。
② ［西班牙］德利娅·利普希克：《著作权与邻接权》，联合国译，中国对外翻译出版公司2000年版，第171页。

利益影响甚微所以被视作合理的，到了电子著作权时代，尤其是到了目前三网融合时代，互联网、广播电视网和电信网所提供的服务方式和服务内容日趋一致，传统技术和数字技术、传统产业和数字内容产业业已交融，数字传播技术被运用到更广阔的空间和领域，交互式传播和网络广播共存于同一媒介，以至于个人对视听节目的复制与下载、传输与共享的能力得到了空前的提高，形成区别于以往的一种脱离专业传播者团体控制的传播机制。在此背景下，个人使用视听节目的频率和数量得以空前膨胀，给他人的著作权权益带来很大的影响。于是，西方各国立法中，个人合理使用的标准日益严格。例如，德国等欧洲国家相继开征"私人复制税"或"版权补偿金"，《欧盟信息社会版权指令》要求因私人复制应给予版权人公平的补偿。[①] "由于技术的进步，从录音带到数字媒体，美国国内法和国际著作权法都不断地认识到不仅仅是在某个人复制并向公众传播该作品时要经作者的许可或者至少要向作者支付版税，终端用户为了私人消费目的而进行个人复制也应这样。"[②] 我国《信息网络传播权保护条例》中有关权利的限制并不包括个人使用，应是出于网民上传下载文件、共享文件的规模较大，已较大地影响到版权人的权益的考量。

（三）国际社会对合理使用制度完善的探索

自广播组织权产生之日起，对其规定的例外情况就如影随形。而面对当下网络数字技术的突飞猛进以及广播组织权内涵的扩充，广播组织权的例外——合理使用制度就成为国际社会或各国国内法关注及不断探索的对象。

1. 《伯尔尼公约》《罗马公约》与《TRIPs协定》规定的例外情形

国际版权公约在有关权利限制与例外的规定方面，经历了从列举式到开放式，从只针对复制权到针对所有权利的发展过程。《伯尔尼公约》早先的几个文本没有权利限制的一般性规定，但已含有权利限制的规定，如

---

① 《欧盟信息社会版权指令》第5条第2款b项规定，自然人（不包括法人）为了个人使用和其他没有直接或间接商业目的而进行的复制，其前提条件是相关的权利人获得了合理补偿。这主要是指对听觉、视觉制品和视听制品的复制，而且不仅涉及以有形物为介质的复制，还涉及数字化的复制。

② Jane C Ginsburg, "From Having Copies to Experiencing Works: The Development of an Access Right in U. S. Copyright Law", in Hugh Hansen, eds., *U. S. Intellectual Property Law And Policy*. Edward Elgar Publishing Limited, 2006, p. 46.

公约第10条、第10条之二规定。① 这些规定奠定了基本的权利限制框架，但是，这几种权利限制显然并不能穷尽对权利的合理限制，不过，鉴于各国法律传统的现实差异，很难设定一些"放之四海而皆准"的固定情形，即统一例外和限制行为的范围及数量。为了弥补这方面的不足，该公约1967年斯德哥尔摩修订文本如第9条第2款规定②，将概括性规定纳入其中，为各国提供了一个普遍适用的标准，由各成员国国内法对其再进行具体化规定。

《罗马公约》为表演者、录音制品制作者和广播组织提供的权利内容存有区别，但是，在保护的例外方面③并未区分，例外情形对所有这三种受益人都适用。换言之，同《伯尔尼公约》一样，《罗马公约》也准许成员国对公约规定的最基本的权利进行限制。《罗马公约》规定了以下几种例外情形。

其一，私人使用（private use）。《罗马公约》并未对"私人使用"这一术语进行解释，具体含义交由各成员国国内法界定。它沿袭了著作权公约的模式，也是指除公开使用（有学者将 private use 翻译成非公开使用④）或营利使用之外的使用。《伯尔尼公约》中并没有将该种情况规定为可一直适用例外的特殊情况。

---

① 《伯尔尼公约》第10条规定："一、从一部合法向公众发表的作品中摘出引文，包括以报刊摘要形式摘引报纸期刊的文章，只要符合善良习惯，并在为达到正当目的所需要范围内，就属合法。二、通过出版物、无线电广播或录音录像使用文学艺术作品作为教学解说的权利，只要是在为达到正当目的所需要的范围内使用，并且符合正当习惯，即可由本联盟成员国法律以及成员国之间现已签订或将要签订的特别协议加以规定。三、根据本条前两款使用作品时，应指明出处，如原出处有作者姓名，也应同时说明。"第10条之二规定："一、对在报纸或期刊上已发表的经济、政治和宗教问题的时事性文章，或无线电已转播的同样性质的作品，本联盟成员国法律有权准许在报刊上转载，或向公众作无线或有线广播，如果对这种转载、广播或转播的权利未作直接保留的话。但任何时候均应明确指出出处；不履行该项义务的后果由之提出保护要求的国家以法律规定。二、本联盟成员国法律也有权规定，在何种条件下，对在时事事件过程中出现或公开的文学和艺术作品，在为报道目的正当需要范围内，可予以复制，或者以摄影或电影手段或通过无线电或有线广播向公众作时事新闻报道。"
② 《伯尔尼公约》第9条规定："二、本联盟成员国法律有权允许在某些特殊情况下复制上述作品，只要这种复制不致损害作品的正常使用也不致无故危害作者的合法利益。"
③ 《罗马公约》第15条第1款规定，任何缔约国可以依其国内法律与规定，在涉及下列情况时，对本公约规定的保护做出例外规定：(a) 私人使用；(b) 在时事报道中少量引用；(c) 某广播组织为了自己的广播节目利用自己的设备暂时录制；(d) 仅用于教学和科学研究之目的。
④ 《罗马公约与录音制品公约指南》，刘波林译，中国人民大学出版社2002年版，第46页。

其二，在时事报道中少量引用。该项规定源自《伯尔尼公约》第10条之二，两者极为相似，不过，区别也很明显。第一，《罗马公约》规定对时事报道的引用必须是"少量"，而《伯尔尼公约》并未提及作品被引用的程度，当然，至于"少量"的程度则由成员国自行界定；第二，《罗马公约》并未将作者是否事先声明禁止他人引用作为条件进行规定，但是《伯尔尼公约》规定，"如果对这种转载、广播或转播的权利未作直接保留的话"，"对在报纸或期刊上已发表的经济、政治和宗教问题的时事性文章，或无线电已转播的同样性质的作品，本联盟成员国法律有权准许在报刊上转载，或向公众作无线或有线广播"。否则，第10条之二的规定就不再适用。

其三，广播组织为了自己的广播节目利用自己的设备暂时录制。该项规定涉及广播组织为了自己的广播电视节目而利用自己的设备制作的暂时录制品。这一例外也同其他例外的一样，沿用了《伯尔尼公约》的有关规定（第10条之二第2款），因而就著作权本身所做的考虑这里也同样适用：录制品具有暂时性（录制行为结束后的一段时间内被销毁）；录制品由广播组织自己而不是他人制作；录制品仅用于自己的而不是他人的广播电视节目。做出这种考虑的目的在于解决一个技术困难：使广播组织有可能就它们已被授权播放的内容制作自己的录制品，以便在延误时间的情况下推延播放，并在整体上对发送设施进行最有效的利用。①

其四，仅用于教学和科学研究之目的。为了协调权利人与社会发展及公共利益之间的平衡，无论国际条约还是国内法，无论著作权制度还是邻接权制度，对教学和科学研究的合理使用都有所规定，例如《伯尔尼公约》第10条第2款之规定②。此外，《伯尔尼公约》和《世界版权公约》都包含仅适用于发展中国家的特别例外，准许建立为教学、学习或研究目的进行翻译或复制的强制许可制度。③ 尽管如此，需要强调的是，这些国际公约并没有对教学和科研进行概念界定，而是将其留给各国国内法来完

---

① 《罗马公约与录音制品公约指南》，刘波林译，中国人民大学出版社2002年版，第47页。
② 《伯尔尼公约》第10条第2款规定，成员国可以准许出版物、广播电视节目或录音录像制品，以教学示例方法使用文学或艺术作品，只要这种使用符合公平惯例，而且不超过这一目的所证明的合理限度。
③ 《罗马公约与录音制品公约指南》，刘波林译，中国人民大学出版社2002年版，第47页。

成。因为，实践中各种教学在目的方面存有营利目的与非营利目的之分，虽然从效果来看，两者在传播社会文化功能上并无二致，但是，毕竟两者在价值追求方面截然相反，并代表着不同的利益集团，所以，二者在权利例外与限制方面肯定应该有所区别。

《TRIPs 协定》一改《罗马公约》详列"特殊情况"的模式，只是做了一个原则性规范，强调满足不得影响原作品的正常使用，也不得损害权利人的合法利益的条件，具体包括哪些特殊情况由成员国来完成。①

2. SCCR 各届会议对合理使用制度的探索

SCCR 于 2004 年 10 月 4 日针对第 12 届会议发布的《关于保护广播组织的条约经修订的合并案文》以及 2005 年 5 月 2 日发布的《关于保护广播组织的条约经修订的合并案文第二稿》的第 14 条都规定的是"限制与例外"②。该"限制与例外"方案是由阿根廷、埃及、欧盟、洪都拉斯、日本、肯尼亚、新加坡、瑞士、美国和乌拉圭提议的。该条除细节上做了必要修改以外，基本沿用了 WPPT 的相应规定。例如，第 1 款复述了《罗马公约》第 15 条第 2 款的主要原则，并与 WPPT 第 16 条第 1 款相一致；第 2 款载有最初由《伯尔尼公约》第 9 条第 2 款规定的三步检验条款。《TRIPs 协定》第 13 条、WPPT 第 16 条第 2 款和 WCT 第 10 条第 2 款也采用了相应的规定。对本拟议条款和上述整个一系列相应规定的解释，沿用了对《伯尔尼公约》第 9 条第 2 款已确认的解释。

《关于保护广播组织的条约经修订的合并案文第二稿》关于第 14 条的解释意见备选方案 T 中的第 3 款采用了埃及和美国的提案，即规定一条

---

① 《TRIPs 协定》第 13 条对"限制与例外"进行了规定，"各成员对专有权做出的任何限制或例外规定应限于某些特殊的情况，且不会与对作品的正常利用相冲突，也不会不合理地损害权利持有人的合法利益"。

② "（1）缔约各方可在其国内立法中，对给予广播组织的保护规定与其国内立法中对给予文学和艺术作品的版权保护以及相关权保护所规定的相同种类的限制或例外。（2）缔约各方应对本条约所规定权利的任何限制或例外，仅限于某些不与广播节目的正常利用相抵触、也不无理地损害广播组织合法利益的特殊情况。备选方案 T（3）如果在［外交会议的日期］，某缔约方已有关于非商业性广播组织对第 6 条所授予的权利的限制与例外，该缔约方可保留此种限制与例外。备选方案 U（3）[无此类规定]。"WIPO，关于保护广播组织的条约经修订的合并案文第二稿，SCCR/12/2 REV. 2，May 2，2005。

"老祖父条款"（使某类人由于条款生效前某事已成既成事实而得以豁免的条款），让缔约各方能保留对转播所规定的若干限制与豁免。备选方案 U 中的第 3 款反映了没有任何其他代表团提出关于此类条款的建议这一事实。在常设委员会 2004 年 6 月会议的讨论中，备选方案 U 比备选方案 T 得到了更多的支持。①

该方案总体而言属于一种抽象的、原则性的规定，赋予各成员国根据本国实际情况规定限制与例外的具体情形的自由，获得多数国家的支持。但是，这种体例让一些国家或组织又有一些忧虑，它们主张应对合理使用的情况做出具体的规定。于是，2006 年 7 月 31 日 SCCR 在第 15 届会议上提出了《保护广播组织条约经修订的基础提案草案》，其第 17 条规定了"限制与例外"，将前述方案作为本条中的"备选方案 WW"加以规定，同时又准备了另外三套备选方案：备选方案 XX、备选方案 YY 和备选方案 ZZ。备选方案 XX 照搬了智利代表团所提交的提案（文件 SCCR/13/4 中有关限制与例外的提案）。该代表团认为，缔约各方应采取适当的措施，特别是通过制定或修改法律法规或诉诸实践防止滥用知识产权，防止不合理地限制贸易或影响技术的国际转移和扩散。它们还指出，在本条约中，任何事情都阻止不了缔约各方在它们的立法中规定合理使用的行为或情形。每一缔约方都可以采取符合《TRIPs 协定》的适当措施，以防止或控制这些行为。该方案以《罗马公约》的第 15 条为基础，增加了 e 和 f 两款内容，以及"或属于不影响广播节目的商业化，亦不无理地损害权利人的合法利益的特殊情况的其他限制或例外"这样的表述。

备选方案 YY 照搬了巴西代表团提交的提案（文件 SCCR/13/3 CORR. 中有关限制与例外的提案）。该备选方案中的第 1 款与备选方案 WW 中的第 1 款基本相同，唯一区别在于"限制"和"例外"之间的"与"字。为了确保广播活动的"社会层面"得到充分保护，巴西还建议重新起草现行主席合并案文第 14 条，以便规定根据新 WIPO 条约可适用于广播节目的那些"公共利益"免责条款。在这方面，巴西提议利用

---

① WIPO，关于保护广播组织的条约经修订的合并案文第二稿，SCCR/12/2 REV. 2，2005。应当指出的是，阿根廷建议专门为限制转播权提供某种可能性："缔约各方可在其国内立法中规定，在广播组织提供服务的区域内，通过电缆、不加修改、同时发送该广播组织的无线广播节目，不构成转播或向公众传播的行为"（亦参见加拿大的提案，第 6.05 段）。

《罗马公约》第 15 条的内容，并做适当调整，以确定如何适当处理当代问题。为了强调获取知识、促进文化多样性和发展的国际责任的重要性，巴西提议，有关获取知识和保护文化多样性的两个新的条款应该被包括在保护广播组织权的任何新条约内。①

备选方案 ZZ 照搬了秘鲁代表团的提案（文件 SCCR/14/6 中有关限制与例外的提案）。通过对比，我们可以看出，该方案第 1 款列举了 8 项例外的具体条款，其中前 4 项与备选方案 XX、备选方案 YY 相同，都借鉴了《罗马公约》第 15 条的规定。备选方案 ZZ 与备选方案 XX 的区别，主要有两个方面。其一，关于图书馆、档案馆、教育机构的使用，备选方案 ZZ 有两条规定而备选方案 XX 只有一条。秘鲁代表团还提出了以下备选措辞，以供考虑取代 f 项和 g 项："对公众开放的图书馆、档案馆、教育中心或博物馆，为实现其目标而对受广播组织专有权保护的作品进行的非以获得经济或商业利益为目的的使用。"② 若真是替换的话，两个方案在此就没有区别了。其二，备选方案 ZZ 比备选方案 XX 多了一条 h 规定，即对不受版权或相关权保护的节目或该节目的一部分的使用的规定。备选方案 ZZ 与备选方案 YY 的区别，主要有几个方面：其一，备选方案 YY 有第 1 款，就是备选方案 WW 的内容；其二，对于图书馆、档案馆、教育机构的使用，备选方案 ZZ 规定了两条而备选方案 XX 只规定了一条。这是从形式上来看，而若从内容来看，备选方案 ZZ 对此规定得较明确。

在以后的各届会议中，很多国家的代表团对此的认识都并不一致，比如南非代表团在第 22、23、24 三届会议中的提案都认为，这些最低限度的例外（还有《罗马公约》第 15 条规定的目前承认的例外），如个人使用、报道新闻时事、临时录制以及教学和科研方面的使用，这些应提出具体方案以便为成员国提供指南。但还应留有一定的余地，以便国内法制定更为详细的规定。如有必要，可以规定合理并符合合理使用理念或检验标准的例外与限制，这样就可以在广播组织权利与言论自由和与获取信息相

---

① WIPO, Proposal by Brazil on the Protection of Broadcasting Organizations, SCCR/13/3/ CORR., November 17, 2005.
② WIPO, Proposal by Peru on Treaty for the Protection of Broadcasting Organizations, SCCR/14/6, para. 17.08, April 28, 2006.

第五章 三网融合背景下广播组织权的限制

关的公共利益价值之间建立一种平衡。①

加拿大代表团提出以下意见。(1) 本条的适宜措辞取决于纳入本条约的实质性权利和保护。总体而言,加拿大赞成保留《TRIPs 协定》所允许的具体限制与例外,但要求对其他限制与例外适用"三步检验法"。有鉴于此,加拿大建议在目前的第 1 款之后增加新的一款:第(1A)款缔约方对本条约授予的权利和保护,可在《TRIPs 协定》对广播节目准许的限制与例外的范围内,对广播节目和有线广播节目的保护规定限制或例外。(2) 对第 2 款应做如下修正:除第(1A)款规定的限制或例外之外,缔约各方应将对本条约所规定权利和保护的任何限制或例外,仅限于某些不与广播节目的正常利用相抵触,也不无理地损害广播(或有线广播)组织合法利益的特殊情况。②

日本代表团的提案提出了两个备选方案③,在备选方案 14.1 中首先强调了各缔约国应将广播组织权的限制与例外同著作权的限制与例外在种类方面相同;其次,强调了各缔约国规定的限制与例外,不得同广播节目正常利用或损害广播组织合法利益的情况相冲突。备选方案 14.2 中首先列举了 4 种最为重要的例外情况,其次,强调了各缔约国应将广播组织权的限制与例外同著作权的限制与例外在种类方面相同。

阿塞拜疆、白俄罗斯、俄罗斯联邦、哈萨克斯坦、吉尔吉斯斯坦、塔吉克斯坦、土库曼斯坦、乌克兰、乌兹别克斯坦和亚美尼亚代表团提交的文件中,舍弃列举具体情形,采取笼统而原则性的规范,第 7 条对"限制

---

① WIPO,关于保护广播组织条约的草案,SCCR/22/5/,March 1, 2011;WIPO, Draft Treaty on the Protection of Broadcasting Organizations, SCCR/23/6, November 28, 2011;WIPO,保护广播组织条约草案,July 2, 2012。
② WIPO,关于 WIPO 保护广播组织条约草案的提案,SCCR/22/6,March 7, 2011。
③ 备选方案 14.1 (1) 缔约各方可在其国内立法中,对给予广播组织的保护规定与其国内立法中对给予文学和艺术作品的版权保护以及相关权保护所规定的相同种类的限制或例外。(2) 缔约各方应将对本条约所规定权利的任何限制或例外,仅限于某些不与广播节目的正常利用相抵触,也不无理地损害广播组织合法利益的特殊情况。备选方案 14.2 (1) 任何缔约方均可在其本国法律法规中对本条约所规定的保护做出例外:(a) 私人使用;(b) 时事新闻报道中使用简短片段;(c) 广播组织利用自己的设施为自己的广播节目进行的暂时录制;(d) 仅为教学或科研目的使用;(2) 尽管有本条第 1 款的规定,任何缔约方可在其国内法律法规中,对给予广播组织的保护规定与其国内法律法规中对给予文学和艺术作品的版权保护所规定的相同种类的限制与例外。WIPO,关于《WIPO 保护广播组织条约》经修订的基础提案草案的更新文本(SCCR/15/12 rev),SCCR/24/3,June 7, 2012。

与例外"进行了规定。①

除了上述各国提案外，经 SCCR 委员会通过的最新《保护广播组织条约工作文件》第 10 条②准备了三套方案：备选方案 A（第 1 款和第 2 款）③ 表示各缔约国可采取列举与原则规范相结合的模式，同时，塞内加尔代表团提出针对视觉障碍者以及档案服务和图书馆的合法需求，必须制定相应的限制与例外条款，但必须确保这些限制与例外不与广播节目的正常利用相抵触，也不无理地损害广播组织合法利益。出于同样的目的，保护内容所有者利益的需求也必须纳入考虑。备选方案 B（第 1 款至第 2 款）④，笔者认为该方案是借鉴了《伯尔尼公约》第 9 条第 2 款的"立法"模式，根据广播组织权自身特性，确立了适用于广播组织权的"三步检验法"，但是由于没有对"特殊情况"进行一定程度的归纳，而略显落伍于其他方案。备选方案 C（第 1 款至第 3 款）⑤，该方案规定得比较全面，可以说是对前两种方案合并后的整体方案。

总之，权利限制与例外条款的规定是《广播组织条约》中同广播组织权内容一样重要的一项内容，因为"尽管承认条约草案中这一要件的

---

① （1）缔约各方可以在其国内立法中，对给予广播组织和有线广播组织的保护规定与其国内立法给予文学和艺术作品的版权保护相同种类的限制或例外。（2）在不损害前款的前提下，缔约各方可以在本国立法中对短期使用的广播节目或有线广播节目录制品规定限制与例外，条件是这种录制是由另一广播组织或有线广播组织使用自己的设备制作且用于自己的广播或有线广播。（3）缔约各方仅限在某些不与广播或有线广播的正常利用相抵触，也不致不合理地损害广播组织或有线广播组织合法利益的特殊情况下，才能对保护广播组织和有线广播组织规定限制或例外。WIPO，保护广播组织和有线广播组织条约提案，SCCR/27/6，April 21，2014。

② 在加入本条约之前未授权广播组织对未加密的无线播送进行同步转播的缔约方，建议应被允许选择不将同步转播权适用于未加密的广播节目（加拿大）。

③ （1）每一缔约方均可在本国的法律和条例中纳入对本条约所规定的保护做出的以下例外：（i）私人使用；（ii）时事新闻报道中使用短片段；（iii）仅为教学或科研目的的使用；（iv）广播组织利用自己的设施为自己的广播节目进行的暂时录制。（2）尽管有本条第 1 款的规定，在受版权保护的作品方面，任何缔约国均可以在其国内法律法规中规定相同的或其他的限制或例外，只要此种例外与限制仅限于不与广播信号的正常利用相抵触，也不无理地损害广播组织合法利益的特殊情况。

④ （1）缔约各方可在其国内立法中，对给予广播组织的保护规定与其国内立法中对给予文学和艺术作品的版权保护以及相关权保护所规定的相同种类的限制或例外。（2）缔约各方应将对本条约所规定权利的任何限制或例外，仅限于某些不与广播节目的正常利用相抵触，也不无理地损害广播组织合法利益的特殊情况。

⑤ WIPO，保护广播组织条约工作文件，SCCR/24/10，Sept. 21，2012；WIPO，保护广播组织条约工作文件，SCCR/27/2 REV.，March 25，2014。

重要性……然而会上一致认为,对这些条款的进一步发展将取决于条约草案的适用范围和保护范围"。① 尽管如此,关于合理使用的正确解释之重中之重在于平衡各邻接权人之利益,特别是公共领域内之作品的利益归属。关于私人使用,科学研究、图书馆、资料馆、学术机构等之使用,都应纳入合理使用范畴中特别予以考量。合理使用的范围会因科学技术的发展而受影响,特别在发展中国家,若未能设立切合其需求的法制,则会造成商业利益与使用者利益之间的不平衡。另外,网络广播的情况,会涉及将来主要经济之反射效应,在虚拟世界中,应如何运用相关法制,是主要考量的地方。② 因此,笔者比较赞同智利代表的意见,认为在《罗马公约》第 15 条中对合理使用条款之重要本质立下标准:包含了私人使用、与时事相关的、暂时性的录制,以及教学与科学的研究,故不应忽视已有的条约规定,而应制定一个交错结合适用的系统,才是对各成员国最有帮助的。③

二、保护期制度

广播组织权的保护期限就是对广播组织权的时间限制,这方面的法律规定就是广播组织权的保护期制度。由于广播组织播放的电视节目对娱乐公众、繁荣文化、促进技术、开化民主具有重大作用,若允许广播组织对广播信号永久保护,那么上述功能就会很难发挥。为此,国际条约及很多国家国内的著作权法都对广播组织权设定了保护期限,超过这个期限后权利客体就进入公共领域,目的在于促进对广播电视节目的利用。其实,这就是对作者或相关权所有者与公共利益之间的利益平衡进行适当协调。

现行的国际著作权保护期制度根据主体与客体类型的不同,采用了一种集变量模式与固定模式为一体的保护期模式:对自然人作者的作品采取变量模式,即作者终生加 N 年;对于自然人的特定作品和法人则采用了固定模式。④ 根据前述广播组织的定义,本书中广播组织都是法人,所

---

① WIPO,保护广播组织非正式磋商会议报告,SCCR/23/9,January 27,2012。
② WIPO,*Report*,SCCR/14/7,May 1,2007.
③ WIPO,*Report*,SCCR/14/7,May 1,2007.
④ 相靖:《广播组织权利研究》,博士学位论文,中国人民大学,2008 年,第 89 页。

以，广播组织权的保护期制度采用的是固定模式。

(一) 国际条约对保护期限的规定

在1961年，各国的国内法关于邻接权的保护期规定并不相同，为此，《罗马公约》采取了一个适中的期限，即20年。①《TRIPs协定》第14条第5款遵循了《罗马公约》对广播组织权的期限限制，为20年。针对邻接权保护期的不尽相同（如多数成员国为20年，也有25年、30年、40年的，比利时和荷兰甚至就没有具体规定保护邻接权）的现状，欧盟颁布的《版权与邻接权保护期指令》，规定邻接权保护期限为50年，还统一了保护期的计算方式。不过，在2009年，欧盟委员会将录音制品保护期从50年延长至70年，并没涉及广播组织权的保护期限为广播节目首次发射后的50年这一规定。

2006年，SCCR第15届会议发布《保护广播组织条约经修订的基础提案草案》，该草案第18条为广播组织权的保护期限提供了两套备选方案②，其中备选方案DD的内容，除细节上做必要修改以外，沿用了WPPT第17条第1款关于表演者权利的保护期的相应规定。该方案源自阿根廷、喀麦隆、埃及、欧盟、洪都拉斯、日本、肯尼亚、瑞士、乌克兰、美国和乌拉圭的提议。另外，墨西哥代表也表示支持。③ 在会议期间，大多数提案均建议计算保护期的起始年份为广播"首次"播出之年。合并案文中省略了"首次"这一条件，因为文书草案涉及的是对信号的保护，而信号从性质上讲只能发出一次。④

为全面反映SCCR对于保护期问题的各项提案的所有意见，2004年6月会议之后常设委员会特在合并案文中增加了一项备选方案——备选方案EE。在常设委员会2004年11月会议上，又有几个代表团对20年保护期表示支持。⑤ 该方案源自新加坡的建议，其建议保护期为自广播首次播出之年年终算起20年，印度在常设委员会2004年6月会议的讨论中对这一

---

① 《罗马公约》第14条规定，本公约给予保护的期限，至少继续到自下列年份年底起计算的20年期限届满：(C) 对于广播电视节目——进行播放之年。
② 备选方案DD：依本条约授予广播组织的保护期，应自广播播出之年年终算起，至少持续到50年期满为止。备选方案EE：依本条约授予广播组织的保护期，应自广播播出之年年终算起，至少持续到20年期满为止。
③ WIPO, *Report*, SCCR/12/4, March 1, 2005.
④ WIPO, 关于保护广播组织的条约经修订的合并案文第二稿, SCCR/12/2 REV.2, May 2, 2005。
⑤ WIPO, 关于保护广播组织的条约经修订的合并案文第二稿, SCCR/12/2 REV.2, May 2, 2005。

建议表示支持。

在SCCR第14届会议上，很多国家代表团对保护期限提出了建议。[①]

巴西代表团指出，该条保护期限的时长引人关注。如果广播节目想要获得保护，那么该条约必须明确排除对内容的保护，但其并没有做到。虽然"信号"这个词并没有在整个条约中使用，但"信号"这个词应该以不同于"节目"或其他来定义的词的语义来使用。如果对任何广播的保护依提议被充分延展至50年而无论其是否为原创，那么该规定是太宽泛而不精确的，很难实现和监控，并容易产生混乱。条约应该清楚地排除对信号的内容、节目和所有其他内容的保护，否则，应该完善讨论中的该条款的语言并应表明只有第一或原创的节目会享受保护。另外，巴西的电信当局指出，如果该条约只规范信号保护，不宜通过知识产权对其进行保护，因为信号不属于创造性的作品，它们没有创造性，不得适用著作权的保护规则，故必须订立新的规则对其进行界定。同时，巴西代表团还提出一个非常有争议的问题：条约草案规定各广播均独立享有保护，有疑问的是，这样是不是等于保护期限的无限延长？这是必须要在条约中界定明白的。

印度代表团则认为，因为传播权和复制权的设立，不论保护期限是20年还是50年，设立更长的保护期的逻辑和理由均被该等权利所弱化。保护被赋予信号还是内容这样的问题也非常重要。重点在于，信号一旦被接收就会随即消失，而保护期限是20年或是50年，这是一个自相矛盾的问题。然而，第二个条款和各条所提供的范围即条约范围应适用于保护广播组织的广播。如果该保护仅限于广播，那么它应该适用于第一次广播。"广播"并不必然意味着是指"内容"，但就整体而言，广播将包括内容和其他元素。虽然大家都认为各成员国不应该花太多的时间在这个问题上，但是人们仍然担心，信号的20年保护期限代表一个自相矛盾的概念，因此需要进一步考虑是否应该着重保护信号或广播。如果决定保护广播，那么需要厘清术语"广播"，以及广播的什么元素应该被保护。

智利代表团指出，作为基本提案的一部分，无论保护期是20年还是50年，智利都没有异议。

韩国代表团指出，此前韩国支持至少20年的保护期，但国家进一步

[①] WIPO, *Report*, SCCR/14/7, May 1, 2007.

磋商后，改变了观点，认为 WCT 中给持有人相关权利 50 年的保护期更实用和符合逻辑。

伊朗伊斯兰共和国代表团承认需要厘清印度和巴西的代表团的提案，并指出虽然这个问题也仍在协商中，但 20 年的保护期的提议应该被考虑。

埃及代表团表达了担忧，表示条约的各个部分应该一致。保护期限，无论 20 年还是 50 年，本身就是一个有争议的问题。即使支持 50 年，关于保护期限何时应该开始起算的问题也还存在。为了回答这个问题，埃及代表团参考了该条约的第 3 条，处理保护的范围和主体。这表示，该条约将保护第一次的信号，然后是节目。所以，该条约在字面上应保护信号，以及有效地保护内容，即节目、转播或重播节目。需要澄清的是，节目保护与这些节目内容之间的区别，以及节目保护与这些节目的作者的著作权保护之间的区别。需要考虑的是，条约是否应授予对信号和节目广播的保护，以及这种保护何时开始，无论是在信号和节目广播开始时，还是在信号和节目广播过程中。

哥伦比亚代表团同意保护期限的问题应该在保护主体语境中审查，即权利保护期限的长短，应该视其保护的主体而定。《罗马公约》为表演人和录音制品制作人提供 20 年的保护，虽然少有国家实践其 20 年的保护。然而实际上应提供对其更长的保护，因为保护时间的长短，会影响作品担负公共利益的意愿：若是保护期限太过短暂，则只能促使权利人将作品暂存于私领域而不提交公众领域，因为传播于公众领域，必须承担盗版的风险。并且实务运作上也显示，保护期限的延长，对许多法治运作，是必要的。所以，哥伦比亚代表团赞成 50 年的保护期限。

在第 22 届会议中，南非代表团的提案指出，《保护广播组织条约草案》第 18 条的意图就是为了保护获取、组织和传播内容所需的投资。在这方面，南非认为采用《罗马公约》的相应规定已足以满足这一目的。但只有这一规定还不能解决人们所关注的问题，即：材料不止播出一次以延长保护期；因此需要加入可避免不断延长更新保护期的案文。南非支持备选方案 EE 并做如下修正："依本条约授予广播组织的保护期，应自广播首次播出之年年终算起，至少持续到 20 年期满为止。"[①] 也是在该届会议上，加拿大代表团建议增加新的第 2 款：如缔约方无论是在总体上或针

[①] WIPO, 关于保护广播组织条约草案的提案, SCCR/22/5, March 1, 2011。

对某一特定类别的广播节目或有线广播节目规定了比本条约所要求的更长的保护期限,则该缔约方有权对来源于其保护限期较短的另一缔约方的广播节目或有线广播节目给予较短的保护期。此种保护期不应少于该广播节目或有线广播节目来源地的该缔约方对此类广播节目或有线广播节目规定的保护期限。①

到了 2012 年第 24 届会议,经委员会通过的《保护广播组织条约工作文件》第 11 条对保护期提供了两个备选方案②:其中备选方案 A 源自加拿大的提案,是将《保护广播组织条约经修订的基础提案草案》第 18 条的两个备选方案合二为一,实质内容并没有多大的改进,仍然为各成员国提供 20 年或 50 年两项选择;备选方案 B 是比较有新意的,以前颁发的文件中没有如此规定,可能是受到"例外与限制"中原则性规定的影响,该方案将"不应与广播信号的正常使用相抵触,并不得无理地损害广播组织或权利人的合法权利"作为各成员国在国内法中设置具体保护期限而必须满足的两个条件。

(二) 延长保护期限的实质

自 21 世纪末以来,一些国家逐渐呈现出一种延长保护期限的态势,且这一态势仍有蔓延趋势。早在 1996 年,德国著作权法就突破《罗马公约》和《TRIPs 协定》所规定的 20 年期限,将著作权保护期延长至作者死后 70 年,后来,又规定广播组织权"自广播电视播放起 50 年后归于消灭"。欧盟多数成员国对此规定为 20 年,尚有规定 25 年、30 年、40 年期限的,甚至比利时和荷兰就没有具体规定保护邻接权,在该等情况下,欧盟颁布了《版权与邻接权保护期指令》,将邻接权保护期限延长为 50 年。该指令对美国的影响很明显,美国国会于 1998 年通过了《著作权保护期延长法案》,将普通个人作品的著作权保护期延长至作者死后 70 年,而且,该法案还同时将其他组织(团体)的保护期限延长至自作品公开发

---

① WIPO,关于 WIPO 保护广播组织条约草案的提案,SCCR/22/6, March 7, 2011。
② 备选方案 A [仅一款]:依本条约授予广播组织的保护期,应自广播信号播出之年年终算起,至少持续到 [20/50] 年期满为止。备选方案 B [第(1)款和第(2)款]:(1) 缔约各方可在其国内法中规定给予本条约受益人的保护期;(2) 尽管有第(1)款的规定,此种保护期不应与广播信号的正常使用相抵触,并不得无理地损害广播组织或权利人的合法权利。WIPO,保护广播组织条约工作文件,SCCR/24/10, September 21, 2012。

表之日起95年。① 据笔者统计，到目前为止，《印度著作权法》（1957年）规定的保护期为25年，《意大利著作权法》、《日本著作权法》、《俄罗斯联邦民法典》、《南非版权法》、《英国版权法》、《韩国著作权法》等对广播组织权规定的保护期都是50年；《委内瑞拉著作权法》对此规定的是60年。

设定保护期限的理由，对于自然人作者而言，强调"自然权利论"，体现为将保护期与作者的人身相联系，尤其是将其与作者的寿命相联系，采取"两代人标准（作者有生之年加若干年）"，既在作者有生之年为其提供权利保护，又为其继承人提供由此带来的权利的保护；对于法人作者或者广播组织而言，采取的是"激励论"，②如在1998年美国延长著作权保护期时，立法者明确指出，著作权保护期的延长会使整个社会创作的作品增加，大众可以获得的作品总量也会因此增加，从而最终增加了社会整体福祉。③ 如此一来，在探讨广播组织权的保护期限时，与保护期相关的作者利益的重要性降至第二位，实质的问题变为多长的保护期有利于确保广播组织继续对节目信号的传播做出投资，或者有效地鼓励投资。确定具体保护期的过程就是在广播组织利益与社会利益之间寻找平衡的过程。当保护期发生变化时，必然会打破原有的平衡，尤其是在保护期延长情况下，必然会出现一方面私权要求加强，另一方面公有领域的收缩的情况。而公有领域的收缩必须有个度，因为"内容丰富的公有领域是信息社会发展的一个基本因素，可以带来诸多益处，如加强公众教育、提供新的就业机会、鼓励创新、提供商业机遇和促进科技进步等。公有领域的信息应易于获取以支持信息社会，并应受到保护不被盗用。"④ 所以，通过延长保护期加强私权时，必须考虑两个方面。其一，延期能否激励广播组织播放更好更多的节目。对此已经有经济学家对于延期所可能带来的积极效果进行了实证研究，其结论是，延期并不当然刺激新创作的作品增加。⑤ 其

---

① 程松亮：《著作权保护期延长的合理性探究》，《湖北社会科学》2012年第7期。
② 程松亮：《著作权保护期延长的合理性探究》，《湖北社会科学》2012年第7期。
③ Senate Committee on Judiciary (1996). *Senate Report 104 - 315 (Copyright Term Extension Act of 1996)*, Washington: U. S. Senate, 1996.
④ 《建设信息社会：新千年的全球性挑战的原则宣言草案》，第26条，WSIS - 03/GEVEVA/DC/4 - C.，转引自相靖《广播组织权利研究》，博士学位论文，中国人民大学，2008年，第90页。
⑤ Hui K. - L., Png I. P. L., "On the Supply of Creative Work: Evidence from the Movies", *American Economic Review*, 2002, No. 2.

二,公有领域收缩到什么程度就会产生阻碍信息流通。因为社会的发展离不开后人从公有领域中汲取前人的智力成果,公有领域中成果的盈亏,对社会的进步具有明显影响,所以,保护期的长短就是作品或节目信号进入公有领域的时间长短,保护期过长必然延缓作品或节目信号进入公有领域的时间,公有领域必然缩小,直接影响别人自由使用现有作品或节目信号,阻碍信息流通也就在所难免。尤其,广播电视毕竟属于新闻传播媒介,其所传播的节目信息在很多情况下含有时效性,内容和形式越新越受欢迎,且当今广播电视业竞争异常激烈,各个广播电视单位在节目新颖性方面要求很强烈,为争夺"喜新厌旧"的观众花样百出。目前,很难想象在日益惨烈的市场竞争中哪个广播电视组织敢冒着降低收视收听率的风险来播放50年前的广播电视节目,因此,规定广播电视节目信号50年的保护期已经完全能够保护广播组织的利益,过长的保护期不仅无法给信号所有者带来过多的利益,而且将信号尘封在其所有者的资料库中使其无法被需要它的人接触也是对资源的一种浪费。

那么,为什么欧美等国家或区域在不断地延长保护期呢?在如今经济全球化与区域经济一体化的国际背景下,作为世界知识产权强国的欧美等国家或区域,为了在国际知识产权贸易中保护本国或本地区的知识产权人的利益,进而在未来几十年维护其在日益激烈的经济竞争中的主导地位,将延长保护期作为版权领域所采取的经济实用策略。当然,面对知识经济发达的欧美等国家或区域的保护期延长的态势,发展中国家根据本国知识经济发展现状,针对保护期的制度调整基本保持审慎态度。虽然我国近些年知识经济获得了飞速发展,但是作为发展中国家,我们在调整保护期时应正确评估自身的实力,切不要制定出超越自身实力的保护期制度。

第三节 广播组织权限制的基本原则——"三步检验法"

创设合理使用制度和法定许可制度是为了达到著作权人或邻接权人的利益与社会公共利益之间的平衡,而在适用著作权或邻接权例外与限制时,离不开"三步检验法"所提供的判断原则,因为"三步检验法"在立法方

三网融合背景下中国广播组织权制度的反思与重构

面拥有指导各国国内法立法中确立权利限制之具体内容,在司法方面可以为法官提供判断合理使用行为成立与否的标准,事后还能发挥检验限制规范执行之效果的作用。换言之,著作权或邻接权限制制度必须接受"三步检验法"的严格的约束和苛刻的检验,"在决定增加保护复制权一般条款的同时,公约必须保证既尊重各国国内法既有的复制权限制规定,又减小因各国国内法规定更宽泛的例外而损害公约所确立的复制权的可能性。"[①]

一、"三步检验法"的渊源

从《伯尔尼公约》1886 年初始文本开始,历经 1896 年、1908 年、1914 年、1928 年、1948 年、1967 年、1971 年、1979 年等多次修订,其序言中"本联盟各成员国,共同受到尽可能有效、尽可能一致地保护作者对其文学和艺术作品所享有权利的愿望的鼓舞"的这个目标始终得以保留。尽管"尽可能有效、尽可能一致地保护"在文本中并未被独立地加以规范,其也并非强调只关注作者的利益,但是从该句话的本意来看,其在实质上也要求各成员国在追求效率的同时进行一些适当的限制。[②] 于是,也就出现了引用、新闻报道和为教学目的等三个方面的复制权限制情况。

自 1886 年《伯尔尼公约》缔结后,在长达九十年左右的时间里各修订文本中并无一个条款明确要求各个成员国履行保护复制权的义务,直到 1967 年的斯德哥尔摩公约修订会议上,各成员国才决定增加明确规定保护复制权的条款,于是就有了该公约(1967 年)第 9 条第 1 款之规定,"受本公约保护的文学艺术作品的作者,享有授权以任何方式和采取任何形式复制这些作品的专有权利"。不过,早在 1964 年一个由瑞典政府和保护知识产权联合国际局(世界知识产权组织前身)共同设立的研究小组就在报告中指出,如果要在公约的约文中增加一些有关这一主题的规定,就必须对一些有关复制权的必不可少的例外寻找到一套令人满意的规则。并认为,从原则上说,所有具有或者可能具有重大的经济或实际重要性的

---

① 王清:《著作权限制制度比较研究》,人民出版社 2007 年版,第 78 页。
② 恰如菲彻尔所言:"不仅在始终适用有效的保护措施的可能性上存在着客观的限制,而且很显然,除了与对作者权的有效保护相关的公共利益外,还有其他一些可能是互相抵触的公共利益也应该得到考虑。"参见 [匈] 米哈依·菲彻尔《版权法与因特网》,郭寿康等译,中国大百科全书出版社 2009 年版,第 374 页。

作品利用方式，都应当保留给作者；在这些方面，可能对作者的权利加以限制的任何例外，都是不能接受的。但另一方面，我们也不要忘记各成员国的国内立法已经规定了一系列有利于各种不同的公共和文化利益的例外，而且我们也不要指望成员国在现阶段可能会在任何可预见的范围内废除这些例外。① 于是，该研究小组成为首次建议在《伯尔尼公约》中针对复制权限制与例外增加一个一般规定的主体。

其实，该研究小组还曾一度考虑采用穷尽列举各种可能的例外的方案。不过，以下两个原因促使其放弃了这种想法：其一，列出的清单会很长且不一定完整；其二，各个成员国只适用几种形式的例外，但如果在公约中做了穷尽性的列举，则可能会鼓励伯尔尼联盟的所有国家把清单上的例外全都加以适用，而这样做的结果很有可能导致"废除复制权"。②

1965年，保护知识产权联合国际局总干事召集设立了一个政府专家委员会。该委员会深受上述研究小组建议的影响，意识到对《伯尔尼公约》进行修订时应明确规定复制权就应当对例外做出合理的规定，并对此提出包含以下情形的方案："（a）私人使用；（b）为了司法或行政的目的；（c）在复制不违反作者的合法利益也不与作品的正常利用相抵触的某些特别情况下。"③ 后来，在会议辩论期间，英国代表团对该方案进行了修改，建议将所有允许的例外归入一个条款中，并删除上述方案中a和b两项内容，允许"在某些不无理地损害作者合法利益，也不与作品的正常利用相抵触的特殊情况下"，规定限制与例外。斯德哥尔摩会议第一主要委员会基本上同意英国代表团的上述提案，但是要求在采纳起草委员会建议④

---

① 《1967年斯德哥尔摩外交会议记录》，第111—112页，转引自［匈］米哈依·菲彻尔《版权法与因特网》，郭寿康等译，中国大百科全书出版社2009年版，第408页。
② ［匈］米哈依·菲彻尔：《版权法与因特网》，郭寿康等译，中国大百科全书出版社2009年版，第409页。
③ 《1967年斯德哥尔摩外交会议记录》，第113页，转引自［匈］米哈依·菲彻尔《版权法与因特网》，郭寿康等译，中国大百科全书出版社2009年版，第410页。
④ 起草委员会建议：应该把上述文本中规定的第二个条件放在第一个条件之前，因为只有这样，在对该文本解释时，才更合乎逻辑顺序。如果认为复制与作品的正常利用相抵触，则此种复制在工业活动中就完全不能够被允许。如果认为复制并不与作品的正常利用相抵触，则下一步就应当是考虑复制是否无理地损害作者的合法利益。如果确定复制也没有无理地损害作者的合法利益，才可以考虑在某些特殊情况下采用强制许可，或者规定：允许使用作品而无须付酬。《1967年斯德哥尔摩外交会议记录》，第1145页，转引自［匈］米哈依·菲彻尔《版权法与因特网》，郭寿康等译，中国大百科全书出版社2009年版，第411页。

的情况下,调整语句顺序后批准该提案成为该公约第 9 条第 2 款的最后文本①,并指出对任何可能规定的例外或限制,必须累积适用(apply accumulatively)这三个有着先后顺序的步骤并通过检验,以确定这些例外或限制是否符合公约的规定。正基于此,学界将该条所规定的检验法称为"三步检验法"②。

二、"三步检验法"的具体含义

"三步检验法"是对《伯尔尼公约》第 9 条第 2 款的描述与概括,包括某些特殊情况、不得与作品的正常利用相冲突和不得不合理地损害权利持有人的合法利益等三个条件与标准。尽管前述 SCCR 各届会议文件中关于广播组织权限制与例外的规定多是以备选方案的形式出现的,但该内容最初是由《伯尔尼公约》第 9 条第 2 款的"三步检验法"条款,这就说明在国际层次对于"三步检验法"适用于广播组织权形成共识,只差一步之遥。那么,适用于广播组织权的"三步检验法"具体含义有哪些呢?2006 年 SCCR 第 15 届会议修订的《保护广播组织条约经修订的基础提案草案》对该问题有一个原则性说明,认为本备选方案中的第 2 款、《TRIPs 协定》第 13 条、WPPT 第 16 条第 2 款和 WCT 第 10 条第 2 款中相应的规定均可沿用对《伯尔尼公约》第 9 条第 2 款已确认的解释。③

(一)某些特殊情形

"某些特殊情形"是"三步检验法"的第一个条件。该条件可以被理解为要求国内法必须明确权利限制的范围,对于概括式的、不明确的权利限制不做规范。那么如何理解"某些特殊情况"呢?尽管《伯尔尼公约》以及第一主要委员会的报告都没有明确定义,但是《WTO 关于美国版权法第 110 条第 5 款的专家组报告》(以下简称《专家组报告》)根据《牛津英语词典》对"某些""特殊""情形"以及下面所提的"正常"进行

---

① 《伯尔尼公约》第 9 条第 2 款规定,本联盟成员国法律得允许在某些特殊情况下复制上述作品,只要这种复制不与作品的正常利用相抵触,也不无理地损害作者的合法利益。
② [德]约格·莱茵伯特、[德]西尔克·冯·莱温斯基:《WIPO 因特网条约评注》,万勇、相靖译,中国人民大学出版社 2008 年版,第 503 页。
③ WIPO,世界知识产权组织保护广播组织条约经修订的基础提案草案,SCCR/15/2/,July 31, 2006。

了定义和解释。①

"某些"是指"已知的而且特定化的,但不能清楚地被确定的"。据此,国内法所确定的限制与例外必须是已知的且已特定化的,即在法律上具有确定性,可以类型化,但并不要求事无巨细将每一种情形都清晰地列出。

"特殊"是指"具有单一的或者有限的应用或者目的""在质量或程度上例外的""某些方面与众不同的"。另外,《伯尔尼公约》会议报告肯定了里克森等评论家的观点②,对"特殊情况"这个概念进行了说明。因此,"特殊"这个术语包含两个方面:一是具有明确的正当目的或明确的公共政策原因,如公共教育、公共安全、自由表达、残疾人的需求等类似方面;二是在质上和量上强调都是有限的。《美国版权法》(1976年)第107条③所确定的四项判断标准中第一项和第三项与之对应,即该使用是为了批评、评论、新闻报道、教学(包括用于课堂的多件复制品)、学术或研究之目的,包括该使用不具有商业性质,或是为了非营利的教学目的,否则就是非合理使用;所使用部分的质与量的有限性强调的是要求该使用相对于作品整体的比例在数量与重要性方面有一个度,一般而言,使用作品的数量越大,所使用内容的重要性越大,就越难以成立合理使用抗辩。

"情形"是指"事件""情况"或者"事实",比如,在欧盟与美国版权案中,"情形"可以根据"家庭使用免责"与"商业使用免责"例外的受益人、使用的设备、作品的类型或其他因素来描述。④

SCCR各届会议对广播组织权的限制与例外的探讨深受上述各个术语

---

① 王清:《著作权限制制度比较研究》,人民出版社2007年版,第85页。
② "首先,所涉及的使用必须是为了一个十分明确的目的,不能是一种泛泛的例外。其次,关于这个目的必须有些'特殊'的内容;'特殊'是指:它被某些明确的公共政策方面的原因或某些其他的例外情况证明是正当的。"Ricketson, *The Berne Convention for the Protection of Literary and Artistic Works: 1886 - 1986*,第482页,转引自[匈]米哈依·菲彻尔《版权法与因特网》,郭寿康等译,中国大百科全书出版社2009年版,第412页。
③ 《美国版权法》(1976年)第107条规定,"虽有第106条及第106条之二的规定,为了批评、评论、新闻报道、教学(包括用于课堂的多件复制品)、学术或研究之目的而使用版权作品的,包括制作复制品、录音制品或以该条规定的其他方法使用作品,系合理使用,不视为侵犯版权行为。任何特定案件中判断对作品的使用是否属于合理使用时,应予考虑的因素包括:(1)该使用的目的与特性,包括该使用是否具有商业性质,或是为了非营利的教学目的;(2)该版权作品的性质;(3)所使用的部分的质与量与版权作品作为一个整体的关系;(4)该使用对版权作品之潜在市场或价值所产生的影响。作品未曾发表这一事实本身不应妨碍对合理使用的认定,如果该认定系考虑到上述所有因素而做出的。"
④ 王清:《著作权限制制度比较研究》,人民出版社2007年版,第85页。

含义的影响，多数情况下，备选方案已列明"特殊情况"。①

（二）不得与作品的正常利用相冲突

作为该检测法的第二个标准，"不得与作品的正常利用相冲突"意味着使用人在使用他人作品或广播信号时不能妨碍权利人在市场经济中使用其受著作权法保护的客体的正常使用模式，更不能剥夺权利人从该权利中应该获取的利益，否则就属于"与作品或广播信号正常利用"产生了冲突。因此，在对是否能够满足该条件进行分析时，重点在于分析是否构成对所涉权利的"正常利用"。

《专家组报告》认为"正常"一词本身具有经验性和规范性两种含义："固定的、经常的、典型的、通常的"是其经验性含义；"构成或者符合一种范式或标准"为其规范性含义。因此，将"正常"与"利用"结合后，"正常利用"这个术语并非单纯指权利人通常是如何利用其作品的一些经验性结论；它其实是一个规范性的条件：如果某一例外涵盖了任何具有或者可能具有重要性的作品的利用方式，以致与作者对作品所行使的权利展开经济竞争，则此种例外"与作品的正常利用相抵触"（换句话说，可能会损害作者或其法定继承人在市场上对作品的利用）。②

关于"规范性"方面的理解，研究小组（为筹备《伯尔尼公约》修订会议而成立）在向修订会议提交的附带注释基础提案的1964年报告中进行了明确表述，"研究小组认为——原则上，所有具有或者可能具有重大的经济或实际重要性的作品利用方式，都应当保留给作者；对于这些作品利用方式，任何可能对作者的利益加以限制的例外都是不容许的"。③

在衡量与作品的正常利用是否构成相冲突时，应当遵循公共政策的

---

① 如（a）私人使用；（b）时事新闻报道中使用某些片断；（c）广播组织利用自己的设施为自己的广播节目进行的暂时录制；（d）纯粹为教学或科研目的使用；（e）专门为帮助有视力或听力障碍者、学习障碍者或有其他特别需求者获得作品而进行的使用；（f）图书馆、档案人员或教育机构为保存、教育和/或研究的目的，提供受广播组织的任何专有权保护的作品供公众查阅方面的使用；（g）被播送的节目或该节目的一部分不受版权或任何相关权保护的，以任何方式或形式对此种节目或其中一部分的广播内容进行的任何种类的任何使用。

② ［匈］米哈依·菲彻尔：《版权法与因特网》，郭寿康等译，中国大百科全书出版社2009年版，第414页。

③ 《1967年斯德哥尔摩外交会议记录》，第111页，转引自［匈］米哈依·菲彻尔《版权法与因特网》，郭寿康等译，中国大百科全书出版社2009年版，第413页。

指导，同时从现实影响与潜在影响两个方面进行审查。从具体操作来看就是在满足公共政策的前提下，以相关使用不造成权利人现实的或者潜在的巨大经济或实用价值损失为限，若构成与作品正常利用的相互竞争，那么就违背了该条件。对此，《美国版权法》（1976年）第107条有所体现，该条第四要素，即"该使用的对版权作品之潜在市场或价值所产生的影响"，被美国联邦最高法院认为系合理使用四要素中最重要的要素。[1] 因此，在分析他人的使用行为对原广播电视节目市场的影响时，应该既关注对该节目市场的实际损害，又关注对该节目潜在市场的损害。原广播电视节目市场的不利影响可以被推定，权利人只需证明若该使用行为成为普遍现象，将会损害原广播电视节目的潜在市场即可。

需要说明的是，随着网络数字技术的发展，"正常利用"的含义也得到了进一步发展。比如，"为了研究的目的或图书馆的利益而给予复制权、发行权或向公众提供权的例外必须经过一个严格的审查检验，以免法律许可的自由使用对一些重要的权利造成损害。"[2] 特别是广播组织权在网络传播方面的限制与例外，必须充分考虑到不加限制地在线向公众提供受保护的广播信号所具有的潜在危险。比如，对于世界杯足球赛广播信号网络转播，广播组织授权向公众提供的专有权，其例外应被限制在一个非常有限的范围之内。

（三）不得不合理地损害权利持有人的合法利益

"三步检验法"的第三个条件规定，基于限制或例外的使用必须"不得不合理地损害广播组织、作者、表演者和录音制品制作者的合法利益"。换言之，他人不可以不合理地破坏广播组织权人（还有著作权人和其他邻接权人）的权利和其他人的利益之间的平衡，以至于损害权利人的利益。这里的"损害"不是一个绝对的标准，因为任何对广播组织权的例外都会不可避免地损害到广播组织权人的利益，且未必是以一种"不合理"的方式。那么，要求损害"不得不合理"也就意味着损害是可以被允许的，但必须是适当的。

---

[1] L. Ray Patterson & Stanley W. Lindberg, *The Nature of Copyright: A Law of User's Rights*, University of Georgia Press, 2006, p.205.

[2] ［德］约格·莱茵伯特、［德］西尔克·冯·莱温斯基：《WIPO因特网条约评注》，万勇、相靖译，中国人民大学出版社2008年版，第505页。

关于该条件的含义，《伯尔尼公约》和斯德哥尔摩修订会议的记录都没有提供任何专门的指导意见。但是，根据《牛津英语词典》，"合法"是指"（a）符合法律或原则的，由法律授权或批准的；合法的；正当的；适当的。（b）正常的，标准的；符合公认的类型的。"① 与上述"正常"的含义一样，"合法"也有经验性和规范性两个方面。若是采用上述（a）的解释，在该"三步检验法"语境下，"合法利益"就是指"法定利益"（legal interest）；换句话说，是指著作权人根据《伯尔尼公约》第9条第1款的规定可以最大限度地享有和行使复制权的利益。如此语境下，例外与限制的规定是建立在如此基础之上：尽管权利人对自己控制的客体拥有一种合法利益，但是只要他人对权利人所控制的客体进行的损害并没有达到不合理的程度，那么权利人的这种合法利益基本可以被忽略。若是按照上述（b）的解释来理解，"合法利益"的含义只能是指符合社会规范和相关公共政策的"正当"利益。② 但是，对于"合法"的含义，《专家组报告》直截了当地认为："其既包括法律授权的或者保护的实证性含义，也包括根据专有权保护的目的，需要保护那些被证明是正当利益意义上的更为规范性含义。"③

其实，最初文本中并没有"不得不合理"这几个字。在斯德哥尔摩外交会上政府专家委员会基础提案最初提出的是复制"不得损害作者的合法利益"，该句话的字面意思就是对于作者专有权的合法利益不能有一点损害，如此一来，任何限制与例外也都会无从存在，且该句话更符合上段"合法"含义中的（b）项解释，成为对作者享有正当利益进行的检测，与法律性、规范性要求相去甚远。这不是与会各国愿意接受的结果。于是，委员会最终采纳了英国代表团提出的建议，在"合法利益"前增加了"不得不合理"这个副词短语的限定。因为大家发现，这个副词短语的出现，将"合法利益"的含义限定于法律规范的层面上，且仅此而已，别无他意，即唯一的理解为"法定利益"。值得欣慰的是，如此一改并没有改变基础提案中该条件的含义。

---

① *New Shorter Oxford English Dictionary*, Oxford University Press, 1993, p. 1563.
② ［匈］米哈依·菲彻尔：《版权法与因特网》，郭寿康等译，中国大百科全书出版社2009年版，第415页。
③ WTO Panel Report on Section 110 (5) of the U. S. Copyright Act, para. 6. 224. 转引自王清《著作权限制制度比较研究》，人民出版社2007年版，第91页。

三、"三步检验法"的发展与应用

"三步检验法"不仅被相关国际公约所接受,而且也得到了很大的发展,其适用范围逐渐由复制权扩展至著作权领域的其他经济权利,乃至相关权的领域,甚至还到了某些类型的工业产权。

在1994年,由WTO负责制定的《TRIPs协定》得以通过。考察该协定第13条之规定①可以发现,从该条文的句法与内容来看,虽然其同《伯尔尼公约》第9条第2款的表述一致,但是,两者还是有很大的不同:其一,《TRIPs协定》增加了"限制与例外"这样的表述,更加明确;其二,《TRIPs协定》所规定的权利限制与例外,已不再局限于复制权,而是包括所有的著作权专有权,当然不包括邻接权。不过,在此需要纠正一些学者的错误认识,即《TRIPs协定》中的"三步检验法"适用于所有著作权和邻接权②,因为一方面,从行文逻辑来看,在该协定第二部分第一节中共有5条内容,即从第9条至第14条,从内容来判断其中第9条至第13条是关于著作权的规范,而第14条却是有关邻接权的规范,第13条是个分水岭,是对前面几个条款的约束,即该条所述原则只适用于著作权限制范畴;另一方面,第14条对表演者、唱片(录音作品)制作者和广播组织的保护进行了规范③。由此可见,《TRIPs协定》对邻接权的限制与例外"另眼看待",不强迫成员国适用"三步检验法",而是规定成员国遵循《罗马公约》所确立的标准。

1996年12月20日,WCT缔结,其第10条④对限制与例外进行了规

---

① 《TRIPs协定》第13条规定,各成员对专有权做出的任何限制或例外规定应限于某些特殊的情况,且不会与对作品的正常利用相冲突,也不会不合理地损害权利持有人的合法利益。
② 李明德教授在其专著《美国知识产权法》(法律出版社2014年版,第375页)中认为《TRIPs协定》第13条中的专有权包括版权和邻接权。
③ 该条第6款规定,任何成员可对第1款、第2款和第3款给予的权利在《罗马公约》允许的限度内规定条件、限制、例外和保留。但是,《伯尔尼公约》第18条的规定也应基本上适用于表演者和唱片制作者就唱片享有的权利。
④ 《世界知识产权组织版权条约》第10条规定,(1)缔约各方在某些不与作品的正常利用相抵触、也不无理地损害作者合法利益的特殊情况下,可在其国内立法中对依本条约授予文学和艺术作品作者的权利规定限制或例外。(2)缔约各方在适用《伯尔尼公约》时,应将对该公约所规定权利的任何限制或例外限于某些不与作品的正常利用相抵触、也不无理地损害作者合法利益的特殊情况。关于第10条的议定声明:不言而喻,第10条的规定允许缔约各方将其国内法中依《伯尔尼公约》被认为可接受的限制与例外继续适用并适当地延伸到数字环境中。同样,这些规定应被理解为允许缔约方制定对数字网络环境适宜的新的例外与限制。另外,不言而喻,第10条第2款既不缩小也不延伸由《伯尔尼公约》所允许的限制与例外的可适用性范围。

定，与《TRIPs 协定》第 13 条规定同样延及了著作权领域的所有权利，但在规定"三步检验法"适用范围的方式方面略有不同：《TRIPs 协定》是通过一条规定来将《伯尔尼公约》所规定的权利与《TRIPs 协定》本身所规定的新权利一同纳入；而 WCT 是用两条规定规范不同的权利，不同的权利适用不同的条款。与 WCT 同时缔结的 WPPT 是一个有关邻接权国际条约，同另一个邻接权国际条约《罗马公约》不同的是，在对邻接权限制与例外方面，它将"三步检验法"作为衡量的标准或原则，而非采用《罗马公约》所确立的标准。WPPT 第 16 条第 2 款①针对录音制品制作者的权利限制采取了"三步检验法"，表明"三步检验法"已经由适用于版权拓展至也适用于邻接权。此外，需要强调的是，作为应对新网络技术引发的挑战而产生的 WCT 和 WPPT，还通过议定声明的方式将"三步检验法"适用范围拓展至网络空间。

2001 年 5 月 22 日，《欧盟信息社会版权指令》获得通过。该指令第 5 条对 21 项权利的限制与例外进行了规范，不过与 WCT、WPPT、《TRIPs 协定》不同的是，该条将《罗马公约》的穷尽式列举与《伯尔尼公约》的"三步检验法"结合到一起进行规定。需要说明的是，原本欧盟委员会并没有打算规定太多的权利的限制与例外，但是，各成员国纷纷坚持，应当把自己法律体系中的权利的限制与例外，或者他们所熟悉的权利的限制与例外，纳入指令清单之中。迫于压力，指令制定者只能把各成员国已存在的限制与例外，尽可能地纳入穷尽式的清单之中。②

行文至此，我们可以看出，"三步检验法"自被《伯尔尼公约》第 9 条第 2 款确立后，不但前后被《TRIPs 协定》、WCT、WPPT、《欧盟信息社会版权指令》等国际条约或区域条约所采纳，而且其适用的范围也从最初的复制权扩展至所有著作权乃至邻接权，且也由模拟环境拓展至网络空间。"三步检验法"不关注任何特定的限制或例外，它只强调允许限制或例外的规则，与穷尽性列举方式相比，"三步检验法"更符合"合理使用"或"合理处置"原则所需要的更加灵活、开放的精神，同时也为某

---

① 《世界知识产权组织表演和录音制品条约》第 16 条第 2 款规定，缔约各方应将对本条约所规定权利的任何限制或例外限于某些不与录音制品的正常利用相抵触，也不无理地损害表演者或录音制品制作者合法利益的特殊情况。

② Cornish, Llewelyn, *Intellectual Property: Patents, Copyright, Trade Marks and Allied Rights*, London: Sweet & Maxwell, 2007, p. 474.

些国家提供了一种更为灵活的立法模式的参考。

　　不无遗憾的是，尽管"三步检验法"扩展至邻接权范畴，但是国际条约（除了《欧盟信息社会版权指令》）并不包括广播组织权，因为在WPPT的探讨及缔结时，广播组织对此并无兴趣也就没有参与该会议。当时的广播组织在实践中大量地在未获得许可未支付报酬的情况下使用别人的作品，形成录音制品，认为新条约的缔结必然会对自己当前的利益获得造成障碍，更认为网络新技术会使广播领域的广告收入有很大提高，于是也就丧失了参与缔结WPPT的机会。在1996年WCT、WPPT获得通过后，广播组织的技术环境、实务环境都发生了很大变化，面对这些变化所带来的挑战，欧广联、亚广联和非广联等多个国际组织纷纷呼吁将广播组织权保护问题纳入WIPO的新的议事日程。于是，1997年4月，WIPO在菲律宾马尼拉召开了"广播组织、新传播技术与知识产权论坛"，意图将广播组织权纳入新的邻接权体系；1998年6月，SCCR在日内瓦召开了第一届有关视听表演、数据库、广播组织保护的会议，且到目前为止有关广播组织权保护的国际会议已经召开了28届，不过，尚无保护广播组织权条约获得大会通过。这么多年来，有《保护广播组织权条约草案》出笼，也有很多经常委会审议通过对保护广播组织权文件，还有很多国家对此提出议案。在这些文件中，有关广播组织权限制与例外的规定，笔者已在上两节内容中做过梳理，并认为若能将《伯尔尼公约》第9条第2款所确定的"三步检验法"模式与《罗马公约》第15条所确定的列举式相结合，将为各国国内法提供最为恰当的立法模式。

第六章 三网融合背景下中国广播组织权制度评析与改革思路

第一节 我国广播组织权制度评析

一、我国广播组织权制度立法变迁及其特点

广播组织权制度作为相关权或邻接权制度之一，是著作权制度中重要的组成部分。我国著作权法自颁布之日起，广播组织权制度就随之产生。因此，广播组织权制度的立法变迁是随着著作权法的颁布及其修改完善而发展的。

1990年9月7日，我国第一部《著作权法》获得第七届全国人大常委会第十五次会议审议通过，并于1991年6月1日起正式实施。为完善我国著作权法律制度，促进社会繁荣发展，并适应我国加入WTO的进程，2001年10月27日，我国通过《关于修改〈中华人民共和国著作权法〉的决定》，并对1990年《著作权法》进行了修正。为进一步完善我国著作权法律制度，并出于执行世界贸易组织中美知识产权争端案裁决的现实需要，2010年2月26日，我国又通过《关于修改〈中华人民共和国著作权法〉的决定》，该决定自2010年4月1日起施行。由此可见，我国经历的这两次著作权法修改并不完全是为适应我国经济、社会、技术发展的现实需要而做出的主动、全面的调整，而多是与国际影响有很直接的关系，呈现出了被动性和局部性的显著特征。

不过，仅仅过去2年，随着我国经济、技术的飞速发展以及国际形势的变化，我国版权局就于2012年3月出于完善现有制度、回应科技发展、适应国际形势、完善知识产权制度、回应社会各界关切等五方面的客观需要，决定对著作权法进行第三次修改。需要强调的是，该次正在进行中的修改并非源自国际压力，而是立足于我国国情做出的主动性安排。我国文化产业的贡献率已经占国内生产总值的近7%，[①] 文化产业正逐步成为国民经济的重要组成部分，并成为我国经济发展方式转变的重要途径。同时，全球化程度的深化和发达国家文化影响力的扩张，使得外来文化产品的输入对我国的文化市场造成极大冲击。为维护本国文化安全、增强文化软实力、促进文化大发展大繁荣，必须为文化创新活动、文化产品贸易和文化产业成长提供有力且完善的法律机制。[②]

（一）1990年《著作权法》对广播组织权的规定及其特点

1990年《著作权法》第四章"出版、表演、录音录像、播放"中的第4节第42条设置了广播组织权，第43条规定了合理使用的情况。

1. 广播组织权所在章的题目不准确

根据上段所述可知，广播组织权是放在第四章之下的。由于在该章包括四节内容，分别是"图书、报刊的出版""表演""录音录像""广播电台、电视台播放"。于是，立法者就将这四节内容的标题简单叠加为该章的题目："出版、表演、录音录像、播放"。由此可见，立法者并没有过多地思考为什么要将这四节内容归入一章，也没有提炼出这一章内容最为核心的共同特征。这种简单罗列式的命名方式并不能准确地体现出该章的内涵，无法较明显地区别于前几章有关著作权的内容。另外，单从题目来看，"出版""表演""播放"无法让人明白是指图书出版者的"出版"、表演者的"表演"和广播组织的"播放"，一旦误解，就成了同一著作权人的几项权能，因为，著作权人也享有出版权、表演权和播放权。所以，广播组织权所在章的题目表述不准确。

2. 广播组织权主体规范先进

通过对"广播电台、电视台对其制作的广播、电视节目，享有下列

[①] 黄小希：《我国版权相关产业对国民经济的贡献已占国内生产总值的近7%》，新华网，http://news.xinhuanet.com/politics/2011-04/20/c_121327882.htm，2012年5月4日。

[②] 吴汉东：《〈著作权法〉第三次修改的背景、体例和重点》，《法商研究》2012年第4期。

权利"这句话的解读，可以知道广播组织权的主体就是广播电台和电视台。至于什么是广播电台、电视台，著作权法中并未进行定义。不过，根据1991年颁布的《著作权法实施条例》第5条第3款之规定，① 我们可以看出，在我国著作权法中，广播组织的播放行为包括两种方式，一是通过无线电波传播作品，即通过无线电台、电视台发出的无线电波传播作品；二是通过有线电视系统传播作品，即通过有线电台、电视台的有线设备传播作品。从广播组织的播放行为可以反推出，在著作权法中，广播电台、电视台既包括无线电台、电视台，又包括有线电台、电视台。其实，根据我国法律系统中的一致原则，对"广播电台、电视台"的前述理解还在《广播电视管理条例》（1997年）中得到印证，因为，该条例第8条第2款规定："广播电台、电视台是指采编、制作并通过有线或者无线的方式播放广播电视节目的机构。"不过，对照国际公约《罗马公约》《TRIPs协定》对广播组织的定义，不难发现，广播电台、电视台仅限于无线广播电台、电视台，并不包括有线广播电台、电视台。如此一来，我国广播组织权主体规定从设立之初就超越了国际条约的要求，显示了我国广播组织权主体规范的先行性。

3. 广播组织权客体规范模糊

就1990年《著作权法》第42条内容的整体来看，广播组织权的客体是"其制作的广播、电视节目"，而"广播、电视节目"是指"广播电台、电视台通过载有声音、图像的信号传播的节目"。② 将这两句话结合来看，广播组织权的客体是广播组织制作的而非别人制作的、用于传播的有声音或图像或声音和图像的节目，如广播组织制作的电影、电视综艺节目、录像作品或者录音录像制品等等。这些节目既包括能够体现广播组织创造性的智力劳动成果，如电视剧；又包括广播组织录制的现场表演的演唱会、歌剧之类的录音录像制品；还包括除前述两者外广播组织制作的不具创造性的事实性节目。这样的规定，并没有体现出创设广播组织权的初衷，即基于广播组织为传播或播放节目所付出的人力、物力、智力、财力，而非基于广播组织制作节目给予广播组织保护。如此一来，作为邻接权的广播组织权的

---

① 1991年颁布的《中华人民共和国著作权法实施条例》第5条第3款规定，播放，指通过无线电波、有线电视系统传播作品。
② 1991年颁布的《中华人民共和国著作权法实施条例》第6条第4款规定，广播、电视节目，指广播电台、电视台通过载有声音、图像的信号传播的节目。

第六章 三网融合背景下中国广播组织权制度评析与改革思路

客体，与著作权客体在属性上并无二致，都是将具有创造性的作品纳入自己的保护范围，造成著作权与邻接权之间界限不清且存在重叠。具体而言，就是混淆了著作权、录音录像制作者权和广播组织权利之间的界限，降低广播组织因创作作品所享有的保护水平。另外，本项规定同《罗马公约》《TRIPs协定》等国际公约并不一致。

4. 广播组织权的内容规定不合理

国际公约中，如《罗马公约》和《TRIPs协定》，在规定广播组织权时就将广播组织最为基本的四种权利，如转播权、录制权、复制权和向公众传播权规定下来。但是，对比上述我国《著作权法》第42条之规定可以发现，广播组织只有两种权利：播放权和复制发行权。定义播放权之前我们应首先定义"播放"，其是指供公众接收的声音或接收图像和声音的有线或无线传播。该"播放"并没有像《罗马公约》和《TRIPs协定》一样将"播放"[①] 局限于无线方式。播放，既包括电台的广播，也包括电视台的播映。播放权是指广播组织对自己所制作的广播、电视节目享有通过无线电波、有线电视系统传播，或者许可他人通过无线电波、有线电视系统传播并获得报酬的权利。复制发行权是指广播组织对自己所制作的广播、电视节目享有"许可他人复制发行其制作的广播、电视节目，并获得报酬的权利"。不过，严格而言，上述两种权利的界定，存有严重不足。首先，根据《著作权法》第9条规定，著作权人享有复制权、播放权、发行权。而广播组织享有的权利归属于邻接权，其只是因为对广播行为所做出的贡献而对承载节目的信号享有权利，并对节目中的作品拥有一定的控制权利。如此情况下，对于同一个节目，广播组织和节目中作品的著作权人都享有播放权，造成了著作权与邻接权之间界限的混淆，这必然会导致广播组织在行使自己权利的同时影响或限制作品作者的著作权，造成对著作权人利益的损害，违背了广播组织权制度设立的初衷。其次，《著作权法》第42条赋予了广播组织另一个权利"复制发行权"。由于"复制"与"发行"之间并没有顿号相隔，与第11条赋予著作权人的权利中复制与发行间相隔顿号不同，从语义上来理解，广播组织所享有的这个"复制"权必须是为了随后的发行所进行的，不是为了发行而进行的

[①] 《罗马公约》第3条规定："'广播'是指供公众接收的声音或图像和声音的无线传播。"《与贸易有关的知识产权协定》第14条规定的广播，也仅指无线方式。

复制是不受广播组织的控制的。如此一来,广播组织所享有的复制权范围就相应地缩小了。最后,我国所规定的广播组织权内容同国际公约对广播组织权所规定的内容区别很大,例如,《罗马公约》和《TRIPs协定》所认可的广播组织权包括转播权、录制权、复制权和向公众传播权,而我国法律仅仅在复制权方面同上述国际公约有一定程度上的一致,像播放权、发行权等都是我国特有的。尤其是对发行权的规定,1990年我国《著作权法》就有很强的超前性:近些年SCCR各届有关广播组织权保护的会议文件中,各国代表团才提出将发行权纳入广播组织权的保护之中。

5. 广播组织权保护期限水平高

根据1990年《著作权法》第42条第2款的规定:"权利的保护期为五十年,截止于该节目首次播放后第五十年的十二月三十一日",而《罗马公约》对此权利设置的保护期为20年,各成员国可以在本国著作权法中为广播组织权设置不低于20年的保护期。我国《著作权法》从一开始就为广播组织权设置了远远高于国际公约的要求的保护期,充分体现了较高的保护水平。因为,不用说在20世纪90年代初,即使到目前为止,很多国家都比较赞同50年的保护期。

6. 合理使用规定缺乏针对性

根据1990年《著作权法》第22条第1款之规定,著作权的限制得到了明确,在个人使用、作品引用、在时事报道中使用、教学或研究使用、国家机关为执行公务使用、免费表演、图书馆等为收藏而复制使用等合理使用情形下,他人不经著作权人同意,也不需要支付报酬就可以使用作品。该条第2款之规定,采取了类推的方法,将对著作权的限制延伸至包括广播组织权在内的邻接权的限制。由于该法第22条规定的权利限制,主要是针对著作权的限制进行的设计,没有从广播组织权的特性(如广播组织利用自己的设施为自己的广播节目进行的暂时录制;对不受著作权或任何相关权保护的被播送的节目或该节目的一部分,以任何方式或形式对此种节目或其中一部分的广播内容进行的任何种类的任何使用等情况)出发进行限制,因此,该合理使用的规定对于广播组织权而言缺乏针对性。

7. 广播组织权制度采取的立法例是授权性规范

授权性规范,就是规定人们可以做出一定的行为,或者要求他人做出或不做出某种行为的规范。授权性规范的作用在于,赋予人们一定的权利去建立或改变他们的法律地位和法律关系,以建立或调适国家所需要的法

第六章 三网融合背景下中国广播组织权制度评析与改革思路

律秩序。[①] 而我国首部《著作权法》中关于广播组织权的立法就采取了授权性规范方式，如该法第42条之规定。在这一模式下，广播组织既可以允许也可以禁止别人对自己制作的广播、电视节目进行播放和复制发行。

（二）2001年、2010年《著作权法》对广播组织权的规定及其特点

从1990年至2000年的10年间，我国在社会经济、技术、文化等多方面获得了长足的发展。由于1990年《著作权法》的规定在很多方面，尤其在国家战略层面，出现了不适应现实的状况，所以为了早日加入世界贸易组织，并执行世界贸易组织中美知识产权争端案裁决，我国决定对该法进行重新修订。在此情况下，我国于2001年对《著作权法》进行了多方面的修订。修订后的《著作权法》在广播组织权方面进行了一定程度的变化。[②] 当然，也有一些地方并没有发生变化，如广播组织权保护期、合理使用的规范等。又过了9年，我国于2010年对《著作权法》又进行了修订，不过，对于广播组织权的有关规定没有进行修订。所以，在此对这两次修订一起进行探讨。

1. 广播组织权所在章的题目不准确

广播组织权所在的章节并未被调整，还是第四章第四节，名称也没变化，即"图书、报刊的出版""表演""录音录像""广播电台、电视台播放"。修订后的《著作权法》在对广播组织权的认识上并没有改变，保持了原来著作权法的邻接权的属性，比如，前后这两部《著作权法》中的第1条规定了相同的内容，即为保护文学、艺术和科学作品作者的著作权，以及与著作权有关的权益，鼓励有益于社会主义精神文明、物质文明建设的作品的创作和传播，促进社会主义文化和科学事业的发展与繁荣，根据宪法制定该法。该条中的"与著作权有关的权益"就是指包括广播组织权在内的邻接权。尽管如此，"广播组织权所在章的题目不准确"这个老毛病在这次修订过程中并未被改正。

2. 广播组织权主体规范中规中矩

广播组织权主体，同1990年《著作权法》一样，是广播电台和电视台，包括有线广播电台、电视台和无线广播电台、电视台。虽然这相对于《罗马公约》中广播组织权制度仅仅包含无线广播电台、电视台的狭隘理解先进不

[①] 张文显：《对法律规范的再认识》，《吉林大学社会科学学报》1987年第6期。
[②] 2001年《著作权法》第44条规定，广播电台、电视台有权禁止未经其许可的下列行为：（一）将其播放的广播、电视转播；（二）将其播放的广播、电视录制在音像载体上以及复制音像载体。前款规定的权利的保护期为五十年，截止于该广播、电视首次播放后第五十年的12月31日。

少,但是,由于进入2000年以来,网络数字技术已得到了广泛使用,网络广播已开始出现,包括我国在内的世界各国对网络广播组织是否应被纳入著作权法中"广播组织"的范畴意见不一,因此,这次修改对此没有涉及。

3. 广播组织权客体规范具有一定进步性

广播组织权的客体规范具有一定进步性,《罗马公约》《TRIPs协定》未将广播组织制作的节目作为邻接权调整的内容,而2001年《著作权法》第44条之规定修改了1990年《著作权法》所规定的"其制作的广播、电视节目",规定广播组织权保护的客体是"其播放的广播、电视"。客体规范方面主要有以下两点需要探讨。其一,2001年的《著作权法》对广播组织权客体强调的是"播放的",而1990年的《著作权法》强调的广播组织权客体是"制作的",这一变化,凸显了立法者对广播组织权归属于邻接权的属性有了一个清醒的认识,即广播组织受到保护是因为其传播者的身份,而非制作者的身份;广播组织的邻接权之所以能获得保护并非由于其制作了广播电台、电视台节目,而是出于回报其为了"播放"广播电台、电视台节目所投入的人力、物力的目的。由此可见,广播组织权受到保护的原理与著作权受到保护的原理明显不同,广播组织权受到保护不能影响或者损害著作权人的利益。当然,也只有保护了广播组织为"播放"节目所做出的贡献,才能激励广播组织为传播优秀节目作品做出更大的努力,才能有助于人们的言论自由、知情权等权利的实现,才能有效推动社会主义文化事业的健康发展。其二,2001年《著作权法》强调的广播组织权客体是"广播、电视",而非"广播、电视节目",从字面上来看,这两组词应该存在区别,否则,就没必要将"节目"两字删除。那么,将这里的"广播、电视"理解为广播电视信号也就应该顺理成章,但是,当时参与修订工作的李顺德教授认为"广播电视组织权的客体是广播电台、电视台播放的广播、电视,即通过载有声音、图像的信号以有线或者无线方式播送的节目。"① 这样,又把该权利的客体锁定于"节目"之上。立法者若真是如此理解该项概念的话,只能说,在这一点上的立法"换汤不换药",没有实现新的超越,与认识到广播电视实为"载有节目的信号"尚有很大距离。当然,此次修订对于三网融合技术发展所带来的网络广播的发展则更是没有反应,对于网络广播的信号能否被纳入广播电视信号更是没有涉及。

---

① 李顺德、周洋:《中华人民共和国著作权法修改导读》,知识产权出版社2002年版,第157页。

4. 广播组织权的内容趋于国际化

2001年《著作权法》第44条对广播组织的权利进行了修改和扩充，规定了三个权利：转播权、录制权和复制权，除了缺少向公众传播权这个权利外，基本上同《罗马公约》《TRIPs协定》的规定趋于一致。

（1）转播权

根据《罗马公约》第3条之规定，转播，是指一个广播组织播放的节目被另一个广播组织同时广播，其强调的是"同时"。因此，突破了这个"同时"性，如将节目信号录制下来再播放，就会构成重播而非转播。那么，转播广播、电视，就是指通过电磁波从一个收发射系统转到另一个收发射系统，而不是转播广播、电视"节目"，节目授权或禁止另一个广播组织使用节目是著作权和相关权人的权利，广播组织仅有对于转播的禁止权。因此，这次修订在正确认识到广播组织权为邻接权属性的情况下，将原来的"播放权"删除，取而代之的是具有典型邻接权属性的"转播权"。

根据2001年《著作权法》第44条之规定，转播权是指广播电台、电视台有禁止他人未经其许可而转播其广播、电视节目信号的权利。不过，遗憾的是我国《著作权法》以及《著作权法实施条例》都没有对转播进行定义，造成转播权所控制的方式不明，即不能确定方式为有线还是无线，或者是有线加无线。而由于《罗马公约》将"广播（broadcasting）"定义为"无线方式的播送"，所以，其所定义的"转播权"显然只能控制无线转播。另外，《TRIPs协定》重复了《罗马公约》的逻辑表述，在第14条第3款中规定，广播组织有权禁止未经许可以无线方式转播其广播的行为。无线转播成为其转播权的唯一控制方式。我国在2001年修法时的一个很明确的重要目标就是达到《TRIPs协定》所要求的保护水平，为我国顺利加入WTO清除法律上的障碍。在此背景下，立法者舍弃"播放权"，将"转播权"引入，其本意就是同《TRIPs协定》保持一致，而非超越其保护水平，即转播权仅仅控制无线转播的方式。但是，事实并非如此。根据全国人大常委会法律委员会主任王维澄同志所做的"关于修改著作权法决定"的报告①可知，我国立法者

---

① 全国人大常委会法律委员会主任王维澄同志在其所做的"关于修改著作权法决定"的报告中提到："决定草案第三十五条第（一）项规定，广播电台、电视台有权禁止他人未经许可'将其播放的广播、电视以无线方式重播'。广播电影电视总局提出，目前有线电视发展很快，应增加规定有线方式的播放权。同时要求将上述规定中的'重播'改为'转播'。因此，法律委员会建议将该项修改为'将其播放的广播、电视转播'。"

采纳了广播电影电视总局的意见，认为广播电台、电视台有权禁止他人未经许可将其播放的广播、电视以无线或者有线方式重播。换言之，修改后的"转播权"在内容上超越了《TRIPs协定》的保护水平，超越了立法者的原意（同《TRIPs协定》保持一致）。另外，我们尚需注意以下两个问题。其一，根据《著作权法》第10条第11项之规定①，作者享有的广播权在有线方式方面的控制限于"以有线传播或者转播方式向公众传播广播的作品"，而广播组织享有的转播权要受制于著作权人的权利，因此，广播组织对有线转播的禁止权，理应限定于著作权人对有线广播享有的权利范围之内。其二，尽管在2001年时候网络技术已经普及，且到2010年时网络广播已经出现，但是，这两次修订后所规定的"转播权"应根据立法过程进行严格解释，即其所控制的转播并非以任何技术手段进行的转播，而是特指传统的无线转播和有线转播。

（2）录制权

根据2001年修订后的《著作权法》，录制权是指广播组织有禁止他人未经其许可将其播放的广播、电视录制在音像载体上的权利。录制行为是广播组织特有的行为，是指广播机构使用自己的设备并为自己播送之用而进行临时录制。比如，某电视台为了在不同时段能够播放某一节目，而将其录制下来以备后用。换言之，广播组织录制某一节目并非是为了其他目的，尤其是不能为了出版发行，而只能是为了能在不同时段进行广播。

（3）复制权

根据2001年修订后的《著作权法》，复制权是指广播组织有权禁止他人未经其许可而复制音像载体。该规定一改1990年《著作权法》中的复制发行权定义，将具有较为先进理念的发行权删除了。立法者认为，虽然广播组织的录制、复制权仅限于为播放而为，但是这并不意味着其可以不经著作权人和其他相关权人的许可而将他人作品、表演、录音录像制品复制发行。因为，复制、发行广播电视节目是作者、表演者、录音录像制作者的专有权，而广播组织并不一定享有这样的权利，广播组织不能因为播放了广播电视节目，就当然享有这一权利。比如，广播组织不能因为播

---

① 《著作权法》（2001年）第10条第11项规定，广播权，即以无线方式公开广播或者传播作品，以有线传播或者转播的方式向公众传播广播的作品，以及通过扩音器或者其他传送符号、声音、图像的类似工具向公众传播广播的作品的权利。

放了电视剧《三国演义》，就享有复制发行该电视剧录像带的权利，要取得复制发行权，还必须经《三国演义》的制片者的许可。但是，笔者以为，广播组织对广播电视节目并不是绝对不能享有发行权，正如前几章所述，SCCR各届会议形成的有关保护广播组织权的文件，对广播组织的发行权提供了几种备选方案，且德国、英国、法国、荷兰、瑞士、意大利、印度等国家的著作权法也都规定了广播组织的节目复制品发行权。具备发行权的司法环境非常有利于广播组织对其广播电视节目原件或者复制件的控制，若有他人希望销售这些广播电视节目原件或复制件，除了应该取得作者、表演者、录音录像制作者的许可并支付报酬外，还应获得广播组织的同意且支付相应报酬。由此可见，对广播组织而言，复制发行权能够对广播电视节目复制件销售市场起到非常强也非常有效的控制效果。

5. 广播组织权制度采取的是禁止式立法模式

从修改后的2001年《著作权法》规定可知，立法者放弃了1990年《著作权法》中的授权式规范，并以禁止式规范取而代之，即"广播电台、电视台有权禁止未经其许可的下列行为"。由此可见，禁止式规范是指严禁做出某种行为的规范，其特点在于强制性。该法第44条就是赋予广播组织一种禁止他人未经其许可而从事某种行为的权利。该禁止权很明确地表示在广播电台、电视台未同意的情况下，他们有权禁止任何人对广播电视节目的转播、录制、复制等行为。对于那些未经许可的转播、录制、复制等行为，广播组织可以先行发送律师函要求其停止侵害、消除影响、赔礼道歉、赔偿损失，也可以起诉至法院通过审理获得司法支持。

二、我国现行广播组织权制度之弊端

（一）禁止式立法模式的局限性

从以上分析可知，虽然《著作权法》又经历了2001年、2010年两次修订，但是在将为广播组织提供的保护模式由授权式改为禁止式后就再也没有改变，其表述为"广播电台、电视台有权禁止未经其许可的下列行为"。该种模式适用于权利内容少、权利范围狭窄的情况，恰如现行《著作权法》对广播组织权中的转播权、录制权、复制权三种权利的规范。面对三网融合技术的蓬勃发展和经济、政治改革的顺利推进，我国广播电视产业赶上了百年不遇的战略发展期,全国各个广播电台、电视台都在从各个方面积极谋划发展。在此背景下,禁止式立法模式的局限性也就显露无遗。

1. 不利于广播电视节目市场交易

随着三网融合的积极推进,广播组织的业务经营范围得到了全方位拓展,通过有线、无线、网络等多种途径,交互式、非交互式、多终端按需播放广播电视节目逐渐成为当前的流行方式。中国互联网络信息中心统计数据显示,截至 2015 年 6 月,中国网络视频用户规模达 4.61 亿人,其中,手机视频用户规模为 3.54 亿人,中国网民通过台式电脑和笔记本电脑接入互联网的比例分别为 68.4% 和 42.5%;手机上网使用率为 88.9%;平板电脑上网的比例为 33.7%;网络电视使用率为 16.0%。[①] 例如,在一些城市 IPTV 已经普及,用户可以借助网络、机顶盒、电视等设备在自己选定的时间和地点互动式地收看电视节目。在此背景下,尽管作为普及公共价值观和引导社会舆论的工具,广播电视组织的公共属性依然不容否认,但是,其性质的变化却毋庸置疑[②],广播组织的产业属性被彻底激发了出来:一直以来的那种传统公益性定位不再适应当下的广播电视市场经营机制,例如,数字电视不仅已经普及,而且在价格上远远高于卫星有线电视。同时,网络数字技术的发展也为广播电视组织的营利开创了一个前所未有的广阔空间。换言之,虽然我国广播电台、电视台公共服务工具的属性并没有改变,但是随着广播电视产业市场化改革的不断深入,社会针对广播电视的权利完善也提出了适应市场化发展的要求。而实时拓展广播组织的权利内容,建立授权式立法模式,保护广播组织,促进其对于自己制作的节目信号的利用形式的多样性,就成为促进广播电视产业更好地发展、实现我国文化产业博兴的最为直接的措施和方式。

禁止式立法模式下的广播组织权保护,赋予广播组织禁止他人未经许可而使用(如转播、复制、录制等)其广播电视节目信号的权利,体现的是一种被动性。也就是说,这种权利必须在别人的转播、复制、录制等行为未获得许可的前提下才能得以启用,在侵权主体不明时是不能

[①] 中国互联网络信息中心:《第 36 次中国互联网络发展状况统计报告》,http://cnnic.cn/hlwfzyj/hlwxzbg/hlwtjbg/201507/P020150723549500667087.pdf,2015 年 8 月 14 日。

[②] 梅术文:《"三网合一"背景下的广播权及其限制》,《法学》2012 年第 2 期。

第六章 三网融合背景下中国广播组织权制度评析与改革思路

主动使用的。这也完全符合私权性质的表现，即广播组织权人只要不主张利益受损，法律也会秉持"沉默是金"的原则。因此，在禁止式立法模式下，广播组织，不可能像享有专有权那样，可以自己使用或允许他人使用其广播电视节目。不言而喻，由于广播电台、电视台在节目交易市场有关邻接权的方面不具备主动性的权利，其在广告利润外实现巨大的节目盈利非常困难。当广播电视信号被盗播时，其虽然有权禁止盗播行为并请求损害赔偿，但是也仅仅能保护其部分投资利益，无法弥补盗播对市场交易造成的全部不利后果。另外，尽管有调研显示，传统广播组织对于他们之间在未经授权情况下相互转播等行为并不十分反对，且如果该行为是一种没有删除广播、台标等内容的完全播放，甚至还很欢迎，①但是，该调研毕竟已过去 7 年了，且主要是针对传统广播组织之间的转播行为。在当下网络广播繁荣的情况下，很多网站未经电台、电视台同意就直接转播他们的广播节目，且通过播放自己的广告实现盈利，造成传统广播组织的观众大量流失、收视收听率相对降低、广播电视产业发展受阻。因此，以上调研结果并不能反映当下实际情况。面对三网融合的发展和盗播的盛行，广播组织的权利受到很大的损害，广播组织并非不反对无条件地使用它们的广播节目。

2. 不符合相关国际公约和主要国家的立法趋势

有学者认为，中国对广播组织利益保护不力的状况确有存在，但究其原因主要是权项设置和救济执行方面有问题，并非采用禁止式立法模式的结果。② 笔者在一定程度上赞同该种观点，因为，任何权利主体的利益没有得到很好的保护都离不开权利内容的不完善、救济措施不到位等原因。当然，现实中广播组织利益保护不力也不例外。但是，只要涉及权利内容的问题，最先需要考虑的就应该是这些权利的设置模式，因为，对于内容少的权利可以采用禁止式立法模式，但是对于内容丰富的权利就不适宜使用禁止式立法模式而需要使用授权式立法模式。我国目前针对广播组织权采取的是禁止式立法模式，且仅包括转播权、录制权和复制权三项内容，从效果来看，若在传统传播技术背景下，该种模式对应这三种权利是比较

---

① 刘晓海、张伟君：《中国著作权法邻接权制度修改研究报告》，载国家版权局《关于著作权法第二次修改调研报告汇编》（下册），2008 年，第 1 页。
② 张弘、胡开忠：《关于中国广播组织权保护制度的立法动议——兼析〈著作权法（修订草案送审稿）〉第 41、第 42 条》，《北京理工大学学报》（社会科学版）2014 年第 3 期。

适宜的。但是，自从数字网络传播技术普及以来，广播组织的利益受到了前所未有的危胁，原因在于广播组织权的内容不够完善需要扩充新的权能，且禁止式立法模式具有局限性，即广播组织只能被动地保护自己，只有在侵权行为发生时才可以据此保护自身利益，在市场化体制下难以像在授权式立法模式下那样充分发挥主动性而将自己的劳动成果利益最大化，难以适应国家大力发展文化产业政策的步伐和要求。

虽然我国在广播组织权设置方面同《TRIPs 协定》一致，都是禁止式立法模式，但是，当今国际立法趋势明显为授权式立法模式。

首先，《罗马公约》向广播组织权提供了授权式立法模式和禁止式立法模式两种方案，成员国可以自主选择。该公约为成员国提供这两种方案，说明公约尊重各成员国基于国情做出适于自身发展需要的选择：低水平的保护方式是禁止式立法模式，高水平的保护方式是授权式立法模式。在该公约缔结的 20 世纪 60 年代，很多国家经济不发达、技术水平不高、法治又不济，所以，选择仅仅能够满足国内之需的禁止式立法模式也是明智之举。但是，经历了半个多世纪的发展后，世界各国的经济基本都获得了突飞猛进的发展，网络数字技术也日臻完善，广播组织的发展环境同该公约缔结时已不可同日而语，该公约缔结者不可能希望所有成员国一成不变，而不管环境如何变换固守一种选择。既然其提供了两种选择，就意味着成员国可以根据发展环境的变化适时选择适合自身发展状况的立法模式。因此，从长远来看，授权式立法模式是世界各国未来发展的必然选择。

其次，WPPT 和 WCT 对权利的规定采取的并非是禁止式立法模式而是授权式立法模式。虽然这两个国际条约并非是针对广播组织权而缔结的，但是由此可见国际上对知识产权都比较重视，尤其是 WPPT 作为邻接权条约，采用授权式立法模式为同为邻接权属性的广播组织权规范方式树立了方向。有学者认为，广播组织权与表演者权、录音制品制作者权虽同属传播者权利，却不能照搬后二者的授权式立法模式，原因有两个：一是信号作为一种稀缺资源并非完全归某一广播组织所有；二是广播组织权不仅涉及权利个体的利益，还影响着社会公众权益，照搬授权式立法模式会导致其无法和同属邻接权的表演者权和录音制品制作者权获得同等保护水平。[①]

[①] 张弘、胡开忠：《关于中国广播组织权保护制度的立法动议——兼析〈著作权法（修订草案送审稿）〉第 41、第 42 条》，《北京理工大学学报》（社会科学版）2014 年第 3 期。

但是，笔者并不认同该种观点及其理由。因为，第一，从物理层次而言，是广播电台、电视台频道具有有限性，而非信号具有稀缺性。远到遵循新闻媒体设立登记制的西方资本主义国家，近到我国广播电台、电视台的设立许可制，哪个国家也没有出现频道或信号不够用的情况，尤其是在由模拟转移到数字系统的情况下将会释放大量频谱，从而促使其他频道诞生。尽管这些国家在广播组织的设立及其频道的划分上基本都制定了行政性管理规范，但主要还是为了规范市场的需要，区别不同广播组织及其不同频道，也有一些国家是为了政治上控制的需要。因此，将信号作为广播组织权保护的客体并不会造成对稀缺资源的不合理侵占。第二，邻接权，也称相关权，顾名思义，就是与著作权相邻的权利，保护的是传播者的权利，即在传播过程中孳生的权利。由于表演者权、录音录像制作者权、广播组织权具有共同的传播者权利的法律属性，所以，《罗马公约》将他们统称为邻接权。换言之，法律正是考虑到他们在传播别人作品过程中投入了劳动和资金才赋予他们相应的权利，且这些权利不得影响原始作品的权利的使用，传播本身并不意味着传播者对于原始作品著作权的任何受让、占有和分享。在相同的法理基础上，广播组织权同表演者权、录音录像制作者权一样，都会涉及其他权利个体的利益，也都会影响社会公共利益。若无其他可靠证据或者调查数据，无论如何是得不出表演者权、录音录像制作者权必须采用保护水平较高的授权式立法模式，而广播组织权就只能采用禁止式立法模式加以保护这样的结果的。另外，在区域条约中，授权式立法模式也并不鲜见。例如，欧共体理事会于1992年11月19日通过的《关于知识产权领域中出租权、出借权和某些邻接权的指令》赋予了表演者、录音制品制作者、广播组织和电影制片人等四种邻接权人不同的权利。该指令第6条"固定权"、第7条"复制权"、第8条"广播与传播权"、第9条"发行权"的规定，都采取的是授权式立法模式。

再次，SCCR第15届会议由委员会主席与秘书处合作编拟了《保护广播组织条约经修订的基础提案草案》。[①] 该草案虽然至今尚未生效，但是，对于研究国际层次对广播组织权保护的走向却是不可多得的材

---

① WIPO，世界知识产权组织保护广播组织条约经修订的基础提案草案，SCCR/15/2, July 31, 2006；WIPO，关于保护广播组织的条约经修订的合并案文，SCCR/12/2 REV.2, May 2, 2005。

料。该草案为广播组织规定了转播权①、向公众传播权②、录制权③、复制权④、发行权⑤、录制后播送权⑥、提供已录制的广播节目的权利⑦等七种权利,其中除了转播权、录制权和向公众传播权这三种权利采用的是"授权的专有权"(为了与 WPPT 和 WCT 中的行文保持一致)的设权模式外,其他几种权利在规定时都提供了两套甚至两套以上的备选

---

① 该专有权的方案是由阿根廷、埃及和美国提议的,但是加拿大提议增加做出保留的可能性,并解释说,这是为了避免出现广播组织所享有的保护水平超过广播节目内容的权利人所享有的权利这一情况。保留规定的内容如下:"任何缔约方均可在向世界知识产权组织总干事交存的通知书中,声明将仅对某些转播适用授权或禁止以有线或无线方式转播未加密的无线广播节目的权利,或声明将以某种其他方式对其加以限制,或声明将根本不予适用。"
② 这一专有权模式是由阿根廷、欧盟及其成员国、洪都拉斯、日本、新加坡、瑞士和乌拉圭提议的。
③ 这一形式的录制权是由埃及、欧盟及其成员国、日本、新加坡、瑞士、美国和乌拉圭提议的,且获得了绝大多数代表团的认可。该专有权形式除细节上做必要修改以外,沿用了 WPPT 第 6 条关于录制尚未录制的表演方面的相应规定。
④ 草案提供了两套备选方案,备选方案 N 是由阿根廷、欧盟及其成员国、洪都拉斯、日本、肯尼亚、瑞士和乌拉圭提议的,所授予的录制权属于一种无条件的知识产权型专有权;备选方案 O 是根据埃及和美国的提案提出的,禁止复制的保护分为两类情况:第 1 款为广播组织规定了一种"禁止"复制其广播节目录制品的"权利";第 2 款规定了一种专有权,以授权复制根据第 14 条制作而该条不允许复制的录制品,以及未经广播组织授权制作的任何其他复制品。这一方案符合《罗马公约》第 13 条 c 项第 i 目和第 ii 目。
⑤ 草案提供了两套备选方案,备选方案 P 中将授予广播组织以授权发行其广播节目录制品的专有权。这一方案是由欧盟及其成员国、瑞士和乌拉圭提议的。根据第 1 款,发行权延及广播节目录制品的原件和复制品的销售或其他形式的所有权转让。第 2 款规定,关于广播节目录制品的原件或复制品被首次销售或以其他方式转让所有权之后权利的用尽所依据的条件,留待各缔约方确定。权利用尽仅涉及可作为有形物品投放流通的物质复制品。该条除细节上做必要修改以外,沿用了 WPPT 第 8 条和第 12 条的相应规定。备选方案 Q 采用了埃及和美国的提案,建议授予广播组织以禁止向公众发行和进口未经授权制作的其广播节目的录制品的复制品。洪都拉斯建议对发行未经授权制作的广播节目的录制品或此种录制品的复制品规定一种专有权。
⑥ 草案提供了两套备选方案,备选方案 JJ 规定了滞后播送的专有权,采用了阿根廷、埃及和美国所提出的方案。备选方案 KK 中的第 1 款所规定的录制后播送的权利属于一种无条件的知识产权型专有权。备选方案 KK 中第 2 款的规定让缔约方可以做出通知,选择通过对未经广播组织专门授权的情况下播送未经授权录制的节目加以禁止的方式,来为广播组织提供保护。
⑦ 草案提供了两套备选方案,备选方案 R 规定,广播组织应享有专有权,以授权从录制品中向公众提供其广播节目。该条规定除细节上做必要修改以外,沿用了 WPPT 第 10 条和第 14 条的规定。这一方案是由阿根廷、欧盟及其成员国、洪都拉斯、日本、肯尼亚、瑞士和乌拉圭提议的。备选方案 S 规定,广播组织应有权禁止从未经授权制作的录制品中向公众提供其广播节目。这一模式是由美国提议的。埃及建议规定禁止提供录制品的权利,但该建议中没有关于录制品须系未经授权制作这一条件。

方案，在立法体例方面配置了两种模式：授权式立法模式和禁止式立法模式，对于广播组织在新型的信息技术条件下给予了多样化的保护。

在2014年3月25日SCCR第27届会议秘书处编拟的《保护广播组织条约工作文件》①中，广播组织权利的设置模式又有了最新的发展。该文件将前述草案中广播组织享有的各项权利合并规定在第9条之中，并提供了两套备选方案。备选方案A中只采用了授权式立法模式，其第一款规定广播组织应享有以下的授权专有权：（1）以任何方式向公众转播其广播信号；（2）为取得商业优势或利用超大屏幕在公共场所表演其广播信号；以及（3）使用为其提供的广播前信号。第二款则规定，对于该条第1款第2项和第3项提及的行为，行使权利应符合哪些条件，应由主张此项权利之地的缔约方国内法确定，但条件是此种保护必须适当和有效。备选方案B则不仅规定了授权式立法模式，而且还为成员国提供了采取禁止式立法模式的声明措施。②

通过观察上述不同文件可以发现，目前不仅需要关注授权式立法模式与禁止式立法模式之间的选择问题，而且还要关注对广播组织权的内容是分而述之还是统而述之的问题。授权式立法模式赋予广播组织的是一种无条件的知识产权性专有权，禁止式立法模式赋予广播组织的则是以禁止他人行为的方式来保护自己权益的权利。比较如何选择广播组织的这两种立法模式，笔者比较赞同草案的设权模式，认为针对不同的权利特点可以不同的模式，不必非要将所有的权利类型都放置于同一种框架之下。从上述草案规定而言，选择立法模式的根本判断标准在于该权利是否涉及对广播信号的直接利用。转播、录制和向公众传播等行为都是直接对广播电视信号进行利用，广播组织对自己广播的信号享有控制权在理论上不存在任何

---

① WIPO，保护广播组织条约工作文件，SCCR/27/2 REV，March 25，2014。
② （1）广播组织应享有以下的授权专有权：（i）对其广播节目的录制权；（ii）以任何方式或形式直接或间接复制其广播的录制品；（iii）以包括转播、有线转播和通过计算机网络转播在内的任何方式转播其广播节目；（iv）向公众传播其广播节目；（v）向公众提供其广播节目录制品的原件和复制品，使公众中的成员在其个人选定的地点和时间可以获得；（vi）在其广播节目被录制之后以任何方式播送其广播节目，供公众接收。［……］（vii）通过销售或其他所有权转让形式向公众提供其广播信号录制品的原件和复制品。……（3）任何缔约方均可向世界知识产权组织总干事交存通知书，声明其将不规定广播组织享有本条第（1）款第（ii）、（iv）、（v）、（vi）和（vii）项所规定的授权专有权，但通过禁止权为广播组织提供保护。

疑问，所以，多数国家代表团对于以授权式立法模式来规定转播权、录制权和向公众传播权等权利已达成共识。

由于复制、发行、录制后播送、提供已录制的广播节目等行为已脱离了对广播信号的直接使用，草案在复制权、发行权、录制后播送权、提供已录制的广播节目权等权利的设置方面同以上三种授权式立法模式并不一致，而是为成员国提供了授权式与禁止式两种备选立法模式。具体来说，这四种权利的核心内容都是围绕着信号的载体即承载广播信号的载体（录制品或复制品）来进行的，这些录制品或复制品所载的广播节目不仅包含广播组织的劳动成果，而且通常还会含有文化产品生成、传播过程中，上游生产者的劳动成果，比如著作权人的作品、表演者的表演以及录音录像制作者的录音录像制品。如此状况下，对于处于文化产品生成、传播过程中的下游的广播组织来说，其所获得的复制权、发行权、录制后播送权、提供已录制的广播节目权等权利的控制范围应该有所限制，不能在事实上影响或者限制上游生产者的权利实施。所以，在采取禁止式立法模式的情况下，广播组织仅享有禁止他人使用其广播节目的权利，若自己要使用广播节目所涉及的作品、表演、录音制品，仍需得到权利人的授权，这就保证了上游权利人的利益不受广播组织行使权利的影响。而在采取授权式立法模式的情况下，广播组织不仅可以自己使用其广播的节目且还可以授权他人使用，这对上游权利人的权益的不利影响是不言而喻的。若要消除这种不利影响，在赋予专有权的同时，尚需对行使这些权利应符合的条件进行明确规定。例如，我国《著作权法（修改草案）》（第二稿和第三稿）中的第41条，在赋予广播组织专有权的同时，规定"被许可人以本条第一款规定的方式使用作品、表演和录音制品的，还应当取得著作权人、表演者和录音制作者的许可"；《意大利著作权法》第79条规定赋予广播电台、电视台排他性权利的前提为"不损害本法规定的作者、录音制品制作者、电影或者视频作品或者系列动画片制作者、表演者或者演奏者权利"。

最后，从世界各国国内法来看，目前对广播组织权采取授权式立法模式在很大程度上已成为共识，如《德国著作权法》第87条、《印度著作权法》（1957年）第37条、《意大利著作权法》第79条、《日本著作权法》第99条至第105条、《俄罗斯联邦民法典》第1330条、《韩国著作权法》第84条和第85条、《埃及知识产权保护法》第158条、《法国知识产权法典》第L.216-1条都以专有权的形式赋予广播组织权利；《南非版权法》第11条、《美国版权法》（1976年）第106条都是以版权的形式赋予广播组织专有权。《巴西著作权法》比较特别，其第95条通过授权式和禁止两种立法模式规定，广播组织应享有授予他人转播、录制、复制其广播，以及在公共场所通过电视向公众传播其广播的专有权或禁止上述行为的权利；行使广播组织权不得损害广播所含的知识产权权利人的权利。

总之，笔者以为，作为邻接权的一种，广播组织权从本质上来讲是以著作权为基础的派生权利，是由传播作品而非创作作品产生的权利，这也就决定了著作权与广播组织权之间的本末关系，即广播组织权保护不得限制或影响著作权的实施，广播组织权的保护范围与力度不能完全覆盖或超越著作权的保护范围与力度。正如美国代表团指出的，如果对广播组织授予禁止权完全能够防止广播信号盗播行为，则不应授予广播组织更高位阶的专有权，以免影响广播节目内容著作权人的专有权或报酬请求权。[①] 在这种思想的指导下，对广播组织权的立法模式选择就应该具体权利具体分析，采取分而治之的原则，能采取授权式立法模式就采取无条件的知识产权专有权模式，能采取禁止式立法模式就采取禁止权的模式。

（二）权利主体客体、内容难以满足现实要求

1. 权利主体、客体难以满足现实要求

在前面我们对现行著作权法中广播组织权主体、客体的规范进行了一定程度的评价。笔者认为尽管条文中明确规定享有禁止权的是"广播电台、电视台"，且根据1991年颁布的《著作权法实施条例》第5条第3款、《广播电视管理条例》（1997年）第8条第2款可以推导出广播电台、电视台具体包括有线和无线广播电台、电视台，但是，这还是缺乏法律规定的明确性的要求。同时，网络传播技术应用在我国取得了突飞猛进的发展，包括传统电台、电视台所办的网站在内的各种视频网站层出不穷，著作权法中的"广播组织"是否将这些网络广播组织包含在内，或是否仅包含电台、电视台网站并不清晰，现行著作权法对于传统广播组织的广播信号的网络同时转播以及延后重播所给传统广播组织带来的损害并未救济，难以满足现实的要求。

尽管现行《著作权法》在1990年修订的《著作权法》基础上，将广

---

① WIPO报告，SCCR/8/9，November 8, 2002。

播组织权的客体由原来的"其制作的广播、电视节目"改为"其播放的广播、电视",貌似有所改进,但是修改得并不到位,其并未指明该权利保护的是广播、电视节目还是广播、电视信号。目前,除了英美法系国家的一些学者支持广播组织的权利客体为广播节目中的内容外,大多数学者认为广播组织的权利应当限于其传播活动的结果——广播信号,而非信号所载的内容。① 换言之,广播组织权授予的保护仅延及广播组织为播送而使用的广播信号,而不延及此种信号所载的作品或其他受保护的客体。为了行使通过广播或有线广播的权利,来自作为中介媒介的广播或有线广播组织的帮助是必不可少的,有赖于这些机构的金融投资,权利人的作品被转换成用于广播或者有线广播的信号。正基于此,广播和有线广播组织才在著作权法中拥有自己的位置,并拥有专有的权利。尤其是 SCCR 各届会议有关广播组织的保护文件多次承诺、重申并致力于按照以信号为基础的方案工作直至制定保护传统意义上的广播组织和有线广播组织的条约。因此,将广播组织权保护的客体明确为承载广播节目的信号实属必要,这样可以区别"制作"与"传播",以及与此对应的"著作权"与"邻接权",最终实现授予其的保护"不得触动也不得以任何方式影响对广播信号所载有的节目材料的版权或相关权的保护"这样的立法要求。另外,决定该权利的使用范围是否将通过计算机网络进行的广播的保护纳入进来,或者是否能将限于广播组织对其本身以其他方式播送的广播节目(同时进行且不加任何改变的)纳入进来,都是对现实需求的一种回应。

2. 权利内容难以满足现实要求

现行《著作权法》第 45 条规定,广播电台、电视台享有未经其许可禁止将其播放的广播、电视转播,将其播放的广播、电视录制在音像载体上以及复制音像载体等行为的权利。概括而言,现行《著作权法》规范的广播组织权只包括了转播权、录制权、复制权等三项内容。无论从广播组织的现实环境来说,还是从世界各国著作权法对此规定的具体情况而言,我国现行著作权法所规定的广播组织权不但内容单薄、数量少,而且现有的权利内容规定得也不完善。

为什么说我国广播组织权内容单薄呢?这要从现实和国际比较两个方

---

① [英]托玛思·蒂列尔:《对〈世界知识产权组织保护广播组织条约〉及其对言论自由影响的看法》,严文君译,《版权公报》2006 年第 3 期。

面来说。首先，从广播电台、电视台的实际业务活动来看，转播、录制、复制等行为是广播电台、电视台传播信息过程中最基本的三种行为，现行《著作权法》对这三种行为的控制只能说是进行了最基本的规范、最低端的保护。因为，除了以上三种行为外，还有其他几种应属于广播组织控制的、也容易被他人侵犯的行为，比如，发行行为、在需支付入场费的公共场所向公众传播广播电视节目的行为、录制后播送的行为等。2000年，江苏省启东市的太平洋广告影视公司非法从电视上偷录《今日说法》，制成光盘出售，经中央电视台举报，江苏省南通市版权局（现文广新局）对太平洋公司处以立即停止侵权行为、没收制作设备、罚款人民币1500元的行政处罚。另外，以前还发生过酒吧将央视拥有转播权的足球世界杯的直播实况信号进行直播而被央视起诉的案例。这些侵权行为随着技术的提升而越发容易实施，所以，若在法律规定上没有体现对于这些侵害广播组织利益的行为进行的控制的话，很难说是显示了公平。尤其是在当下缺乏对广播信号录制后的利用的规范的情况下，我国广播电视产业若想冲出亚洲走向世界，就必须克服目前广播组织权内容单薄的问题，而扩充广播组织权的权利内容就成为当下必选之路。

其次，从世界各国著作权法规定来看，很多国家规定的广播组织权包括3项以上的权利，保护水平远远超过我国现行《著作权法》的保护水平，如表6-1所示。

表6-1

国家	著作权法条文规定	权利简称
巴西	第95条规定,广播组织应享有授权或禁止转播、录制、复制其广播,以及在公共场所通过电视向公众传播广播的专有权;行使广播组织权不得损害广播所含的知识产权权利人的权利。	转播权、录制权、复制权、向公众传播权
埃及	第158条规定,广播组织享有如下财产专有权:(1)许可他人使用节目的录制品;(2)未经事先书面授权,禁止电视广播向公众传播。本款规定的禁止使用行为,包括录制、复制、销售、出租、转播、以任何方式将该广播向公众发行或者传播,包括消除或者破坏对于该广播所采取的技术保护,比如设置密码或其他措施。	提供已录制的广播节目权、录制权、复制权、销售权、出租权、转播权、发行权、保护技术措施权

续表

国家	著作权法条文规定	权利简称
法国	第 L.216-1 条规定,复制、销售、交换或者出租以供公众之需、远程播放及在需支付入场费的公共场所向公众传播视听传播企业的节目,应征得其制作者的许可。	复制权、销售权、交换权、出租权、远程播放权、向公众传播权
德国	第 87 条规定,(1)广播电视企业有①转播和公开提供其广播电视播放;②将其广播电视播放录制成音像制品、制作成图片,以及复制与发行该音像制品或者图片,出租权除外;③在只有支付入场费公众才得进入的场所使公众感知其广播电视播放的独占权利。(2)本权利得让与。广播电视企业得以保留的个别或者全部利用方式利用其广播电视播放的权利,授予他人。	转播权、信息网络传播权、公开表演权、录制权、复制权、发行权、向公众传播权
印度	第 37 条规定,(1)每个广播组织均应对其广播节目享有一种特别的权利,称为"广播节目复制权"……(3)在与任何广播节目有关的广播节目复制权存续期间,任何人在未经权利人许可的情况下对该广播节目或其实质部分实施下列行为(a)转播广播节目,或者(b)收取费用的情况下使公众听到或看到广播节目,或者(c)制作广播节目的录音录像,或者(d)制作此种录音录像的复制物,但最初的录制未经许可,或虽经许可,但用于该许可未预见的任何目的,或者(e)向公众出售或出租 c 项或 d 项中提到的录音录像,或为此种出售或出租出价,则符合第 39 条规定的情况①,均应视为侵害了广播节目复制权。	复制权、转播权、录制权、销售权、出租权、
意大利	第 79 条规定,(1)在不损害本法规定的作者、录音制品制作者、电影或者视频作品或者系列动画片制作者、表演者或者演奏者权利的情况下,广播电台电视台享有下列排他性权利:①许可固定其通过有线或者无线播放的节目,当通过电缆单纯地转播其他广播组织的节目时,该权利不属于电缆经营者;②许可以任何方式或者形式、全部或者分地、直接或者间接地、临时或者永久地复制其播放的节目;③许可通过有线或者无线转播其播放的节目,当公众支付一定的费用后,亦可向公众传播;④许可以任何人在其选定的地点和时间获得的方式将其通过有线或者无线播放的节目自由支配;⑤许可发行其播放的节目,如果权利人未在或者未同意在欧盟成员国境内首次销售的,发行权在欧盟境内不穷尽;⑥第 3 项和第 4 项规定的权利并不因交由公众自由支配而穷尽。(2)本条第 1 款规定的主体同时还享有使用其固定的新播放的,或者转播的,或者新录制的节目的排他性权利。	录制权、复制权、转播权、网络信息传播权、发行权、提供已转播节目的权利、提供新播放节目的权利、提供新录制节目的权利

续表

国家	著作权法条文规定	权利简称
日本	第98条规定,播放组织,享有接收播放或者接收播放后进行有线播放、将播放有关的声音或者影像进行录音、录像或者通过摄影等其他类似方式进行复制的专有权利。第99条规定,播放组织享有接收播放进行再播放或者有线播放的专有权利。前款的规定,不适用于接收播放进行有线播放的人按照法令规定必须进行的有线播放。第99条之二规定,播放组织享有传播可能化其播放或者接收播放后进行有线播放的专有权。第100条规定,播放组织,享有接收电视播放或者接收电视播放后进行有线播放的专有权,以及使用放大影像的特别装置向公众传达其播放的专有权利。从第100条之二至第100条之五,分别对有线播放组织的复制权、播放权和再有线播放权、传播可能化权、有线电视播放的传达权等进行了规定。	复制权、再播放权和有线播放权、播放可能化权、电视播放的传达权
俄罗斯	第1330条规定,(1)依据本法典第1229条,无线电及电缆播放组织享有以任何方式,包括本条第二款指出的各种方式,使用其自己合理实施或已经实施的无线电及电缆电视节目播放的专有权。无线电及电缆播放组织能够处分广播电视节目播放专有权。(2)使用广播电视节目播放的方式如下。①录制广播电视节目播放,即利用技术设备将声音和(或)图像及其表现记录于某种物质形式,从而能够重复接受、复制及传播该录制品。②复制广播电视节目播放录制品,即制作一份或更多的广播电视节目播放录制品及其部分的复制件。同时电子载体录制,包括电子计算机存储器录制广播电视节目播放,同样认定为复制;例外的情形是这种录制系暂时的,而且成为工艺流程不可分割的实质部分,该工艺流程的唯一目的是合理使用录制品或者将广播电视节目播放合理地传播于众。③发行广播电视节目播放,即销售或者以其他方式转让广播电视节目播放录制品的原件及复制件。④转播,即一家无线电及电缆播放组织实施无线电(包括通过卫星)及电缆广播电视节目播放,同时从另一家这样组织收到同样播放的同一节目。⑤将广播电视节目播放公布于众,即任何人能够自行决定在任何地点和任何时间接收广播电视节目播放。⑥公开表演,即利用技术设备在收费入场的场所,随便播放广播电视节目,而不管在播放场所或者与播放同时的其他场所接收的情况如何。(3)无线电转播和电缆播放广播电视节目的,都视为	录制权、复制权、发行权、转播权、网络信息传播权、公开表演权

续表

国家	著作权法条文规定	权利简称
俄罗斯	使用无线电播放组织的广播电视节目播放。电缆转播和无线电播放广播电视节目的,都视为使用电缆播放组织的广播电视节目播放……(5)无线电及电缆播放组织行使自己的权利须维护作品作者的权利、表演者的权利;在相应的情形下,须维护唱片权利所有人的权利和其他无线电及电缆播放组织的广播电视节目播放权。(6)对无线电及电缆播放组织权利的承认与保护,不受著作权、表演者权利以及唱片权利之存在与保护情况的制约。	录制权、复制权、发行权、转播权、网络信息传播权、公开表演权
西班牙	第126(1)条规定,广播组织的权利是:(a)录制其广播或传播的节目,包括录制单个的图像;但有线传播企业转播其他广播组织的节目,该企业不享有录制权;(b)复制录制的节目;(c)转播节目;(d)在公众需要付费进入的场所,向公众传播无线电广播或传播的节目;(e)发行节目的录制品。	录制权、复制权、转播权、发行权、向公众传播权
荷兰	根据荷兰邻接权法第8条规定,广播组织享有的权利是:(a)转播广播节目;(b)录制广播节目并复制该录制品;(c)出售、租赁、借用、提供或其他流通的方式,或进口、许诺销售或为此目的储存广播节目的录制品或复制品;(d)在公众需要付费进入的地方,向公众传播广播节目,无论为此使用何种技术设备;(e)向公众提供广播节目的录制品或其复制品,无论为此使用何种技术设备。	转播权、录制权、复制权、发行权、出租权、向公众传播权、信息网络传播权、公开表演权
瑞士	瑞士版权法第37条规定,广播组织的权利包括:(1)转播其广播;(2)使其广播节目被观看;(3)以录音像或其他数据记录载体录制其广播,及复制该录制品;(4)许诺销售、销售或以其他方式发行录有其广播节目的复制品。	转播权、录制权、复制权、发行权、信息网络传播权
加拿大	加拿大版权法第21条规定广播组织权,即通讯信号中的版权。广播组织对其广播的通讯信号的版权,包括:(1)信号的录制;(2)对未经广播组织许可而录制的信号进行复制;(3)授权其他广播组织同时向公众转播其广播节目;(4)对电视节目通讯信号,在对公众收取入场费的场所进行公开表演。	录制权、复制权、转播权、向公众传播权

第六章　三网融合背景下中国广播组织权制度评析与改革思路

续表

国家	著作权法条文规定	权利简称
澳大利亚	澳大利亚版权法第87条规定了关于电视广播节目和电台广播节目的版权,包括:(a)就电视广播节目所包含的视觉图像制作一个广播节目的影片,或复制该影片;(b)就电台广播节目或电视广播节目中的声音制作一个广播节目的录音制品,或复制该录音制品;(c)就电台广播节目或电视广播节目,转播该节目。	制作权、复制权、录制权、转播权
越　南	根据越南知识产法(2005)第31条规定,广播组织的权利包括:(1)广播或转播其广播节目;(2)向公众发行其广播节目;(3)录制其广播节目;(4)复制录制的节目。	转播权、发行权、录制权、复制权
墨西哥	根据墨西哥著作权法第144条之规定,广播组织权包括:转播;延时广播;同时或者延后通过电缆或者其他系统发送;录制在物质载体上;复制该录制品;为直接盈利目的用任何方式和形式向公众传播权。	转播权、重播权、录制权、复制权、向公众传播权
韩　国	第84条规定,广播组织有权复制其广播节目。第85条规定,广播组织有权对广播节目进行同步转播。	转播权、复制权

《印度著作权法》第39条规定,以下行为不视为侵害广播节目复制权威表演者权利:(a)为制作者私人使用,或仅为善意教学或研究的目的而制作录音录像;或(b)在不违反合理使用原则的情况下,为报道时事新闻或出于善意评论、教学或研究的目的,使用表演或广播节目的节录;或(c)经必要的改动或变更的其他此种行为,只要不构成第52条规定的对基体权的侵害。

除此之外,还有国家采用刑事措施对广播组织进行保护。例如《意大利著作权法》第171条第1款第6项规定对广播组织权给予刑事保护,规定为任何目的和以任何形式擅自实施违反该法第79条的规定的人,即"通过有线或无线转播广播电视节目"的人、"以唱片或者其他录音制品形式进行录音"的人、销售非法制作的唱片或者其他录音制品"的人,要被处于"10万里拉(51欧元)至400万里拉(2065欧元)"的罚金。

（三）例外与限制缺乏针对性

现行《著作权法》第22条、第23条对著作权的限制进行了规定,即对他人合理使用作品的条件和情形进行了明确和归纳,同时,在第22条的最后明确规定前款内容同样适用于出版者、表演者、录音录像制作者、广播电台、电视台的权利的限制。如此一来,广播组织权的限制也就可以直接套用关于著作权的例外与限制的规定。虽然这样的立法范式可以省去很多麻烦,但是,毕竟该等限制情形是特为著作权而设立的,很多条文并不能直接套用到这些邻接权之上,且这些邻接权具备自身的特殊情况,在限制著作权的这些情形之中并没有规定。例如，广播组织利用自己的设施为自己的广播节目进行的暂时录制；对于不受著作权或任何相关权保护的被播送的节目或该节目的一部分，以任何方式或形式对此种节目或其中一部分的广播内容进行的任何种类的任何使用；等等。因此，这种套用著作权的限制的立法方式，对于广播组织权而言，不仅缺乏针对性，不利于司法实践，而且，对于维护公共利益、推动社会主义文化繁荣也非常不利。

尤其是在这个数字网络技术蓬勃发展的年代，信息网络传播、转播活动给广播组织的权益带来了前所未有的挑战，包括我国在内的很多国家为了应对这些挑战都在对广播组织权的拓展进行探索。而广播组织权的拓展必然会引发系列反应，比如，著作权、表演者权、录音录像制作者权等的权利主体都会担心由此会导致利益平衡的重新设定，影响或损害自己的合法权益。权利的限制就是利益平衡的一种重要措施，现行著作权法中的广播组织权规范得并不完善，对其限制套用著作权的限制规定由于呈现上述不足，在某种程度上也会出现"负负得正"的现象，即在制度层次上，较弱的权利获得了与之对应的较弱的限制。在理论上利益平衡应该能获得较好的效果。但是，现实并非理论，现实也会超越制度，广播电台、电视台面对技术发展带来的盗版压力有拓展现有制度的现实需求，那么，在未来的著作权法修订过程中，不难想象广播组织权会得到一定程度的完善，相关立法将通过提高对广播组织的保护水平，增强对广播组织权的保护力度。当然，随着广播组织权保护力度的增强和内容的扩充，立法者也会为其配上适度的限制，兼顾社会公共利益，促进科学技术的进步和文化的繁荣，满足公民知情权的实现，以达到寻求利益平衡的效果。因此，针对广播组织权的限制，我们不能简单地套用著作权的限制规则，而应根据广播组织权的实际情况，参照国际立法趋势，单独为其"量身打造"可以合理使用广播节目的情形。

三、《著作权法》第三次修改关于广播组织权制度的立法思路变迁

（一）《著作权法（修改草案）》对广播组织权的规定

2012年3月，国家版权局对外发布《著作权法（修改草案）》（以下简称《草案第一稿》）。该草案首先在第37条对"广播电视节目"进行了立法定义，认为"本法所称的广播电视节目，是指广播电台、电视台首次播放

的载有内容的信号。"这是一个现行《著作权法》中没有的条款。随后,该草案第38条中采取与现行《著作权法》相同的禁止式立法模式进行了规定。在同一时间,国家版权局对外发布了与之配套的《关于〈著作权法〉(修改草案)的简要说明》。在该说明中,第5条第10款对广播电台电视台增加网络转播权以及之所以回避信息网络传播权的原因都做出了说明。①

另外,因广播组织权进行相关修改的地方还有以下几个方面。

第一,《草案第一稿》第1条中用"以及传播者的相关权"代替了现行《著作权法》中的"以及与著作权有关的权益"。由此更加明确了《著作权法》除了对著作权进行保护外,还对邻接权进行保护,且草案第2条中明确规定了"广播电视节目"受本法保护。

第二,《草案第一稿》增加了"相关权"的定义,其第4条对此进行了规定,明确了相关权的内涵,并且第5条中在原有"著作权人行使著作权"的基础上增加了"相关权人行使相关权,不得违反宪法和法律,不得损害公共利益"的内容。

第三,《草案第一稿》为著作权人和相关权人新增了登记制度。该草案第6条的规定,赋予了权利人进行著作权或者相关权登记的权利,该登记制度与"自动保护原则"并行不悖。②

第四,《草案第一稿》删去现行《著作权法》第四章"出版、表演、录音录像、播放"中许可使用等内容后将其提前至第三章,并更名为"相关权",广播电台、电视台的权利规定就包括在这一章中。草案针对现行《著作权法》第48条侵权行为描述的"未经许可,播放或者复制广播、电视的,本法另有规定的除外"进行了完善,变更为"未经广播电台、电视台许可,转播、录制、复制、通过信息网络向公众传播其广播电视节目的,本法另有规定的除外"。

(二)《著作权法(修改草案第二稿)》对广播组织权的规定

2012年7月6日,国家版权局对《草案第一稿》做了进一步的修改和完

---

① 在广播电台电视台权利部分,除了将转播扩大为无线和有线两种方式外,草案还增加了广播电台电视台有权禁止他人以网络方式转播其广播电视节目的权利,主要理由是目前在实践中他人通过网络转播广播电视节目的问题比较突出,如果法律不做出明确规定,实践中将无法处理,但是对于信息网络传播权,考虑到目前《世界知识产权组织广播组织条约》还在讨论中,尚无定论,因此草案没有做出规定。

② 国家版权局:《关于〈著作权法〉(修改草案)的简要说明》,2012年3月。

善，形成了《著作权法（修改草案第二稿）》（以下简称《草案第二稿》）。

《草案第二稿》保留了《草案第一稿》中对"广播电视节目"的定义条款，将原来第 37 条改为第 40 条。《草案第二稿》[①]对《草案第一稿》中广播组织权规定的修改主要体现在以下三个方面。首先，将《草案第一稿》中的禁止式立法模式修改为授权式立法模式，赋予广播组织专有权；其次，将《草案第一稿》中赋予广播组织的"向公众网络转播权"删除，保留现行《著作权法》中对转播、复制、录制等三种行为控制的权利。《关于〈著作权法〉（修改草案第二稿）的修改与完善的简要说明》（以下简称《草案简要说明》）对修改的原因有两点说明：一是为了推动广播组织节目市场交易从而促进广播组织产业的快速发展，二是受到国际公约或国外主要国家立法经验的影响。最后，为了防止广播组织享有的禁止别人未经许可转播其广播信号的权利影响文化产品制作过程中，上游权利人（著作权人、表演者、录音制品制作者）的权益，本次修改增加了一项内容：被许可人以第 41 条第 1 款规定的方式"使用作品、表演和录音制品的，还应当取得著作权人、表演者和录音制作者的许可"。

同广播组织权相关的条款在《草案第二稿》中基本没有改动，同《草案第一稿》保持了一致。

（三）《著作权法（修改草案第三稿）》对广播组织权的规定

2012 年 10 月，国家版权局对《草案第二稿》又做了进一步的修改和完善，形成了《著作权法（修改草案第三稿）》（以下简称《草案第三稿》）。不过，《草案第三稿》对广播组织权的规定并没有进行再次修改，不论是相关规定所在的结构和位置，还是规范的内容，同《草案第二稿》的有关规定完全一致。

通过对以上三个草案文稿的梳理及其条文变迁的归纳，我们可以发现，立法专家对广播组织权保护的认识逐渐加深。首先，在结构和体例层面，立法专家对著作权法保护的对象认识得更加清晰，表述得更加准确。比如，虽然在现行《著作权法》中也有邻接权的规定，对表演者、录音

[①] 《著作权法（修改草案第二稿）》第 41 条规定，广播电台、电视台对其播放的广播电视节目享有下列权利：（一）许可他人以无线或者有线方式转播其广播电视节目；（二）许可他人录制其广播电视节目；（三）许可他人复制其广播电视节目的录制品。前款规定的权利的保护期为五十年，自广播电视节目首次播放后的次年 1 月 1 日起算。被许可人以本条第一款规定的方式使用作品、表演和录音制品的，还应当取得著作权人、表演者和录音制作者的许可。

第六章　三网融合背景下中国广播组织权制度评析与改革思路

制品制作者和广播组织的权利都有明确的保护，但是规定《著作权法》宗旨的第1条不再单单将保护"著作权"作为该法的追求，而是还将为了保护"传播者的相关权"纳入该法的保护宗旨。开宗明义地将相关权同著作权并列为著作权法保护的两大对象，使邻接权的地位获得了前所未有的提高。该规定的范式在国际上也是有例可循的，比如，《韩国著作权法》第1条规定，"本法的目的在于保护作者的权利以及与此相关的权利，促使作品的公平利用，促进文化及相关产业的进步及发展。"《日本著作权法》第1条规定："本法的目的在于通过规定有关作品以及表演、录音制品、播放和有线播放的作者权利以及与此邻接权的权利，在注意这些文化财产公正利用的同时保护作者等的权利，以促进文化的发展。"《巴西著作权法》第1条规定："本法是有关著作权的法律，在本法中，著作权是指作者权和邻接权。"《埃及知识产权法》第139条规定，本法规定的著作权与邻接权保护，适用于埃及人，以及属于世界贸易组织成员国或地区公民的外国人。另外，《法国知识产权法典》和《德国著作权法》在结构上都是将"著作权"和"著作权之邻接权"或"与著作权有关的权利保护"分为两卷或两部分，区分得非常明显。

其次，在立法模式方面，《草案第二稿》《草案第三稿》放弃了禁止式立法模式，而是采纳较高保护水平的授权式立法模式，赋予广播组织一种无条件的知识产权性专有权。恰如前述《草案简要说明》中对该模式的选择所做说明，我国"从推动广播电视节目市场交易、促进我国广播电台电视台发展的角度出发，借鉴相关国际公约和主要国家的立法……将广播电台、电视台的权利从禁止权改为专有权"。我国广播组织权制度的改革与完善不但肩负着繁荣广播电视节目生产、搞活节目市场交易、规范节目交易行为、最终实现广播电视产业的飞速发展等重任，而且，还要及时反映国际广播组织权制度调整变化的趋势、提升我负责任大国的国际形象。进入21世纪以来，知识产业蓬勃发展，知识产业全球化日益加深，以网络数字技术为代表的信息传播技术日益精良，智力创造对推动人类快速发展的作用日益突出，包括著作权在内的知识产权成为国家发展的战略性资源和国际竞争力的核心要素，国务院于2008年6月颁布《国家知识产权战略纲要》，将知识产权作为国家发展战略来推进。[①] 在此背景之下，

---

① 国家版权局：《关于〈著作权法〉（修改草案）的简要说明》，2012年3月。

广播电视组织必须将提高自主创新能力作为调整自身产业经济结构，转变依赖广告费等传统经济增长方式的核心理念，而自主创新能力建设却离不开先进的广播组织权制度保障。我国现行《著作权法》对广播组织权的类型规定得比较少，仅有未经许可禁止转播、录制、复制等三种行为的权益，尤其是禁止转播和录制的行为是直接针对广播组织播放的信号的，该信号是归广播组织所专有，如此情况下，仅授予广播组织禁止权，对广播组织合法权益保护非常不利。因为，即使给予广播组织专有权保护，也不会出现对广播组织转播权、录制权保护过度的问题，更不会破坏广播组织同作者、表演者、录音制品制作者之间的利益平衡问题。并且广播组织在这种模式下扩大了对自己播放的节目信号的控制范围，不仅可以自己使用，而且还可以授权他人付酬使用，非常有利于广播组织充分挖掘自身节目价值、推动广播电视产业市场化改革。另外，从前文可知，世界上很多国家的著作权法针对广播组织都采取的是授权式立法，且我国自前几年跃居世界第二大经济体以来，国际地位获得了前所未有的提高，在我国融入知识经济全球化的当下，与国力相配的广播组织权保护模式就成为彰显国家新形象的重要特征之一。所以，在现行《著作权法》规定的三种权利类型不变的情况下，为广播组织配置较高保护水平的授权式立法模式，不仅是可行的、必要的，也是符合国际立法趋势的。

当然，除了上述两个优点之外，我们尚需了解《著作权法》修改草案文稿在广播组织权制度方面做得不够完美的地方。

首先，广播组织权的内容没有获得应有的拓展。归属邻接权的广播组织权，是由于作为传播者的广播组织在传播他人作品、表演、录音录像制品的过程中做出了贡献，为了激励其为人类信息传播事业做出更大的贡献，由著作权法赋予的权益。同时，从大的方面来说，著作权法是知识产权法中的一部分，著作权法保护的是智力创造活动，作为智力创造的载体的作品受到保护也就顺理成章了。虽然保护广播组织权的原因并非是广播组织在传播中做出了创造性的作品，但是由于其为传播活动投入了人力、物力，且很多时候广播组织的奇思妙想也融汇在节目中，理应获得著作权法的保护，在现实中包括中国在内的很多国家的著作权法也是这样规定的。因此，广播组织权所包含的权利类型除了完全体现自身特点的转播权、录制权、录制后播送权、提供已录制的广播节目权等权利外，可以根据实际情况借鉴著作权所保护的权利类型，如复制权、发行权、向公众传播权。但是，由于各国的国情不同，各国著作权法中对广播组织权的规定是有区别的，如表6-1中世界各国对广播组织权保护所做的规定。通过对以上各国具体法律条文规定的梳理，我们可以发现，除了韩国对广播组织只规定了两项权利、我国规定了三项权利外，其他国家对此最少也规定了四项权利，像《埃及著作权法》对此规定了高达八项的权利，不过，多数国家规定的是五或六项权利。况且，在SCCR拟定的《关于保护广播组织权条约草案》以及此后通过的有关文件中，明确列出的权利就有七项：转播权、录制权、录制后播送权、提供已录制的广播节目权、复制权、发行权、向公众传播权。因此，虽然具体而言各国有各国的特殊情况，广播组织权规定的内容不尽相同也符合情理，但是，总体而言，广播组织权制度的立法还是有一个大的趋势。而表6-1中所体现出的趋势就是权利内容逐渐丰富、保护趋于完善。在这种对比下，我国现行《著作权法》中广播组织权制度的落伍与不足，也就凸显出来。那么，这次主动的修法理应反映我国经济、文化、技术发展的现实要求和国际立法趋势，但是，通过这三个草案来看，除了在授权模式方面取得了突破外，这次修改在权利内容方面还是在原地踏步，令人不无遗憾。

其次，草案没有反映当下网络技术对广播组织权提出的挑战。值得关注的是《草案第一稿》第38条规定了三项权利，比较有新意的是，对于转播权内涵的扩展，此次修改除了将转播扩大为无线和有线两种方式外，还增加了广播电台、电视台有权禁止他人以网络方式转播其广播电视节目的权利，即有权禁止他人"在信息网络环境下通过无线或者有线的方式向公众转播其广播电视节目"。该项新增加的内容，说明立法者关注到了信息技术发展对现实的影响，在面对现实中越来越严重的他人未经广播电台、电视台许可通过网络随意转播广播电视节目的问题，以及现行著作权法中的规定空白时，立法者抓住了这次修法机会，增加该项规范，为司法实践提供了判案标准，更为网络环境中广播组织的合法利益提供了保障，有助于引导网络传播信息业的公平竞争，值得肯定。另外，对于是否赋予广播组织信息网络传播权这个问题立法者也进行了思考，最终鉴于《保护广播组织条约》尚处于讨论阶段，相关内容在国际上尚未形成共识，不能跨越太大，草案放弃对此进行规定。

但是，令人遗憾的是《草案第二稿》（《草案第三稿》同）将转播权中的网络转播方式保护删除了，理由是"非交互传播已经纳入播放权的控制范围"①。对此，笔者不敢苟同。因为，该草案第 11 条第 2 款第 6 项规定了播放权②，该权利是著作权中的财产权利之一，是赋予作者的一项新的著作权利。而转播权是广播组织权中的一项权利，归属于邻接权，两项权利的主体是不同的。尽管文化产品生产传播过程中，下游的广播组织获取权利时不能损害上游的作者的权利，但是，不能因为作者的权利包含了网络转播这一权益，就要牺牲作为传播者的广播组织的合法权益。在规定广播组织享有该项权益时设置一定的条件，避免对上游的著作权造成伤害即可。因此，草案删除该项权益的理由并不充分，且对于广播组织来说有失公平。

另外，草案对转播权规定了"无线或者有线"两种方式，不过，《草案简要说明》并没有对"无线或者有线"进行解释，未明确是否包括互联网。这能否借用信息网络传播权中"有线或者无线"包括互联网的语义？按说在同一部法中，不同条文中的相同词汇，应该拥有相同的含义。基于这样的理解，草案中的"信息网络传播权"基本延续了现行《著作权法》的核心内容。而正如前章所述，该权利源自 WCT 第 8 条后半句，该权利的内涵理解可参照 WCT 第 8 条的实质内涵，即坚持技术中立，保护著作权人以任何技术手段进行的转播。"任何技术手段"当然包括互联网形式，且我国设立信息网络传播权的唯一目的就是对互联网上的交互式传播进行控制。那么，转播权中的"无线或者有线"也应该包括互联网方式。但是其实，这种思路是行不通的，至少在该权利的认识上是行不通的。因为，我国《著作权法》所规定的著作权（如信息网络传播权）和邻接权（如广播组织权）的国际法渊源是不同的：信息网络传播权源自 WCT，包含互联网；而广播组织权源自《罗马公约》，该公约不但未涉及有线方式，而且更没涉及互联网，况且，目前尚无国际条约保护广播组织权中的网络转播。所以，若立法中无特别解释，保护信息网络传播权条款中的"无线或者有线"与保护广播组织的转播权条款中的相同术语的含义并非绝对一致。笔者以为，立法者应对广播组织所享有的转播权能否控制网络转播进行明确说明。

最后，草案并没有明确规定合理使用制度适用于广播组织权。在现行

---

① 国家版权局：《关于〈中华人民共和国著作权法〉（修改草案第二稿）修改和完善的简要说明》，2012 年 7 月。
② 《著作权法（草案第二稿）》第 11 条第 2 款第 6 项规定，播放权，即以无线或者有线方式公开播放作品或者转播该作品的播放，以及通过技术设备向公众传播该作品的播放的权利。

《著作权法》中,合理使用制度或曰权利的限制,居于第二章"著作权"下第四节之中。考虑到该项制度在结构上与包括广播组织权在内的邻接权之间的割裂性,为了在他们间建立联系,现行《著作权法》合理使用条款的最后一款说明"前款规定适用于对出版者、表演者、录音录像制作者、广播电台、电视台的权利的限制。"于是,广播组织权的限制的规范也可由此类推。不过,毕竟这些限制的情况主要是针对著作权而设计的,在维护公共利益方面,并不能与针对广播组织权的限制做到无缝对接、恰到好处。于是,也就产生了建立针对广播组织权的限制制度的需求。

《草案第一稿》认为著作权一章无法完全涵盖权利的限制部分,因此,将现行《著作权法》第二章中的"权利的限制"一节单列为第四章,放到"著作权"和"相关权"之后,在结构上理顺了逻辑关系,为"权利的限制"既及于著作权也及于相关权创造了条件。不过,该草案在规定"权利的限制"时,都是针对"著作权"而言的,在具体条文中并没有出现"相关权"或者"表演者权""录音制品制作者权""广播组织权"等词汇。由此看来,立法者只是希望通过将"权利的限制"放到"著作权"和"相关权"之后,在结构上形成"前因后果"关系,令人理所当然地认为"权利的限制"这一章内容同样也适用于相关权。其实,这样的想法是行不通的。法律条文的起草是非常严谨的一项工作,容不得半点马虎,不能产生任何歧义。因此,若严格从条文文意进行解释,《草案第一稿》第39条和第40条之规定是无论如何也不会适用于相关权的。那么,这种认识若成立的话,该草案整体上就缺少对相关权限制的规范,这也就成为该草案一大缺陷。

第二节 我国广播组织权制度改革的总体思路

一、我国广播组织权制度的改革定位

面对以上广播组织权制度的种种不足,对此推进改革就显得势在必行。我国著作权法正在面临第三次修订,作为著作权法中的重要内容,广播组织权制度势必迎来难得一遇的完善机会。那么，在修订之前我们必须对广播组织权制度改革进行一定程度上的定位，因为广播组织权制度的改革定位直接决定和影响着这次改革的方向。

从世界范围来看，广播组织权制度是立法者将作为传播者的广播组织纳入著作权制度保护体系的一种先进理念的体现，是作品与作品传播相结合的一种产物，为当今世界很多国家所采取。应当承认，随着网络技术的突飞猛进以及著作权拓展进程的加快，广播组织权制度也在不断丰富和发展。特别是2001年第九届全国人民代表大会常务委员会第二十四次会议通过了《关于修改〈中华人民共和国著作权法〉的决定》，就广播组织的权利设置采用禁止式立法模式，对该权利的范围做出了进一步的规定和进一步的完善。但是，由于网络技术的进步，在实践中我们发现广播组织权的内涵并不充分，该种制度的实施过程中出现了种种不公平的现象，特别是很多人仅仅将广播组织作为保护作者权益的补充角色，广播组织权制度的独立价值没有得到应有的彰显。因此，正确把握广播组织权制度的根本价值、核心追求，掌握广播组织权制度的现实需要，才能把握住这次修法的正确方向，才能真正从制度设计上完善广播组织权制度。

保护公共利益是广播组织权制度的根本价值。广播组织权制度的设计初衷是，通过保护广播组织为促进传播而投入的人力、物力，使广播组织的传播激情始终保持旺盛，以期最终能为作者及社会受众的利益做出最大的贡献。因此，从本质上来讲，设立广播组织权的最终目的并非是为了保护广播组织，而是通过保护广播组织的利益，最终实现公共利益的维护。可以说，广播组织权制度是公共利益保护在传播领域的具体体现。该制度一方面让广播组织能够回收为广播活动所付出的成本，甚至实现本身的巨大盈利；另一方面，广播节目转播、交易的繁荣同时也满足了民众对各类信息的需求，该制度的设立能够更好地实现广播组织的利益、作品作者的权益和民众知悉信息的权益的有机统一。

实现广播组织、著作权人、录音制品制作者等主体之间的利益平衡是广播组织权制度的核心追求。对于以传播他人作品为己任的广播组织，对在传播活动中所形成的广播节目信号拥有控制权是广播组织权制度的核心内容。但是，由于广播节目信号中蕴含着广播组织的劳动或者作品作者、录音制品制作者的创造，广播组织对该广播节目信号的控制权极有可能会妨碍或损害著作权人或录音制品制作者的权益。与此同时，以公众知情权

第六章 三网融合背景下中国广播组织权制度评析与改革思路

为表征的公共利益也应获得应有的尊重,广播组织权在获得完善的过程中达到同公共利益之间的平衡就成为广播组织权制度的价值理念追求。广播组织在传播优秀作品、满足公众对各种信息的需求,以及推动社会主义文化事业发展等方面功不可没,为了鼓励或促进广播组织更积极主动地发挥这些方面的作用,《著作权法》对广播组织在传播活动方面的权益给予认可也就顺理成章。从某种程度上说,广播电视产业的繁荣不仅仅对广播组织有利,而且对于著作权人、录音制品制作者的权益以及公共利益的最大化也有非常大的帮助。但是,任何一种权利都应该在一种和谐的状态下生存,同周围的权利环境形成一种动态的有机平衡。广播组织权也不例外,广播组织权面对当代中国社会的飞速发展需要拓展、需要完善,在这个过程中我们务必遵循的价值追求就是"利益平衡原则",不能因为拓展了该权利而造成其他权利、甚至公共利益的损害。因此,在广播组织权制度设计方面要注重张弛有度,既要强调完善该制度,使之同社会发展技术进步相匹配,又要注重给予该权利相应的限制,为相关权利的保护以及公共领域提供相应的保留和充足的空间,充分体现出对社会利益的调控意识。恰如 SCCR 第 24 届会议《有关保护广播组织条约工作文件》① 中所言:"依本条约授予的保护不得触动也不得以任何方式影响对广播信号所载有的节目材料的版权或相关权的保护。因此,本条约的任何规定均不得被解释为损害此种保护。"② 该公约规定了保护的一般原则③,同时对缔约国规定了"保护和促进文化多样性"的责任④。另外,关于维护公平竞争方面,该文件要求:"(1)缔约各方应采取适当措施,尤其在制定或修正法律和条例时,防止滥用知识产权或者采取无故限制贸易或对国际技术转让与传播产生不利影响的做法。(2)本条约的任何内容均不妨碍缔约方在立法中明确规定哪些许可使用做法或条件可能在具体情况下构成滥用知识产权,

---

① WIPO,保护广播组织条约工作文件,SCCR/24/10 CORR.,March 6,2013。
② 日本提议,依本条约授予的保护不得触动或以任何方式影响对广播节目所载有的节目材料的版权或相关权的保护。
③ 本条约的任何内容均不得限制缔约方促进人们获得知识和信息以及实现国家教育和科学目标,遏制反竞争的做法或采取其认为系促进对其社会经济、科学和技术发展至关重要的领域中的公众利益所必需的任何行动的自由。
④ (a)缔约各方在修改国内法律和条例时,将确保根据本条约所采取的任何措施完全符合联合国教科文组织的《保护和促进文化表现形式多样性公约》。(b)缔约各方还承诺开展合作,以确保本条约所赋予的任何新专有权的实施能起到支持而不是违背促进和保护文化多样性的作用。

对相关市场中的竞争产生不利影响的行为。(3) 每一缔约方均可采取符合《与贸易有关的知识产权协定》的适当措施，对此种行为加以预防或管制。"

由此可见，在国际层面，对于广播组织权制度的设计已形成共识，即既要遵循权利之间的平衡原则又要反对不公平竞争，还要考虑新增权益能否为保护和促进文化多样性发展提供支持。

回应数字技术挑战是广播组织权制度的现实需要。著作权制度是技术发展的产物，作为著作权制度的一部分的广播组织权制度当然也是技术发展的产物。制度的设计是为了解决当下或以往技术环境下的矛盾的，所以，一般情况下，存在的制度相对于现实的发展都会存在滞后的特点。而法律制度又具有相对稳定性，不可能朝令夕改，技术的发展、现实的改变在没有达到一定程度时，法律制度是不会随之改变的。换言之，之所以要完善法律制度，是因为现存法律制度不能满足现实的需求，尤其是不能应对技术发展所带来的挑战，而我国广播组织权制度就面临着这样的挑战。广播领域中信息传播技术从最初的无线广播发展到有线广播、卫星广播，再到数字广播、网络广播，这些崭新的技术并不是法律所能预见并控制的。尽管立法者在立法的时候会尽力做出具有前瞻性的规范，以期满足该规范对未来发展变化的适应，但是由于立法者的认识的局限性或者立法技术的落后性，法律制度的设立往往会出现不尽如人意的地方。对于广播组织权制度来说，其所存在的不足正如前述。那么，回应技术——尤其是网络数字技术发展所带来的挑战也就成为此次著作权法修订的应有之意。根据国际社会回应技术发展的先进经验，笔者以为，技术的发展催生了或者将要催生崭新的信息传播形式，一劳永逸地处理技术更迭所带来的传播形式以及传播媒介更新问题的唯一办法就是保持法律的"技术中立"原则。也只有在法律条款中坚持了"技术中立"原则，才能保证法律保护的延续性。坚持"技术中立"原则不但能够回应当下现实的需求，而且能够将未来未知的传播方式也囊括进来，体现出法律条款的先进性。

二、广播组织权制度改革应遵循的原则

(一) 保护广播组织原则

早在 2008 年就有业界人士在面对学者调研时的提问回答，"现在外地

第六章　三网融合背景下中国广播组织权制度评析与改革思路

电视台转播我们的节目的时候，不管是卫星电视，还是无线信号接收的，都不需要我们的授权。只要他能接收到的，干吗要我们的授权？我们也不会向他去要钱。——现在全国各地相互转播，都是平等。"[1] 该项回答说明当时鉴于频道资源有限，我国广播电视市场在广播电视节目信号传播方面尚处于有线电视主导层面，为了能够扩大自己节目的覆盖率，没有哪家电台电视台敢向有线电视网索要邻接权费用，且反而需向这些有线电视网中的各家电视台缴纳一笔落地费，才能实现收视率的提高。不过，几年过去了，三网融合技术的普及和三网融合业务的开展，对广播产业的格局产生了很大的影响。网络电视、IPTV 的长足发展以及未来的发展趋势，使有线电视台受到了前所未有的压力。有线电视网不再是电视节目信号传播最为依赖的途径，在业务上电信网、互联网分担了广播电视网在此方面的功能，实现了三网融合的建设初衷：互联互通，业务融合。换言之，广播的网络化发展必然带来有线电视网的边缘化。

有线电视网的边缘化也就意味着节目传播市场内出现了竞争，原有的被各地有线电视台"垄断"的传播局面被打破。这种竞争其实对广播组织是非常有利的，他们可以根据市场来选择传播的途径，可以在不久的将来终结多年来免费让别人使用自己传播成果的历史，取消落地费，将落地议价权收回囊中。另外，由于地方台地理区域的有限严重制约着收视率的提高，所以，通过有线电视网进行传播就成为各家地方电视台的必然选择，即使要交一些落地费也仍蜂拥而上。但是，现在情况变了，网络广播技术（尤其是第四代 P2P 技术）出现后，任何懂点网络技术、有点资金的公司或个人，都可以从事网络广播活动，如转播、点播、重播等，完全突破了原有的全国有数的地方台的广播秩序，分流了传统广播电视大量的年轻群体。年轻群体中很多人通过各种移动终端，像手机或 Ipad 等，连接网络并在各种视频网站收看各自感兴趣的广播电视节目。而这种被分流的群体很难被各家电视台的收视率统计到，于是以收视率为节目生命力的首要考量因素的广告商也就会随之流失。可以说，在我国，通过互联网途径及各种智能终端进行网络视频广播呈现出强劲的发展态势，严重影响了传统电视对受众在获取信息方面的控制，互联

---

[1] 刘晓海、张伟君：《中国著作权法邻接权制度修改研究报告》，载国家版权局《著作权法第二次修改调研报告汇编》（下册），2008 年，第 75 页。

网成为人们获取音视频信息重要渠道的现象已初现端倪。在大洋彼岸的美国，有线电视运营商也正在经历着电视用户不断流失的困境，仅2013年一年就流失了近200万用户。①

如此背景下，在广播组织领域中，由于邻接权的保护不力，也造成了对著作权的保护不力。本应被遵循的"内容为王"的传播规律，由于制度的不济，出现"传播通道为王"的局面。面对当下信息传播技术的发展，若制度不做出调整的话，广播组织的利益就得不到应有的保护。因为，现行法中广播组织的权利延伸不到网络空间，网络中大量存在的盗播活动无法得到遏制，造成传统广播组织的受众大量流失，收视率不断降低，非常依赖广告费的广播组织的合法利益遭遇了前所未有的损失。在这种无序的竞争中，若有一天广播电视产业没落了，网络产业也难以独善其身。因此，从长远战略来看，广播电视产业为身处创业阶段的网络产业做出贡献是没有问题的。但是当网络产业发展到一定阶段、已足够繁荣时，若再靠无偿榨取广播电视产业获取发展就失去合理、公平的基础。另外，由于目前"政府办台"的政策在未来可预知的时间里难以改变，广播组织自身这种"内容供应商"的地位在信息市场内也就不可动摇。网络视频网站的繁荣离不开广播电视产业的繁荣，因此，从根源上来讲，保护了广播组织的利益也就保障了网络的繁荣发展，建立有偿有序的传播或转播秩序就成为长久之计，在网络空间建立广播组织的专有控制权也就成为共识。

另外，国际信息传播市场中存在巨大的信息逆差，即从宏观而言，整个信息流是从发达国家向包括中国在内的第三世界国家流动的，而第三世界国家向发达国家流动的信息量所占比例非常小。其原因在于世界绝大多数传媒产业都在西方国家的控制之中，发展中国家的传媒产业实力非常弱，无法在国际市场中同国际传媒大鳄展开竞争。这也是造成我国对外传播效果不甚理想的直接原因。那么，若想改变这种现状，大力发展广播电视产业，使之强大到能够同国外传媒产业同台竞技也就成为我们的必然选择。而大力发展广播电视产业的措施和方法中，最重要的就是使广播组织权能够获得全面保护。

---

① 尤文奎、胡泳：《在新媒体的冲击下，电视未来的八大转型》，http://www.iydnews.com/3775.html，2015年10月1日。

第六章　三网融合背景下中国广播组织权制度评析与改革思路

（二）技术中立原则

技术的发展带来了人们对获取信息过程的不同体验，同时也带来了国际和国内包含广播组织权在内的著作权制度的不断更新。换言之，技术的发展总是对著作权制度不断提出挑战，而后者也总是随着前者的前进步伐做出相应的调整和变革，凸显制度上烙下的技术进步的印记。从以往不同的新技术，如无线广播、有线广播、卫星广播的依次出现来看，通过立法修改将其均纳入广播组织权内涵之中，体现了人们对广播组织权在技术方面的追求与认可。尤其是互联网的出现与发展，带来了网络广播的产生。国外很多国家，如新西兰、英国、西班牙、瑞士、匈牙利等国的版权法对此采取了技术中立的立法技巧，不仅将其纳入广播组织权保护范围，而且不再对传播介质进行区分，将无线广播、有线电视节目服务、网络广播或未来多种新技术促成的各种传播方式均涵盖进来，体现出对未来电子传输发展的强大包容性和先进性。

另外，随着传播技术的更新，信号盗播现象不再限于诸如卫星、电缆和地表频率之类的传统平台，而是拓展到包括移动、网络、互联网在内的所有平台。而传统广播组织权制度却忽视了技术发展的实际意义，也正基于此，SCCR 会议参与国指出，各国"对于技术发展的影响，尤其是其对数字平台所产生的影响，必须加以充分考虑。在广播体育赛事时发生的严重的信号盗播情况便是佐证"；应当"根据一种技术中性的方法，找出保护广播组织条约草案的可能的要件。"① 因此，在国际层面，与会国都认识到，面对新技术的发展，"广播活动不再限于传统平台的交汇时代"，更新广播组织权的保护，必须坚持技术中立原则，以确保广播组织进行广播活动的所有平台均受到充分保护并对原点平台和利用平台加以区分。② 由此可见，虽然有关广播组织的保护草案尚未获得通过，但是，在立法措施方面各国已经达成共识：应保护广播组织的利益，不能因技术的更新而使其受损。于是，转播权、复制权等权利的概念基本上对所涉技术没有过多要求，以防广播组织权制度中的各个具体权利的范畴因技术不同而发生

---

① WIPO，保护广播组织条约草案要件，SCCR/22/11，May 30，2011。
② 信号所源自的原点平台必须严格限于传统平台，例如空中传播、卫星、发射塔等，这样才有资格作为广播机构受到保护；同时，广播机构的信号应在信号送达的所有利用平台得到完全的保护，以确保提供有效保护，制止未经授权使用其广播节目的行为。WIPO，保护广播组织条约草案要件，SCCR/22/11，May 30，2011。

变化。

对于国际社会为广播组织权提供保护所持有的先进理念，在我国，无论是有关立法还是有关司法，都不曾体现。首先，在立法方面，我国《著作权法》并没有规定广播组织权在网络空间的控制权，有关情况已在前文叙述；其次，在司法方面，2011年，号称中国首例涉网络转播广播组织权纠纷案的"嘉兴华数诉嘉兴电信侵害广播组织权纠纷案"宣判。法院认为"根据现行法律的规定，尚不能将嘉兴电信公司通过网络转播黑龙江电视台节目信号的行为视为《著作权法》第45条规定的'转播'行为"，且"如将广播组织权的转播权保护范围扩大到互联网领域将不利于我国'三网融合'政策的实施。"①

由此可见，在我国司法实践中，法官意识到了立法中广播组织权制度在网络空间方面的缺位。然而，法官认为目前立法不应该将广播组织权的保护范围延伸至互联网领域，授予广播组织对于网络转播的控制权。否则，电信部门将不能从事IPTV业务，与三网融合宗旨相悖。对于该项认识，笔者不敢苟同。笔者以为，广播组织权中转播权在互联网领域中的拓展不仅不会阻碍电信部门IPTV业务的开展，而且不会同三网融合宗旨相冲突。

三网融合强调的是建立在技术功能一致、业务范围趋于相同的广播电视网、电信网、互联网等三个网络基础之上的传播广播电视节目和语音、数据等服务。基于传统网络的划分和职能部门的独立设置，目前这三个网络的名称尚需分别使用，且在实际业务中三个网络分别存在。而在不久的将来，随着三网融合政策的逐步落实和积极推进，对于大众而言，这三个网络只是在名称和服务细节上有所不同，在实质方面并无区别。在技术和业务两方面，这三个网络运营商在传递包括广播电视节目在内的各类信息过程中，基本上是一致的。于是，广播组织的节目信号是通过原来所称的广播电视网还是通过电信、互联网进行传播都无本质区别，只是人们的习惯性称谓不同。在目前广播电视网传播节目的背景下，广播组织享有广播组织权，那么，在未来其他同广播电视网并无区别的网络传播广播电视节目时，广播组织也应当享有广播组织权。需要特别注意的是，广播组织权是针对广播电台、电视台而言的，即该权利的主体是广播电台、电视台，

---

① 嘉兴市南湖区人民法院（2011）嘉南知初字第24号民事判决。

第六章 三网融合背景下中国广播组织权制度评析与改革思路

而非经营广播电视网的机构。对于广播电台、电视台，三网融合只是改变了节目传播的渠道以及呈现节目的终端接收器，三网融合政策中体现的利益博弈主体之一并非是广播电台、电视台，而是代表经营广播电视网的机构的广播电视管理机构。而当前三网融合政策落实不力的主要原因在于广电管理机构同电信管理机构陷入了三网融合主导权的争夺之中。① 三网融合要实质破冰，推进两大部门管理机构的整合必不可少，否则恐陷入纸上谈兵的困境。专家早就呼吁设立融合监管机构，建立适应三网融合需要的体制机制。此外，从国外三网融合监管的经验来看，融合监管是必然趋势。体制问题不真正解决，三网融合短期难有实质进展。② 由此可见，影响三网融合政策落实的是体制问题，而非广播组织是否应该享有网络转播权问题。在三网融合技术下，电信企业通过互联网传播视听节目信号的服务被称为IPTV业务，广播电视网络部门通过广播电视网络传播广播电视信号的服务被称为广播电视服务。对于电台电视台而言，这两种服务只是传输渠道不同而已，并无实质区别。若广播组织在这两种只是名称不同而技术趋于一致的网络中享有不同的权利，实属不公平的体现。换言之，在法理层次，两个经营网络的主体，技术一致、业务一致，相对于广播组织权，承担的责任和义务却有天地之别，这难道不是立法方面的缺陷？况且，赋予广播组织权在网络领域的控制权还会促使电信经营企业同各个电台、电视台进行协商，支付合理对价，规范市场公平竞争，维护市场和谐秩序。该控制权会阻碍电信开展IPTV业务实属一个伪命题。

因此，笔者以为广播组织权制度应建立在技术中立的基础之上，强调对有线或者无线广播，交互式传播或者非交互式传播提供保护并非基于传播技术而是基于内容和信号的性质，不论广播信息途径的形式如何都应被赋予平等的保护。

(三) 促进公共利益原则

促进公共利益是每一部法律所应遵循的原则，但是，每部法律对于如何落实这个原则却有不同认识和方式。因此，广播组织权制度的设立，不可能无视公共利益，要强调在为广播组织提供保护的同时，也促进民众通

---

① 游寰臻：《广电系围剿视频网站抢三网融合渠道主导权》，《通信信息报》2014年7月16日。
② 余祖江：《广电内部资源整合提速三网融合仍存变数》，《中国传播科技》2012年第21期。

过广播电视媒介获取信息的权利的实现或落实。换言之,对于广播组织赋予的权利范畴以及权利限制的规范,应力求既能激励广播组织为传播更好更多的作品而努力经营,又能在最大限度上满足公众通过广播电视媒介获取各类信息的需求,保证这两者保持适度的平衡。笔者反对两个倾向:一是以发展广播组织的名义,意图激励广播组织丰富传播信息,却因过多地扩充广播组织权内涵,而造成阻碍人们获取信息的结果;二是以保护公共利益的名义,严格限制广播组织权的内涵,在很多情况下任何人可以随意使用广播组织广播信号,虽然为公众获取广播信息提供了便利,却因广播组织为传播做出了贡献而得不到应有的回报,打击了其提高信息质量和数量的积极性,以至于阻碍广播组织的发展,最终在实质层面造成损害公共利益的结果。因此,认真对待广播组织权,实质就是认真对待公共利益。在立法中,确立促进公共利益原则,就是要根据社会、经济、科技的发展,适时对广播组织权的内涵进行调整,始终保持激发广播组织最大的工作积极性,保持广播组织权与公共利益的动态平衡。

在我国 1990 年第一部《著作权法》中,关于广播组织权的内容只规定了播放权和复制发行权;而 2001 年《著作权法》以及 2010 年《著作权法》中关于广播组织权的内容只规定了转播权、录制权和复制权。对比前面所述的国外著作权法有关广播组织权的规定,可以发现我国广播组织权的内涵显得非常贫乏,权利保护水平并不高。笔者以为,这与我国广播电视自身发展是分不开的。在 20 世纪 80 年代以及 90 年代初,由于新媒体尚未出现,广播电视属于当时人们获取新闻资讯、科技文化、娱乐信息的最为时尚和重要的媒介渠道,且政府办台的广播电视的宗旨就是"为人民服务""为社会主义服务",广播电台、电视台是我们党、政府和人民的"喉舌",因此,当时广播电视的事业属性非常突出,掩盖了广播电视的产业属性。直到 1992 年 6 月,国务院发布《关于加快发展第三产业的决定》,才明确将广播电视列为第三产业。由此可见,第一部《著作权法》颁布时,广播电视的产业属性在我国社会中并不明显,以财产权利为属性的广播组织权对于广播组织而言需求并不强烈;立法者更为看重的是广播电视的事业属性;对于广播电视管理机构而言,为了推动广播事业的发展鼓励广播组织间的相互转播,甚至为了将党或中央政府的声音传遍千家万户,要求地方电台必须转播中央的部分节目。因此,1990 年将广播组织权仅限定于播放权和复制发行权这两种权利也就不难理解,是这种低水平的保护与广播组织当时所处的政策环境是相适宜的，从表面意义上，它减轻了他人对广播组织节目信号利用的负担，维护了公共利益。但是，在实际意义上，由于缺乏对广播组织产业属性的认知，包括广播组织权在内的权利经济并不受重视，缺少发展资金的广播电视发展缓慢，很难为大众提供超越自身能力的高质量、大容量的节目信息，公共利益也就难以获得充足的保护。

正如前述，1992年国务院发布的将广播电视业列为第三产业的文件，成为中国广播电视业开展产业经营之路的第一份政策，为当时的广播组织指明了发展的方向。尤其是这一年党的十四大的召开提出了建立社会主义市场经济体制改革的目标，且在随后的几年中，为了适应广播电视业自身发展的需要、适应市场经济发展的需要，国家对广播电视产业的发展越来越重视。例如，1999年5月，国务院办公厅转发信息产业部《国家广电总局关于加强广播电视有线网络建设管理意见的通知》提出组建区域性广电集团，且同年我国第一个市级广电集团无锡广电集团成立，这标志着我国广电集团化的开始。不过，尽管广播电视集团化改革在积极推进，但是有关部门始终从事业单位角度对其定位，以至于集团化这种产业化在很大程度上发展得并不理想。比如，2001年12月，轰轰烈烈成立的我国规模最大的新闻传媒集团——中国广播影视集团，由于不是按照市场规律而是按行政长官意志成立的，2005年就解体了。在这样的背景下，2001年我国对《著作权法》进行了第一次修订，其中涉及广播组织权的修改，将原来的"播放权""复制发行权"调整为"转播权""录制权""复制权"，这样的变动固然有满足立法层面合理的内在动力需要，尽量避免邻接权对传播作品的著作权造成限制，以及为了加入世界贸易组织提高立法水平等原因，除此之外，政府机构对广播电视事业单位的定位以及产业化开启不充分等因素，也影响了2001年《著作权法》对广播组织权的修订。此次修订既拓展了1990年《著作权法》中广播组织权的内涵，又不可能超越现实环境的认识对其进行过高的权利保护，在维护公共利益方面表现出很谨慎的立场。尽管2003年党的第十六届中央委员会第三次全体会议通过的《中共中央关于完善社会主义市场经济体制若干问题的决定》打破了公益性文化事业和经营性文化产业之间的划分，为中国文化产业的市场化进程扫除了政策性障碍，为文化产业、广播电视产业这一敏感领域的市场化架构提供了政治保障，广播电视产业在2010年前确实也获得了飞速发展，但是，这样的状况并没有影响 2010 年《著作权法》中广播组织权的修订。如此看来，在广播电视产业获得发展、广播电视节目日益丰富的背景下，广播组织的权利并没有扩大，人们获取广播电视信息的需求得到了极大地保护，维护公共利益的目标得以实现。

但是，由于互联网的飞速发展，尤其是我国三网融合政策的提出及实施，互联网平台上的各类新媒体迅速崛起，曾长期占据大众传媒龙头地位的广播电视正面临着前所未有的生存危机和挑战。一方面，广播电视受众正在急剧流向新媒体，且这种流失态势已不可扭转。据 CSM（央视索福瑞）研究统计，电视人均收视时长已从 2003 年的每年 179 分钟，跌至 2013 的每年 165 分钟。与此同时，观众规模也在持续缩小，观众的平均到达率由 2010 年的 72% 下降至 2013 年的 66.5%。[1] 而网民的规模却保持着持续增大的态势，据 CNNIC 第 36 次中国互联网络发展状况统计报告显示，截至 2015 年 6 月，中国网民规模达 6.68 亿人，互联网普及率为 48.8%，较 2014 年底提升了 0.9 个百分点；中国手机网民规模达 5.94 亿人，中国网络视频用户规模达 4.61 亿人，网络视频用户使用率为 69.1%。[2] 另一方面，广播电视媒体广告商转投新媒体的趋势也越来越明显，广播电视的广告费受到前所未有的蚕食。CTR 媒介智讯发布的《2014 上半年中国广告市场回顾》显示，2014 上半年，中国广告市场增长为 4.1%（含户外视频媒体和互联网），电视媒体同比增长 1.9%，而互联网广告持续增长 39.5%，且在总量上网络广告收入仅次于电视广告收入。尤其是随着网络经济的繁荣发展，预计到 2016 年，中国互联网广告收入将首次超过电视广告收入，成为中国最大的广告市场。[3] 形成以上两方面挑战的原因很多，笔者以为，其中之一是网络领域中缺乏广播组织权保护，大量的电视节目在没有获得授权的情况下被他人使用于网络媒体。尽管我国的广播电台、电视台依然具有强大的制作传播能力，但是，更多的观众舍弃了广播电视转至视频网站采取更加自由的方式接收相同的内容资源，加速了广播电台、电视台的衰退趋势。

---

[1] 马莉英：《新媒体语境下电视媒体的困境与机遇》，《今传媒》2014 年第 11 期。
[2] 中国互联网络信息中心：《第 36 次中国互联网络发展状况统计报告》，http://cnnic.cn/hlwfzyj/hlwxzbg/hlwtjbg/201507/p020150723549500667087.paf，2015 年 12 月 13 日。
[3] 《预计 2016 年中国互联网广告收入将超过电视》，http://finance.eastmoney.com/news/1350,20140811410560934.html，2015 年 10 月 11 日。

那么，在如今这个信息时代，广播电台、电视台没落，对于满足大众文化服务、新闻资讯等公共利益实现是否是一种伤害呢？笔者以为，答案是肯定的。可能有人认为，在市场竞争中，广播组织的没落、网络新媒体的崛起是一种正常现象，网络新媒体完全可以覆盖原先由传统广播电视所提供给大家的各类信息服务，不会损害到大众对信息的需求。但是，由于广播组织在各国中的特殊地位，尤其在 SSCR 各届会议中与会代表对"广播组织"和"网络广播组织"不同认识，至少说明了目前世界各国对广播组织的定位很是重视，且并没有打算将"网络广播组织"纳入"广播组织"范畴。这也就透露出一个信息，不管互联网发展到何种程度，广播电台、电视台作为重要的信息媒介的地位在政策上暂时不会受到影响。换言之，广播组织发布权威信息的地位目前不因网络发展而受到影响。因此，在如今乃至不久的未来，当广播组织发展受挫，而公众又缺乏对网络新媒体公信力的认同感时，公民获得高质量、丰富多彩的信息服务的需求必然会受到影响。所以，在三网融合背景下，促进制定公共利益原则首先需要的就是将广播组织权保护延伸至网络空间，以减少无偿且随意使用广播组织节目给广播组织带来的损失。如此规定，在一定程度上，可以拓展广播组织的盈利渠道，降低视频网站无偿使用节目的概率，力保在为网络视频网站提供大量节目内容支持的同时，使广播组织也能得到应有的补偿，实现广播组织投资传播的回报，最终达到促进公共利益的目的。

三、广播组织权制度改革具体方案

（一）建议将几个关键词进行定义

"广播"是指由广播组织以无线或有线方式（包括通过计算机网络方式）使公众能接收声音，或图像，或图像和声音，或图像和声音表现物的过程。

"广播组织"是指提出动议并负有法律和编辑方面的责任，通过有线或无线向公众播送声音，或图像，或图像和声音，或图像和声音表现物，以及对播送内容进行包装、组合、安排播送时间的法人，在我国指电台与电视台。

"转播"是指原广播组织外的任何法人以任何方式让公众接收声音或

图像，或图像和声音，或其表现物的同时播送。

（二）建议拓展广播组织权客体

广播组织权保护的客体是用以播送节目的信号，既对广播前的信号提供保护又对公众广播的信号，而不延及这些信号所载的作品及其他受保护的客体。

（三）建议拓展广播组织权的内涵

广播组织应享有授权或禁止他人进行下列行为的专有权：（1）以无线、有线或者互联网等任何方式转播其广播电视节目；（2）在其广播电视节目被录制后以包括广播、有线广播和通过计算机网络在内的任何方式播送此种广播节目供公众接收；（3）对其广播电视节目进行录制；（4）通过有线或无线的方式在收取入场费的公共场所向公众传播广播电视节目；（5）以任何方式与手段，直接或间接复制其广播电视节目的录制品。前款规定的权利的保护期为五十年，自广播电视节目首次播放后的次年1月1日起算。

（四）建议完善广播组织权的限制制度

正如前述，尽管现行《著作权法》规定邻接权的限制制度可参照著作权的限制制度，但是，毕竟作为邻接权之一的广播组织权有其自身的特殊情况，必然会出现著作权的限制制度与广播组织权的限制制度规定的情况不一定一致的情形。因此，笔者建议，可以独立设置广播组织权限制制度，且将《伯尔尼公约》第9条第2款所确定的"三步检验法"模式与《罗马公约》第15条所确定的列举式相结合，形成一种如下例所示的比较完美的立法模式。

在下列情况下使用作品，可以不经广播组织权人许可，不向其支付报酬，但应当指明广播组织名称，并且不得侵犯广播组织权人依照本法享有的其他权利：

(a) 私人使用；

(b) 时事新闻报道中为提供信息而使用某些片断；

(c) 广播组织利用自己的设施为自己的广播节目进行的临时录制；

(d) 纯粹为教学或科研目的使用；

(e) 专门为帮助有视力或听力障碍者、学习障碍者或有其他特别需求者获得作品而进行的使用；

(f) 图书馆、档案馆或中心为保存、教育或研究的目的而向公众提供受广播组织专有权保护的作品的复制品方面的使用；

（g）对公众开放的图书馆或博物馆，或不以获得经济或商业利益为目的的档案馆的专门使用；

（h）对被播送的不受著作权或相关权保护的节目或该节目的一部分进行的任何种类和形式的任何使用。

前款规定的方式使用广播电视节目，不得无理地与广播节目的正常利用相抵触，也不得不合理地损害广播组织权人的合法利益，同时应考虑第三方的合法利益。

四、广播组织权扩张在国民待遇方面的思考

根据上述广播组织权改革方案，我国广播组织权内容能够得到很大的扩充，且在国际上也可以步入高层次保护水平。由此，一些人担心我国是否会在国际著作权交易或司法活动中处于不利地位，即鉴于国民待遇原则的存在，是否会使国外的广播组织在我国享受高于国际条约保护水平的权利而我国广播组织在国外却享受不到这种高水平的权利保护？这种担心的内在逻辑在于，根据我国《著作权法实施条例》第35条之规定①，如果广播组织权突破目前的保护现状，将保护内容拓展至互联网领域，那么依据国民待遇原则，外国广播组织的广播信号在我国境内也能获得同样的保护，即当国外的广播电视信号在我国境内未经权利人同意在互联网上转播后形成诉讼时，我国司法机关将为其提供同我国公民一样的救济和保护。但是，若国外广播组织所在国的法律仅仅为广播组织提供传统的无线方式传播或转播的权利，那么在我国广播电视信号未经同意而被该国的自然人或法人通过互联网转播的情况下，我国广播组织反而得不到与我国一样的高水平保护，因为该国不会为我国广播组织提供法律救济。如此情况下，不公平也就显而易见。

但是，以上的理解是否准确呢？笔者以为，上述理解没有区分我国加入的国际条约中的国民待遇原则在著作权保护和邻接权保护两方面的不同，以至于产成上述不必要的担心。因为著作权保护在国际社会受到了高

---

① 《中华人民共和国著作权法实施条例》第35条规定："外国的广播电台、电视台根据中国参加的国际条约对其播放的广播、电视节目享有的权利，受著作权法保护。"

度重视，在国际条约中的体现之一是国民待遇原则适用范围很广。① 比如《伯尔尼公约》第5条第1款规定，就享有本公约保护的作品而论，作者在作品起源国以外的本同盟成员国中享有各该国法律现在给予和今后可能给予其国民的权利，以及本公约特别授予的权利。WCT 第3条规定，对于《伯尔尼公约》第2至6条的适用，缔约各方对于本条约所规定的保护应比照适用《伯尔尼保护文学和艺术作品公约》第2至6条的规定。由此可知，对于作者在其他成员国所应享有的著作权保护，不仅涉及本条约所规定的权利而且还可以各成员国国内法中所规定的著作权为依据。这也就是说，若某成员国的著作权法规定的权利超出上述公约所保护的范围，除非属于《伯尔尼公约》列举的无须适用国民待遇原则的例外情形，那么来源于其他成员国的作品对于该成员国国内著作权法所规定的权利都可享有，而不问作品来源国的著作权法是否列有同样条款。

但是，国民待遇原则在我国加入的有关邻接权的国际条约中所呈现的内容却与上述国际公约并不一致。比如，《视听表演北京条约》第4条第1款规定，在本条约所专门授予的专有权以及本条约第11条所规定的获得合理报酬的权利方面，每一缔约方均应将其给予本国国民的待遇给予其他缔约方的国民。WPPT 第4条第1款规定，在本条约所专门授予的专有权以及本条约第15条所规定的获得合理报酬的权利方面，每个缔约方均应将其给予本国国民的待遇给予第3条第2款所定义的其他缔约方的国民。第2款规定，本条第1款规定的义务不适用于另一缔约方使用了本条约第15条第3款允许的保留的情况。② 《与贸易有关的知识产权协定》第3条第1款规定，除了《巴黎公约》（1967）、《伯尔尼公约》（1971）、《罗马公约》和《关于集成电路知识产权条约》已经规定的例外情况之外，每一缔约方在知识产权保护方面对其他缔约方的国民所提供的待遇不得低于其对本国国民所提供的关于表演者、录音制品制作者和广播组织的待遇，这一义务仅仅适用于本协议所规定的权利。尽管至今我国还未加入《罗马公约》，但作为一个比较重要的保护邻接权的国际公约，其

---

① 王迁：《论广播组织转播权的扩张——兼评〈著作权法修订草案（送审稿）〉第42条》，《法商研究》2016年第1期。
② 《世界知识产权组织表演和录音制品条约》（WPPT）第15条第3款规定：任何缔约方均可在向世界知识产权组织总干事交存的通知书中，声明其将仅对某些使用适用本条第1款的规定，或声明其将以某种其他方式对其适用加以限制，或声明其将根本不适用这些规定。

第 2 条规定①也值得我们关注。因为在邻接权保护方面，国内法之间的差异非常大，实际上，一些国家根本没有邻接权保护。这一实际情况使公约不可能确定一种强制性的高标准保护；而如果它以那些采用最低标准的国家共同接受的制度为基础，就失去了缔约的意义。所以该条规定的国民待遇制度构成无限制视同。某特定国家的法律没有专门规定任何邻接权保护，并不意味着公约赋予的权利在国内的刑法或民法中没有对应的保护。不论怎样，至少在自动执行公约的国家，即使国内法没有做出规定，国际保护也可以得到这些国家承诺遵守的公约最低标准的保证。换句话讲，公约国民在任何缔约国都可以依赖于这种最低限度的保护。②

根据上述这四个条约的条款之规定，我们可以看出，国民待遇原则所要求的对其他缔约方的国民所提供的待遇或权利保护仅限于本条约自身所规定的权利（专有权利和获酬权），不涉及缔约方国内法所赋予的权利要求，即使该国国内法所规定的权利超越了国际条约的权利范围，国民待遇原则也不会要求该国为其他缔约方的国民提供这些超出国际条约要求的权利保护。因此，即使我国著作权法中广播组织权的拓展超越了国际条约或其他国家国内法的规定，也不用担心出现外国国民在中国享受较高的权利保护而中国公民在外国享受较低的权利保护的这种情况，即在中国，其他成员国国民享受的是国际条约所赋予的权利保护，而中国国民享受的是国内立法中所赋予的高出国际条约的权利保护。具体而言，在广播组织权保护方面，当国内法的保护水平高于国际条约时，在中国境内，国外广播组织不可能享受同我国广播组织一样的待遇。

那么，这种国民待遇原则的设定在未来是否会出现改变呢？通过梳理目前世界知识产权组织为保护广播组织权益举办的将近三十期会议所颁布的文件，我们可以看出世界各国在国民待遇方面认识的基本走向，即从提供几种截然不同的备选方案到提供略有不同的几种备选方案，各国认识逐

---

① 《保护表演者、音像制品制作者和广播组织罗马公约》第 2 条规定，（一）在本公约中，国民待遇指被要求给予保护的缔约国的国内法律给予（甲）其节目在该国境内表演、广播或首次录制的身为该国国民的表演者的待遇；（乙）其录音制品在该国境内首次录制或首次发行的身为该国国民的录音制品制作者的待遇；（丙）其广播节目从设在该国领土上的发射台发射的总部设在该国境内的广播组织的待遇。（二）国民待遇应服从本公约具体给予的保护和具体规定的限制。

② 世界知识产权组织：《罗马公约和录音制品公约指南》，刘波林译，中国人民大学出版社 2002 年版，第 14—15 页。

渐统一于"在适用本条约中所明确承认的权利方面"给予国民待遇。比如，在 SCCR 2006 年 9 月 11 日至 13 日第 15 届会议中出台的《保护广播组织条约经修订的基础提案草案》第 8 条做出如下规定。

备选方案 J

（1）在本条约所专门授予的权利以及本条约第 12 条第（2）款、第 14 条第（2）款、第 15 条第（2）款和第 16 条所规定的保护方面，每一缔约方均应将其给予本国国民的待遇给予第 7 条第（2）款所下定义的其他缔约方的国民。

备选方案 K

（1）在享有本条约保护的缔约方国民的广播节目方面，除本条约第 10 条第（3）款规定的情况外，每个缔约方均应将其各自法律现在给予或今后可能给予本国国民的权利，以及本条约所专门授予的权利，给予第 7 条第（2）款所下定义的其他缔约方的国民。

备选方案 VV

（1）在适用本条约中所明确承认的权利方面，每一缔约方给予其他缔约方国家广播组织的待遇，不得低于其给予本国广播组织的待遇。

备选方案 FF

（2）凡另一缔约方利用本条约第 12 条第（2）款、第 14 条第（2）款和第 15 条第（2）款的，本条第（1）款中规定的义务即不适用。

备选方案 J 第 1 款的规定将给予国民待遇这一义务仅限于条约中所专门授予的专有权。在第 16 条对广播前信号所规定的保护方面，增加了一款国民待遇的规定。该提案延续了由《罗马公约》第 2 条第 2 款开创的赋予相关权领域有限、非全球性国民待遇的传统。WPPT 也对专有权采用了相同的解决办法。而备选方案 K 对广播组织的保护规定了全球性国民待遇，将国民待遇的义务延伸至缔约方"现在给予或今后可能给予本国国民"的任何权利，以及新文书中所专门授予的权利。该义务在范围上符合《伯尔尼公约》第 5 条第 1 款的规定。在著作权领域，WCT 延续了这一传统。备选方案 VV 照搬了文件 SCCR/13/4 中的提案，将国民待遇的义务限定在"在适用本条约中所明确承认的权利方面"。备选方案 FF 中的第 2 款规定，在第 12 条至第 15 条中对首次录制之后各种行为的权利

第六章 三网融合背景下中国广播组织权制度评析与改革思路

采用双重保护水平的做法时，有可能以互惠待遇取代国民待遇。

不过，"提供几种截然不同的备选方案"的认识在随后的多次会议中有所改变，比如在 SCCR 2012 年 7 月 16 日至 25 日的第 24 届会议上通过的《保护广播组织条约工作文件》第 8 条，SCCR 2014 年 4 月 28 日至 5 月 2 日的第 27 届会议上通过的《保护广播组织条约工作文件》第 8 条，都有如下规定。

备选方案 A ［仅一款］

在适用本条约中所明确承认的权利方面，每一缔约方给予其他缔约方［国家］广播组织的待遇，不得低于其给予本国广播组织的待遇。

备选方案 ［仅一款］

在适用本条约中所明确承认的权利方面，每一缔约方均应将其给予本国广播组织的待遇给予其他缔约方的广播组织。

由此可见，国际上在广播组织保护会议中对于国民待遇原则的认识已经趋于稳定：将赋予其他成员国广播组织保护的范围限定于"本条约中所明确承认的权利"，同我国已加入的有关邻接权的国际条约中国民待遇的规定基本一致。

结　语

　　三网融合源于信息通信技术的发展和产业的融合，并基于"0""1"符号的数字传输方式实现业务、市场和产业的相互渗透和融合。因此，对于电信网、广播电视网、计算机互联网这三个网络而言，正是由于数字技术革命的推动，才实现这三张网互联互通、无缝对接。相关技术和业务范围相互渗透、融合和交叉，使得数字内容或应用可以通过不同的网络和终端加以传输和实现。由此可见，三网融合技术对于避免重复建设、实现网络资源共享具有不可替代的功能。也正是基于此，继西方发达国家力推三网融合后，我国于2010年召开国务院会议确定在"十二五"期间实现三网融合。

　　对于广播组织，三网融合的实施不仅带来的是广播业务向互联网领域的拓展，即广播节目以网络转播、网络广播等大受欢迎的形式出现，而且还使得大量视频网站开展类似广播业务的活动，同传统广播组织形成激烈的竞争态势。由此可见，不管是在内在的业务拓展，还是外在的业务竞争等方面，三网融合对广播组织都产生了巨大的影响。不过，由于政治、经济和文化等方面的局限性，国际上并没有就网络视频网站的法律保护达成一致，因此，在如今尚未成熟的国际国内环境下笔者并不建议我国提供广播组织的权利保护。

　　然而，三网融合技术的发展和应用不仅使得广播组织自身网站转播、广播成为可能，而且也使得某些视频网站未经授权而盗播他人广播电视节目的活动大量产生，进而使当前广播组织权制度受到极大冲击。尤其是在我国现行《著作权法》本身对广播组织权规定得并不完善以及当前第三次修订中的草案修改并不到位的情况下，弥补法律保护跟不上技术发展的不足就成为学界的共同愿望。因此，为了维持广播组织的利益与公众在获取广播电视节目信息等方面的利益之间的平衡；为了维持著作权人及其他邻接权人的正当利益同广播组织投资的预期利益之间的平衡；为了给广播组织提供合法、合理的保护，制止他人未经许可非法从事网络转播、网络广播等行为，笔者致力于寻求广播组织权制度的改进方案，使之能够适应和满足三网融合技术、传播手段的现实要求。而本书恰恰就是在分析信息传播新技术给现行广播组织权制度所带来的挑战以及世界主要国家现行著作权法对此进行的具体规范的基础之上，提出了完整的修改建议。可以说，这些建议比较符合我国当前的技术、经济、政治等方面的要求，同时也是对当前国际社会在该方面规定水平的回应，体现了相当的前瞻性。不过，随着三网融合技术的日臻完善、应用逐渐增多，本书中的建议是否尚需继续修改完善值得我们在未来继续深入思考。

主要参考文献

一、中文著作类

[1] 吴汉东：《知识产权多维度解读》，北京大学出版社 2008 年版。
[2] 吴汉东：《著作权合理使用制度研究》，中国政法大学出版社 2005 年版。
[3] 吴汉东：《著作权合理使用制度研究》，中国人民大学出版社 2013 年版。
[4] 吴汉东等：《西方诸国著作权制度研究》，中国政法大学出版社 1998 年版。
[5] 冯晓青：《知识产权法哲学》，中国人民公安大学出版社 2003 年版。
[6] 胡开忠等：《广播组织权保护研究》，华中科技大学出版社 2011 年版。
[7] 梅术文：《著作权法上的传播权研究》，法律出版社 2012 年版。
[8] 李明德等：《欧盟知识产权法》，法律出版社 2010 年版。
[9] 孙雷：《邻接权研究》，中国民主法制出版社 2009 年版。
[10] 李明德：《美国知识产权法》，法律出版社 2014 年版。
[11] 王迁：《知识产权法教程》，中国人民大学出版社 2014 年版。
[12] 张今：《版权法中私人复制问题研究：从印刷机到互联网》，中国政法大学出版社 2009 年版。
[13] 韦景竹：《版权制度中公共利益研究》，中山大学出版社 2011 年版。
[14] 刘洁：《邻接权归宿论》，知识产权出版社 2013 年版。
[15] 王清：《著作权限制制度比较研究》，人民出版社 2007 年版。
[16] 强月新、赵双阁：《法治视阈下大众传媒与政治文明建设研究》，武汉大学出版社 2011 年版。
[17] 宋海燕：《中国版权新问题》，商务印书馆 2011 年版。
[18] 郑文明等：《广播影视版权保护问题研究》，法律出版社 2013 年版。

［19］《美国版权法》，孙新强、于改之译，中国人民大学出版社 2002 年版。

［20］李响：《美国版权法：原则、案例及材料》，中国政法大学出版社 2004 年版。

［21］李岩、黄匡宇：《广播电视新闻学》，高等教育出版社 2010 年版。

［22］骆电：《作品传播者论》，法律出版社 2010 年版。

［23］刘发成：《中美广电通信经济与法律制度比较研究》，重庆出版社 2006 年版。

［24］《十二国著作权法》，《十二国著作权法》翻译组译，清华大学出版社 2011 年版。

［25］黄升民等：《数字传播技术与传媒产业发展研究》，经济科学出版社 2012 年版。

［26］郭禾：《网络技术对著作权的影响》，商务印书馆 2002 年版。

［27］李永明主编：《知识产权法》，浙江大学出版社 2000 年版。

［28］王传丽主编：《国际贸易法——国家知识产权法》，中国政法大学出版社 2003 年版。

［29］世界知识产权组织：《保护文学和艺术作品伯尔尼公约（1971 年巴黎文本）指南》，刘波林译，中国人民大学出版社 2002 年版。

［30］萧雄淋：《著作权法研究》（一），中国台北，三民书局 1986 年版。

［31］［日］田村善之：《日本知识产权法》，周超、李雨峰译，知识产权出版社 2011 年版。

［32］［匈］米哈依·菲彻尔：《版权法与因特网》，郭寿康等译，中国大百科全书出版社 2009 年版。

［33］［美］威廉·M. 兰德斯、理查德·A. 波斯纳：《知识产权法的经济结构》，金海军译，北京大学出版社 2005 年第 1 版。

［34］［德］M. 雷炳德：《著作权法》，张恩民译，法律出版社 2005 年版。

［35］［美］唐·R. 彭伯：《大众传媒法》，张金玺、赵刚译，中国人民大学出版社 2005 年版。

［36］［美］保罗·戈斯汀：《著作权之道从古登堡到数字点播机》，金海军译，北京大学出版社 2008 年版。

［37］［西班牙］德利娅·利普希克：《著作权与邻接权》，联合国译，中国对外翻译出版公司 2000 年版。

［38］［德］约格·莱茵伯特、［德］西尔克·冯·莱温斯基：《WIPO 因特网

条约评注》，万勇、相靖译，中国人民大学出版社 2008 年版。

[39] 世界知识产权组织：《罗马公约和录音制品公约指南》，刘波林译，中国人民大学出版社 2002 年版。

[40] [日] 中山信弘：《多媒体与著作权》，张玉瑞译，专利文献出版社 1997 年版。

[41] [美] 唐·R. 彭伯：《大众传媒法》，张金玺、赵刚译，中国人民大学出版社 2005 年版。

[42] [法] 克洛德·科隆贝：《世界各国著作权和邻接权的基本原则——比较法研究》，高凌瀚译，上海外语教育出版社 1995 年版。

二、中文论文类

[1] 吴汉东：《〈著作权法〉第三次修改的背景、体例和重点》，《法商研究》2012 年第 4 期。

[2] 彭学龙：《技术发展和法律变迁中的复制权》，《科技与法律》2006 年第 1 期。

[3] 胡开忠：《信息技术发展与广播组织权利保护制度的重塑》，《法学研究》2007 年第 5 期。

[4] 胡开忠：《网络环境下广播组织权的法律保护》，《当代法学》2010 年第 5 期。

[5] 胡开忠、王杰：《世界知识产权组织保护广播组织条约》，《知识产权》，2008 年第 4 期。

[6] 胡开忠：《广播电台电视台播放录音制品付酬问题探析》，《法律科学》2012 年第 2 期。

[7] 王迁：《著作权法修订之前沿问题》，载《著作权法第二次修改调研报告汇编》，2008 年 9 月。

[8] 王迁：《论我国〈著作权法〉中的"转播"——兼评近期案例和〈著作权法修改草案〉》，《法学家》2014 年第 5 期。

[9] 王迁：《视频分享网站著作权侵权研究》，《法商研究》2008 年第 4 期。

[10] 梅术文：《"三网合一"背景下的广播权及其限制》，《法学》2012 年第 2 期。

[11] 李顺德：《TRIPs 协定给我们带来了什么?》，《知识产权》2011 年第

10 期。

[12] 刘晓海、张伟君：《中国著作权法邻接权制度修改研究报告》，载国家版权局《关于著作权法第二次修改调研报告汇编》（下册），2008 年。

[13] 焦和平：《三网融合下广播权与信息网络传播权的重构》，《法律科学》2013 年第 1 期。

[14] 宋海燕：《论中国如何应对体育赛事转播的网络盗版问题》，《网络法律评论》2011 年第 2 期。

[15] 吴倬：《人的社会责任与自我实现———论自我实现的动力机制和实现形式》，《清华大学学报》（哲学社会科学版）2000 年版第 1 期。

[16] 马捷莎：《论人的自我实现》，《黑龙江社会科学》2007 年第 1 期。

[17] 程松亮：《著作权保护期延长的合理性探究》，《湖北社会科学》2012 年第 7 期。

[18] 胡超：《试论网络广播的权利属性与法律规制》，《甘肃社会科学》2011 年第 1 期。

[19] 张宇庆：《对广播组织信息网络传播权主体地位的再思考》，《科技与法律》2010 年第 5 期。

[20] 孙远钊：《论网络广播的著作权许可问题——引介美国的处理方式与最近发展》，《网络法律评论》2011 年第 1 期。

[21] 陈泓：《网络广播——广播媒体传播的新宠》，《中国传媒科技》2003 年第 8 期。

[22] 张弘、胡开忠：《关于中国广播组织权保护制度的立法动议——兼析〈著作权法（修订草案送审稿）〉第 41、42 条》，《北京理工大学学报》（社会科学版）2014 年第 3 期。

[23] 陈琛：《嘉兴华数状告嘉兴电信一审败诉 IPTV 网络转播权已获法律保护》，《通信世界》2012 年第 12 期。

[24] 马莉英：《新媒体语境下电视媒体的困境与机遇》，《今传媒》2014 年第 11 期。

[25] ［德］托玛思·蒂列尔：《对〈世界知识产权组织保护广播组织条约〉及其对言论自由影响的看法》，严文君译，《版权公报》2006 年第 3 期。

[26] 张文显：《对法律规范的再认识》，《吉林大学社会科学学报》1987 年第 6 期。

[27] 刘春田、刘波林：《著作权法的若干理论问题》，《法律学习与研究》1987年第2期。

[28] 冯晓青：《著作权扩张及其缘由透视》，《政法论坛》2006年第6期。

[29] 于玉：《著作权合理使用制度研究》，博士学位论文，山东大学，2007年。

[30] 陈娜：《广播组织权制度研究》，博士学位论文，中南财经政法大学，2009年。

[31] 徐伟：《邻接权制度研究——以历史与公共政策为主要研究视角》，博士学位论文，中国人民大学，2007年。

[32] 相靖：《广播组织权利研究》，博士学位论文，中国人民大学，2008年。

[33] 高圻慈：《著作邻接权之研究——以表演人、录音物制作人及广播事业之保护为中心》，硕士学位论文，台湾大学，2007年。

[34] 黄婕榛：《传播机构著作邻接权利之保护》，硕士学位论文，台湾中原大学，2007年。

[35] 黄明杰：《著作邻接权之研究——以日本著作邻接权制度为研究经纬》，硕士学位论文，台湾中原大学，2004年。

[36] 李湘云：《著作邻接权制度之研究——以日本著作邻接权制度为研究经纬》，硕士学位论文，台湾中原大学，2004年。

[37] 张懿云等：《邻接权制度之研究》，http://www.doc88.com/p-377360127952.html，2014年6月6日。

[38] 孙海龙：《手机电视引发的著作权侵权问题研究》，http://www.lawtime.cn/info/shangwu/dzswlw/2011112415410.html，2015年3月4日。

[39] 范跃红：《全国首例涉网络转播广播组织权纠纷案宣判》，http://news.jcrb.com/jxsw/201203/t20120323_830525.html。

[40] 颜强：《英国足球地理：空中的战争》，http://sports.sina.com.cn/r/2004-12-20/16191310778.shtml，2015年6月20日。

[41] 《广播电视事业的产生和发展》，http://yingyu.100xuexi.com/view/specdata/20110616/44C3F6CA-B635-400B-9C0A-F64B333138C5.html。

[42] 《广播电视节目》，http://www.etest8.com/bianji/zhinan/183852_2.html。

［43］冉昊：《民事主体传统含义的法理辨析》，《江海学刊》1999 年第 2 期。

［44］尤文奎、胡泳：《在新媒体的冲击下，电视未来的八大转型》，http：//www.iydnews.com/3775.html，2015 年 10 月 1 日。

［45］韦尔纳·伦普霍斯特：《广播组织的邻接权竟然如此复杂——对 P. 阿凯斯特几个重要结论的回应》，《版权公报》，刘板盛译，2006.3。

［46］广电总局电影局：《关于调整国产影片分账比例的指导性意见》（2008）影字 866 号，http：//dy.chinasarft.gov.cn/html/www/article/2011/012d834404a870c14028819e2d789a1d.html，2015 年 6 月 1 日。

［47］李乐娟：《新媒体对广播业带来的挑战——亚太广播联盟版权委员会会议后记》，http：//www.rthk.org.hk/mediadigest/20070413_76_121391.html，2015 年 7 月 1 日。

［48］《与贸易有关的知识产权协议》，http：//www.sipo.gov.cn/zcfg/gjty/201509t20150902_1169651.html，2015 年 3 月 5 日）。

［49］黄小希：《我国版权相关产业对国民经济的贡献已占国内生产总值的近 7%》，http：//news.xinhuanet.com/politics/2011-04/20/c_121327882.htm，2012-05-04。

［50］中国互联网络信息中心：《第 36 次中国互联网络发展状况统计报告》，http：//cnnic.cn/hlwfzyj/hlwxzbg/hlwtjbg/201507/P020150723549500667087.pdf，2015 年 10 月 11 日。

［51］《预计 2016 年中国互联网广告收入将超过电视》，http：//finance.eastmoney.com/news/1350,20140811410560934.html，2015 年 10 月 11 日。

［52］张维：《央视网称百视通侵犯奥运传播权拟提起诉讼》，《法制日报》2012 年 9 月 3 日。

［53］李嘉陵：《手机看电视涉嫌侵权多普达产品面临连坐风》，《新京报》2005 年 1 月 13 日。

三、外文著作类

［1］Nelvile Nimmer：*Nimmer on Copyright*，California：Lexis Nexis，2001.

［2］J. A. L. Sterling，*World Copyright Law*，London：Sweet & Maxwell，1998.

［3］Stuart Minor Benjamin，Douglas Gary Lichtman，Howard A. Shelanski，

Telecommunication Law and Policy, Carolina Academic Press, 2001.

［4］Megumi Ogawa, *Protection of Broadcasters' Rights*, Lediden/Boston: Martinus Nijhoff Publishers, 2006.

［5］Makeen Fouad Makeen, "Copyright in a Global Information Society: The Scope of Protection of Copyright under Intenational, US, UK and French Law", *Kluwer Law International*, 2000.

［6］L. Ray Patterson, Stanley W. Lindberg, *The Nature of Copyright: A Law of User's Right*, Athens: the University of Georgia Press, 1991.

［7］Sheldon W. Halpern, *Copyright Law: Protection of Original Expression*, Carolina Academic Press, 2002.

［8］S. M. Stewart, *International Copyright and Neighbouring Rights*, London: Butterworths, 1989.

［9］［日］作花文雄：《详解著作权法》，晓星出版社、2002年版。

［10］［日］加护守行：《著作权法逐条释义》（日文），著作权资料协会1991年版。

四、外文论文类

［1］Shyamkrishna Balganesh, "The Social Costs of Property Rights in Broadcast (and Cable) Signals", *Berkeley Technology Law Journal*, 2007, p. 1313.

［2］Baoding Hsieh Fan, "When Channel Surfers Flip to the Web Copyright Liability for Internet Broadcasting", *Federal Communications Law Journal*, Vol. 52 Issue 3 (May 2000) (622).

［3］Michael Nwogugu, "Economics of Digital Content: New Digital Content Control and P2P Control Systems/Methods", *Computer and Telecommunications Law Review*, No. 141, 2008.

［4］MichaelA. Einhorn, "Internet Television and Copyright Licensing: Balancing Cents and Sensibility", *Cardozo arts & Entertainment*, Vol. 20, 321-336.

［5］Werner Rumphorst, "The Broadcasters' Neighbouring Right: Impossible to Understand?", *Copyright Bulletin*, From July to September, 2006.

［6］André Lucas and Pascal Kamina, "Copyright of France", in Paul Edward Geller and Melville B. Nimme, *International Copyright Law and Practice*,

LexisNexis, 2003.

[7] J. P. Eddy, "The Law of Copyright", London: *Butterworth & Co.* Ltd., 1957.

[8] Stuart Minor Benjamin, Douglas Gary Lichtman, Howard A. Shelanski, "Telecommunication Law and Policy", *Carolina Academic Press*, 2001.

[9] M. Sakthivel, "Webcasters' Protection under Copyright – A Comparative Study", *Computer Law & Security Review*, Vol. 27, 2011

[10] Daniel Pruzin, "WIPO Members Agree on New Submissions for Audiovisual Treaty Talks", in *No Progress on Broadcasting*, World IP Report, Vol. 24. Aug, 2008.

[11] Walter, M. Michael, "The Relationship of, and Comparison between, the Rome Convention, the WIPO Performances and Phonograms Treaty (WPPT) and the Agreement on Trade – Related Aspects of Intellectual Property Rights (TRIPS Agreement)", in *the Evolution and Possible Improvement of the Protection of Neighboring Rights Recognized by the Rome Convention.*, Copyright Bulletin, Vol. XXXIV, No. 3, 2000, p. 22.

[12] William F. Patry, Fair Use Privilege In Copyright Law (Second Edition), Washington: The Bureau of National Affairs, Inc., 1995.

[13] Craig W. Dallon, "The Problem with Congress and Copyright Law: Forgetting the Past and Ignoring the Public Interest," *Santa Clara L. Rev.*, No. 44, 2004, p. 365.

[14] Jane C. Ginsburg, "From Having Copies to Experiencing Works: The Development of An Access Right in U. S. Copyright Law", in Hugh Hansen, Edward Elagr, eds., *U. S. Intellectual Property Law and Policy*, Edward Elgar Pub, 2006.

[15] Divyanshu Sehgal and Siddharth Mathur, "Rights and Duties of Broadcasting Organization: Analysis of WIPO Treaty on the Protection of Broadcasting Organization", *Journal of Intellectual Property Rights*, Vol. 16, September, 2011.

[16] Werner Rumphorst, THE BROADCASTERS' NEIGHBOURING RIGHT: IMPOSSIBLE TO UNDERSTAND? UNION EUROPEENNE DE RADIO – TELEVISION, 25. 11. 2005 rev.

[17] Werner Rumphorst, "the Broadcasters' Neighbouring Right", Union Europeenne de Radio – Television, 22 June, 2001.

[18] NeilShister, "Media Convergence, Diversity, and Democracy", A Report of the Aspen Institute Forum on Communications and Society, The Aspen Institute, Washington, 2003.

[19] J. H. Snider, "The Myth of 'Free' TV", Volume: Spectum Policy working Paper, New America Foundation, June, 2002.

[20] Tarun Jain, "Broadcaster's Right Under Copyright Law", The *Icfai University Journal of Intellectual Property Rights*, Vol. VII, No. 3, 2008.

[21] AdamR. tarosky, "the Constitutionality of WIPO'S Broadcasting Treaty: The Originality and Limited Times Requirements of the Copyright Clause", *Duke Law & Technology Review*, No. 16, 2006.

[22] TereseFoged, How Internet Radio Plays in Accordance with U. S. and Danish (EU) Copyright Laws, *the degree of Master of Laws*, The George Washington University Law School, 2002.

[23] Kevin W. Grillo, "Electronic Piracy: Can the Cable Television Industry Prevent Unauthorized Interception?", *St. Mary's Law Journal*, Vol. 13, 1981, p. 587.

[24] Lauren McBrayer, The DirecTV Cases: Applying Anti – Slapp Laws to Copyright Protection Cease – AND DESIST LETTERS, *Berkeley Technology Law Journal*, Vol. 20, 2005, p. 603.

[25] CarsonS. Walker, "A La Carte Television: A Solution to Online Piracy?", *Commlaw Conspectus*, Vol. 20, 2011 – 2012.

[26] Debra Kaplan, "Broadcast Flags and the War Against Digital Television Piracy: A Solution or Dilemma for the Digital Era?", *Federal Communications La Wjournal*, Vol. 57, 2004 – 2005.

[27] M Sakthivel, "4G Peer – to – Peer Technology – Is it Covered by Copyright?", *Journal of Intellectual Property Rights*, Vol. 16, July 2011.

[28] Yusei Nishimoto, Akitsugu Baba, Tatsuya Kurioka, "A Digital Rights Management System for Digital Broadcasting Based on Home Servers", *Ieee Transactions on Broadcasting*, Vol. 52, No. 2, June 2006, p. 167.

[29] Marybeth Peters, "Copyrighted Broadcast Programming on the Internet",

United States House of Representatives 106th Congress, 2nd Session, June 15, 2000.

[30] Debra Kaplan, "Broadcast Flags and the War Against Digital Television Piracy: A Solution or Dilemma for the Digital Era?", *Federal Communications Law Journal*, Vol. 57, 2005.

[31] JacksonWalker, "A Postmortem of the Digital Television Broadcast Flag", *Houston Law Review*, No. 42, 2005.

[32] Ayan Islam, Television and the Internet: Enabling Global Communities and its International Implications on Society and TechnoLogy, *Master dissertation*, Gonzaga University, August 2008.

[33] Marlee Miller, "The Broadcast Treaty and Its Implications for Signal Piracy in North America", *Business Law Brief*, Fall, 2007.

五、国际会议文件

[1] WIPO Doc. SCCR/1/3 (September 7, 1998).

[2] WIPO Doc. SCCR/2/6 (April 7, 1999).

[3] WIPO Doc. SCCR/5/4 (August 25, 2001).

[4] WIPO Doc. SCCR/5/6 (May 28, 2001).

[5] WIPO Doc. SCCR/7/8 (August 4, 2002).

[6] WIPO Doc. SCCR/7/10 (May 31, 2002).

[7] WIPO Doc. SCCR/8/7 (Oct 21, 2002).

[8] WIPO Doc. SCCR/8/9 (November 8, 2002).

[9] WIPO Doc. SCCR/9/4 (May 1, 2003).

[10] WIPO Doc. SCCR/12/2 (October 4, 2004).

[11] WIPO Doc. SCCR/12/2/ REV. 2 (May 2, 2005).

[12] WIPO Doc. SCCR/12/4/ (March 1, 2005).

[13] WIPO Doc. SCCR/12/5 (April 13, 2005).

[14] WIPO Doc. SCCR/13/3 CORR. (November 17, 2005).

[15] WIPO Doc. SCCR/13/6/ (June 9, 2006).

[16] WIPO Doc. SCCR/14/2 (February 8, 2006).

[17] WIPO Doc. SCCR/14/6 (April 28, 2006).

[18] WIPO Doc. SCCR/14/7（May 1，2007）.
[19] WIPO Doc. SCCR/15/2（September 11，2006）.
[20] WIPO Doc. SCCR/15/6（May 15，2007）.
[21] WIPO Doc. SCCR/19/12（November 30，2009）.
[22] WIPO Doc. SCCR/22/4（January 31，2011）.
[23] WIPO Doc. SCCR/22/5（March 1，2011）.
[24] WIPO Doc. SCCR/22/6（March 7，2011）.
[25] WIPO Doc. SCCR/22/11（May 30，2011）.
[26] WIPO Doc. SCCR/22/18（December 3，2011）.
[27] WIPO Doc. SCCR/23/6（November 28，2011）；
[28] WIPO Doc. SCCR/23/9（January 27，2012）.
[29] WIPO Doc. SCCR/23/10（July 20，2012）
[30] WIPO Doc. SCCR/24/3（June 7，2012）.
[31] WIPO Doc. SCCR/24/5（July 2，2012）.
[32] WIPO Doc. SCCR/24/10 CORR.（April 6，2012）.
[33] WIPO Doc. SCCR/24/10（September 21，2012）.
[34] WIPO Doc. SCCR/24/10 CORR.（March 6，2013）.
[35] WIPO Doc. SCCR/26/6（November 28，2013）.
[36] WIPO Doc. SCCR/26/（December 20，2012）.
[37] WIPO Doc. SCCR/27/2 REV.（May 25，2014）.
[38] WIPO Doc. SCCR/27/2 REV.（April 25，2014）.
[39] WIPO Doc. SCCR/27/2 REV.（March 25，2014）.
[40] WIPO Doc. SCCR/27/3（April 8，2014）.
[41] WIPO Doc. SCCR/27/6（April 21，2014）.

六、中外相关案例判决

[1] 浙江省嘉兴市南湖区人民法院（2011）嘉南知初字第 24 号民事判决。
[2] 浙江省嘉兴市中级人民法院民事判决书（2012）浙嘉知终字第 7 号。
[3] Twentieth Century Fox Film Corporation, et al., v. iCrave TV, et al., No. Civ. A. 20121, 200 WL255989; National Football League, et al., v. Tvradionow Corporation, d/b/a iCrave.com, d/b/a Tvradionow.com, et

al. , 53 U. S. P. Q. 2d 1831 （W. D. Pa. 2000. ）.

［4］ American Broadcasting Cos. , Inc. , etal. v. Aereo, Inc. , 573 U. S. （2014）.

［5］ American Broadcasting Companies, Inc. v. Aereo, Inc. , 874 F. Supp. 2d 373 （S. D. N. Y. 2012）.

［6］ Fortnightly Corp. v. United Artists Television, Inc. , 392 U. S. 390, 88 S. Ct. 2084, 20 L. Ed. 2d 1176 （1968）.

［7］ Teleprompter Corp. v. Columbia Broadcasting System, Inc. , 415 U. S. 394, 94 S. Ct. 1129, 39 L. Ed. 2d 415 （1974）.

［8］ Fortnightly Corp. v. United Artists Television, Inc. , 399, 88 S. Ct. 2084 （1968）.

［9］ WNET,Thirteen v. Aereo, Inc. , 712 F. 3d 676 （2d Cir. 2013）.

索 引

（按汉语拼音顺序排列）

B

保护期限　3，57，63，67，68，73，98，176，177，211—216，232

伯尔尼公约　8，19，31，43，44，46—48，59，62，87，96，101—103，106，111，123，132—134，138，176，186，187，203—206，210，218—222，224—227，272，274，276

D

大陆法系　49，50，53，69，79，112，117，118，137

F

发行权　56，60，72，85，148—150，179，223，231，232，236，237，241，242，244，247，248，250，251，256，257，268，269

复制权　39，40，42，43，56，59，60，64，65，67—69，72，103，126，136，143—147，150，157，179，203，213，218，219，223—226，231，232，235—237，239，241，242，244，246—251，256，257，265，268，269

G

公共利益　7，27—30，69，75，108，122，160，170，172—185，188，197—199，202，205，207，209，211，214，217，218，241，252，253，259—261，267—271

公共领域　108，122，151，155，169，179，182，183，191，200，211，261

广播电视节目　26，29，31，32，42，65，77，78，82，85，86，91，93—95，97—99，113—115，117，118，121，127，134，138，141—145，148，154，157，163—167，170，175，177—180，182，183，186，188，189，193，194，201，205，211，212，217，223，230，236—239，247，249—255，257，263，266，270，272，273，278，279

广播电视信号　6，7，23，42，83，93，94，136，163，171，172，234，239，243，267，273

广播组织 1—25，27—34，38—42，45—60，62—73，76—92，96—132，134—173，176—186，188—196，200，201，203—217，220，221，223，225，227—248，250—279

广播组织权 1—5，7—19，22，32，34，39—41，46，48—53，55—57，59，60，63，64，67，73，82，83，89—92，97—100，102—104，109，112—114，116—123，125，126，131，132，137—140，145，147，153，155，159—165，167—173，176—185，188—193，195，196，200，201，203，208—212，215—217，220，221，223，227—235，237—241，243—247，250—262，264—273，275，278，279

广播组织权客体 120，122，125，131，230，234，272

广播组织权内容 210，232，246，247，273

广播组织权主体 112，113，169，229，230，233，245

国民待遇 97，273—277

H

合理使用 3，7，10，68，73—75，78，80，81，101，102，145，161，171，173—178，181—183，185，188，189，191，196—203，205—208，211，217，218，221，223，226，229，232，233，249，251，252，258，259

J

技术保护措施 5，63，178，191，193，201，202

技术中立 44，70，83—85，89，104，107，108，139，147，169，258，262，265，267

K

扩张 14，17，23，71，112，116，139，159，160，170，171，174，175，180，183，200，229，273

L

利益平衡原则 261

邻接权 1—4，7—11，19，24，27，32，40，45—56，59—63，65—69，75，78，89，92，97—99，102，103，105，107，112，118，119，123，124，126，132—136，139，143，149，151，153—155，161，165，167，176，178，186，187，191—196，202，205，211，212，215，217，218，223，225—228，230—235，239—241，245，246，250，251，253—256，258，259，263，264，269，272—275，277，279

流媒体 5，21，25，32—38，42，66，84，85，92，132，135，138，153，166—168，184，201

录制后播送权 134，150，151，179，242，244，256，257

录制权 40—43，56，103，122，141—143，150，179，231，232，235—237，239，242—244，246—248，250，251，256，257，268，269

罗马公约 8，19—21，31，33，40，41，

47，48，52，55，59，62，64，65，76，83，87，96—103，105，106，113—115，121—125，127，128，132，134，137，138，140—143，146，148，151，153，155—159，165，170，176，179，192，193，200，203—208，211，212，214，215，225—227，230—235，240—242，258，272，274—276

S

SCCR（版权及相关权常设委员会） 7，8，20—23，32，33，39，53，54，87—90，97，104—111，113，115—118，120，121，123，127—131，139—142，145—152，154，155，157—160，162，168，176，179—181，200，206—215，220，221，227，232，237，241，243，245，246，257，261，265，276，277

三步检验法 11，209，210，217，218，220，223—227，272

三网融合 1，9—18，21，25，34，41，82，83，88，90，91，96，99，101，103—105，107，112，117，130，135，147，170，172，175，176，196，200—203，228，234，237—239，263，266，267，270，271，278，279

世界知识产权组织 7，8，20，22—24，31—33，43，47，53，62，79，87—89，96—101，104，105，107，110，113—116，120—125，127，129，131，133，134，141，142，145，146，149，150，152，155，156，158—160，169，187，218，220，225，226，241—243，246，253，274，275

T

提供已录制的广播节目的权利 153，154，179，180，242

W

网络盗播 22，32，91，105，107，167，168，180

网络广播 1，2，5—8，10，11，20—25，32—34，37—45，70，71，73，84，85—92，99，104，105，108，116，117，122，128，130，131，136，138，160，163—166，168，169，183，203，211，234，236，239，245，262，263，265，271，278，279

网络广播组织 2，24，32—34，38，41，42，45，70，89，92，105，116，117，136，234，245，271

网络转播 40，41，83，86，90，117，136—140，167，168，179，182，223，243，253，254，257，258，266，267，278，279

网络转播权 83，90，179，253，254，267

X

限制 2，3，11，12，16，17，24，29，33，39，42，54，57，60，63，65—68，73—75，77，79—81，89，90，97，98，101，103，104，117，124，131，158，160，168，170—181，183—186，188，191，195—197，200，202—204，206—212，215，217—227，231，232，238，

242，244，245，251，252，259，261，268，269，272，274，275

向公众传播权　2，44，56，60，73，87，103，132，154，155，158，179，231，232，235，242，244，247，248，250，251，257

Y

英美法系　49，52，71，79，112，117，118，194，246

Z

著作权法修改草案　134

转播权　39—41，55，56，60，83，85，90，103，108，126，132，134，135，139，140，179，207，210，231，232，235—237，239，242，244，246—248，250，251，253，254，256—258，265—269，274

后　记

多年"众里寻他千百度",专注于新闻传播专业的教学与管理工作,醉心于传媒与法律交叉领域的学术研究,"蓦然回首",国家社科基金项目(12BXW026)"却在灯火阑珊处"。项目获批的喜悦存续不久,"独上高楼,望尽天涯路"的寒意开始侵袭,忧心于自己法学功底的薄弱,梦寐于项目成果质量的上乘,寻找一位法学界权威专家作为我博士后导师就成为我当时的必然之选。

2012年8月在经过了解和准备之后向时任中南财经政法大学校长的吴汉东教授毛遂自荐,非常幸运的是吴教授看过我的材料后爽快地答应为我申报其博士后,我申请时间较晚,当年指标有限,最后吴教授仍破格收我为徒,我甚是幸运与感激!

2013年1月1日,我顺利来到教育部人文社会科学重点研究基地中南财经政法大学知识产权研究中心开始我的博士后生活和工作。在随后的两个月中,我开始紧锣密鼓地进行开题报告的撰写工作,3月中旬顺利通过了开题。当然,虽然通过了开题,但是由于国内外对三网融合环境下广播组织权制度的研究并不多见,在写作过程中,时常感到力不从心,曾造成写作几度停滞不前,请延期一年才完成报告,令我既感受到了"千淘万漉虽辛苦"的不易,又感受到了"吹尽狂沙始到金"的喜悦。

在这三年从事博士后研究当中,承蒙恩师吴汉东教授的悉心教导,启发我不断拓展思考问题的空间,才使我逐渐形成了比较清晰的思路并明确了前进方向。出站后,恩师对我的帮助与关心一如既往,在百忙之中为我撰写推荐书并为本书写作序言,为我的学术前进之路奠定了坚实的基础。恩师吴汉东教授学识深厚渊博、行事虚怀若谷、治学严谨求实,能在恩师的指导下进行研究与学习,实为三生有幸,且唯励志求真以图报。

后 记

在开题及写作过程中,有幸得到曹新明教授和胡开忠教授的关怀和指导,另有彭学龙教授、赵家仪教授、张德淼教授的帮助和赐宜。在博士后出站报告答辩中,武汉大学的宁立志教授、华中师范大学的刘华教授以及曹新明教授、彭学龙教授、黄玉烨教授均对报告给予高度评价并提出了诸多宝贵意见,在此一并对上述老师们的"仙人指路"表达衷心的感谢。出站后,本书得到胡开忠教授的推荐,为成功入选"中国社会科学博士后文库"迈出了第一步。另外,王小丽老师的热情答疑解惑令人感动。在生活和工作方面,我还得到了博士后管理办公室徐良生主任和朱新豪老师令人心暖的指点与帮助。对以上老师们表示真挚的谢意!

感谢刘惠文教授的电话教导与鼓励,使我时时感受到业师的殷切希望而倍加努力。

在良师益友中需要感谢的有同门李晓秋博士、贺志军博士、陈娜博士和邵燕博士,在与他们的交流中我受益匪浅,尤其是邵燕,在生活方面还给我提供了诸多帮助。另外,我在同郝发辉博士"天马行空"的交流中增长了大量学界"内幕信息"的见识,高山流水,甚是投缘。

在博士后工作期间,本报告有幸成功申请为第54批中国博士后科学基金面上资助一等资助项目(2013M540622),感谢那些匿名评委专家的抬爱。

感谢第五批"中国社会科学博士后文库"评审会专家将拙作纳入文库之中,并颁发"优秀博士后学术成果"证书,如此厚爱,荣幸之至;感谢"中国社会科学博士后文库"主办方全国博士后管理委员会与中国社会科学院予以资助出版。

感谢魏永征教授为本书所做的序言。魏永征教授是传媒法领域中的领军专家,他虚怀若谷,平易近人,在从未与我谋面的情况下,不惜花费自己宝贵时间批阅本书电子稿并为本书撰写长长的序言,使我万分感动,让我深深感受到前辈对后生的提携之情。

感谢河北经贸大学人文学院院长张金桐教授为我所提供的支持和帮助。

感谢社会科学文献出版社法学编辑室芮素平主任、郭瑞萍、李晨、沈安佶编辑为本报告的出版所做的大量细致的工作,她们默默付出、辛苦工作的奉献精神让我深感钦佩。

在此特别要感谢我的父亲和母亲,他们的嘘寒问暖,使我感到自己一直像个小孩子般幸福，让我获得了无穷的前进力量，然而他们日渐年老，我却由于工作繁忙不能在他们膝下尽孝，深感愧疚。还要感谢我的岳父和岳母，他们都已退休，身体有恙，但只要我们需要，他们都会风雨无阻地前来照顾孩子并打理家务，甚是辛苦，千言万语难以表达父爱母爱的伟大！感谢我的爱人艾岚博士，由于我忙于研究工作，分身乏术，在我不在家的日子里她包揽了所有的琐碎家务，在照顾好孩子上学、生活的同时还要做好自己的本职工作，甚是不易；女儿苗苗乖巧懂事，学习成绩优异，成为全家快乐的源泉，为单调的生活增添了无限色彩，贡献了自己大大的力量。

本书引用了大量的珍贵文献或学术观点，在此对被引用的作者一并表示感谢。

本著作是在博士后出站报告基础上参考多位专家意见修改而成的。

赵双阁
2016 年 11 月 8 日于西美花城

第五批《中国社会科学博士后文库》专家推荐表1

推荐专家姓名	吴汉东	行政职务	中南财经政法大学原校长；中南财经政法大学知识产权研究中心主任
研究专长	知识产权	电话	
工作单位	中南财经政法大学	邮编	
推荐成果名称	三网融合背景下中国广播组织权制度的反思与重构		
成果作者姓名	赵双阁		

（对书稿的学术创新、理论价值、现实意义、政治理论倾向及是否达到出版水平等方面做出全面评价，并指出其缺点或不足）

新一代的信息技术正改变着我们的生活、生产与交往的方式，尤其是三网融合技术的应用，不仅改变了广播电视信号的形式及其传播途径，而且正在改变人们收听、收看广播电视节目的习惯，即从被动接受到主动选择、从单向传播到双向传输、从固定客厅到移动任何地点、从单一接收器到多种接收终端等多个方面发生了变化。上述情形对广播组织的权利保护提出了严峻的挑战，相关法律制度亟需对此做出相应变革。赵双阁同志的博士后研究报告即是关于这一问题深刻思考的学术成果。

该报告通过对主要国家网络广播规范的比较研究以及相关国际公约和世界版权组织会议文件的分析，为我国现行广播组织权制度的完善提供了重要的思想资料，为系统修订广播组织权制度提出了有实践价值的建议和方案。该报告在以下方面做出了学术创新。首先，在选题及内容上有诸多创新。报告不仅分析了三网融合技术下的广播及其对广播组织权制度提出的挑战，对比了英、美、法、德、日等国相关法律规定以及国际相关条约，并在此基础之上为我国著作权法修改提出了修改方案，在专门研究方面具有一定的开拓意义。其次，在制度设计等观点上也有诸多突破。例如力主将广播组织权延伸至互联网领域，将"三步检验法"理论同广播组织权限制相融合等等。当然，该报告也存在些许不足：在个别论述方面有待周延，如对广播组织权扩张之必要性的分析，只列举了资金和技术两方面的原因，有待补充完善；广播组织权的扩张没有考虑国民待遇原则问题，是否会在对外版权贸易中处于不利，应作出进一步分析。

不过瑕不掩瑜，总体而言，该研究报告既有理论创新意义，亦有实践应用价值，得到了答辩专家的一致好评。此外，该研究报告还可以为民商法专业、新闻传播专业的师生提供学习素材，为司法工作者、管理工作者提供理论指导，也可以为广播电视产业、网播产业发展提供思想资料。

该研究报告是一项兼涉法学和传播学理论的专题研究，其内容不涉及政治问题。

基于上述理由，本人郑重推荐该研究报告入选《中国社会科学博士后文库》。

签字：

2016 年 1 月 3 日

说明：该推荐表由具有正高职称的同行专家填写。一旦推荐书稿入选《博士后文库》，推荐专家姓名及推荐意见将印入著作。

第五批《中国社会科学博士后文库》专家推荐表 2

推荐专家姓名	胡开忠	行政职务	中南财经政法大学知识产权研究中心副主任，教授
研究专长	知识产权	电话	
工作单位	中南财经政法大学知识产权研究中心	邮编	430073
推荐成果名称	三网融合背景下中国广播组织权制度的反思与重构		
成果作者姓名	赵双阁		

（对书稿的学术创新、理论价值、现实意义、政治理论倾向及是否达到出版水平等方面做出全面评价，并指出其缺点或不足）

三网融合的推行打破了互联网、广播电视网、电信网之间原有的界限，实现了互联互通，广播电视信号不再局限于广播电视网内传播，广播电视节目可以在各种信息终端显示，这对传统的广播组织权制度提出了严峻的挑战，要求其做出必要的调整和变革。广播组织权制度的规范涉及知识产权的保护和广播电视产业的健康发展。目前国内已有的相关作品很少对此进行系统、深入的研究，而赵双阁博士的出站报告在此方面做出了努力，为学界认识该问题提供了自己的思考，并能够引起国家有关部门对该问题的关注，奠定了该选题重要的理论和现实意义。也正因为如此，该报告获得了第54批中国博士后科学基金面上资助一等资助(2013M540622)，成为他本人主持的2012年度国家社会科学基金项目"'三网融合'背景下中美广播电视组织邻接权保护及管理机制比较研究"(12BXW026)阶段性成果。

该出站报告首先对三网融合技术下的广播及广播组织进行了概念界定，在此基础上分析了网络广播对广播组织权制度产生的挑战与影响，接着重分析了世界主要国家对网络广播保护的立法模式以及相关国际公约对此规范的不足和世界知识产权组织为此召开会议所做出的努力，指出广播组织权的扩张在于满足技术和资金内在需求，并从权利主体、权利课题、权利内容等三个具体方面分析了应扩展的内容。随后，报告为了平抑权利扩张可能带来的失衡，对广播组织权的限制进行了分析和论述，特别强调应将广播组织权的限制规范从著作权的限制规范中独立出来，并将"三步检验法"贯彻其中。最后，该报告对现行广播组织权制度规范进行了评析，对第三次《著作权法》三个意见稿中广播组织权的立法思路变迁进行了梳理和探讨，并在此基础上，结合前述国际先进理念，提出了广播组织权的改革定位和应遵循的原则以及应明确的具体条款。总体而言，该报告的新颖性主要体现在：一方面，将国际会议和最新动态和理念探讨以及国外相关立法或最新判例纳入了该报告的内容之中；另一方面，以新颖的视角创作出了新颖的内容，为了满足新技术的需要，报告支持广播组织权在互联网领域的有限延伸，并对此进行了多方面的论述，且提交了较合理的权利方案。

虽然该报告也有不足之处：三网融合政策交代不充分，尤其是未涉及制度与政策之间的优势互补关系，对技术措施的保护也缺乏关注，等等，但是，该出站报告选题恰当，语言通畅，对于广播组织权制度和判例的分析较为全面和深入，逻辑严谨，论证充分，符合相关的学术规范。对我国广播组织权制度在三网融合技术条件下的规范和完善有一定的参考价值。

该出站报告内容不涉及政治问题。

综上所述，我认为《中国社会科学博士后文库》应将该出站报告收录。

是为推荐。

签字：胡开忠
2016年1月5日

说明：该推荐表由具有正高职称的同行专家填写。一旦推荐书稿入选《博士后文库》，推荐专家姓名及推荐意见将印入著作。